U0905134
中国石油

CNPC-GC03

中国石油渤海钻探组织史资料

第一卷

正卷

（2008—2013）

中国石油集团渤海钻探工程有限公司｜编

石油工业出版社

图书在版编目（CIP）数据

中国石油渤海钻探组织史资料．第一卷，正卷 / 中国石油集团渤海钻探工程有限公司编．—北京：石油工业出版社，2020.7

ISBN 978-7-5183-4079-8

Ⅰ．①中… Ⅱ．①中… Ⅲ．①油气钻井－石油企业－工业企业管理－史料－中国 Ⅳ．① F426.22

中国版本图书馆 CIP 数据核字（2020）第 109321 号

中国石油渤海钻探组织史资料　第一卷　正卷（2008—2013）
中国石油集团渤海钻探工程有限公司　编

项目统筹：白广田　马海峰
图书统筹：李廷璐
责任编辑：熊寅铭
责任校对：张　磊
出版发行：石油工业出版社
（北京市朝阳区安华里 2 区 1 号楼　100011）
网　址：www.petropub.com
编辑部：（010）62067197　64523611
图书营销中心：（010）64523731　64523633
印　刷：北京中石油彩色印刷有限责任公司

2020 年 12 月第 1 版　2020 年 12 月第 1 次印刷
787×1092 毫米　开本：1/16　印张：38.25
字数：610 千字

定价：520.00 元

《中国石油渤海钻探组织史资料》编审委员会

《中国石油渤海钻探组织史资料》编纂人员名单

主　　编：潘仁杰

编纂顾问：石桂臣　张连喜

常务主编：刘　铮

副 主 编：刘德如　李连锁　李文杰　李振兴　舒才生
刘建伟　王景洲　唐士刚　李见义　刘荣军
高鸿前

成　　员：周正涛　王继宝　冀宇飞　梁雅苹　马　强
解高岩　张博金　王广路　赵佳靓　高　翔
蔡田莹　胡　志　边美娟　吕　莹　申　洁
李作伟　张玉林　王专恩　杜国新

凡　例

一、本书以中国石油天然气集团公司下发的《〈中国石油组织史资料〉编纂工作方案》《〈中国石油组织史资料〉编纂技术规范》作为编纂工作的根本依据和技术规范。

二、指导思想。本书以马列主义、毛泽东思想、邓小平理论和“三个代表”重要思想为指导，以科学发展观统领全书，坚持辩证唯物主义和历史唯物主义的立场、观点和方法，按照“实事求是”的原则和“广征、核准、精编、严审”的工作方针，全面客观记述中国石油集团渤海钻探工程有限公司及其所属单位的组织演变发展历程和人事变动情况，发挥“资政、存史、育人、交流”的作用。

三、断限。本书收录上限始自2008年2月，下限断至2013年12月。

四、指代。本书“中国石油”以1988年9月中国石油天然气总公司成立为界，之前泛指中国石油工业，之后特指中国石油天然气总公司和中国石油天然气集团公司。“石油部”“石化部”“集团公司”“股份公司”分别指代石油工业部、石油化学工业部、中国石油天然气集团公司、中国石油天然气股份有限公司。此外，本书中“渤海钻探”“渤海钻探公司”“渤海钻探工程公司”“渤海钻探工程有限公司”均指中国石油集团渤海钻探工程有限公司。

五、资料的收录范围。本书收录的资料分两部分：一是组织机构沿革及领导成员名录等正文收录资料；二是组织机构设置及沿革变化、基本情况统计表、专家队伍名单获得局级及以上荣誉的先进集体和先进个人、组织人事工作大事记、重要文献目录等附录、附表资料。

组织机构和领导名录按照一编到底的原则收录，组织机构收录范围主要是依据行政隶属关系确定，领导名录收录范围主要是按照干部管理权限确定。具体包括：公司领导机构及其领导成员；机关部门、直属单位、附属单位、所属二级单位领导机构及其领导班子成员；公司机关处室内设科室，直、附属单位机关内设科室，所属二级单位机关科室及其领导成员；所属二级单位领导机构及其领导班子成员，二级单位直接管理的科级单位或基层站队，所属单位机关科室及其领导成员，收录到副科级以上领导成员。

附录附表资料主要包括：组织机构设置及沿革变化；公司相关基本情况统计表；享受政府特殊津贴人员、教授级高级职称人员、集团公司高级技术专家、技能专家、公司技术专家、技能专家等专家队伍名单；全国党代表、先进集体、先进个人；科技创新成果；组织人事工作大事记；重要文献目录。

组织人事工作大事记主要收录组织干部、人事劳资、教育培训等重要事件的时间、决定机关、依据文件、主要内容或结果等。

重要文献目录主要收录具有政策性、指导性、价值性、全局性的人事管理政策文件目录。

六、资料的收录原则。以党、政组织机构为主，其他组织机构次之；以公司组织机构为主，所属各单位组织机构次之；本级组织机构较详，下属机构较略；早期资料较略，近期资料较详；存续下来的单位较详，期间撤销和划出的单位较略；组织机构及领导成员资料较详，其他资料较略。

七、编纂结构体例。本书按卷、章、节、目四个层次进行编纂。正卷主要收录渤海钻探公司成立后的组织史资料，以领导机构、机关部门、机关直附属单位、二级单位以及附录等五部分分别设章。第一章“领导机构”，章下不设节，直接分条目收编具体的组织机构及领导名录。第二章“机关部门”、第三章“机关直附属单位”、第四章“二级单位”以具体的组织机构为单元设节。第五章“附录”，章下设节，节下设条目，分类别收录相关资料。其中，第四章共二十七节，以 2013 年 12 月机构名录作为节题，节内一般以沿革阶段划分，按阶段设条目。

附卷主要收录各二级单位划转渤海钻探公司前的组织史资料，以各二级单位为单元分章，章下以本单位主要历史阶段设节，收编本阶段具体的组织机构及领导名录。

八、资料编排。本书采用文字叙述、组织机构及领导成员名录、图表相结合的编纂体例进行编排。

（一）组织机构沿革文字叙述的编排。本书文字叙述起连接机构、名录、图表的链条作用，主要包括综述、分述、简述。正卷卷首对渤海钻探公司组建以来的组织机构沿革情况进行综述。主要记述渤海钻探公司组建背景、基本简况、机构沿革变化；下设工作机构和所属二级单位的组织机构延续、调整、变革等发展变化情况；在企业管理和改革、生产经营、干部和员工队伍建设、党的建设、企业文化建设等重点工作中所采取的重大决策、重要措施和取得的主要成绩等内容。

在本书的各章或节之首，写有本时期领导机构、机关部门、机关直附属单位、二级单位每个层次的分述，即本层次组织机构沿革情况概述或提要。主要是围绕本层次组织机构发展主线，简要概述本层次所涉及的重大管理体制调整、组织机构调整、业务重组整合、领导届次变化和组织机构的基本概况等。

在各节或目下，分别收编具体组织机构，其下一般分两部分：第一部分为该组织机构沿革的简述，第二部分为该组织机构领导成员名录。简述主要记述该机构建立、撤销、分设、合并、名称改变、职能变化、业务划转、规格调整、体制调整的依据及结果，上级下属、内部机构设置的变化情况，机构驻地和生产规模、工作业绩概况等。

（二）组织机构的编排顺序。一般按机构成立时间先后或编纂下限时的规范顺序排列。领导机构，以届次或时间先后收编；机关工作机构和部门，先收机关职能部门，再收机关直附属单位；各所属单位，按其成立时间先后或编纂下限时机构设置序列表为序，有明确规范排序的，按规范的顺序排序。

（三）领导名录编排顺序。按先正职（职级）后副职（职级）和任职时间先后的顺序分别排列。同为副职的，按任职先后排列；同时进班子的，按任免文件中的顺序排列；上级主管部门任命时已注明顺序的，按文件规定顺序排列；领导班子中有正、副处级巡视员（调研员）及其他相应职级干部的，依此编排在领导班子成员名录后，但编排时要与领导班子成员名录空一行以示区别；提前退出领导班子现职的成员，编排在现职领导班子成员名录后，单独列栏目编排，并在括弧内标注原职务和职级，也可以在领导名录免职下限后另加括弧标注。同一职务名称的按任职时间先后编排在一起。职务名称不根据班子排序交叉混排。

行政职务排序为先正职、再副职、后总师。各总师职务名称的排序：先依次排列总工程师、总地质师、总机械师、总会计师、总经济师等专职总师，最后列安全总监、总法律顾问等领导职务。一人兼任多职的，按不同职务名称分别编排。除上级领导兼任下级职务和“安全总监”职务标注“兼任”外，其他同一人分别任不同职务序列和岗位职务时不标注“兼任”。

党内职务编排顺序一般为书记、副书记、委员。委员的排列按选举产生时间或文件列定的顺序，后增补的按任职时间先后排列。

本书领导名录编排顺序不代表班子成员实际排序。

（四）本书图表。附录中，收录有组织机构名录、组织机构沿革图、专家队伍名单、先进集体和个人、科技创新成果和有关数据统计表等。

（五）其他。目录和标题中的机构名称一般用规范的简称或全称。对于单位名称过长的第一次出现时使用全称，之后注明用简称。一个单位有两个名称的，第二个名称使用括号。在列名录时，涉及两个职务名称的，第二个名称使用括号。

九、本书收录的领导成员资料包括其职务（含代理）、姓名（含曾用名）、性别、少数民族族别、任职起止年月等人事状况。凡涉及女性、少数民族、兼任、主持工作、挂职、未到职或领导成员实际行政级别与组织机构职务不一致等情况的，均在任离职时间括号内加备注。涉及同一人的备注信息，仅在本节第一次出现时加注。同一章中姓名相同的，需加性别或籍贯、出生年月、毕业院校等以示区别。对组织上明确设有的“常务”职务的，一般单列职务名录或在副职名录后括号内加注，并编排在其他副职前。

十、本书收录的组织机构及领导成员，均在其后括号内注明其存在或任职起止年、月。月不详者注季，季不详者注上半年、下半年或年，年、月均不详者括号内为“不详“。任免职时间在同一年内者，写作“(××××.×—×)”；在同一个月内者，写作“(××××.×)”。同一组织、同一领导成员，其存在或任职年月有两个或两个以上时段时，前后两个时期之间用分号“；”隔开；组织机构名称变更后，在排列时原名称在前、新名称在后，中间用连接符号“—”断开。收录的某一组织机构，在其存在时限内，其领导成员一直空缺或不明者，分别在职务后括号内写作“空缺”或“不详”。

十一、组织机构设立和撤销时间，以上级机构管理部门正式下发的文件为准。机构实际组建或撤销时间与文件不一致的，按实际撤销或设立的时间填写。虽有机构管理部门下发的机构设立文件，但实际未设立的不列为机构。

十二、领导成员任离职时间，均以干部主管部门任免时间或完成法定聘任（选举）程序时间为准。同一人有几级任免文件的，按干部管理权限，以主管部门任免行文时间为准。属自然免职或无免职文件的，将下列情况作为离职时间：被调离原单位的时间，办理了离、退休手续的时间，去世时间，机构撤销时间，选举时落选时间，新的领导人接替时间，副职升为正职的时间，随机构名称变更而职务变化的时间，刑事处分、行政处分和纪律处分的时间，确无文件依据的经组织确认后，加以说明或标注。

十三、本书入编机构，只收录以人事部门机构文件为准的常设机构，各种临时机构、虚设机构、领导小组、委员会等非常设机构未收录。

十四、本书对历史上的地域、组织、人物、事件等，均使用历史称谓。中国共产党各级组织的书写，一般将中国共产党简写为“中共”；各级组织机构，除章、节、目标题和收录党组织领导名录等外，一般省略“中共”二字。文字叙述中召开党代会需使用“中共”。

十五、本书一律使用规范的简化字。采用公历纪年，年、月、日和记数、计量、百分比均用阿拉伯数字。表示概数或用数字构成的专有名词用汉字数字。

十六、本书采用行文括号注或页末注。行文括号注包括领导成员的人事状况，组织的又称、简称等，专用语全称与简称的互注等。页末注系需要说明的问题。同一内容的注释，只在本节（目）第一次出现时注明一次。

十七、本书资料的收录截止时间，不是组织机构撤销和领导人员任职的终止时间。

十八、本书其他特殊情况说明。

（一）有些单位在上一时期、本时期或下一时期存在的时间较短，为完整且连续反映该单位组织结构及领导任职情况，一般通过时间上溯或下延的方式，把这些单位的组织史资料统一收录在某一个历史时期内。

（二）公司所属单位在成立之初，由于成立时间较短，人员短缺，部分单位仅设科室机构，科室领导空缺。因此，在叙述时，部分单位仅收录其下设科室，未收录科室领导人员。

（三）部分所属二级单位由于历史时间跨度大，早期组织机构沿革错综复杂，领导干部更迭频繁，部分领导干部任免和机构变更情况的依据文件缺失，加之部分涉编单位收集的文件资料不全，因此本卷收录的组织史资料存在一定的疏漏，部分内容不够完整，有待今后继续充实补充。

十九、本书收录的资料，仅反映组织机构沿革、领导成员更迭变动和干部队伍发展变化的历史，不作为机构和干部个人职级待遇的依据。由于情况复杂，个别人员姓名和任职时限难免出现错漏和误差，有待匡正。

二十、本书收录的资料内容是关于渤海钻探公司管理职能范围内的公开信息，不收录涉及国家、集团公司和渤海钻探公司规定的保密信息。

二十一、本书所采用资料主要由渤海钻探公司机关相关部门及各参编单位提供，个别为社会调查形成的口碑资料。

目　　录

综　述

为进一步理顺管理体制，推进钻探业务专业化、集约化管理，优化钻探资源，促进技术进步和业务发展，2008 年 2 月，集团公司决定，整合华北石油管理局、大港油田集团有限责任公司的钻井、测井、地质录井等力量，组建中国石油天然气集团公司渤海钻探工程分公司（以下简称渤海钻探分公司），为正局级单位，直属集团公司管理。作业区域主要分布在华北油田、大港油田、冀东油田三大主要区域市场，以二连油田、长庆油田、塔里木油田为重点的行业市场以及以印度尼西亚、委内瑞拉、缅甸为重点的国际市场。

公司成立后，面对关联交易市场容量小、国际市场品质差、资产规模小、经营收入少、专业化程度低等先天不足，严格按照集团公司集约化、专业化、一体化发展的定位要求，坚持科技创新、管理创新“双驱动”，始终致力于调结构、转方式、求创新、促转型、谋发展，实现了四年“一个再造”、五年“两换字头”、六年“变一为三”的发展业绩，走出了一条集约化、专业化、一体化发展之路。

一、重组整合情况

渤海钻探分公司是以钻井、测井、地质录井等石油工程技术服务以及石油工程技术研究为主要业务，国内国外业务一体化的专业化公司。主要以华北石油管理局第一、第二、第三、第四钻井工程公司，塔里木钻井工程公司、录井处、管具工程技术处、固井工程技术处、钻井工程技术服务处、钻井工艺研究院，大港油田集团有限责任公司第一、第二钻井工程公司、定向井技术服务公司、钻井技术服务公司、固井技术服务公司、测井公司、地质录井公司等单位为基础组建，在河北省廊坊市办理工商登记手续。

2008 年 6 月，集团公司决定将渤海钻探分公司名称变更为中国石油集团渤海钻探工程有限公司（以下简称渤海钻探公司），在天津市工商注册，是集团公司独资设立的一人有限责任公司，内部按分公司管理，不设董事会，设执行董事1人；不设监事会，设监事2人。党组织关系隶属于天津市国资委党委。按照集团公司要求，渤海钻探公司将注册地址及办公地点定在天津市经济技术开发区。下设15个机关处室、4个附属单位、8个直属单位、20个二级单位，队伍600余支。

2009年7月，渤海钻探公司召开第一次党员代表大会，选举产生中共渤海钻探公司第一届委员会，委员7人：单祥国、秦永和、马永峰、石桂巨、周宝华、王育山、王保记。选举产生中共渤海钻探公司纪律检查委员会，委员5人：石桂臣、刘鹏熙、刘铮、张风义、韩永祥。中共渤海钻探公司委员会召开一届一次全体会议，选举单祥国任党委书记，秦永和、石桂臣任党委副书记。会议讨论通过了中共渤海钻探公司纪律检查委员会的选举结果，石桂臣任渤海钻探公司纪委书记，刘鹏熙任副书记。

2009年10月，集团公司决定将大港油田集团有限责任公司、华北石油管理局的试油测试、压裂酸化、大修侧钻、连续油管、液氮等作业业务，以及相关生产辅助、研究业务的资产和人员划入渤海钻探公司管理。

渤海钻探公司成立以来，始终贯彻落实集团公司“三控一规范”规定，严格控制用工总量，持续深化重组整合，实施扁平化管理，公司所属二级单位由29个减至24个，撤销了三级单位40个，两级机关人员占用工总量的比例由8%降到5.6%。主营业务收入连年增长，企业总体规模快速扩大。2011年实现营业收入178.6亿元，资产总额229.8亿元。营业收入、资产总额、企业增加值、考核利润较重组之初均实现翻番，用4年时间再造了一个全新的渤海钻探公司。

二、组织机构情况

渤海钻探公司成立初期，按照集团公司“三控一规范”要求，严格机构编制管理，对所属单位机构编制进行了规范，实行公司——二级单位——基层队三级管理模式。下设15个机关部门，4个附属单位，8个直属单位，20个所属二级单位，用工总量23214人，其中合同化员工17118人、市场化员工3576人、劳务工2520人。截至2008年年底，公司拥有钻井队231支、修井队 19 支、定向井队 92 支、测井队 51 支、录井队 442 支、固井队 22 支；作业范围分布在国内华北、大港、冀东、塔里木、长庆、吐哈、青海、二连和蒙古国、印度尼西亚、委内瑞拉、缅甸等 20 多个国内外市场。

2008 年 3 月 3 日和 4 日，按照集团公司钻探业务重组要求，与华北油田公司、大港油田公司就有关业务交接问题进行了协商，分别与华北油田公司和大港油田公司签署了《整体划转协议》，实现了公司正式独立运作。

3 月 23 日，与大港油田公司签署了大港油气合作开发公司、工程技术研究院业务划转协议。

5 月 22 日，完成了华北油田苏里格项目部的业务划转协议，保障了公司整体利益。

整合了华北石油管理局和大港油田集团有限责任公司冀东市场的项目经理部，组建了渤海钻探冀东石油工程事业部；整合了华北石油管理局和大港油田集团有限责任公司在塔里木地区的第四和第七勘探公司，统一纳入渤海钻探公司塔里木钻井工程公司管理；整合了华北石油管理局和大港油田集团有限责任公司在苏里格地区的油气合作开发管理机构，组建了渤海钻探公司油气合作开发公司。为促进企业发展理念、管理制度、市场开发、安全管理的统一规范，更好地树立渤海钻探公司整体形象，统一规范了所属 20 个单位的名称。在单位机构设置方面，严格执行《渤海钻探公司组织机构与职责管理程序》，科学合理地控制机关编制和定员，有效控制了基层单位机构设置，全年对 14 个单位（部门）的内部机构进行了审批，使组织机构得到了进一步优化，促进了工作效率的进一步提高。

2009 年，渤海钻探公司持续进行组织结构调整工作，组织结构优化取得重大进展。本着严格控制机构编制，精简机构的原则，进行了部分单位机构整合，统一规范所属单位名称，加强机构设置管理和定员编制管理，提高组织管理效率。

2009 年 3 月，组建了泥浆技术服务分公司；将油气合作开发业务、长庆地区 EPC 总承包业务分设，成立了长庆石油工程事业部；成立了国际钻采物资分公司；将第一和第二定向井分公司进行合并；将海外钻修井队伍整体纳入国际工程分公司管理。完成井下系统专业化重组。

10 月，将大港油田井下技术服务分公司、华北油田井下作业分公司和油气测试分公司3个单位整建制划入渤海钻探公司，划入合同化员工6245人，市场化员工630人。

2010年，公司按照集团公司“专业化、一体化、集约化”的改革要求，持续推进专业化重组，将第四、第六钻井工程分公司整合成立新的第四钻井分公司，将钻井院和工程院整合组建工程技术研究院，将长庆事业部和国际物资公司列为二级单位管理，将工程院下套管业务划入钻井技术服务分公司，专业化、一体化优势得到进一步体现。所属单位在精简机关科室设置、调整三级单位管理职能等方面做了大量工作，第一固井分公司实施项目部管理模式，撤销5个大队级固井技术分处，有效压缩了管理层次。油气测试分公司调整一线队机构和岗位设置，撤销10个施工作业单位中队级机构，减少中队级管理人员，为推进扁平化、提高管理效率奠定了基础。

2011年，为吸引更多优秀博士来公司工作，促进公司科技进步，提高公司自主创新能力，组建渤海钻探工程公司博士后科研工作站；为实施侧钻业务的专业化管理，促进侧钻业务健康快速发展，调整了侧钻业务管理体制；为提高公司苏里格地区开发速度和效益，成立了地质研究分院；为集中钻井液技术研发力量，提高钻井液服务水平，增强高端市场竞争力，调整了泥浆业务管理体制；为进一步做大做强EPC总承包业务，巩固公司重要经济增长点，调整了长庆地区总包业务管理体制；为加强公司塔里木地区业务管理水平，先后两次调整了塔里木第四勘探公司的机构编制。通过一系列的改革调整，使公司整合了技术人才资源，增强了技术研发与技术服务实力，优化了业务结构与组织机构，达到了推进技术领先战略实施、增强整体竞争实力、抢占高端市场、提升品牌效应的目标，为公司持续发展提供了有力支撑。

2012年，为充分发挥公司在长庆市场的整体优势，研究明确了长庆石油工程事业部“六协调”职能，加强了机构编制；为进一步规范了公司驻天津市经济技术开发区单位社会保险业务，成立了社会保险中心；为落实集团公司机构批复，提出了规范机关机构设置的具体方案。

2013年，为加强公司国际市场管理力量，系统地对国际工程公司等单位国际市场的领导力量及管理机构进行了加强；为进一步加强公司培训管理工作，提高整体培训质量和培训效率，调整了培训管理体制，成立了职工教育培训中心；为进一步加强公司博士后和博士生管理，促进高层次人才发挥更大的作用，调整了公司博士后科研工作站管理体制；为进一步理顺公司重大项目研究管理体制，快速推进重大科研项目的有效落实，调整了公司重大项目研究管理体制；为进一步加大专业化管理力度，突出井控安全专业化管理、强化质量计量标准化工作，调整了企管法规处、质量安全环保处等部门职能。

截至 2013 年 12 月，渤海钻探公司从事的工程技术服务业务主要包括钻前、钻井、定向井服务、钻井液、录井、固井、测井、完井、射孔、试油、测试、大修、酸化压裂、计量、试采和工程总承包等。用工总量 2.7 万人，其中合同化用工 2.2 万人。

公司设 15 个机关处室：总经理办公室、党委办公室（维稳办、宣传部、武装保卫处）、市场与生产协调处、安全环保与节能处、工程技术处、科技开发处、企管法规与质量管理处、规划计划处、劳动工资处、财务资产处、人事处（组织部）、纪检监察处、群众工作处、审计处、装备处。5 个机关附属处级机构：人事服务中心（职业技能鉴定中心）、社会保险管理中心、安全监督总站、井控管理中心、新闻文体中心。8 个公司直属单位：华北石油工程事业部、大港石油工程事业部、冀东石油工程事业部、物资管理中心、国际合作事业部、信息中心、机关事务中心、财务结算中心。24 个二级单位：第一钻井工程分公司、二钻井工程分公司、三钻井工程分公司、四钻井工程分公司、五钻井工程分公司、国际工程分公司、塔里木钻井分公司、井下技术服务分公司、井下作业分公司、油气井测试分公司、定向井技术服务分公司、测井分公司、第一固井分公司、二固井分公司、第一录井分公司、二录井分公司、钻井技术服务分公司、管具技术服务分公司、泥浆技术服务分公司、油气合作开发分公司、工程技术研究院、长庆石油工程事业部（石油工程总承包分公司）、国际钻采物资供应分公司、职工教育培训中心。

三、发展战略及成绩

渤海钻探公司自重组成立以来，务实求效、开拓创新，加快转变发展方式，着力提升发展质量，实现了四年“四个翻番”、五年“两换字头”、六年

“变一为三”，创造了“渤海现象”，实现了由粗放经营向精细管理的迈进。

2008 年 7 月，渤海钻探公司组建后第一次工作会议上，提出了今后一段时期公司总的发展思路，制定了“16246”发展战略。“1”即：确立建设优势突出的国际化石油工程技术服务公司的一大发展目标。“6”即：塑造经营业绩、技术能力、安全环保、管理效能、队伍素质、企业文化六大突出优势。“2”即：采取两步走发展步骤。第一步，到 2010 年，年经营收入达到 140 亿元，公司初步显现六大突出优势，在国内外市场知名度明显提高；第二步，到 2015 年，年经营收入达到 240 亿元，公司较好体现六大突出优势，在国内外市场具有较强影响力。“4”即：坚持国际化、差异化、集约化、人性化四化原则。“6”即：实施技术领先、市场优化、管理创新、人才强企、质量品牌、低成本六大战略。

2009 年 1 月，渤海钻探公司工作会议把增收创效、节支降耗作为企业发展长效机制，努力化解金融危机带来的一系列影响，努力实现“保增长、渡难关、促发展”。实施增收创效，实现“两增长、一提高、两确保”。保证国际业务和技术服务业务创收实现大幅度增长，国际市场确保实现收入 28 亿元以上，力争实现扭亏为盈；主要装备利用率不断提高，盘活现有资源，钻机利用率要力争达到 85% 以上；确保油气合作效益，完成天然气商品量 12.5 亿立方米，实现创收 9.4 亿元、利润 2 亿元以上，确保侧钻、大修业务扭亏为盈。实施节支降耗，实现“四降低、两压缩、两加强”。不断降低人工成本、降低物资采购费用、降低财务费用、降低物资消耗，压缩投资规模、压缩五项费用，加强基建和合同审计、加强效能监察。其中：通过降低人工成本节约 3000 万元，通过降低物资采购费用节约 3500 万元，通过降低财务费用节约 1500 万元，通过降低物资消耗节约 2500 万元；通过压缩五项费用节约 1000 万元，通过压缩投资减少折旧费用 1800 万元；通过加强基建、合同审计和效能监察节约 3700 万元。

2010 年 1 月，渤海钻探公司工作会议提出了“打好六大战役，努力实现科学发展新突破”的战略规划。打好“提高装备利用率进攻战”，周密安排部署，严格考核兑现，大幅提升钻机利用率，使市场开发实现新突破；打好“事故复杂歼灭战”，优化生产组织，严格责任追究，不断提高作业效率和工程质量，使施工能力迈上新台阶；打好“科技创新攻坚战”，大力实施“11688”工程，使科技进步取得新进展；打好“安全环保保卫战”，切实加大管控力度，实现“七个杜绝和两个不超，使安全环保呈现新局面；打好“成本费用阻击战”，严格落实“四降低、两压缩、两加强”成本控制措施，大幅压缩成本费用支出，提高精细化管理程度；打好“改革调整的攻坚战”，将工程技术研究院与钻井工艺研究院整合，成立了新的工程技术研究院；将第四钻井公司与第六钻井公司整合，成立了新的第四钻井公司；将工程技术研究院下套管业务划入钻井技术服务公司，发挥了专业优势；调增塔里木第四勘探公司领导及管理力量，进一步强化了“六统一”管理。

2011年1月，渤海钻探公司工作会议把实施精细管理列为企业发展主题，通过实施“六大精细管理”提升企业管理水平。实施精细市场营销管理，围绕有效实施“市场增收工程”，突出“拓展与优化、规模与效益”重点，着力构建增收增效的长效机制；实施精细生产运行管理，围绕有效实施“生产提速工程”，持续创新生产组织与运行模式，精耕细作，精致服务，着力构建优质高效生产的长效机制；实施精细科技创新管理，围绕有效实施“科技创业工程”，继续深入开展“科技创新攻坚战”，加大投入，完善措施，着力构建科技进步的长效机制；实施精细安全环保管理，围绕有效实施“安全稳定工程”，继续深入开展“安全环保保卫战”，精抓细管，超前防范，着力构建安全环保长效机制；实施精细经营成本管理，围绕有效实施“成本控制工程”，继续深入开展“成本费用阻击战”，精打细算，严管细抠，着力构建低成本发展的长效机制；实施精细基础管理，围绕有效实施“管理创优工程”，进一步完善管理体制，优化管理手段，着力构建持续提升管理效能的长效机制。

2012年1月，渤海钻探公司工作会议提出“六建设、六提升”发展举措。加强安全环保文化建设，围绕打牢安全环保基础，狠抓责任落实，培育安全文化，固化安全行为，增强防范能力，确保实现安全发展、清洁发展，提升本质安全水平；加强市场增收能力建设，围绕全年创收目标，突出市场轴心，科学调配资源，重点落实好“四扩大、一提升”措施，确保实现“16316”工作目标，即国内、国际、钻井和技术服务分别创收168亿元、30.5亿元、108.3亿元和60.5亿元，提升创收创效水平；加强生产组织能力建设，围绕安全、优质、快速、低耗施工，强化组织协调，密切内部配合，实现“三提一降”目标，即国内钻机利用率提高至86%、生产时效提高至96%、整体提速5%，事故复杂降低至1.5%以内，提升服务保障水平；加强科技与信息化建设，围绕“争第一、保一流”和科技产业化目标，立足解决现场疑难杂症，坚持科技研发与技术应用并重，大力推进信息化建设，打造一批新利器，提升一批新工艺，创造一批新指标，展现一批新亮点。实现科技创收28亿元、增效4.3亿元以上，提升引领支撑水平；加强员工队伍建设，围绕体现员工价值和全员素质升级，强化政策研究，挖掘资源潜力，深化全员培训，努力提高队伍使用效能，提升人力资源管理水平；加强企业管控能力建设，围绕精细管理和构建和谐，完善体制机制，优化管理措施，营造良好环境，打牢企业管理基础，提升基础管理水平。

2013年1月，渤海钻探公司工作会议制定了加快转型升级、推进科学发展新跨越、积极打造发展“升级版”的工作思路，以“六个一批”和“六型企业”建设为重点，大力实施“六跨越”工作举措。优化市场布局与开发模式，围绕保障“西部大庆、海外大庆、新疆大庆”建设，落实“四个着力”措施，优化资源配置，完善开发模式，协调业务发展，确保实现创收目标，实现创收创效能力新跨越；加强生产组织与装备管理，以提速提效为目标，持续提高施工效率和装备使用效能，确保整体提速5%、钻机利用率88%以上，实现整体施工能力新跨越；推进科技进步与信息化建设，坚持“争第一、保一流”，努力打造一批新利器、创造一批新指标、展现一批新亮点，实现科技创收42亿元、增效8亿元，实现技术支撑能力新跨越；狠抓责任落实与文化培育，以体系建设为主线，强化精神文化、制度文化、物态文化、行为文化建设，加强监管，落实责任，确保安全发展、清洁发展，实现安全管控能力新跨越；强化员工管理与队伍建设，以培养一流员工为重点，突出抓好引进、培养、使用等环节，激发员工正能量，进一步提升队伍战斗力和全员劳动生产率，实现全员素质能力新跨越；深化管理提升与基础工作，落实“一深化、一完善、两优化”措施，创新管理方式，改进管理措施，夯实发展基础，提升管理能力，实现经营管控能力新跨越。

渤海钻探公司成立六年来，始终坚持科学发展这条鲜明的主线，紧紧依靠管理创新和科技创新“两个轮子”，坚持走内涵式发展道路，取得了令人瞩目的发展成果，企业综合实力得到显著增强。

（一）加强市场增收能力建设，创收创效水平有效提升

按照“走出去、走进去和走上去”的原则，突出高端、突出技术服务、突出总包分包，统筹谋划市场布局，合理调配资源，不断优化资源结构、市场结构、业务结构，不断提高公司市场增收能力。2008 年，以服务保障勘探开发为神圣职责，突出市场轴心地位，坚持规模与效益并举，优化布局，整体协调，发展空间得以有效拓展。关联交易市场占有率保持在 95% 以上，实现创收 51.44 亿元，增幅 19%；国内行业市场实现创收 41.66 亿元，增幅 34%；国际市场实现创收 18.97 亿元，增幅 23%。发挥管理与技术优势，开展了总包业务。2009 年，面对集团公司压缩投资、工作量大幅下降的严峻形势，深入开展市场和经营分析，努力优化调整市场布局，及时调动 80 部钻机和 200 多支技术服务队伍，在全力保障关联交易市场和冀东市场的同时，扩大了塔里木、长庆市场，巩固了青海、玉门、吐哈市场，开辟了浙江、海南，以及储气库等市场。2010 年，围绕打好“提高装备利用率进攻战”，周密安排部署，严格考核兑现，钻机利用率达到 80%，提高 5 个百分点。开辟了煤层气、页岩气等非常规能源市场，实现收入 3.18 亿元。扩大了总包服务规模，实现收入 11.82 亿元，增长 78.8%。成功进入了伊拉克，中标哈法亚、鲁迈拉项目 2.4 亿元；扩大了伊朗市场，中标 4.72 亿元；国际市场创收 15.88 亿元，实现了扭亏为盈。2011 年，超前谋划、认真落实市场开发战略部署和保障措施，市场创收实现突破。关联交易市场，完成进尺 220.52 万米、实现收入 72.8 亿元，分别增长 29.6% 和 24%；行业市场，完成进尺 398.67 万米、实现收入 79.2 亿元，分别增长 39.6% 和 29%；国际市场，努力扩大伊朗、伊拉克市场，持续稳固委内瑞拉市场，有效拓展技术服务业务，转移和新增出国队伍 48 支，实现收入 23 亿元、增长 41.4%，其中技术服务业务创收 5.16 亿元、增长 75%。2012 年，持续优化渤海湾市场，着力拓展“新疆大庆”和“西部大庆”市场，三大区域市场分别创收 88.12 亿元、30.73 亿元和 62.82 亿元，分别增长 9.3%、46% 和 67%；开辟中石化华北分公司、吉林等新市场，新增创收 13.3 亿元，国内市场全年创收 197.7 亿元，增长 28%；持续拓展国际市场，全年新增队伍 38 支、中标 43 亿元、创收 30.4 亿元，分别增长 30%、43% 和 28%；加大技术服务市场开发，技术服务及井下业务全口径收入 126.32 亿元，增长 41%，增幅首次超

过钻井业务。2013年，中标鲁克、米桑总包项目，实现了国际总包零的突破；技术服务及井下业务快速发展，创收149.6亿元，增长17.4%，高于钻井9.4个百分点；深井复杂结构井创收能力大幅提升，单机、单位水马力和米进尺创收分别达到5896万元、1.1万元和2957元，分别增长5.6%、3.5%和5.8%；大港风险区块首战告捷，首口井日均产油21吨，区块累计交油1832吨。

（二）加强安全环保文化建设，本质安全水平有效提升

公司始终将安全环保作为工作的重中之重，加强领导，明确责任，健全制度，严抓细管，实现了连续5年无重伤亡人事故、无一般火灾和交通事故、井喷事故；生产安全事件总起数下降83.1%，百万工时损工时间率下降48%；多次获得中国石油安全、环保、节能工作先进企业，安全管理处于同行业先进水平。狠抓QHSE体系建设。完成了程序文件、作业文件的编制和体系发布工作，开展了全过程、全要素内部审核，有效推进了QHSE体系管理。制定了24个队种的基层HSE建设标准，建立了119个岗位考试题库，开展了全员考试，提高了员工素质。发布实施B版QHSE体系和国际市场“1+N”体系，分层次开展体系审核，在集团公司两轮体系审核中均名列前茅。出台《体系审核定级管理办法》，对各单位进行A、B、C定级、排名和奖惩。落实HSE责任。推行“岗位两书一表”，促进了各级安全环保责任的有效落实。践行“有感领导”，实施领导干部HSE行动计划，改进挂点联系检查方式。落实“直线责任”，逐级签订HSE责任状。推进“属地管理”，全面推广工作前安全分析、目视化管理等新工具、新方法，落实了岗位责任。强化井控管理。成立井控领导小组，健全井控管理网络，严格井控验收审批程序，狠抓了“三高井”“两浅井”和欠平衡井的风险评估与技术管理，提高了井控管理水平。强化井控监督检查，对在井控检查中处于末位的钻井队进行停产整顿。建成了国内一流的井喷模拟培训基地，加大井控培训力度，强化井控应急演练，提高了基层员工的井控技能。完善井控管理网络，狠抓重点井关键工序处级责任人、井控坐岗等制度落实。在钻井、井下单位设立井控监管站，配备专职监管人员347人，井控力量进一步加强。强化监督检查。认真落实中国石油天然气集团公司反违章禁令“十项规定”和“吊

装作业禁令”，加大违章行为查处力度。出台了《安全监督管理办法》《安全监督工作手册》等制度，明确监督责任与义务、监督程序等内容，实行监督级别升降制度，发挥了现场监督的作用。狠抓风险管理。完善应急预案，强化危险作业及放射源、火工品、危险化学品监管，有效降低了施工作业风险。严格冀东3号岛、放射源及易燃易爆场所、公众聚集场所监管，加强危险作业许可管理，确保了人员生命财产安全。强化基层队达标排放和“12井”污水池维护治理，杜绝了环境污染事故。推进基层“三标”建设，实施安全隐患专项治理，落实危险作业审批制度，强化重点领域、要害部位、特殊时段和重大项目监管，开展安全生产大检查，杜绝了各类责任事故。深入开展“四个评估”，查找基层、岗位、生产和工艺方面存在的“短板”，制定了整改措施；投入大量资金治理隐患项目、实施技改项目，改善了作业条件。加强海外防恐、环境保护、交通、消防等关键环节管控，确保了作业风险受控。加强安全文化建设。提炼9条HSE理念和6条井控理念，出台12项危险作业“保命条款”，开展安全文化经理访谈、安全在我心中、安全知识竞赛、安全短信群发等系列活动，员工安全意识日益增强。

（三）加强科技研发管理，引领支撑水平有效提升

公司成立以来，秉承“争第一、保一流”的科技理念，以科技研发、高新技术产品研制、技术服务一体化发展为宗旨，以满足市场需求、破解技术难题、解决施工作业中遇到的实际问题为重点，以有效化解常规技术瓶颈为突破，健全科技管理体系，完善科技管理制度，强化合作交流，大力推进“技术创新、科技创新”工程，打造了一批新利器、创出一批新指标、形成一批新工艺。公司累计荣获省部级以上科技进步、技术创新奖70项，获授权专利326项，累计实现科技增收147.2亿元、增效26.8亿元，被认定为国家级技术创新示范企业、国家级高新技术企业、国家认定企业技术中心、集团公司企业技术中心分中心，先后培育形成了具有渤海钻探特色的“十大优势技术”“十大特色技术”和“十大技术利器”。

深井、超深井钻井技术。开发形成了深井/超深井安全钻进、钻井液、管柱下入等配套技术。累计完成4500米以上超深井668口，其中6000米以上深井复杂结构井252口，占集团公司总量的39%。在西部，克深7井，完钻井深 8023 米，创集团公司 7 项纪录。在东部，新港 1 井，完钻井深 6716 米，创渤海湾地区最深井纪录。水平井钻完井技术。自主研制了水平井造斜测量工具，形成了整套水平井钻完井技术，国内实力领先。完成各类水平井 3600 多口；苏 76—1—20H 井水平段长 2856 米，创集团公司水平段最长纪录；金跃 5H 井垂深 7010 米，创集团公司最大垂深水平井纪录；开辟了伊朗、委内瑞拉、伊拉克等国外市场。大位移钻井技术。研发生产旋转导向等工具，形成 10 多项优势技术，具备设计、施工一体化服务能力。完成国内大位移井总量的 60% 以上，创陆上水垂比最大 3.92、水平位移最大 4842 米等纪录，在冀东一个海岛完成 157 口大位移丛式井，在伊拉克创一趟钻钻成 881 米水平段最长纪录。BH—WEI 钻井液技术。成功应用 259 口井，其中：在塔里木地区，可替代油基钻井液，深受甲方好评，被列为山前井施工的三大钻井液体系之一；在青海油田推广应用 8 口井，节约投资 1500 多万元，被列为青海油田年度技术创新成果，坪 2—1—1H 井试油日产气 53 万立方米，坪 2—1—2H 井试油日产气 44 万立方米，狮 42 井裸眼段中途测试，日产原油 173.62 立方米，天然气 2.4 万立方米；在伊拉克哈法亚成功应用 16 口井，彻底改变了该油田过去事故复杂多、井眼质量差、施工周期长的局面，得到了中油国际中东公司哈法亚项目公司高度认可。BH—MWD\LWD 随钻测井仪。形成实时监控、随钻测量技术，获国家专利 5 项，技术水平国际先进。生产 LWD18 套、MWD110 套，完成 3600 余口井技术服务，创造直接经济效益超过 10 亿元。BH—垂直钻井工具。形成专利 3 项，主要技术指标达到国际先进水平。在克深 8 井，创单趟钻进尺 1086.8 米、钻进段井斜 0.2 度以内等多项纪录，被纳入集团公司“2012 年十大科技进展”之中，荣获第十二届中国国际石油石化技术装备展览会唯一一项“展品创新金奖”。

（四）加强企业管控能力建设，基础管理水平有效提升

按照有利于优化公司整体功能、有利于提高生产经营效率、有利于激发公司活力、有利于调动员工积极性、有利于促进公司快速发展的原则，大力开展体制机制创新、生产组织创新、管理方式创新，实现公司专业分工优化、管理方式优化、工作流程优化，不断夯实公司发展基础。

加强基础管理。开展管理提升活动，深化管理对标，实施 12 个专业路

管理提升方案，开展“两揭四互”和管理诊断下基层活动，提升了管理水平。推进三基工作，着力加强基层党建和班子建设，加强质量计量标准化管理和制度建设、流程规范，加强员工政治素养和业务技能培育，扎实开展标杆队选树、“五型”班组创建、钻井队基础资料规范等工作，全面提升基层建设水平、基础工作水平和员工基本素质。深入开展“强达争”和“强细争”活动，有效提升了各级组织的执行力和战斗力。

加强内控体系建设，梳理优化业务流程，建立了“流程统一、控制集中、界面清晰、简洁高效”的风险防范体系。

加强物资采购管理，根据物资消耗特点和生产实际，大力推进物资招标采购工作，在满足现场生产需求的情况下不断降低物资采购成本。推进生产运行管理方式创新，优化生产资源配置，优化生产组织流程，密切工序衔接，提高了生产运行效率。从市场需求出发，按照突出优势、高效实用、资源共享、功能互补的原则，配置好各类设备、仪器、工具，充分发挥装备潜能，提高了装备利用率。

加大信息化建设力度，ERP 与 A7 系统应用成效保持板块前列；完成了信息安全管理平台建设，开展了钻井队卫星视频会议系统建设，进一步提升了生产现场信息化管理水平。加强品牌建设，统一产品商标、海外队伍标识，制作中英西文版电视宣传片，有效提升了品牌影响力。

推进管理创新。针对公司生产经营中遇到的重点、难点问题，以创新创效为目的，以管理理论为指导，以管理实践为保障，持续推进管理现代化创新，通过梳理、提炼、创造管理成果，促进运营模式优化、创效能力强化、发展方式转化。共有 74 项成果获得省部级以上奖励，其中：国家级成果一等奖 1 项、二等奖 2 项，天津市成果一等奖 14 项、二等奖 17 项、三等奖 11 项，全国石油石化企业成果一等奖 3 项、二等奖 8 项、三等奖 18 项。

严格经营管理。强化成本控制，扎实开展“勤俭节约、挖潜增效”活动，推行精细化管理，制定落实 7 个方面 52 条成本管理措施，有效降低了运营成本；大力压缩非生产性辅助项目，严格规范各类专项费用支出，“五项”费用大幅下降；强化资金控制，加快工程结算，经营成效有效提升；加强业绩考核，制定并实施了经营责任制考核办法和领导人员绩效考核办法，促进了经营责任的有效落实。

四、人才队伍建设

渤海钻探公司成立以来，牢固树立“人力资源是第一资源”的理念，按照集团公司“三控一规范”工作要求，根据公司“16246”发展战略，大力实施人才强企战略，有序配置人力资源，不断优化队伍结构，为建设“管理技术型”石油工程技术服务公司提供智力支持和人才保障。

（一）加强管理人才队伍建设

认真做好领导班子建设各项工作，先后制定了《渤海钻探工程公司领导人员管理暂行办法》《领导人员谈话工作暂行规定》《党员领导干部报告个人有关事项规定》《领导人员后备人选工作实施办法》《退出处级领导岗位人员管理办法》等制度，推进了干部管理科学化、民主化、制度化进程。扎实开展“四好”领导班子创建活动，强化政治素质，突出能力建设，转变作风形象，创造一流业绩，领导班子整体功能明显增强。大力推行公开选拔、竞争上岗，不断加大干部交流和班子调整力度，班子结构得到进一步优化。全面推行年度考核、绩效考核，用正确的业绩观衡量干部、评价班子，激励领导人员认真履职尽责。持续开展教育培训，组织公司处级干部分期分批参加集中培训，综合素质和领导能力不断提高。实施领导人员后备人才选拔培养战略，通过民主推荐、组织考察、上级审批等程序，建立优秀年轻干部的后备干部队伍。通过不断加强领导班子和干部队伍建设，为公司又好又快发展提供了坚强的组织保证。

（二）加强专业技术人才队伍建设

大力实施“人才强企”战略，不断完善人才培养、吸引和使用机制，加强专业技术人才建设，有计划、分层次、分专业开展专家选拔工作。根据公司发展需要，在总结以往专家管理经验的基础上，完善技术专家管理制度，制修订了《技术专家管理办法》《安全井控专家管理办法》《职称和专家直通评定办法》。以技术专家队伍建设为龙头，明确了技术专家年度工作任务，制定了专家岗位设置意见，加大了技术专家考核和选拔力度，组织了公司范围内的专家考核和新增专家选聘工作。实行专家分类分级管理，初步形成了四类、五级的新型专家队伍结构，明确了各类专家职责，建立了专家动态管理机制。组建渤海钻探公司博士后科研工作站，搭建起人才引进与施展才华的良好平台。截至2013年年底，从院校引进硕博毕业生190人，从外部引进技术专家3人，调整新增了集团公司技术专家3人、公司技术专家83人；新增副高级及以上职称488人、中级职称2327人，公司专家队伍不断壮大、结构更加合理，促进了专业技术人才队伍整体逐步优化，为公司开展重大科研课题研究、重点工程建设和重大咨询项目等，提供了人才保障。

（三）加强技能人才队伍建设

为有效培养技能人才，促进技能人才队伍素质的持续提升，公司建立起了以技能鉴定、技能竞赛、导师带徒、技师考评、高技能人才推介、技能专家评审、员工用工身份转换等为主要内容的技能人才开发体系，深入开展技能人才开发工作，为公司稳健发展提供技能人才支撑。

一是建立了职业技能鉴定质量管理体系，为提高职业技能鉴定的实效性，制定出台了《渤海钻探工程公司职业技能鉴定管理办法》等多项规章制度和措施，加快配套教材和题库建设，提高实际技能比重，使鉴定与生产紧密结合；建成了一流的井控模拟培训基地，组织进行了培训课件和音像教材开发，提升了主干专业工种培训的电教化、实践化、规范化水平；坚持基地鉴定与现场鉴定相结合的工作方法，对外部施工、工作紧张的作业队，送教到基层，服务到现场。截至2013年年底，共组织开展技能鉴定92批次，鉴定32400人，覆盖公司所有石油主干工种。

二是广泛开展竞赛，选拔技能人才。通过开展技能竞赛活动，采取以赛促培、赛培结合的方式，增强了操作人员技能素质。截至2013年年底，在集团公司组织的技能竞赛中，共获得7个团体第一、3个团体第二，金牌44枚（总数104枚，占42.3%），奖牌101枚（总数199枚，占50.8%）。与重组初期相比，新增技师和高级技师285人、高级工3000人，技能人才队伍整体素质在稳步提升。正是由于在人才培养开发方面取得的成效，被评为全国百家技能人才开发先进单位之一。

（四）加强员工队伍素质培训

按照“按需施教、突出重点、学以致用、力求实效”的原则，实行培训统一规划、分级管理，建立完善了培训工作体系、培训项目管理体系，优化了培训资源、强化了培训全过程管理，做到了“三突出一加强”，即：突出安全质量培训，开展了“安全井控大培训”和“工程技术大培训”活动，培养了全员的安全意识和技能，加强了现场技术的支撑。重点开展了处职领导人员、两级机关管理人员的政治理论、法律法纪等培训，高层次专业技术人才新技术、新工艺、新方法培训，国际合作人才和外语培训，高技能人才技术轮训、关键岗位操作操作人员技能提升培训、后备高技能人才技能等级鉴定培训以及班组长业务知识培训及钻井队停工培训等工作。突出基层自我培训，聘任一线队兼职培训讲师 1482 人，自主开发了用于一线培训的 6300 余个岗位读本、视频教材、PPT 培训课件和 31.5 万个基层考试试题，满足了基层员工培训需求；突出海外一线员工培训，培养国际培训师和外籍培训师 26 人，对外籍员工进行流动培训，有效推动了国际市场开发；加强了钻井技术和井控培训基地建设，为开展培训和竞赛奠定了良好的基础。截至 2013 年底，累计组织培训 11723 班次，培训 56.6 万人次，队伍整体素质得到稳步提升，公司系统的培训管理工作，获得了天津市企业管理现代化创新优秀成果一等奖。

（五）加强人才队伍建设创新

公司畅通人才成长渠道，打破学历、资历、身份等条件限制，先后出台了职称、专家直通评审、用工身份转换、毕业生见习实习等政策。对获得公司科技创业奖、技术创新特等奖，并为公司创收创效做出重要贡献的技术人员，直通聘任为专家或晋升职称；对在公司及以上级别技能竞赛中取得优异成绩的市场化员工和劳务工，转为合同化或市场化员工；实行毕业生“统一实习、集中管理、严格考核、二次分配”的管理模式，更好地配置人才资源，促使毕业生自我加压，促进自身快速成长。

五、党建和思想政治工作

（一）党建工作水平明显提升

紧密融入生产经营中心工作，主动服务改革发展稳定大局，扎实开展了学习实践科学发展观、保持党的纯洁性教育、党的群众路线教育实践、机关干部下基层、解放思想大讨论等多项活动，党组织引领作用有效发挥。大力推进学习型、服务型、创新型党组织建设，连年开展创先争优、“强达争”“三比”劳动竞赛等活动，有效发挥了推动科学发展、促进企业和谐、服务职工群众、加强基层组织的重要作用。认真组织党委中心组学习、处科级干部培训、党支部“三会一课”，深入学习党的建设基础知识和生产经营管理知识，学习集团公司、公司重要会议精神。认真落实“四同步”原则，党组织机构建立率 100%，扎实开展“六个一”党支部创建和“三优杯”竞赛活动，加强党支部书记业务知识培训，深化服务党员工作，认真开展党建工作专项调研、党建工作理论研讨，持续提高了党建工作水平。截至 2013 年年底，坚持向一线和关键岗位倾斜，共发展党员 2439 名，其中生产一线发展党员 1730 名，占 70.93%。班班有党员率达到 100%。组织党支部书记培训班 75 期，培训 3750 人次。有序推进党支部晋位升级，基层党支部达标率达到 99%。两级党委走访慰问生活困难党员 305 名，发放慰问金 22.85 万元。

（二）领导班子建设持续加强

认真落实民主集中制原则，严格执行“三重一大”决策制度，制定完善《领导人员管理暂行办法》《实行领导人员问责的实施办法》《领导班子及领导人员年度考核办法》，领导人员管理工作进一步科学化、制度化、规范化。出台了《关于开展“四好”领导班子创建活动实施方案》，各单位积极行动，结合本单位实际制订计划，明确目标，细化标准，强力推进，创建活动取得明显成果。扎实开展“四好”班子创建活动，加强后备干部队伍建设。截至 2013 年年底，共选拔任用处级干部 131 人，调整交流处级干部 250 人，班子结构更趋合理、优势更加互补、合力进一步增强，形成了 247 人的后备干部队伍。组织处级干部培训班 25 期，培训 968 人次；组织中青年干部培训班 10 期，培训 338 人次，进一步提高了干部队伍综合素质。认真组织处级干部 HSE 考试、新提拔人员安全考试和评估、新提拔副处级和科队级干部到安全部门挂职锻炼，各级干部安全素质得到提升。强化日常监督管理，坚持新提拔人员上会前征求纪检部门意见和廉洁考试，实施任前廉洁谈话、试用期满考核、离任审计、个人事项报告等制度。强化对所属单位、部门领导班子和全体处级干部履职考核，“好”和“较好”领导班子达到100%，“优秀”和“称职”处级干部达到100%。

（三）“强达争”活动成效显著

综合运用例会协调、挂点指导、劳动竞赛、现场观摩、考核激励、典型示范等措施推进活动扎实开展。公司领导亲自带队，经常深入基层队站检查工作，指导活动开展；机关处室坚持每月到挂点单位检查督导，帮助基层解决实际问题；活动办公室每月召开例会，交流经验，汇总情况，提出工作要求。重点做好落后队帮扶工作，机关部门、事业部协调推进，二级单位落实“一帮一”措施，针对个别基层党支部“弱”、班子“软”、表率“差”的问题，通过竞争择优选配基层班子成员，钻井队、作业队基本配齐了专职党支部书记。加强基层干部学习培训，健全班子工作制度，加强班子考核监督，实施干部动态管理，基层班子结构得到优化，干部素质明显提升。基层队加强对标管理，有效解决了生产组织、现场管理、事故复杂等方面的难题。扎实开展全员“三比”劳动竞赛，在确保安全和质量的前提下，更加注重质量和效益，形成了党政工团齐抓共管、公司上下全员参与的良好局面，有力促进了影响安全管理、质量控制、市场开发、生产组织、提速提效等瓶颈问题的迅速解决，有效调动了全员的生产积极性，赢得了生产经营的主动权。截至2013年年底，公平选优胜基层单位876个大力宣传基层建设“十面红旗”单位等先进典型，扎实开展两级机关挂点指导工作，调动了机关处室、二级单位和基层队三个层面的工作积极性。

（四）反腐倡廉建设扎实有效

深入开展“忠诚事业、承担责任、艰苦奋斗、清廉奉献”主题教育活动，扎实开展党纪条规教育、案例警示教育和廉洁从业教育，丰富开展书记讲党课、警示教育报告会、党纪法规知识答题、廉洁文化作品展等活动，教育党员干部常思贪欲之害、常怀律己之心，珍惜岗位，廉洁从业。截至2013年年底，共编发案例剖析材料、警示教育片等书籍材料2万余份。创新开展“廉洁从业经验分享”活动，共分享1500多次。持续开展廉洁警示谈话工作，有序扩大谈话范围，进行任前廉洁警示谈话600多次。认真落实党风廉政建设责任制，逐级签订党风廉政建设责任状、承诺书，建立了领导人员廉洁从业档案，进一步明确了各级负责人的廉政责任和工作目标。公司成立以来，开展效能监察 16 项，发现问题 59 个，挽回直接经济损失 127.3 万元，协助建章立制 110 个。严肃查处违纪案件，截至 2013 年年底，收到信访举报 77 件，查结 77 件，立案 9 件，给予党纪政纪处分 12 人，维护了公司和职工的利益。

（五）思想政治工作深入人心

结合公司生产经营形势，每年年初公司“三会”和年中领导干部会议后，通过巡回宣讲、调研检查、网络专题、编发材料等形式，层层开展形势任务教育，详细解读公司党委和公司的各项工作部署。各单位通过领导宣讲、学习培训、知识竞赛、座谈讨论等多种形式，引导广大干部员工认清形势，明确目标，坚定信心，以良好的精神状态投身生产经营工作实践，为全面完成公司生产经营任务奠定坚实思想基础。组织开展“双十”全员读书活动，创办“渤钻大讲堂”，营造了浓厚的学习氛围。积极开展走访和谈心活动，做好一人一事的思想政治工作，保持了队伍的良好精神状态。扎实开展“百名机关干部下基层”活动，机关干部受到教育，一线职工得到激励。公司机关带头开展“解放思想大讨论”活动，促进了政治理论和生产经营基础知识学习与谋划公司各项业务发展的深度结合。加强媒体沟通，与《中华儿女》杂志合作开办“我们是铁人子弟兵”专栏，宣传公司一线先进典型，唱响“我为祖国献石油”的主旋律。组织开展了“到基层去·感知中国石油”采访活动，邀请新华社、天津日报、滨海时报等媒体记者到一线采写稿件，其中新华社记者采写的《渤海之滨石油钻井工人用青春演绎精彩》在新华网发表，展示了员工的精神风貌，树立了公司的良好形象。截至 2013 年年底，公司在省部级以上媒体发稿 1592 篇，是《中国石油报》头版头条发稿最多的单位之一。

（六）企业文化建设成果丰硕

广大干部职工弘扬大庆精神铁人精神，苦干实干、攻坚克难，在实践中培育形成了以“务实、创新、争优、和谐”为鲜明特色的争先文化和以“特别能吃苦、特别能忍耐、特别能担当、特别能奉献”为主要内容的“四特”

精神。着力挖掘先进事迹，培养选树先进典型，广泛宣传突出业绩，大力宣贯特色文化，广大职工的集体荣誉感和认同感持续增强，渤海钻探公司的行业知名度和美誉度持续提升，被评为全国企业文化建设优秀单位和百佳单位。积极开展企业文化建设管理提升活动，抓好对标分析，组织观摩交流，提高了公司企业文化建设整体水平。大力宣贯公司企业文化理念，先后修订编印了两版《企业文化手册》，编制了企业文化培训课件作为基层队职工培训的重要内容，组织开展向牛星壮学习活动，组织了牛星壮事迹报告会 3 场，组织宣传了“中国石油·榜样”王怀军的先进事迹。在牛星壮、王怀军等模范事迹的感召下，公司形成了学习劳模、赶超劳模的良好氛围，积极宣传广大员工在国内外市场不畏强手、追求卓越、精细管理、科学施工的先进事迹，唱响了“我为祖国献石油”的主旋律。明确了渤海钻探公司的产品商标、海外队伍标识和使用要求，品牌管理得到加强，持续修改完善了公司《企业形象宣传册》和《打造石油钻探的高端利器》电视宣传片，大力宣传公司的创新成果、科技产品和精品工程，渤海钻探公司的市场形象不断提升。开展“情系一线”慰问演出，围绕重大节庆举办朗诵比赛、声乐戏曲比赛等文化赛事，组织羽毛球、乒乓球、排球、篮球等各类健身活动，丰富了员工业余文体生活。大力宣贯公司 HSE 理念和井控理念，强化“三标”教育、培训和执行。紧密融入“安全文化建设年”活动，大力宣贯公司 HSE 理念、井控理念和“保命条款”；开展“增强安全环保责任意识”专题教育，发动干部员工积极参加“安全在我心中”系列文化活动，促进了安全文化入脑入心。

（七）工团组织作用充分发挥

认真落实职工代表大会制度，发挥了职工代表参政议政、民主监督的重要作用。扎实开展“让工会走近职工、让职工走进工会”活动，深入开展“面心实”活动，完善了工会干部逐级挂点联系基层、联系困难户制度，建立基层联系点 467 个、困难户联系点 1842 个，开设职工网络信箱 470 个，公布服务电话 25 部，更好地发挥了桥梁纽带作用。积极推进工资集体协商协议，工资集体协议签订率 100%。广泛开展职工经济技术创新活动，截至 2013 年年底，共征集合理化建议 1675 条、表彰奖励优秀建议 200 条。扎实开展“安康杯”竞赛活动，渤海钻探公司被评为全国“安康杯”竞赛优胜企业和天津市“安康杯”竞赛优秀组织奖。深入开展“职工之家”建设，公司工会被天津市总工会授予“模范职工之家”称号。积极开展青春建功行动，19个班组被评为天津市安全示范岗、青年文明号、优秀青年文明号。开展“三送”活动和节日慰问活动，把关爱送到了生产一线，把文化送到了施工现场，把健康送到了员工身边。截至2013年年底，共慰问基层队伍5304队次，发放慰问金、慰问品共计2052.96万元。扎实做好团员青年思想引导，积极开展青年文明号、导师带徒、青年志愿者服务队等活动，增强了共青团组织的凝聚力，提升了青年建功立业的积极性。公司团委被评为天津市和集团公司红旗团委，公司工会荣获全国先进工会、全国模范职工之家、全国企业工会工作红旗单位等多项荣誉。

“强达争”主题实践活动。“强达争”即强三基、达三标、争先进，是渤海钻探公司党委、公司长期坚持的一项主题实践活动。主要内容是强化基层建设、基础管理和基本素质，推动“三基”工作上水平；达到标准化现场、标准化岗位、标准化操作的管理要求，促进基层执行力提升；弘扬“争先”文化、践行“四特”精神。作为渤海钻探公司上下广泛认同、全员积极参与的品牌工程，“强达争”主题实践活动2012年入选中国石油基层建设百个经典案例，被评为天津市精神文明建设创新项目。

“三比”劳动竞赛。“三比”即比安全、比质量、比速度。是以“筑牢安全环保基础，促进施工质量提升，持续推进工程提速，不断实现创收增效”为主要内容的劳动竞赛。公司及各单位精心设计，认真组织，深入开展多种形式、不同层次、全员参与、全域覆盖、全方位推进的竞赛活动。定期评选竞赛先进单位和优胜队，领导现场督导，先进宣传有力，极大调动了各级组织和广大干部员工的生产主动性、积极性和创造性，增强了基层凝聚力、战斗力和执行力。是渤海钻探公司培育“争先”文化的重要载体，践行“四特”精神的特色平台。

“三送”活动。“三送”即送关爱、送文化、送健康。冬送温暖、夏送凉爽，把关爱送到生产一线，把文化送到施工现场，把健康送到职工身边，一年四季关爱不断。开展工资集体协商、职工代表巡视等活动，源头维护权益，全面关爱职工；开展图书送基层、员工品书香、“每日悦读十分钟”和情系一线慰问演出、形势任务教育等活动，为基层单位送文化；积极建设各类文化运动场馆，广泛组织文化体育活动，坚持工资收入和福利费向基层倾斜，努力改善一线生产生活条件，为一线员工送健康。

机关干部下基层活动。每年组织100名左右机关管理人员深入基层现场15天，与基层员工同吃、同住、同劳动，体验基层一线生活，学习现场专业知识，了解职工所思所想，掌握基层存在问题，增强服务基层的主动意识，提升为基层办实事、办好事、办成事的综合素质。旨在建设一支胸怀全局、心系基层、脚踏实地、作风过硬的机关干部队伍。

“打造升级版共筑渤钻梦”解放思想大讨论活动。公司机关针对干部员工面对不同时期、不同阶段面临的形势任务、方针政策，内外环境，在思想意识、工作作风、方法措施等方面存在的突出问题和倾向性问题，组织开展的大讨论活动。活动以处室为单位，深入分析面临的形势任务，对标分析本专业路工作优势和存在问题，解放思想、创新思维，诠释“打造升级版共筑渤钻梦”的深刻内涵、方法途径，为公司转型升级提供精神动力。

形势任务教育活动。每年公司职代会、党委扩大会和工作会后，由公司领导带队，组织宣传、安全、井控、劳资、财务部门负责人，分片到区域市场组织形势任务报告会。向科处级干部宣讲公司面临形势任务，年度工作目标，主要工作措施和政策规定。统一思想、凝聚力量，把干部职工的思想和行动统一到公司的年度工作部署上来。

渤钻大讲堂。通过邀请知名专家、教授举办专题讲座，组织公司中高层管理人员和技术技能专家开展宣讲，集中观看专题学习教育影音资料，发放教育宣传资料等多种途径，学习把握上级决策部署、内外形势任务、相关政策规定，丰富工程技术、安全环保、精细管理、思想政治、法律法规等方面知识，推进学习型机关建设，提升机关管理人员综合素质和业务水平。

第一章　领导机构

2008 年 2 月，集团公司对华北石油管理局和大港油田集团有限责任公司的钻探及相关工程技术服务业务实施重组，组建中国石油天然气集团公司渤海钻探工程分公司，机构规格为正局级。

2 月 26 日，集团公司决定，秦永和任渤海钻探工程分公司总经理，聘任单祥国、马永峰、周宝华、王育山、王保记为渤海钻探工程分公司副总经理，王育山为总会计师，马永峰兼任安全总监；同日，集团公司党组决定，组建中共渤海钻探工程分公司委员会，委员会由单祥国、秦永和、石桂臣、马永峰、周宝华、王育山、王保记等 7 人组成，单祥国任党委书记，秦永和任党委副书记，石桂臣任党委副书记、纪委书记、工会主席。

6 月 20 日，集团公司决定，将中国石油天然气集团公司渤海钻探工程分公司更名为中国石油天然气集团渤海钻探工程有限公司，为集团公司独资设立的一人有限责任公司，在天津办理工商注册，内部按分公司管理。不设董事会和监事会，设执行董事 1 人，兼任公司总经理，设监事 2 人。24 日，渤海钻探公司对党政领导分工进行明确：党委书记、副总经理单祥国全面负责公司党委工作，负责党建、领导班子建设、精神文明、基层建设、企业文化、廉政建设和信访稳定工作，负责主持公司党委会、是公司党风廉政建设和信访稳定工作第一责任人，分管党委办公室（宣传部、维稳办、武装部）、组织部（人事处）；总经理、党委副书记秦永和全面负责公司行政管理、生产经营工作，组织制定公司发展战略、规划、年度总体工作部署，负责投资计划的总体控制，负责公司中层干部的提名、聘任（解聘）工作，负责主持总经理办公会、总经理常务工作会、党政联席会、科委会、HSE 委员会等会议，是公司安全环保第一责任人，分管总经理办公室、人事处（组织部）；副总经理兼安全总监马永峰协助总经理负责市场开发、生产协调、应急管理、安全管理、环境保护、质量管理、节能降耗、石油工程技术管理、井控管理、设备管理、地方关系等工作，作为 QHSE 管理者代表，负责 QHSE 体系建设和运行以及安全环保负主管责任。作为井控第一责任人，全面负责井控工作，负责分管业务的廉政工作，分管市场与生产协调处、质量安全环保处、工程技术处、装备处、安全监督总站、井控管理中心、华北石油工程事业部、大港石油工程事业部、冀东石油工程事业部。党委副书记、纪委书记、工会主席石桂臣协助党委书记负责党建、宣传思想工作、共青团工作、武装、统战、精神文明建设、企业文化建设和信访稳定工作，负责纪律检查委员会、工会委员会工作，协助总经理负责监察工作、机关事务工作，负责分管业务的安全环保、廉政工作，分管纪检监察处（纪委办公室）、群众工作处（工会、团委）、新闻文体中心、机关事务中心。副总经理周宝华协助总经理负责计划统计、投资计划控制与管理、机构改革、劳动工资、人才引进、员工培训、人才交流、技能鉴定、社会保险、物资采购与管理、信息化建设、经营审计、基本建设、基建审计等工作，负责分管业务的安全环保、廉政工作，分管规划计划处、劳动工资处、审计处、人事服务中心、物资管理中心、信息中心。副总经理、总会计师王育山协助总经理负责企业管理、政策研究、法律事务、法人实体清理、内控体系建设与运行、经营考核、关联交易、财务资产、定额管理等工作，负责分管业务的安全环保、廉政工作，分管企管法规处、财务资产处、财务结算中心。副总经理王保记协助总经理负责科技开发、技术市场管理、外事管理、外经贸管理、国际市场开发、国际市场生产协调、国际市场安全生产与应急反恐等工作，负责分管业务的安全环保、廉政工作，分管科技开发处、国际合作事业部、国际工程公司。

7 月 11 日，集团公司委派秦永和为渤海钻探工程有限公司执行董事，石桂臣、刘铮（职工代表）为渤海钻探工程有限公司监事。15 日，因公司更名，集团公司决定，秦永和任中国石油集团渤海钻探工程有限公司总经理。渤海钻探工程分公司领导班子其他成员相应改任中国石油集团渤海钻探工程有限公司的领导职务。

2009 年 10 月 20 日，集团公司决定，聘任陈岩为渤海钻探公司副总经理；免去马永峰的渤海钻探工程有限公司副总经理、安全总监职务，另有任用。集团公司党组决定，陈岩任渤海钻探公司党委委员；免去马永峰的渤海钻探工程公司党委委员职务。

11 月 5 日，公司对行政领导分工进行调整：总经理秦永和全面负责公司行政管理、生产经营工作，分管总经理办公室、人事处（组织部）；副总经理陈岩，协助总经理负责经营审计、物资采购与管理、油气合作开发等工作，分管审计处、物资管理中心、国际钻采物资供应公司、油气合作开发公司。副总经理周宝华协助总经理负责市场、生产、安全环保、井控、规划计划、劳资、信息化等工作，分管市场与生产协调处、质量安全环保处、工程技术处、装备处、规划计划处、劳动工资处、华北石油工程事业部、大港石油工程事业部、冀东石油工程事业部、信息中心。副总经理、总会计师王育山协助总经理负责企管法规、财务资产等工作，分管企管法规处、财务资产处、财务结算中心。副总经理王保记协助总经理负责科技、国际市场等工作，分管科技开发处、国际合作事业部、国际工程公司。

11 月 10 日，集团公司决定，聘任张宝增为渤海钻探公司副总经理、安全总监。同日，集团公司党组决定，张宝增任渤海钻探公司党委委员。

11 月 24 日，公司对行政领导分工进行调整：总经理秦永和全面负责公司行政管理、生产经营工作。分管总经理办公室、人事处（组织部）。副总经理陈岩负责企业管理、政策研究、法律事务、年鉴编纂、内控体系建设与运行、经营审计、物资采购与管理、机关事务管理、油气合作开发等工作，分管企管法规处、审计处、物资管理中心、机关事务中心、国际钻采物资供应公司、油气合作开发公司。副总经理、安全总监张宝增负责市场开发、生产协调、应急管理、安全管理、环境保护、质量管理、节能降耗、石油工程技术管理、井控管理、地方关系等工作。作为 QHSE 管理者代表，负责 QHSE 体系建设和运行，对安全环保负主管责任；作为井控第一责任人，全面负责井控工作，分管市场与生产协调处、质量安全环保处、工程技术处、安全监督总站、井控管理中心、华北石油工程事业部、大港石油工程事业部、冀东石油工程事业部。副总经理周宝华负责规划编制、计划统计、投资计划控制与管理、装备管理、机构改革、劳动工资、人才引进、员工培训、人才交流、技能鉴定、社会保险、信息化建设、基本建设等工作，分管规划计划处、装备处、劳动工资处、人事服务中心、信息中心。副总经理、总会计师王育山负责经营考核办法的制定与实施、法人实体清理、财务资产管理、关联交易、定额管理、内部服务价格制定与结算等工作，分管财务资产处、财务结算中心。副总经理王保记负责科技开发、技术市场管理、外事管理、外经贸管理、国际市场开发、国际市场生产协调、国际市场安全环保与应急反恐等工作，分管科技开发处、国际合作事业部、国际工程公司。

12月23日，集团公司决定，聘任桂王来为渤海钻探公司总会计师，免去王育山的渤海钻探公司副总经理、总会计师职务，另有任用。同日，集团公司党组决定，桂王来任渤海钻探公司党委委员，免去王育山的渤海钻探公司党委委员职务。

2010年6月18日，集团公司决定，王保记任中东地区工程技术服务协调组副组长。28日，公司对行政领导分工进行调整：总经理秦永和全面负责公司行政管理、生产经营工作。分管总经理办公室、人事处（组织部）。副总经理陈岩负责企业管理、政策研究、制度建设、法律事务、合同管理、内控体系建设与运行、ERP系统建设与运行、物资采购与管理、法人实体管理、经营审计、信息化建设、档案管理、年鉴编纂、计划生育管理、油气合作开发等工作，负责机关事务管理、机关房屋管理、机关职工健康查体管理，负责与地方政府、企业管理协会的日常联系和工作协调，分管企管法规处、审计处、物资管理中心、信息中心、机关事务中心、国际钻采物资供应公司、油气合作开发公司。副总经理、安全总监张宝增负责国内外的市场开发、生产协调、应急与防恐管理、安全管理、环境保护、质量管理、节能减排、石油工程技术管理、井控管理等工作，负责外事管理、外经贸管理，作为QHSE管理者代表，负责QHSE体系建设和运行，对安全环保负主管责任，分管市场与生产协调处、质量安全环保处、工程技术处、安全监督总站、井控管理中心、国际工程公司、国际合作事业部、华北石油工程事业部、大港石油工程事业部、冀东石油工程事业部。副总经理周宝华负责规划编制、计划统计、投资计划控制与管理、科技开发、新技术产品推广应用、新项目开发、装备管理、机构改革、劳动工资、绩效考核、人才引进、员工培训、人才交流、技能鉴定、社会保险、基本建设等工作，分管规划计划处、科技开发处、劳动工资处、装备处、人事服务中心。总会计师桂王来负责经营考核办法的制定与实施、财务资产管理、关联交易、定额管理、内部服务价格制定与结算、经营活动分析预测等工作，分管财务资产处、财务结算中心。

7月7日，集团公司决定，免去陈岩的渤海钻探公司副总经理职务，另有任用。同日，集团公司党组决定，免去陈岩的渤海钻探公司党委委员职务。

2011 年 8 月 12 日，集团公司党组决定，秦文贵任渤海钻探公司党委委员、书记，免去单祥国渤海钻探公司党委书记、委员职务，另有任用；潘仁杰、范先祥任渤海钻探公司党委委员。同日，集团公司决定，聘任秦文贵、潘仁杰、范先祥为渤海钻探公司副总经理，范先祥为渤海钻探公司安全总监，免去单祥国的渤海钻探公司副总经理职务，免去张宝增兼任的渤海钻探公司安全总监职务。

8 月 25 日，公司对领导班子分工进行调整：总经理、党委副书记秦永和全面负责公司生产经营、行政管理工作，组织制订公司发展战略、规划，研究部署年度总体工作，负责投资计划的总体控制，负责公司中层干部的提名、聘任（解聘）工作，分管总经理办公室、人事处（组织部）、审计处。党委书记、副总经理秦文贵全面负责公司党委工作，负责党建、领导班子建设、精神文明建设、廉政建设、企业文化建设、信访、维稳工作，负责协调国际市场重大问题和大港、华北矿区重大事务，分管党委办公室（宣传部、维稳办、武装部、机关党委）、组织部（人事处）。党委副书记、纪委书记、工会主席石桂臣协助党委书记负责党建、宣传、思想政治、共青团、精神文明建设、企业文化建设和武装、统战、信访、维稳等工作，负责纪律检查、惩防体系建设、工会工作；协助总经理负责效能监察、机关事务、档案、计划生育、机关职工健康查体等工作。负责大港、华北矿区事务协调工作，分管纪检监察处（纪委办公室）、群众工作处（工会、团委）、新闻文体中心、机关事务中心。副总经理潘仁杰协助总经理全面负责国外市场开发战略研究、制定发展规划，负责国外市场生产协调、市场开发与管理，负责国外 QHSE 体系建设与运行、应急体系建设与管理、安全环保、防恐工作，负责对外贸易、对外合作、对外交流、对外联络、对外接待、出国管理，负责报废资产处置，负责信息化建设与管理、ERP 系统建设与运行等工作，分管国际工程公司、国际合作事业部、信息中心、国际钻采物资供应公司。副总经理张宝增协助总经理负责国内市场开发的战略研究、规划制定与实施，负责日常市场开发与管理、关联交易协调、生产协调、应急管理，负责新产业项目开发、规划编制、计划统计、投资计划控制与管理、装备管理、基本建设，负责国外市场所需装备的调配，负责苏里格气田合作开发工作，分管市场与生产协调处、规划计划处、装备处、华北石油工程事业部、大港石洎工程事业部、冀东石油工程事业部。副总经理周宝华协助总经理负责公司战略研究、政策研究、管理创新、精细管理、制度建设、合同管理、法人实体管理、法律事务、内控体系建设与运行、年鉴编纂，负责绩效考核、机构改革、劳动工资、人才引进、员工培训、干部培训、人才交流、技能鉴定和社会保险等工作，负责技术开发管理、技术应用管理、博士后工作站建设，负责物资采购与管理，负责与上级企业管理协会的日常联系和工作协调，负责石油大厦建设工作，分管企管法规处、劳动工资处、科技开发处、物资管理中心、人事服务中心。副总经理王保记因长期借调集团公司，暂不分配工作。总会计师桂王来协助总经理负责关联交易市场协议签订与价格协调、工程结算、账款催收，负责内部服务价格制定与结算、经营考核办法的制定与实施、EVA 考核，负责财务资产管理、定额管理、增收节支、成本控制、经营分析与预测等工作，协助总经理抓好经营审计、基建审计和合同审计等工作，分管财务资产处、财务结算中心，协管审计处；副总经理、安全总监范先祥协助总经理负责安全管理、井控管理、环境保护、质量管理、标准化、节能减排、工程技术现场应用与管理等工作；作为 QHSE 管理者代表，负责公司 QHSE 体系建设和运行，对安全环保负主管责任，分管质量安全环保处、工程技术处、安全监督总站、井控管理中心。

2013 年 11 月 29 日，集团公司党组决定，潘仁杰任渤海钻探公司党委副书记、纪委书记、工会主席、监事；免去石桂臣的渤海钻探公司党委副书记、委员、纪委书记、工会主席、监事职务，退休；免去张宝增的渤海钻探公司党委委员职务。同日，集团公司决定，免去潘仁杰、张宝增的渤海钻探公司副总经理职务，张宝增另有任用。

12 月 23 日，公司对领导班子成员分工进行调整：总经理、党委副书记秦永和全面负责公司生产经营、行政管理工作，组织制订公司发展战略、规划，研究部署年度总体工作，负责投资计划的总体控制，负责公司中层干部的提名、聘任（解聘）工作，分管总经理办公室、人事处（组织部）。党委书记、副总经理秦文贵全面负责公司党委工作，负责党建、领导班子建设、精神文明建设、廉政建设、企业文化建设、信访、维稳工作，负责协调国际市场重大问题和大港、华北矿区重大事务，分管党委办公室（宣传部、维稳办、武装保卫处、机关党委）、组织部（人事处）。党委副书记、纪委书记、工会主席潘仁杰负责党建、宣传、思想政治、共青团、精神文明建设、企业文化建设和武装、统战、信访、维稳等工作，负责纪律检查、惩防体系建设、工会工作，负责效能监察、机关事务、档案、计划生育、机关职工健康查体等工作，负责大港、华北矿区事务协调工作，分管纪检监察处（纪委办公室）、群众工作处（工会、团委）、新闻文体中心、机关事务中心，负责国外市场开发战略研究、制定发展规划，负责国外市场生产协调、市场开发与管理，负责国外 QHSE 体系运行、应急体系建设与管理、安全环保、防恐工作，负责对外贸易、对外合作、对外交流、对外联络、对外接待、出国管理，负责物资采购与管理、报废资产处置等工作，分管国际工程公司、国际合作事业部、物资管理中心、国际钻采物资供应公司。副总经理周宝华负责国内市场开发的战略研究、规划制定与实施，负责日常市场开发与管理、关联交易协调、生产协调、应急管理，负责新产业项目开发、规划编制、计划统计、投资计划控制与管理、装备管理、基本建设，负责国外市场所需装备的调配，负责油气合作开发工作，负责石油大厦的建设工作，分管市场与生产协调处、规划计划处、装备处、华北石油工程事业部、大港石油工程事业部、冀东石油工程事业部、塔里木第四勘探公司、长庆石油工程事业部、新青玉石油工程事业部、油气合作开发公司。总会计师桂王来负责关联交易市场协议签订与价格协调、工程结算、账款催收，负责内部服务价格制定与结算、经营考核办法的制定与考核，负责财务资产管理、定额管理、增收节支、成本控制、经营分析与预测等工作，协助总经理抓好经营审计、基建审计和合同审计等工作，分管财务资产处、财务结算中心、审计处。副总经理、安全总监范先祥负责安全管理、井控管理、环境保护、节能减排、工程技术现场应用与管理等工作，作为 QHSE 管理者代表，负责公司 QHSE 体系建设和运行，对安全环保负主管责任，负责公司战略研究、政策研究、管理创新、精细管理、制度建设、合同管理、法人实体管理、法律事务、质量管理、标准化、内控体系建设与运行、年鉴编纂，负责绩效考核、机构改革、劳动工资、人才引进、员工培训、干部培训、人才交流、技能鉴定、社会保险等工作，负责技术开发管理、技术应用管理、博士后工作站建设，负责信息化建设与管理、ERP 系统建设与运行，负责与上级企业管理协会的日常联系和工作协调，分管安全环保处、工程技术处、企管法规处、劳动工资处、科技开发处、安全监督总站、井控管理中心、信息中心、人事服务中心、社会保险管理中心、博士后科研工作站。

一、渤海钻探公司执行董事、监事名录（2008.7—2013.12）

执行董事　秦永和（2008.7—2013.12）
监　　事　石桂臣（2008.7—2013.11）
　　　　　　潘仁杰（2013.11—12）
职工监事　刘　铮（助理级，2008.7—2013.12）

二、渤海钻探公司行政领导名录（2008.2—2013.12）

总 经 理　秦永和（2008.2—2013.12）
副总经理　单祥国（2008.2—2011.8）
　　　　　　马永峰（2008.2—2009.10）
　　　　　　周宝华（2008.2—2013.12）
　　　　　　王育山（2008.2—2009.12）
　　　　　　王保记（2008.2—2013.12）
　　　　　　陈　岩（2009.10—2010.7）
　　　　　　张宝增（2009.11—2013.11）
　　　　　　秦文贵（2011.8—2013.12）
　　　　　　潘仁杰（2011.8—2013.11）
　　　　　　范先祥（2011.8—2013.12）
总会计师　王育山（2008.2—2009.12）
　　　　　　桂王来（2009.12—2013.12）
安全总监　马永峰（兼任，2008.2—2009.10）
　　　　　　张宝增（兼任，2009.11—2011.8）
　　　　　　范先祥（兼任，2011.8—2013.12）

三、渤海钻探公司党委领导名录（2008.2—2013.12）

书　　记　单祥国（2008.2—2011.8）
　　　　　　秦文贵（2011.8—2013.12）
副 书 记　秦永和（2008.2—2013.12）
　　　　　　石桂臣（2008.2—2013.11）

潘仁杰（2013.11—12）

委　　员　单祥国（2008.2—2011.8）

秦永和（2008.2—2013.12）

石桂臣（2008.2—2013.11）

马永峰（2008.2—2009.10）

周宝华（2008.2—2013.12）

王育山（2008.2—2009.12）

王保记（2008.2—2013.12）

陈　岩（2009.10—2010.7）

张宝增（2009.11—2013.11）

桂王来（2009.12—2013.12）

秦文贵（2011.8—2013.12）

潘仁杰（2011.8—2013.12）

范先祥（2011.8—2013.12）

四、渤海钻探公司纪委领导名录（2008.2—2013.12）

书　　记　石桂臣（2008.2—2013.11）

潘仁杰（2013.11—12）

五、渤海钻探公司工会领导名录（2008.2—2013.12）

主　　席　石桂臣（2008.2—2013.11）

潘仁杰（2013.11—12）

六、渤海钻探公司总经理助理、副总师名录（2008.2—2013.12）

总经理助理　张连喜（2008.4—2013.12）

张忠志（2009.2—2011.8）

李才民（2009.2—2013.12）

范先祥（2011.3—8）

刘光木（2011.9—2013.12）

李建荣（2012.3—2013.12）

陈集军（2012.3—2013.12）

总法律顾问　桂王来（兼任，2009.12—2013.4）

刘云卿（2013.4—12）

副总工程师　王合林（2008.4—2013.12）

副总经济师　刘云卿（2011.9—2013.12）

安全副总监　刘光忠（2008.4—2013.12）

第二章　机关部门

第一节　总经理办公室（2008.2—2013.12）

2008 年 4 月，总经理办公室定员 11 人，其中处级职数 3 人、科长职数 5 人。下设 4 个科室：秘书科（督查科）定员 2 人、文书科定员 2 人、网络新闻管理科定员 2 人、公关秘书科（机关总务协调科）定员 2 人。

截至 2013 年 12 月，根据实际工作需要，增加定员 1 人。

主要职责是负责公司领导讲话材料起草、重点工作督办、网络新闻报道审核与管理、重大突发事件的上报和对外新闻发布、总经理办公会（常务会）组织、文书传阅与管理、公司印章及密码管理、公司会议管理与组织、人口与计划生育管理、对外接待组织等。另外，设置公务组，定员 3 人，主要职责：负责公司领导报纸杂志传递、办公用品配备、办公室卫生，公司机关办公楼会议室使用及会议服务工作等工作。

一、总经理办公室领导名录（2008.4—2013.12）

主　　任　陈集军（2008.4—2012.3；兼任，2012.3—2013.12）

副 主 任　段斌扬（2008.4—2013.12）

杨永顺（2008.4—2010.5）

王红军（2010.5—2013.12）

孙成春（2011.11—2013.12）

二、总经理办公室内设科室（2008.4—2013.12）

（一）秘书科（2008.2—2013.12）

科　　长　王红军（2008.6—2010.5）

李　晓（2012.11—2013.12）

副 科 长　李　晓（2010.10—2012.11）

（二）文书科（2008.2—2013.12）

科　　　长　刘宗桥（2008.6—2013.12）

副主任科员　段富林（女，2010.3—2013.12）

（三）网络新闻管理科（2008.2—2013.12）

科　　　长　孔繁喜（2010.10—2013.12）

副　科　长　孔繁喜（主持工作，2008.10—2010.10）

副主任科员　江　涛（2009.11—2012.1）

（四）公关秘书科（机关总务协调科）（2008.2—2013.12）

科　　　长　高鸿前（2008.10—2013.4）

成大鹏（2013.8—12）

副　科　长　高鸿前（主持工作，2008.6—10）

主任科员　袁　韬（2008.6—2013.12）

（五）督查科（2008.2—2013.12）

科　　　长　孙成春（2008.6—2011.11）

江　涛（2012.1—2013.12）

第二节　党委办公室（维稳办、宣传部、武装保卫处）（2008.2—2013.12）

2008 年 4 月，党委办公室定员 13 人，其中处级职数 3 人、科长职数 4 人。下设 4 个科室：文秘科定员 3 人、机关党委办定员 2 人、宣传科定员 2 人、维稳科（武装保卫科）定员 3 人。主要职责是负责党委领导讲话材料起草、公司党委工作和宣传工作管理、党委文书传阅与管理、党委重点工作督办、公司党委会和全委会组织协调、基层建设、维稳与信访管理、人民武装与综合治理、机关党工团工作管理、机关安全保卫管理等。

一、党委办公室领导名录（2008.2—2013.12）

主　　　任　吴永刚（2008.4—2013.12）

副　主　任　郑　武（正处级，2008.4—2010.3）

李　峰（四川，2009.7—2012.1）
黄建超（2010.3—2013.4；正处级，2013.4—12）
徐恩宏（2012.4—2013.12）

二、党委办公室内设科室（2008.4—2013.12）

（一）文秘科（2008.2—2013.12）

科　　长　李　峰（2008.6—2009.7）
李　民（2011.12—2013.12）
副 科 长　李　民（主持工作，2009.11—2011.12）
副主任科员　耿修梁（2008.6—2009.7）
田金利（女，2012.4—2013.12）

（二）机关党委办（2008.2—2013.12）

科　　长　时　肃（女，2008.6—2013.12）
主任科员　陈士瑞（2008.6—2013.12）

（三）宣传科（2008.2—2013.12）

科　　长　于洪胜（2008.6—2013.12）
副主任科员　张宝玉（2010.3—9）
耿修梁（2010.10—2013.12）

（四）维稳科（武装保卫科）（2008.2—2013.12）

科　　长　赵旭东（2008.6—2013.10）
主任科员　吴　建（2011.8—2013.12）
柴德平（女，2012.4—2013.3）
副主任科员　吴　建（2008.6—2011.8）
柴德平（2010.10—2012.4）

第三节　市场与生产协调处（2008.2—2013.12）

2008 年 4 月，市场与生产协调处定员 10 人，其中处级职数 2 人、科长职数 3 人。下设 2 个科室：市场协调科（综合管理科）定员 3 人、生产运行科（应急管理科）定员 5 人。

截至 2013 年 12 月，根据实际工作需要，增加处级职数 2 人。

主要职责是负责组织编制公司市场开发战略、目标和年度市场开发计划并组织实施，负责公司市场开发与协调、市场与生产信息收集与分析和报表编报、生产运行协调、生产值班、应急管理、内部合同管理、防洪防汛及冬防保温工作等。

一、市场与生产协调处领导名录（2008.2—2013.12）

处　　长　吴立新（2008.4—2011.9）
　　　　　　石丰甫（2011.9—2013.12）

副 处 长　崔保生（2008.4—2013.12）
　　　　　　王　灿（2009.12—2012.3）
　　　　　　张庆昌（2012.4—2013.4）
　　　　　　刘春强（2012.4—2013.12）
　　　　　　孙景德（2013.10—12）

二、市场与生产协调处内设科室（2008.2—2013.12）

（一）市场协调科（综合管理科）（2008.2—2013.12）

科　　长　王建玺（2008.6—2013.12）

副主任科员　侯迎九（2010.3—2013.12）
　　　　　　魏　强（2010.3—2013.12）

（二）生产运行科（应急管理科）（2008.2—2013.12）

科　　长　宋春起（2008.6—2013.12）

副 科 长　杨海涛（2008.6—2013.12）

主任科员　丁长良（2008.6—2013.12）
　　　　　　朱　军（2012.5—2013.12）

副主任科员　朱　军（2008.6—2012.5）
　　　　　　宋建波（2011.3—2013.12）

第四节　质量安全环保处—安全环保与节能处（2008.2—2013.12）

2008 年 4 月，质量安全环保处定员 13 人，其中处级职数 3 人、科长职数 5 人。下设 5 个科室：体系办公室（综合管理科）定员 2 人、安全管理科定员 2 人、交通消防科定员 2 人、健康环保与节能科定员 2 人、质量计量标准化科定员 2 人。

2012 年 6 月，增设海外 HSE 管理科。2013 年 9 月，将质量计量标准化科及质量计量标准化管理职能划出，并将部门更名为安全环保与节能处。

截至 2013 年 12 月，安全环保与节能处定员 15 人，其中处级职数 4 人、科长职数 5 人，设体系办公室（综合管理科）、安全管理科、交通消防科、健康环保与节能科、海外 HSE 管理科共 5 个科室。

主要职责是负责公司工业安全管理、HSE 体系运行管理、交通消防安全管理、职业健康管理、环境保护管理等工作。

一、质量安全环保处—安全环保与节能处领导名录（2008.2—2013.12）

处　　长　王福国（2008.4—2013.12）

副 处 长　董权利（2008.4—2013.12）

王建新（2008.4—2013.4）

甘家军（2012.6—2013.12）

张庆昌（2013.4—12）

二、质量安全环保处—安全环保与节能处内设科室（2008.4—2013.12）

（一）体系办公室（综合管理科）（2008.2—2013.12）

科　　长　马盼群（2008.6—2013.12）

副主任科员　刘翠萍（女，2010.3—2013.12）

（二）交通消防科（2008.2—2013.12）

科　　长　高长福（2008.10—2013.12）

副 科 长　高长福（主持工作，2008.6—10）

副主任科员　范宏亮（2011.3—2013.12）

（三）安全管理科（2008.2—2013.12）

科　　　长　章天文（2008.6—2013.12）

副主任科员　石兴超（2009.3—2012.6）

（四）健康环保与节能科（2008.2—2013.12）

科　　　长　王凤臣（2008.6—2013.12）

副主任科员　王　军（2010.3—2013.12）

（五）质量计量标准化科（2008.2—2013.9）

科　　　长　陈全军（2008.6—2012.2）

赵英杰（2012.2—2013.9）

副主任科员　刘光宇（女，2010.3—2013.9）

（六）海外 HSE 管理科（2008.2—2013.12）

科　　　长　石兴超（2012.6—2013.12）

第五节　工程技术处（2008.2—2013.12）

2008 年 4 月，工程技术处定员 8 人，其中处级职数 3 人、科长职数 2 人。下设 2 个科室：石油工程技术科定员 3 人、资质管理科（综合管理科）定员 2 人。

2010 年 8 月，核增定员 1 人。调整后，工程技术处下设石油工程技术科、资质管理科 2 个科室，定员 9 人，其中处级职数 4 人（1 人兼任井控管理中心主任），科级职数 2 人。

截至 2013 年 12 月，根据实际工作需要，增加定员 2 人。

主要职责是负责组织制订井控管理细则及相关管理制度，并监督实施；负责工程设计方案管理、石油工程的质量管理、事故与复杂管理、石油工程的技术管理、施工队伍资质的管理、工程技术装备管理和工程技术资料管理等工作。

一、工程技术处领导名录（2008.2—2013.12）

处　　长　熊腊生（2008.4—2013.8）
　　　　　　陈世春（2013.8—12）
副 处 长　刘占国（2008.4—2013.8）
　　　　　　吴朝明（2008.4—2012.3；正处级，2012.3—2013.12）
　　　　　　于长录（2010.5—2011.9）
　　　　　　赵云飞（2011.11—2013.3）
　　　　　　吕选鹏（2011.11—2013.12）
　　　　　　崔朝辉（2013.4—12）
　　　　　　田茂法（2013.8—12）

二、工程技术处内设科室（2008.4—2013.12）

（一）石油工程技术科（2008.2—2013.12）

科　　长　田茂法（2008.6—2013.8）
主任科员　胥春根（2012.6—2013.12）
副主任科员　胥春根（2008.6—2012.6）
　　　　　　柴胜春（2010.3—2013.12）

（二）资质管理科（综合管理科）（2008.2—2013.12）

科　　长　寇海成（2008.10—2013.12）
副 科 长　寇海成（主持工作，2008.6—10）

第六节　规划计划处（2008.2—2013.12）

2008年4月，规划计划处定员6人，其中处级职数2人、科长职数2人。下设2个科室：综合统计科定员2人、规划计划科定员2人。基建管理办公室为规划计划处附属，定员5人，其中处级职数1人、科长职数2人。下设2个科室：基建管理科定员2人、综合协调科定员2人。

2008年5月，撤销基建管理办公室，核增定员1人。2008年11月，成立项目管理科（基建管理科），定员3人，其中科长职数2人。调整后，规划计划处定员 9 人，其中，处级职数 2 人，科长职数 4 人。下设 3 个科室：规划计划科定员 2 人、综合统计科定员 2 人、项目管理科（基建管理科）定员 3 人。

2009 年 2 月，将合署办公的项目管理科（基建管理科）分开，分别设立项目管理科和基建管理科。调整后，规划计划处设规划计划科、综合统计科、项目管理科和基建管理科等 4 个科室。处室定员、处级职数、科长职数保持不变。

2010 年 11 月，公司成立中国石油天津大厦项目经理部，列规划计划处附属单位管理，定员 13 人。设经理 1 人、副经理 1 人，下设工程组、造价组、财务组、综合组等 4 个工作小组，定员 11 人。同时核增规划计划处定员 1 人。调整后，规划计划处定员 10 人，其中处级职数 2 人、科级职数 4 人。

截至 2013 年 12 月，规划计划处定员 11 人，其中处级职数 3 人、科长职数 4 人，设综合统计科、规划计划科、项目管理科、基建管理科 4 个科室。

主要职责是负责公司规划管理、投资项目（含新产业项目）管理、计划管理、综合统计管理、固定资产投资项目后评价管理、基建管理、土地管理、小汽车定编管理等工作。

一、规划计划处领导名录（2008.4—2013.12）

处　　长　李江新（2008.4—2010.3）
　　　　　　王绍刚（2010.3—2013.12）
副 处 长　宋学军（2008.4—2013.12）
　　　　　　杨　群（2012.6—2013.12）

二、规划计划处内设科室（2008.4—2013.12）

（一）规划计划科（2008.2—2013.12）

科　　长　田庆伟（2008.10—2013.12）
副 科 长　田庆伟（主持工作，2008.6—10）
主任科员　孙景德（2008.6—2009.3）
　　　　　　郭　波（2008.6—2009.3）
副主任科员　宋　良（2012.6—2013.12）

（二）综合统计科（2008.2—2013.12）

科　　长　陈希杰（2008.6—2010.6）

　　　　　　赵渠阳（2012.4—2013.12）

副 科 长　赵渠阳（2010.6—2012.4）

主任科员　陈希杰（2010.6—2013.12）

副主任科员　赵渠阳（2010.3—6）

（三）项目管理科（2009.2—2013.12）

科　　长　孙景德（2009.3—2013.10）

（四）基建管理科（2009.2—2013.12）

科　　长　郭　波（2009.3—2013.12）

副主任科员　赵爱军（2012.6—2013.12）

第七节　劳动工资处（2008.2—2013.12）

2008 年 4 月，劳动工资处定员 13 人，其中处级职数 3 人、科长职数 5 人。下设 5 个科室：综合统计科定员 2 人、工资管理科（机关人事科）定员 2 人、劳动组织科定员 2 人、培训管理科定员 2 人、员工管理科（技术技能人员管理科）定员 2 人。

2010 年 8 月，增加“负责制定企业领导人员综合业绩考核办法，并组织考核兑现；负责经济增加值考核（EVA）和全员绩效考核”职责，核增定员 1 人。

2011 年 1 月，成立绩效考核科，核增定员 2 人，其中科长职数 1 人。主要负责公司企业领导人员业绩考核、全员绩效考核和经济增加值考核（EVA）等政策的制订和组织实施工作。

2012 年 11 月，成立技术干部科，核增定员 2 人，其中科长职数 1 人，同时，将员工管理科更名为劳动管理科。

截至 2013 年 12 月，劳动工资处定员 19 人，其中处级职数 3 人，科级职数 7 人，设综合统计科、工资管理科（机关人事科）、劳动组织科、培训管理科、劳动管理科、技术干部科、绩效考核科 7 个科室。

主要职责是负责公司机构编制管理、队伍建设管理、员工管理、薪酬管理、培训管理、绩效考核管理、技术人才开发管理、技能操作人员管理、劳动工资综合统计、人力资源信息系统运行管理等工作。

一、劳动工资处领导名录（2008.4—2013.12）

处　　长　刘德如（2008.4—2013.12）

副 处 长　李振兴（2008.4—2012.3；正处级，2012.3—2013.12）
　　　　　舒才生（2008.4—2013.12）
　　　　　刘建伟（2008.4—2013.12）
　　　　　李见义（2013.1—12）

二、劳动工资处内设科室（2008.4—2013.12）

（一）综合统计科（2008.2—2013.12）

科　　长　张博金（2008.6—2013.12）

副主任科员　李康伟（2010.7—2012.11）

（二）工资管理科（机关人事科）（2008.2—2013.12）

科　　长　李见义（2008.6—2013.1）
　　　　　吴和平（2013.3—12）

副主任科员　吴和平（2010.3—2013.3）

（三）劳动组织科（2008.2—2013.12）

科　　长　王广路（2008.10—2013.12）

副 科 长　王广路（主持工作，2008.6—10）

副主任科员　赵佳靓（2010.7—2013.12）

（四）培训管理科（2008.2—2013.12）

科　　长　李　峰（辽宁，2008.10—2013.12）

副 科 长　李　峰（主持工作，2008.6—10）

副主任科员　岳连平（女，2010.3—2013.12）

（五）员工管理科（技术技能人员管理科）—劳动管理科（2008.2—2013.12）

1. 员工管理科（技术技能人员管理科）（2008.2—2012.11）

科　　长　唐庆成（2008.6—2012.11）

副主任科员　王有江（2010.3—2012.11）

2. 劳动管理科（2012.11—2013.12）

科　　长　唐庆成（2012.11—2013.12）

（六）绩效考核科（2011.1—2013.12）

科　　长　于克祥（2011.2—2013.12）

（七）技术干部科（2012.11—2013.12）

科　　长　李长波（2012.11—2013.12）

副主任科员　王有江（2012.11—2013.12）

第八节　财务资产处（2008.2—2013.12）

2008 年 4 月，财务资产处定员 19 人，其中处级职数 3 人、科长职数 7 人。下设 7 个科室：综合科（机关财务科）定员 2 人、资金管理科定员 3 人、成本管理科定员 2 人、会计核算科定员 3 人、税价管理科定员 2 人、资产管理科定员 2 人、定额管理科定员 2 人。

2009 年 12 月，成立经营考核科，核增定员 2 人。

2010 年 8 月，核增财务资产处定员 1 人，专职负责财务系统 ERP 运维工作；核减“负责制定企业领导人员综合业绩考核办法，并组织考核兑现”职责。

2013 年 6 月，成立社会保险财务科，核增定员 3 人，其中科长职数 1 人。

截至 2013 年年底，根据实际工作需要，核增定员 3 人。

主要职责是负责公司全面预算管理、会计核算和会计管理、资金的筹措和管理、债权、债务清理、成本核算、税收核算和纳税管理、国有资产和产权管理、价格、定额管理、投资项目的核算及管理、经营考核、住房公积金缴纳、公司机关及驻开发区单位、公司所属单位处级人员和集中管理的大学毕业生的社会保险资金筹集、缴纳、核算等工作。

一、财务资产处领导名录（2008.2—2013.12）

处　　长　刘云卿（2008.4—2011.9）

于绍生（2011.9—2013.12）

副　处　长　于绍生（正处级，2008.4—2011.9）
吴怀镛（正处级，2008.4—2010.8）
张满仓（2008.4—2013.8）
王　付（2010.11—2013.12）
张新刚（2011.12—2013.12）
邓建琦（2013.8—12）

二、财务资产处内设科室（2008.4—2013.12）

（一）综合科（机关财务科）（2008.2—2013.12）

科　　长　周　鹏（2008.10—2012.12）
副 科 长　周　鹏（主持工作，2008.6—10）
副主任科员　宁佐喜（2010.3—2013.12）

（二）资金管理科（2008.2—2013.12）

科　　长　王　付（2008.6—10）
胡海燕（女，2008.10—2011.12）
于朋生（2013.7—12）
副 科 长　于朋生（2011.12—2013.7）
主任科员　邱玉良（2008.6—2013.12）
副主任科员　陈玉玲（女，2010.3—2013.12）

（三）成本管理科（2008.2—2013.12）

科　　长　杨　涛（2008.10—2013.10）
副 科 长　杨　涛（主持工作，2008.6—10）
副主任科员　于朋生（2008.6—2011.12）

（四）会计核算科（2008.2—2013.12）

科　　长　张新刚（2008.6—2011.12）
王允兆（2011.12—2013.12）
副 科 长　王允兆（正科级，2009.11—2011.12）
任志华（2011.12—2013.12）
徐　剑（2011.12—2013.12）
副主任科员　徐　剑（2011.5—12）
任志华（2011.5—12）

（五）税价管理科（2008.2—2013.12）

科　　　　长　边慧欣（女，2008.6—2013.12）

（六）资产管理科（2008.2—2013.12）

科　　　　长　胡海燕（2008.6—10）

吴　欣（女，2010.10—2013.12）

副　　科　　长　吴建军（2011.12—2013.12）

副主任科员　吴建军（2010.3—2011.12）

（七）定额管理科（2008.2—2013.12）

科　　　　长　王宗太（2008.10—2013.12）

副　　科　　长　王宗太（主持工作，2008.6—10）

第九节　人事处（组织部）（2008.2—2013.12）

2008年4月，人事处（组织部）定员7人，其中处级职数3人、科级职数2人。下设2个科室：组织科（统战科）定员2人、干部管理科定员2人。2008年5月，核减定员1人。

主要职责是负责公司党建日常管理、统战工作管理、筹备公司党委换届选举工作、所属单位党政领导班子建设、处级干部管理、机关科职人员任免、公司局处职后备人员管理等。

一、人事处（组织部）领导名录（2008.2—2013.12）

处长（部长）　张连喜（兼任，2008.4—2013.12）

副处长（副部长）　韩永祥（2008.4—2013.3）

王景洲（2013.3—12）

唐士刚（2013.10—12）

副处级组织员　王　毅（2008.4—10）

唐士刚（2011.6—2013.10）

二、人事处（组织部）内设科室（2008.2—2013.12）

（一）组织科（统战科）（2008.2—2013.12）

科　　　长　唐士刚（2008.6—2011.6）
　　　　　　　冀宇飞（2013.12—12）
正科级组织员　周正涛（2010.7—2011.7）
副科级组织员　周正涛（2008.6—2010.7）
　　　　　　　冀宇飞（2012.2—2013.4）
主 任 科 员　冀宇飞（2013.4—12）
副主任科员　冀宇飞（2011.7—2012.2）

（二）干部管理科（2008.2—2013.12）

科　　　长　梁雅苹（女，2008.6—2011.7）
　　　　　　　周正涛（2011.7—2013.12）
主 任 科 员　梁雅苹（2011.7—2013.12）
　　　　　　　王继宝（2012.2—2013.12）
副主任科员　王继宝（2008.6—2012. 2）

第十节　科技开发处（2008.2—2013.12）

2008年4月，科技开发处定员6人，其中处级职数2人、科级职数2人。下设2个科室：项目管理科定员2人、技术市场科定员2人。

2009年12月，核增定员1人，调整后，科技开发处定员7人，其中处级职数2人、科长职数2人。下设项目管理科和技术市场科2个科室。

截至2013年12月，根据实际工作需要，增加定员1人。增设博士（后）管理办公室，定员2人，其中科级职数1人。

主要职责是负责编制公司中长期科技发展规划和运行计划并组织实施、公司科技项目管理、技术市场管理、知识产权和专有技术管理、科技经费管理等工作。

一、科技开发处领导名录（2008.4—2013.12）

处　　长　徐学军（2008.4—2013.12）

副 处 长　葛贵付（2009.6—2013.12）

杜成良（2012.4—2013.12）

二、科技开发处内设科室（2008.4—2013.12）

（一）项目管理科（2008.2—2013.12）

科　　长　孙志和（2008.6—2013.10）

刘　龙（2013.10—12）

副主任科员　于鸿斌（2010.3—2012.6）

（二）技术市场科（2008.2—2013.12）

科　　长　蔺玉水（2008.6—2012.6）

于鸿斌（2012.6—2013.12）

主任科员　贾少恩（2008.6—2013.12）

窦永强（2008.6—2013.12）

（三）博士（后）管理办公室（2013.9—12）

主　　任　李洪俊（2013.9—12）

第十一节　装备处（2008.2—2013.12）

2008 年 4 月，装备处定员 6 人，其中处级职数 1 人、科长职数 2 人。下设 2 个科室：设备管理科定员 3 人、设备技术科定员 2 人。截至 2013 年 12 月，根据实际工作需要，核增定员 2 人，其中处级职数 1 人。

主要职责是负责公司设备管理、组织制修订公司设备操作规程和督促检查设备维护保养、设备选型、设备监造、新增设备的调拨及余缺调剂、组织对设备事故调查并提出处理意见等。

一、装备处领导名录（2008.4—2013.12）

处　　长　马洪钟（2009.3—2013.12）

副 处 长　马洪钟（主持工作，2008.4—2009.3）

雷先革（2011.11—2013.12）

二、装备处内设科室（2008.4—2013.12）

（一）设备管理科（2008.2—2013.12）

科　　长　吕卫军（2008.6—2013.12）

主任科员　徐　滨（2008.10—2013.12）

副主任科员　王希军（2011.3—2013.12）

（二）设备技术科（2008.2—2013.12）

科　　长　徐遵宏（2008.6—2013.12）

副主任科员　韩希柱（2010.3—2013.12）

第十二节　企管法规处—企管法规与质量管理处（2008.2—2013.12）

2008 年 4 月，企管法规处定员 6 人，其中处级职数 2 人、科长职数 2 人。下设 2 个科室：企业管理科定员 2 人、法律事务科定员 2 人。

2009 年 12 月，成立内控体系管理科。调整后，企管法规处定员 8 人，其中处级职数 2 人、科长职数 3 人。下设企业管理科、法律事务科、内控体系管理科 3 个科室。

2013 年 9 月，将原质量安全环保处质量计量标准化科的质量计量标准化业务、人员（2 人，含科级 1 人）纳入企管法规处管理，核增企管法规处定员 3 人，核增处级职数 1 人、科长职数 1 人。成立基层建设工作科（招标管理办公室），主要负责公司管理提升、“三基”、招标管理等工作，核增企管法规处定员 2 人、核增科长职数 1 人。调整后，企管法规处更名为企管法规与质量管理处，定员 13 人，其中处级职数 3 人、科长职数 5 人，设企业管理科、法律事务科、内控与风险管理科、质量计量标准化科、基层建设工作科（招标管理办公室）共 5 个科室。

主要职责是负责公司战略研究及管理、内控体系建设和运行管理、法人实体和对外投资股权管理、品牌建设、企业管理现代化创新管理、企业管理、管理提升、“三基”工作、招标管理、工商管理、法律事务、规章制度管理、合同管理等工作。

一、企管法规处—企管法规与质量管理处领导名录（2008.4—2013.12）

处　　长　张旭光（2008.4—2013.12）

副 处 长　刘荣军（2008.4—2013.12）

李连锁（正处级，2013.8—12）

二、企管法规处—企管法规与质量管理处内设科室（2008.4—2013.12）

（一）企业管理科（2008.2—2013.12）

科　　长　马　强（2008.10—2013.12）

副 科 长　马　强（主持工作，2008.6—10）

副主任科员　解高岩（2010.3—2013.11）

（二）法律事务科（2008.2—2013.12）

科　　长　张兴领（2008.6—2013.12）

主任科员　蒋冀川（女，2010.3—2013.12）

副主任科员　蒋冀川（2008.6—2010.3）

（三）、内控体系管理科（2009.12—2013.12）

科　　长　洪育田（2010.6—2013.12）

（四）质量计量标准化科（2013.9—12）

科　　长　赵英杰（2013.9—12）

副主任科员　刘光宇（女，2013.9—12）

（五）基层建设工作科（招标管理办公室）（2013.9—12）

科　　长　解高岩（2013.11—12）

第十三节　审计处（2008.2—2013.12）

2008年4月，审计处定员6人，其中处级职数1人、科长职数2人。下设2个科室：审计一科（综合管理科）定员3人、审计二科定员2人。主要职责是负责公司审计项目管理、领导干部任期届满和离任审计等。

一、审计处领导名录（2008.4—2013.12）

处　　长　张风义（2008.4—2013.8）

张满仓（2013.8—12）

副 处 长　刘劲松（2011.12—2013.12）

二、审计处内设科室（2008.4—2013.12）

（一）审计一科（综合管理科）（2008.2—2013.12）

科　　长　刘劲松（2008.6—2011.12）

副主任科员　吴娅莉（女，2011.5—2013.12）

（二）审计二科（2008.2—2013.12）

科　　长　应福兰（女，2008.6—2010.6）

张淑琴（女，2010.6—2013.12）

主任科员　应福兰（2010.6—2013.1）

副主任科员　张淑琴（2008.6—2010.6）

马占英（女，2011.5—2013.12）

第十四节　纪检监察处（2008.2—2013.12）

2008年4月，纪检监察处定员6人，其中处级职数2人、科长职数2人。下设2个科室：综合审理科（机关纪委办）定员2人、效能监察科定员2人。主要职责是负责公司纪委日常工作、组织协调公司惩治和预防腐败体系建设、党风廉政建设、组织开展执纪监察和效能监察工作、组织违反党纪政纪案件检查审核并提出处理意见、负责机关纪检工作等。

一、纪检监察处领导名录（2008.4—2013.12）

处　　长　刘鹏熙（2008.4—2012.3）

徐　军（2012.4—2013.12）

副 处 长　张其祥（2008.4—2013.7）

赵旭东（2013.10—12）

二、纪检监察处内设科室（2008.4—2013.12）

（一）综合审理科（机关纪委办）（2008.2—2013.12）

科　　　　　　长　张静黎（女，2008.6—2013.12）

正科级纪检监察员　龚长印（2010.7—2013.12）

副科级纪检监察员　龚长印（2008.6—2010.7）

（二）效能监察科（2008.2—2013.12）

科　　　　　　长　冀　威（2008.6—2013.12）

副科级纪检监察员　孙　斌（2010.7—2013.12）

第十五节　群众工作处（2008.2—2013.12）

2008年4月，群众工作处定员8人，其中处级职数2人、科长职数3人。下设3个科室：工会组织科定员2人、团组织科定员2人、经济保护科定员2人。主要职责是负责公司职工代表大会和团代会的筹备与组织、工会和团组织管理、职工遗属管理、在职困难户补助慰问、职工疗养、劳动竞赛、先进集体和先进个人评选组织等。

一、群众工作处领导名录（2008.4—2013.12）

处　　　　　　长　刘　铮（2008.4—2011.11）

白云启（2012.1—2013.12）

副　　处　　长　白云启（2008.4—2012.1）

李兴华（2012.4—2013.12）

二、群众工作处内设科室（2008.4—2013.12）

（一）工会组织科（2008.2—2013.12）

科　　　　　　长　商月娟（女，2008.6—2013.4）

刘　振（2013.5—12）

主　任　科　员　缪振葛（2008.6—2013.12）

（二）团组织科（2008.2—2013.12）

科　　　　　　长　刘　振（2010.10—2013.5）

副　科　长　石　峰（2013.5—12）

　　　　　　　刘　振（2008.10—2010.10）

（三）经济保护科（2008.2—2013.12）

科　　　长　魏　巍（2008.10—2013.12）

副　科　长　魏　巍（主持工作，2008.6—10）

副主任科员　陆际华（女，2011.3—2013.12）

第三章　机关直附属单位

第一节　国际合作事业部（2008.2—2013.12）

2008 年 4 月，国际工程公司（国际合作部）为公司直属单位，暂定员 30 人，其中处级职数 10 人、科长职数 12 人。主要职责是负责国际市场招投标管理、国际市场生产运行和应急管理、国际市场队伍管理、外经外贸管理、外事管理、办理出国审批及相关手续等工作。

2008 年 5 月，将国际合作处从国际工程公司中分离出来，成立渤海钻探国际合作事业部，列公司直属处级单位管理，定员 5 人，其中处级职数 1 人，科长职数 1 人。

2009 年 3 月，成立海外防恐安全科，定员 2 人，其中，科长职数 1 人。调整后，国际合作事业部定员 6 人，其中，处级职数 1 人、科长职数 2 人。下设 2 个科室，国际合作科定员 3 人、海外防恐安全科定员 2 人。

主要职责是负责公司外事管理、海外防恐安全管理、海外项目在集团公司的备案以及在政府部门的立项审批工作、国际市场开发所需《对外承包经营资格证书》及《对外贸易经营者备案登记表》的办理、年审和保管工作、国际业务统计分析和上报、组织执行海外项目人员参加集团公司外语水平考试、门户网站《国际合作》板块的更新与维护及英文网站的翻译等工作。

一、国际合作事业部领导名录（2008.5—2013.12）

主　　任　郑瑞生（2008.5—2013.12）

二、国际合作事业部内设科室（2008.2—2013.12）

（一）国际合作科（2008.2—2013.12）

科　　长　崔士刚（2008.6—2013.12）

副主任科员　梁媛媛（女，2008.6—2009.4）

孙惠彦（女，2010.3—2013.12）
刘　超（女，2010.6—2013.12）

（二）海外防恐安全科（2009.3—2013.12）

科　　长　梁媛媛（2011.5—2013.12）
副 科 长　梁媛媛（主持工作，2009.4—2011.5）
副主任科员　赵文栋（2009.11—2013.12）

第二节　物资管理中心（2008.2—2013.12）

2008 年 4 月，物资管理中心定员 15 人，其中处级职数 2 人、科长职数 4 人。下设 4 个科室：综合管理科定员 2 人、物资管理科定员 5 人、设备采办科定员 3 人、材料采办科定员 3 人。主要职责是负责公司物资计划管理、物资设备招投标管理、物资设备供方管理、物资设备采办、采购物资质量控制等工作。

一、物资管理中心领导名录（2008.4—2013.12）

主　　任　曹　辉（2009.3—2013.12）
副 主 任　曹　辉（主持工作，2008.4—2009.3）
吕彦敏（2008.4—2010.3）
李　茅（2010.6—2013.12）

二、物资管理中心内设科室（2008.2—2013.12）

（一）综合管理科（2008.2—2013.12）

科　　长　刘宝臣（2008.6—2013.12）
副主任科员　王　石（2008.6—2013.12）

（二）物资管理科（2008.2—2013.12）

科　　长　陈宏标（2008.6—2009.6）
刘德新（2011.12—2013.12）
副 科 长　刘德新（主持工作，2009.11—2011.12）
主任科员　刘万龙（2008.6—2013.12）

副主任科员　王兆萍（女，2008.6—2013.12）

（三）设备采办科（2008.2—2013.12）

科　　　长　袁绍明（2008.10—2013.12）

副　科　长　袁绍明（主持工作，2008.6—10）

（四）材料采办科（2008.2—2013.12）

科　　　长　李　茅（2008.6—2010.6）

汪晓平（2010.10—2013.12）

主 任 科 员　汪晓平（2008.6—2010.10）

第三节　信息中心（2008.2—2013.12）

2008 年 4 月，信息中心定员 8 人，其中处级职数 1 人、科长职数 3 人。下设 3 个科室：信息科定员 2 人、网络科定员 3 人、项目科定员 2 人。2008 年 5 月，核减定员 1 人。

2010 年 8 月，成立 ERP 运维科，核增信息中心定员 2 人，其中科级职数 1 人。调整后，信息中心下设信息科、项目科、网络科和 ERP 运维科等 4 个科室，定员 10 人，其中处级职数 2 人，科级职数 5 人（含助理级人员 1 人）。

截至 2013 年 12 月，根据实际工作需要，核增处级职数 1 人。

主要职责是负责公司信息化建设工作、信息资源开发、利用、管理，组织集团公司各类管理信息系统的推广使用、计算机网络建设、运行、管理与维护，特色信息系统的开发、维护与运行管理，公司所属单位计算机信息、网络系统工程项目的论证、审批与验收管理，公司及所属各单位主要网络设备（服务器、交换机、路由器等）及软件采购审批，公司门户网站、外部网站的建设、管理，公司 ERP 及电子公文等专业管理信息系统的建设、技术支持和维护等工作。

一、信息中心领导名录（2008.7—2013.12）

主　　　任　杨永顺（2010.5—2013.12）

副　主　任　潘河杰（2008.7—2013.12）
主 任 助 理　孙志宝（2010.1—2013.12）

二、信息中心内设科室（2008.2—2013.12）

（一）信息科（2008.2—2013.12）

科　　　长　潘河杰（2008.6—7）
　　　　　　郝金生（2011.3—2013.3）
副　科　长　郝金生（主持工作，2009.3—2011.3）

（二）网络科（2008.2—2013.12）

科　　　长　杨　悦（2010.10—2013.12）
副　科　长　杨　悦（主持工作，2008.10—2010.10）
副主任科员　孙志宝（2009.3—2010.1）

（三）项目科（2008.2—2013.12）

科　　　长　周明军（2008.10—2013.12）
副　科　长　周明军（主持工作，2008.6—10）

（四）ERP 运维科（2010.8—2013.12）

科　　　长　曾　辉（2012.11—2013.12）
副　科　长　曾　辉（主持工作，2010.10—2012.11）

第四节　财务结算中心（2008.2—2013.12）

2008 年 4 月，财务结算中心定员 30 人，其中处级职数 1 人、科长职数 8 人。下设 5 个科室：综合管理科定员 7 人、总部结算科定员 7 人、华北结算科定员 5 人、大港结算科定员 5 人、冀东结算科定员 5 人。

2008 年 5 月，核减综合管理科定员 1 人。

2010 年 4 月，撤销冀东结算科，成立票据管理科。票据管理科定员 2 人，其中科级职数 1 人；核增大港结算科定员 2 人、核增华北结算科定员 1 人。调整后，财务结算中心定员 29 人，其中处级职数 1 人、科级职数 9 人。下设 5 个科室，其中，票据管理科定员 2 人（含科级职数 1 人）、大港结算科定员 7 人（含科级职数 2 人）、华北结算科定员 6 人（含科级职数 2 人）。

主要职责是负责公司资金总分账户管理、存款账户的日常管理、各种结算凭证和结算票据的设计、印制、保管、发放，审核办理内外部资金结算及内部贷款业务、资金预算的控制执行等工作。

一、财务结算中心领导名录（2008.4—2013.12）

主　　任 吴怀镛（兼任，正处级，2008.4—2010.8）

王　付（兼任，2010.11—2013.12）

二、财务结算中心内设科室（2008.2—2013.12）

（一）综合管理科（2008.2—2013.12）

科　　长 王　聪（2008.6—2012.12）

副 科 长 高瑞萍（女，2008.6—2010.3）

郭志兰（女，2010.3—2013.12）

主任科员 高瑞萍（2010.3—2013.6）

副主任科员 王廷锋（2008.6—2013.12）

（二）总部结算科（2008.2—2013.12）

科　　长 朱淑梅（女，2008.10—2013.12）

副 科 长 朱淑梅（主持工作，2008.6—10）

吴　新（2008.6—10）

（三）华北结算科（2008.2—2013.12）

科　　长 赵书青（女，2008.6—2010.7）

李晓霞（女，2010.7—2013.12）

副 科 长 李晓霞（2009.3—2010.7）

张英姿（女，2010.7—2013.12）

主任科员 赵书青（2010.7—2013.12）

（四）大港结算科（2008.2—2013.12）

科　　长 刘卫华（2008.6—2013.12）

副 科 长 崔　颖（女，2008.6—2013.12）

副主任科员 马茹英（女，2008.6—2013.12）

张家闯（2010.4—2013.12）

战　克（2010.4—2013.12）

（五）冀东结算科（2008.2—2010.4）

科　　长　吕少青（2008.10—2010.4）

副 科 长　吕少青（主持工作，2008.6—10）

副主任科员　张家闯（2008.6—2010.4）

战　克（2008.6—2010.4）

（六）票据管理科（2010.4—2013.12）

科　　长　吕少青（2010.4—2013.12）

第五节　机关事务中心（2008.2—2013.12）

2008 年 4 月，机关事务中心暂定员 21 人，其中处级职数 2 人、科长职数 4 人。下设 4 个科室：综合管理科（户籍科）定员 2 人、档案馆定员 3 人、小车队定员 12 人、后勤管理科定员 2 人。

2008 年 5 月，核减定员 1 人。

2009 年 12 月，核增小车队定员 1 人。调整后，机关事务中心定员 23 人，其中处级职数 2 人、科长职数 4 人。下设综合管理科（户籍科）、档案馆、小车队、后勤管理科等 4 个科室。

2012 年 4 月，成立矿区事务协调科，核增定员 2 人，其中科长职数 1 人。

截至 2013 年 12 月，根据实际工作需要，核增定员 2 人。

主要职责是负责公司档案管理、公司员工户籍管理、矿区事务协调等工作；公司机关及直附属单位人员人事档案和综合档案的收集、鉴别、归档等工作，机关小车队管理、生活基地管理、生活后勤管理、人员饮食管理、办公事务管理、在用资产、设备设施管理和维护、维修工作、日常办公用品及低值易耗品的管理。

一、机关事务中心领导名录（2008.4—2013.12）

主　　任　李文杰（2009.3—2013.12）

副 主 任　李文杰（主持工作，2008.4—2009.3）

黄建超（2008.4—2010.3）
高鸿前（2013.4—12）
主 任 助 理　张金辉（2011.6—2013.12）

二、机关事务中心内设科室（2008.2——2013.12）

（一）综合管理科（户籍科）(2008.2—2013.12）

科　　　长　刘文江（2008.6—2013.12）
副主任科员　任福怀（2010.3—2012.5）

（二）档案馆（2008.2—2013.12）

馆　　　长　蔡田莹（女，2012.4—2013.12）
副　馆　长　蔡田莹（主持工作，2010.3—2012.4）
副主任科员　王　彤（女，2010.3—2013.12）

（三）小车队（2008.2—2013.12）

队　　　长　张金辉（2008.6—2011.6；兼任，2011.6—2013.12）
副　队　长　杨　坤（2011.12—2013.12）
主 任 科 员　陈建强（2008.6—2013.12）

（四）后勤管理科（2008.2—2013.12）

科　　　长　邵先哲（2008.6—2011.8）
方奕松（2011.8—2013.12）
主 任 科 员　邵先哲（2011.8—2013.5）
副主任科员　方奕松（2008.6—2011.8）

（五）矿区事务协调科（2008.2—2013.12）

副　科　长　任福怀（主持工作，2012.5—2013.12）

第六节　大港石油工程事业部（2008.2—2013.12）

2008 年 4 月，大港石油工程事业部定员 10 人，其中处级职数 2 人、科长职数 4 人。下设 3 个科室：市场协调科（综合管理科）定员 4 人、工程技术科定员 2 人、安全监督科定员 2 人。

2008 年 5 月，核增汽车驾驶员定员 4 人。

2009 年 5 月，成立审计科，定员 2 人，其中科级职数 1 人。同时核增事业部职能：在审计处领导下，负责本区片各单位支出性合同审计，按审计程序参加合同招标或谈判，负责本区片各单位的基建工程、维修工程审计，参加审计处组织实施的其他审计项目。

主要职责是负责大港油区市场开发协调、生产组织协调和施工管理、安全监督、基层 HSE 建设和“岗位两书一表”落实的督导、协调解决工程质量、工程事故等问题、参与组织突发事件的处理等工作。

一、大港石油工程事业部领导名录（2008.4—2013.12）

主　　任　刘光忠（兼任，2008.4—2011.9）
　　　　　王泽明（2011.9—2013.12）

副 主 任　王福元（2008.4—2013.12）

二、大港石油工程事业部内设科室（2008.2—2013.12）

（一）市场协调科（综合管理科）（2008.2—2013.12）

科　　长　刘文才（2008.6—2011.11）

副 科 长　刘　辉（2009.3—2011.11；主持工作，2011.11—2013.12）
　　　　　李卫华（2011.11—2013.12）

主任科员　刘文才（2011.11—2013.12）

（二）工程技术科（2008.2—2013.12）

科　　长　张光义（2008.6—2011.11）

副 科 长　黄　垚（主持工作，2011.11—2013.12）

主任科员　张光义（2011.11—2013.12）

（三）安全监督科（2008.2—2013.12）

科　　长　郗凤祥（2008.6—2013.12）

（四）审计科（2009.5—2013.12）

科　　长　穆彦杰（女，2010.6—2011.11）
　　　　　李国英（女，2011.11—2013.12）

副 科 长　穆彦杰（主持工作，2009.11—2010.6）

第七节　华北石油工程事业部（2008.2—2013.12）

2008年4月，华北石油工程事业部定员10人，其中处级职数2人、科长职数4人。下设3个科室：市场协调科（综合管理科）定员4人、工程技术科定员2人、安全监督科定员2人。

2008年5月，核增汽车驾驶员定员5人。

2009年5月，成立审计科，定员2人，其中科级职数1人。同时核增事业部职能：在审计处领导下，负责本区片各单位支出性合同审计，按审计程序参加合同招标或谈判，负责本区片各单位的基建工程、维修工程审计，参加审计处组织实施的其他审计项目。

主要职责是负责华北油区市场开发协调、生产组织协调和施工管理、安全监督、基层HSE建设和“岗位两书一表”落实的督导、协调解决工程质量、工程事故等问题、参与组织突发事件的处理等工作。

一、华北石油工程事业部领导名录（2008.2—2013.12）

主　　任　杨存旺（2008.4—2012.3）
　　　　　　郭树桥（2012.3—2013.12）
副 主 任　何选蓬（2008.6—2011.4）
　　　　　　张领臣（2011.6—2013.12）

二、华北石油工程事业部内设科室（2008.2—2013.12）

（一）市场协调科（综合管理科）（2008.2—2013.12）

科　　长　倪光辉（2008.6—2013.12）
主任科员　仇立杰（2008.6—2013.12）

（二）工程技术科（2008.2—2013.12）

科　　长　娄新春（2008.6—2010.1）
　　　　　　孙金峰（2012.5—2013.12）
副 科 长　孙金峰（主持工作，2010.3—2012.5）

（三）安全监督科（2008.2—2013.12）

科　　长　贝宗跃（2008.6—2013.12）

（四）审计科（2009.5—2013.12）

科　　长　盛惠君（女，2010.6—2013.12）

副 科 长　盛惠君（主持工作，2009.11—2010.6）

第八节　冀东石油工程事业部（2008.2—2013.12）

2008年4月，冀东石油工程事业部定员20人，其中处级职数3人、科长职数6人。下设4个科室：综合管理科定员2人、市场协调科定员3人、生产运行科定员6人、安全监督科定员6人。主要职责是负责冀东油田市场开发协调、生产组织协调和施工管理、现场安全监督等工作。

2008年5月，核增汽车驾驶员定员4人。

2009年12月，核减处级职数1人。调整后，事业部定员由24人调整为23人，其中处级职数由3人调整为2人。

主要职责是负责冀东油区市场开发协调、生产组织协调和施工管理、安全监督、基层HSE建设和“岗位两书一表”落实的督导、协调解决工程质量、工程事故等问题、参与组织突发事件的处理等工作。

一、冀东石油工程事业部领导名录（2008.4—2013.12）

主　　任　刘光忠（兼任，2008.4—2011.9；2013.6—12）
　　　　　　郭树桥（2011.9—2012.3）
　　　　　　王　灿（2012.3—2013.6）

副 主 任　张宏庆（2008.4—2013.12）
　　　　　　邓国岩（2013.7—12）

安全总监　张明庆（2008.4—2009.12）
　　　　　　张宏庆（兼任，2009.12—2013.12）

总工程师　邓国岩（2013.7—12）

主任助理　慕红斌（2008.9—2013.12）

二、冀东石油工程事业部内设科室（2008.2—2013.12）

（一）综合管理科（2008.2—2013.12）

科　　长　慕红斌（2008.6—9；兼任，2008.9—2012.5）
　　　　　丁学平（2012.5—2013.12）
副 科 长　江　涛（2008.6—2009.11）
主任科员　丁学平（2008.6—2012.5）

（二）市场协调科（2008.2—2013.12）

科　　长　李　荣（2008.6—2013.12）
主任科员　聂海峰（2008.6—2010.2）

（三）生产运行科（2008.2—2013.12）

科　　长　吴海滨（2008.6—2013.12）

（四）安全监督科（2008.2—2013.12）

科　　长　宋长涛（2012.5—2013.12）
副 科 长　宋长涛（主持工作，2008.10—2012.5）
　　　　　高井友（2012.5—2013.12）

第九节　人事服务中心—人事服务中心（职业技能鉴定中心）（2008.2—2013.12）

2008 年 4 月，人事服务中心定员 9 人，其中副处级职数 1 人、科长职数 4 人。下设 4 个科室：综合管理科（财务管理科）定员 2 人、人才交流科定员 2 人、技能鉴定科定员 2 人、保险管理科定员 2 人。

2008 年 11 月，公司成立职业技能鉴定中心，列劳动工资处附属副处级单位管理，与人事服务中心合署办公，下设技能鉴定科、题库管理科、鉴定组织一科、鉴定组织二科 4 个科室和第一钻井职业技能鉴定站、第二钻井职业技能鉴定站、录井职业技能鉴定站、测井职业技能鉴定站 4 个鉴定站。同时撤销人事服务中心技能鉴定科、中国石油大港钻井职业技能鉴定站、中国石油华北测井职业技能鉴定站。

2008 年 11 月，人事服务中心主任兼任鉴定中心主任。鉴定中心技能鉴定科、题库管理科在机关总部办公，人事服务中心（鉴定中心）核增定员 2 人，其中科级职数 1 人。鉴定组织一科与第一钻井鉴定站合署办公，列钻井技术服务公司人事劳资部门附属科级单位管理，定员 3 人，其中科级职数 1 人（站长由鉴定组织一科科长兼任）；鉴定组织二科与第二钻井鉴定站合署办公，列第五钻井公司人事劳资部门附属科级单位管理，定员 3 人，其中科级职数 1 人（站长由鉴定组织二科科长兼任）；录井鉴定站列第二录井公司人事劳资部门附属科级单位管理，定员 3 人，其中科级职数 1 人；测井鉴定站列测井公司人事劳资部门附属科级单位管理，定员 3 人，其中科级职数 1 人。4 个鉴定站在业务上由鉴定中心管理。

2011 年 6 月，成立毕业生管理科，核增人事服务中心定员 3 人，其中科长职数 1 人。

2012 年 4 月，成立社会保险管理中心，撤销人事服务中心保险管理科，核减定员 2 人，其中科长职数 1 人。

主要职责是负责公司人才交流管理、毕业生引进、职业技能鉴定的运行和管理、题库建设、考评员和质量督导员队伍建设、技能鉴定体系的建设与完善、技师、高级技师考评、负责组织公司职业技能竞赛、毕业生见习实习管理等工作。

一、人事服务中心—人事服务中心（职业技能鉴定中心）领导名录（2008.4—2013.12）

主　　任　李振兴（兼任，2008.4—2011.12；正处级，2011.12—2013.12）

二、人事服务中心—人事服务中心（职业技能鉴定中心）内设科室（2008.4—2013.12）

（一）综合管理科（财务管理科）（2008.2—2013.12）

科　　长　张兴丽（女，2008.6—2013.12）

副 科 长　曹占秋（2011.12—2013.2）

副主任科员　赖文芳（女，2008.6—2009.3）

冀宇飞（2010.1—2011.7）

（二）人才交流科（2008.2—2013.12）

科　　长 闫东海（2008.6—2013.12）

（三）保险管理科（2008.2—2012.4）

科　　长 赵爱军（2008.6—2009.3）

李长波（2009.3—2012.4）

副 科 长 李康伟（2012.11—12）

（四）毕业生管理科（2011.6—2013.12）

科　　长 谭宏伟（2013.8—12）

副 科 长 谭宏伟（主持工作，2011.6—2013.8）

（五）技能鉴定科（2008.2—2013.12）

科　　长 高　峰（2008.10—2009.2）

赵爱军（2009.3—2013.12）

副 科 长 高　峰（主持工作，2008.6—10）

副主任科员 贾永和（女，2008.6—2013.12）

（六）题库管理科（2008.11—2013.12）

科　　长 赖文芳（2010.9—2013.12）

副 科 长 赖文芳（主持工作，2009.4—2010.8）

第十节　社会保险管理中心（2012.4—2013.12）

2012年4月，渤海钻探公司成立社会保险管理中心（以下简称保险中心），列劳动工资处附属副处级单位管理，将原人事服务中心保险管理科的业务、人员、资产等全部纳入保险中心管理，撤销人事服务中心保险管理科，核减定员2人，其中科长职数1人。保险中心定员7人，其中主任1人（按副处级配备，由劳动工资处副处长兼任）、科长职数3人，下设保险管理科、医疗保险科、综合管理科（退休管理科）共3个科室。主要职责：负责公司在大港和华北油区所属单位社会保险业务的委托管理工作，企业年金的征缴、支付工作，员工退休的申报审批，办理员工退休手续等，公司开发区人员的社会保险基金收缴、拨付、结算等的审核工作，公司开发区人员补充医疗保险费用征缴、基金管理、待遇支付等的审核工作，公司在开发区退休员工的管理工作。

一、社会保险管理中心领导名录（2013.1—12）

主　　任　李见义（2013.1—12）

二、社会保险管理中心内设科室（2012.4—2013.12）

（一）综合管理科（退休管理科）（2012.4—2013.12）

副 科 长　王柏平（主持工作，2013.3—12）

（二）保险管理科（2012.4—2013.12）

副 科 长　李康伟（主持工作，2012.11—2013.12）

（三）医疗保险科（2012.4—2013.12）

副 科 长　曹占秋（主持工作，2013.3—12）

主任科员　柴德平（女，2013.3—12）

第十一节　安全监督总站（2008.2—2013.12）

2008 年 4 月，安全监督总站定员 10 人，其中副处级职数 2 人（站长由质量安全环保处处长兼任）、科长职数 4 人。下设 4 个科室：安全巡视科（综合管理科）定员 2 人、监督一科定员 2 人、监督二科定员 2 人、监督三科定员 2 人。主要职责是负责公司安全监督等工作。

2008 年 5 月，核减定员 1 人。

一、安全监督总站领导名录（2008.4—2013.12）

站　　长　王福国（兼任，2008.4—2013.12）

副 站 长　运乃东（2008.4—2013.12）

　　　　　郭进德（2008.4—2013.12）

二、安全监督总站内设科室（2008.2—2013.12）

（一）安全巡视科（综合管理科）（2008.2—2013.12）

科　　长　赵英杰（2008.6—2012.2）
　　　　　陈全军（2012.2—2013.3）
　　　　　孟玉和（2013.3—12）
主任科员　陈全军（2013.3—12）
副主任科员　孟玉和（2008.6—2013.3）

（二）监督一科（2008.2—2013.12）

科　　长　甘焕振（2008.6—2013.12）
副主任科员　夏文洪（2011.8—2013.12）

（三）监督二科（2008.2—2013.12）

科　　长　孙保春（2008.6—2013.12）

（四）监督三科（2008.2—2013.12）

科　　长　张朝阳（2008.10—2013.12）
副 科 长　张朝阳（主持工作，2008.6—10）

第十二节　井控管理中心（2008.2—2013.12）

2008 年 4 月，井控管理中心定员 7 人，其中，中心主任由工程技术处副处长兼任，科长职数 2 人。下设 2 个科室：井控技术管理科定员 5 人、井控装备与培训科定员 2 人。

2009 年 12 月，成立井下技术科，核增定员 2 人，其中科长职数 1 人。

截至 2013 年 12 月，根据实际工作需要，核增定员 4 人，其中处级职数 1 人。

主要职责是负责公司日常井控监督检查、井控培训组织、井控装备监督管理、井喷事故应急救援预案的编制、演练及实施等工作。

一、井控管理中心领导名录（2008.4—2013.12）

主　　任　吴朝明（兼任，2008.4—2012.3；正处级，2012.3—2013.12）

二、井控管理中心内设科室（2008.2—2013.12）

（一）井控技术管理科（2008.2—2013.12）

科　　长　李光辉（2008.6—2010.8）
　　　　　　党保元（2010.9—2013.12）
副 科 长　党保元（2009.3—2010.9）
　　　　　　王敦威（2013.11—12）
副主任科员　王敦威（2011.12—2013.11）

（二）井控装备与培训科（2008.2—2013.12）

科　　长　程安林（2008.6—2013.6）
副 科 长　李树东（2009.3—2013.12）
　　　　　　高新清（2013.6—12）
副主任科员　高新清（2011.12—2013.6）

（三）井下技术科（2009.12—2013.12）

科　　长　娄新春（2010.1—2012.4）
　　　　　　王国亮（2013.6—12）
副 科 长　王国亮（2010.9—2013.6）
　　　　　　王大利（2013.6—12）
副主任科员　王大利（2012.4—2013.6）

第十三节　新闻文体中心（2008.2—2013.12）

2008 年 4 月，新闻文体中心定员 7 人，其中副处级职数 1 人、科长职数 2 人。下设 2 个科室：新闻科定员 4 人、文体科定员 2 人。

2008 年 5 月，核减定员 2 人。

2010 年 6 月，公司成立中国石油报渤海钻探记者站（以下简称记者站），与新闻文体中心合署办公。定员 4 人，其中，站长 1 人、副站长 1 人、记者 2 人（人员全部兼职）。

主要职责是负责公司新闻采集报道、文化文体活动等工作。

一、新闻文体中心领导名录（2008.4—2013.12）

主　　　任　李玉成（2008.4—2012.3；正处级，2012.3—2013.12）

二、新闻文体中心内设科室（2008.2—2013.12）

（一）新闻科（2008.2—2013.12）

科　　　长　罗永华（2010.10—2013.12）

副　科　长　罗永华（2008.10—2010.10）

（二）文体科（2008.2—2013.12）

科　　　长　徐维艺（2008.6—2013.12）

副主任科员　柴德平（2008.6—2010.10）

第四章　二级单位

2008 年 2 月，公司成立时，所属 17 个单位：华北第一钻井公司、华北第二钻井公司、华北第三钻井公司、华北第四钻井公司、塔里木钻井工程公司（塔里木第四勘探公司）、华北钻井技术服务公司、华北固井工程技术公司、华北管具工程技术公司、华北录井公司、钻井工艺研究院、大港第一钻井工程公司、大港第二钻井工程公司、大港钻井技术服务公司、大港固井技术服务公司、大港定向井技术服务公司、大港录井公司、大港测井公司。

截至 2013 年 12 月，公司所属二级单位共 23 个：国际工程分公司、塔里木钻井分公司、长庆石油工程事业部（石油工程总承包分公司）、第一钻井工程分公司、第二钻井工程分公司、第三钻井工程分公司、第四钻井工程分公司、第五钻井工程分公司、井下技术服务分公司、井下作业分公司、油气井测试分公司、定向井技术服务分公司、测井分公司、第一固井分公司、第二固井分公司、第一录井分公司、第二录井分公司、钻井技术服务分公司、管具技术服务分公司、泥浆技术服务分公司、油气合作开发分公司、工程技术研究院、国际钻采物资供应分公司。

第一节　国际工程分公司（2008. 2—2013.12）

渤海钻探公司国际工程分公司的前身是华北石油管理局国际工程公司。2008 年 2 月，按照集团公司专业化重组的要求，华北石油管理局国际工程公司划转到新成立的渤海钻探公司。李玉群任公司经理，郑瑞生任党委书记、纪委书记、工会主席。4 月，更名为国际工程公司（国际合作处），列渤海钻探公司直属单位管理。5 月，将国际合作处从国际工程公司分离出去，国际工程公司列渤海钻探公司二级单位管理，按分公司在天津市滨海新区注册。李玉群任公司经理、党委书记。8 月，国际工程公司更名为中国石油集团渤海钻探工程有限公司国际工程分公司（以下简称分公司），党组织关系隶属于渤海钻探公司党委，办公地点暂设在河北省任丘市。2009 年 1 月，分公司迁至天津市滨海新区。

分公司是以钻井、修井等石油工程技术服务为主的专业化公司，设机关职能科室 7 个。2008 年成立时，在册中方员工 136 人，其中借调 99 人。拥有 30、40、50、70 钻机 29 部，350、450、550 修井机 26 部。作业区域主要分布在印度尼西亚、委内瑞拉、蒙古国、缅甸、苏丹、古巴、叙利亚、美国、哈萨克斯坦、尼日尔等国。分公司以科学发展观为统领，以建设区域知名的国际石油工程技术服务公司为发展目标，坚持国际化、集约化、差异化、人性化原则，大力实施市场优化、管理创新、人才强企、质量品牌，努力打造装备精良、技术精湛、人才精专、管理精细、服务精准的专业化公司，竭诚为国际市场用户提供一流的服务。

2009 年 3 月，张忠志任渤海钻探公司总经理助理兼国际工程分公司经理。

2009 年 5 月，第一、第二、第五钻井工程分公司在国际市场施工的 6 支钻井队连同 40 名中方员工整体划归国际工程分公司管理。并将第一、第二、第四、第五、第六钻井工程公司，第二录井公司，第一固井公司，管具公司等 8 个单位 216 名借聘人员统一划归分公司管理。

2010 年 4 月，分公司成立伊拉克项目经理部。首部钻机 BOHAI—32 队于 2010 年 12 月开钻，鲁迈拉项目通过了 BP、CNPC 和 SOC 联合审计小组的资质审计，中标 2 台 1000 马力钻机水平日费项目，成功进入伊拉克 BP 公司高端市场。

2010 年 12 月，分公司成立中东市场开发部、南美市场开发部、亚太市场开发部。主要负责渤海钻探工程有限公司海外市场钻、修井、辅助工程技术服务、产品销售和国际贸易等市场开发工作。

2011 年 9 月，刘光木任渤海钻探公司总经理助理兼国际工程分公司经理。

2011 年 12 月，蒙古项目经理部撤出蒙古国市场。

2012 年 3 月，分公司将南美市场开发部职能并入委内瑞拉项目经理部，职能合并，机构名称调整为委内瑞拉项目经理部（南美市场开发部）。亚太市场开发部职能并入印度尼西亚项目经理部，职能合并，机构名称调整为印尼项目经理部（亚太市场开发部）。

2013 年 6 月，张松杰任国际工程分公司经理。

截至 2013 年 12 月，分公司共有在册员工 3034 人，中方员工 370 人，占用工总量 12. 2%，外籍员工 2664 人，占用工总量 87.8%。拥有钻井队 25 支，修井队 24 支。资产总额 15.37 亿元，资产净值 3.38 亿元。2013 年，开钻 90 口，交井 84 口，进尺 21 万米，累计修井 934 井次，全年实现收入 32.6 亿元。机关职能科室 9 个：经理办公室、党群工作科、市场开发科、工程技术科、质量安全环保科（防恐中心）、计划经营科、物资装备科、人事劳资科、财务资产科。直属单位 7 个：委内瑞拉项目经理部（南美市场开发部）、印尼项目经理部（市场开发部）、伊拉克项目经理部、缅甸项目经理部、伊朗项目经理部、中东市场开发部。

一、领导机构

（一）国际工程分公司行政领导名录（2008. 2—2013.12）

经　　理　李玉群（2008.2—2009.3）
张忠志（兼任，2009.3—2011.8）①
刘光木（兼任，2011.9—2013.6）②
张松杰（2013.6—12）

副 经 理　郑瑞生（2008.2—5）
甘世胜（2008.2—2013.12）
郭正明（2008.2—2013.12）
于顺明（2008.2—2013.1）③
李玉群（2009.3—2013.12）
吴尊礼（2010.6—2013.12）
黄巨臣（2011.3—2013.12）
王　勇（2011.3—2013.1；正处级，2013.1—12）
鲁国永（2011.3—2013.12）
熊　战（2011.3—2013.12）

① 2011 年 8 月，张忠志调西部钻探公司任副总经理。
② 2013 年 6 月，刘光木调渤海钻探工程有限公司。
③ 2013 年 1 月，于顺明退出处级岗位。

王秀亭（2011.7—2013.12）
范家强（2013.1—12）
刘永奇（2013.3—12）
总会计师　郭正明（2009.3—2013.12）
总工程师　刘永奇（2013.3—12）
安全总监　甘世胜（兼任，2008.5—2012.7）
吴尊礼（兼任，2012.7—2013.12）

（二）国际工程分公司党委领导名录（2008. 2—2013.12）

书　　记　郑瑞生（2008.2—5）
李玉群（2008.5—2013.12）
副 书 记　张玉清（2008.5—2011.3）①
张忠志（2009.3—2011.8）
刘光木（2011.9—2013.6）
商月娟（女，2013.4—12）
张松杰（2013.6—12）
委　　员　郑瑞生（2008.2—5）
李玉群（2008.2—2013.12）
郭正明（2008.2—2013.12）
张玉清（2008.5—2011.3）
甘世胜（2008.5—2013.12）
于顺明（2008.5—2013.1）
张忠志（2009.3—2011.8）
吴尊礼（2010.6—2013.12）
黄巨臣（2011.3—2013.12）
刘光木（2011.9—2013.6）
鲁国永（2013.1—12）
刘永奇（2013.3—12）
商月娟（2013.4—12）

① 张玉清 2011 年 3 月，调国际钻采物资供应分公司。

张松杰（2013.6—12）

（三）国际工程分公司纪委领导名录（2008. 2—2013.12）

书　　记　郑瑞生（2008.2—5）

张玉清（2008.5—2011.3）

李玉群（2011.3—2013.4）

商月娟（2013.4—12）

（四）国际工程分公司工会领导名录（2008. 2—2013.12）

主　　席　郑瑞生（2008.2—5）

张玉清（2008.5—2011.3）

李玉群（2011.3—2013.4）

商月娟（2013.4—12）

（五）国际工程分公司经理助理、副总师名录（2010.3—2013.12）

经理助理　张雪松（正科级，2010.3—2013.1）

徐建营（正科级，2010.3—2011.3）

赖　强（正科级，2010.3—2013.12）

刘永奇（正科级，2012.3—2013.3）

成大鹏（正科级，2013.2—5）①

薛孟滨（正科级，2013.2—12）

刘国枢（正科级，2013.8—12）

张克玉（正科级，2013.8—12）

副总会计师　解仙逸（正科级，2013.8—12）

安全副总监　甘家军（正科级，2010.3—2012.6）②

二、机关部门

2008 年 2 月，华北石油管理局国际工程公司划转到新成立的渤海钻探公司。4 月 12 日，命名为国际工程公司（国际合作处），列渤海钻探公司直属单位管理。机关部门机构和科室长暂延续使用华北石油管理局国际工程公司时的设置。6 月，设综合办公室、市场与生产运行科、质量安全环保科、

① 2013 年 5 月，成大鹏调渤海钻探公司总经理办公室。

② 2012 年 6 月，甘家军调渤海钻探公司安全处。

人事劳资科、计划财务科、装备技术科、国际合作科共7个科室。

2009年3月，分公司机关设经理办公室、党群工作科、市场与生产运行科（技术科）、质量安全环保科（防恐中心）、计划经营科、装备管理科、物资管理科、劳动工资科、财务资产科等9个科室。分公司机关成立两个党支部，分别是：机关第一党支部，党支部书记为郭正明；机关第二党支部，党支部书记为甘世胜。

2010年3月，装备管理科、物资管理科两个科室合并为物资装备科。7月，成立技术服务市场科。

2012年3月，成立市场开发科、工程技术科。

（一）综合办公室—经理办公室（2008.2—2013.12）

2008年6月，设综合办公室。2009年3月，设经理办公室。主要负责：公司领导政务活动安排和综合行政事务管理；了解、掌握、检查、公司各项决定及工作部署的执行情况；议定事项、批办事项的督查督办；文秘工作；公务用车管理；审计工作；综合档案的日常管理；信息管理；计划生育管理等。

1. 综合办公室（2008.2—2009.3）

主　　任 薛孟滨（2008. 2—2009.3）

副 主 任 李保广（2008. 2—2009.3）

2. 经理办公室（2009.3—2013.12）

主　　任 张雪松（2009.3—7）

成大鹏（2009.7—2013.2）

朱晓鸥（2013.5—12）

副 主 任 赵秀欣（兼任，正科级，2009.3—2010.3）

李建明（兼任，2009.3—2010.3）

魏德峰（兼任，2010.3—2011.1）

左占田（兼任，2010.3—2012.3）

付元宏（兼任，2011.11—2012.3）

朱晓鸥（正科级，2013.2—5）

谭　涛（2013.5—12）

（二）党群工作科（2009.3—2013.12）

2009 年 3 月，设党群工作科。2012 年 3 月，将党群工作科的人事组织等职能，调整到劳动工资科。主要负责：公司党委工作日常协调及文秘工作；思想政治工作；新闻宣传；信访接待和维护稳定；保密工作；纪委监察工作；工会系统的建设与管理；共青团工作；公司户籍日常管理工作。

科　　长　薛孟滨（2009.3—2012.3）
喻　兵（兼任，2009.3—2012.3）
杨喜梅（2012.3—2013.12）

副 科 长　刘明胜（兼任，2009.3—2012.3）
王晓峰（2010.3—2011.3）
郭启忠（2012.3—2013.12）

（三）市场开发科—市场与生产运行科—市场与生产运行科（技术科）—市场开发科（2008.2—2013.12）

2008 年 6 月，设市场与生产运行科。2009 年 3 月，设市场与生产运行科（技术科）。

2012 年 3 月，市场与生产运行科（技术科）与技术服务市场科相关职能合并，重新划分为市场开发科和工程技术科。主要负责：海外工程技术服务市场及辅助技术服务市场的开发；负责市场开发信息的收集与分析；标书的制作或指导工作。

1. 市场开发科（2008.2—6）

科　　长　（空缺）

副 科 长　梁玉增（主持工作，正科级，2008.2—6）

2. 市场与生产运行科（2008.6—2009.3）

科　　长　谭建华（2008.7—2009.3）

副 科 长　梁玉增（正科级，2008.6—2009.3）
时红星（2008.7—2009.3）

3. 市场与生产运行科（技术科）（2009.3—2012.3）

科　　长　谭建华（2009.3—2012.3）
徐建营（兼任，2009.3—2011.1）

徐　军（兼任，2009.3—2011.11）
高　义（兼任，2009.3—2010.3）①
张雪松（2009.7—2012.3）
魏运良（兼任，2010.3—2011.1）
张克玉（兼任，2010.3—2012.3）
朱坤科（兼任，2010.3—2012.3）

副 科 长　梁玉增（正科级，2009. 3—2012.3）
时红星（2009.3—2010.3）②
朱坤科（2009.3—2010.3）
胡华平（2009.3—6）
尹泽刚（兼任，2009.3—2011.3；正科级，2011.3—2012.3）
李建明（兼任，2010.3—2012.3）
寇红艳（兼任，2010.3—2011.9）③
范学良（兼任，2010.3—2012.3）④
张　勇（兼任，2010.3—2012.3）
吕永军（兼任，2010.3—2012.3）
付元宏（兼任，2010.3—2011.11）
魏德峰（2011.1—2012.3）
徐　军（兼任，正科级，2011.11—2012.12）
王占领（兼任，2011.11—2012.3）
李立武（兼任，2011.11—2012.3）

4. 市场开发科（2012.3—2013.12）

科　　长　张雪松（兼任，2012.3—12）
朱坤科（2013.2—12）

副 科 长　徐　军（正科级，2012.3—2013.2）

---

① 2010 年 3 月，高义因年龄原因退出科级岗位。
② 2010 年 3 月，时红星辞职。
③ 2011 年 9 月，寇红艳调第二录井公司。
④ 2012 年 3 月，范学良退出科级岗位。

喻　兵（正科级，2013.2—12）

（四）工程技术科—技术服务市场科—工程技术科（2008.2—2013.12）

2008 年 2 月设工程技术科。6 月，与市场开发科职能合并，设市场与生产运行科。2010 年 7 月，成立技术服务市场科。2012 年 3 月，重新设置工程技术科。主要负责：公司生产组织与协调；科技管理；井控管理和技术支撑、应急管理等。

1. 工程技术科（2008.2—6）

科　　长　汪振坤（2008.2—7）

2. 技术服务市场科（2010.7—2012.3）

科　　长　朱坤科（2011.1—2012.3）

副 科 长　卢晓峰（2011.1—2012.3）

刘庆友（兼任，2011.1—2012.3）

3. 工程技术科（2012.3—2013.12）

科　　长　朱坤科（2012.3—2013.2）

徐　军（2013.2—12）

（五）质量安全环保科—质量安全环保科（防恐中心）（2008.6—2013.12）

2008 年 6 月，设质量安全环保科。2008 年 8 月，设防恐中心，列质量安全环保科附属单位管理。2009 年 3 月，设质量安全环保科（防恐中心），定员 3 人，其中科级职数 1 人。主要负责：公司的质量与安全环保管理；海外防恐工作的组织协调与管理等。

1. 质量安全环保科（2008.6—2009.3）

科　　长　汪振坤（兼任，2008.7—9）

甘家军（2008.9—2009.3）

2. 质量安全环保科（防恐中心）（2009.3—2013.12）

科　　长　甘家军（2009.3—2012.6）

王　军（兼任，2009.3—2011.1）

郑植隆（兼任，2009.3—2012.3）

田立仁（兼任，2009.3—2010.3）①
胡华平（兼任，2011.1—2012.3；2012.6—2013.12）
王永强（兼任，2011.11—2012.3）

副　科　长　王永强（兼任，2009.3—2011.11）
王晓峰（兼任，2009.3—2010.3；2011.3—2013.12）
张厚军（兼任，2009.3—2012.3）②
朱庆洋（兼任，2011.11—2012.3）

（六）计划经营科（2009.3—2013.12）

2009年3月，设计划经营科。主要负责：企业发展规划、投资计划管理和经营管理工作；法律合同；基建维修等。

科　　长　李国英（女，2009.3—2010.3；兼任，2010.3—2011.1；2011.1—8）③
田太行（兼任，2009.3—2012.3）
徐志宏（兼任，2009.3—2012.3）
赖　强（兼任，2009. 3—2010.3；兼任，2010.3—2011.1）
胡华平（2010.3—2011.1）
李保广（2012.3—2013.5）
魏运良（2013.5—12）

副　科　长　李保广（2009.3—2012.3）
胡伟杰（兼任，2009.3—2011.1；正科级，2011.1—2012.3）

（七）装备技术科—装备管理科（2008.6—2010.3）

2009年3月，设装备管理科。2010年3月，装备管理科、物资管理科2个科室合并物资装备科。

1. 装备技术科（2008.6—2009.3）

科　　长　汪振坤（2008.7—2009.3）

① 2010年3月，田立仁因年龄原因退出科级岗位。
② 2012年3月，张厚军因年龄原因退出科级岗位。
③ 2011年8月，李国英调大港石油工程事业部。

副　科　长　张玉华（女，2008.8—2009.3）

2. 装备管理科（2009.3—2010.3）

科　　长　汪振坤（2009.3—2010.3）

范家强（兼任，2009.3—2010.3）

副　科　长　张玉华（2009.3—2010.3）

王金国（兼任，2009.3—2010.3）

周军明（兼任，2009.3—2010.3）

（八）商务科—国际合作科—物资管理科（2009.3—2010.3）

2008年6月，设国际合作科。2009年3月，设物资管理科。2010年3月，装备管理科、物资管理科2个科室合并物资装备科。

1. 商务科（2008.2—6）

科　　长　李新强（2008.2—7）

2. 国际合作科（2008.6—2009.3）

科　　长　李新强（2008. 7—2009.3）

3. 物资管理科（2009.3—2010.3）

科　　长　李新强（2009.3—6）①

副　科　长　刘国枢（兼任，2009.3—2010.3）

田均杰（兼任，2009.3—2010.3）

李晓民（兼任，2009.3—2010.3）②

胡华平（2009.6—2010.3）

（九）物资装备科（2010.3—2013.12）

2010年3月，装备管理科、物资管理科2个科室合并物资装备科。主要负责：公司的设备管理、实物资产管理等。

科　　长　汪振坤（2010.3—2013.12）

范家强（兼任，2010.3—2011.3）

魏运良（2011.1—2013.2）

① 2009年6月，李新强调到国际钻采物资供应分公司。

② 2010年3月，李晓民因年龄原因退出科级岗位。

副　科　长　张玉华（女，2010.3—2013.12）
王金国（兼任，2010.3—2012.3）
周军明（兼任，2010.3—6）[①]
唐毓峰（兼任，2010.3—2012.3）[②]
刘国枢（兼任，2010.3—2011.1；兼任，正科级，2011.1—2012.3）
赵继发（兼任，2010.3—2012.3）
程永升（兼任，2010.3—2012.3）
王占领（兼任，2010.3—2011.11）

（十）人事劳资科—劳动工资科—人事劳资科（2008.6—2013. 12）

2008 年 6 月，设人事劳资科。2009 年 3 月，设劳动工资科。主要负责：劳动定员及人力资源的调配；负责员工岗位考核、技能鉴定、员工教育培训；负责员工薪酬管理、外事管理工作等。2012 年 3 月，将党群工作科的人事组织等职能，调整到劳动工资科。主要负责：公司组织建设；科职及后备干部管理；劳动定员及人力资源调配；员工岗位考核、技能鉴定、员工教育培训；员工薪酬管理、外事管理工作等。2013 年 7 月，将劳动工资科更名为人事劳资科。主要负责：公司组织建设；科职及后备干部管理；劳动定员及人力资源调配；员工岗位考核、技能鉴定、员工教育培训；员工薪酬管理、社会统筹、外事管理工作等。

1. 人事劳资科（2008.6—2009.3）

科　　长　薛孟滨（兼任，2008. 7—2009.3）
副　科　长　杨喜梅（女，2008. 8—2009.3）

2. 劳动工资科（2009.3—2013.7）

科　　长　杨喜梅（2010.3—2012.3）
张维军（兼任，2010.3—2012.3）
王　军（兼任，2011.1—2012.3）
薛孟滨（2012.3—2013.2）

---

① 2010 年 6 月，周军明辞职。
② 2012 年 3 月，唐毓峰因年龄原因退出科级岗位。

成大鹏（2013.2—5）
李保广（2013.5—7）
副 科 长 杨喜梅（2009. 3—2010.3）
张维军（2009. 12—2010.3）
赵秀欣（兼任，正科级，2010.3—2010.7）[①]
付 强（兼任，2010.3—2012.3）
刘 丽（女，2011.1—2013.7）

3. 人事劳资科（2013.7—12）

科 长 李保广（2013.7—12）
副 科 长 刘 丽（2013.7—12）

（十一）财务计划科—计划财务科—财务资产科（2008.2—2013.12）

2008 年 6 月，设计划财务科。2009 年 3 月，设财务资产科，定员 8 人，其中科级职数 2 人。主要负责公司的财务和资产管理等。

1. 财务计划科（2008.2—6）

科 长 （空缺）
副 科 长 周 荣（主持工作，2008.2—7）

2. 计划财务科（2008.6—2009.3）

科 长 （空缺）
副 科 长 周 荣（主持工作，2008.7—2009.3）
陈志峰（2008.7—2009.3）

3. 财务资产科（2009.3—2013.12）

科 长 解仙逸（2010.3—2012.6）
穆彦杰（女，2011.8—2013.12）
副 科 长 周 荣（2009.3—2013.12）
陈志峰（2009.3—2010.3；兼任，2010.3—2012.3）
解仙逸（兼任，2009.3—2010.3）
侯胜军（兼任，2009.3—2012.3）

① 2010 年 7 月，赵秀欣调井下作业公司。

田金岭（兼任，2009.3—2010.3）[①]
田均杰（兼任，2010.3—2012.3；2013.2—12）
杨宏松（兼任，2010.3—2012.3；2013.2—12）
孟雪飞（兼任，女，2011.1—2012.3）
刘和平（兼任，2011.11—2012.3）

三、所属单位

2008年2月，沿用各项目经理部的设置。2009年3月，按照“精干高效”的配置原则，公司机关对各项目经理部实行扁平化、矩阵式管理，各项目经理部的管理部门属于公司机关的外派。2009年3月，成立委内瑞拉项目经理部党总支和印尼项目经理部党总支。2010年12月，设立中东市场开发部、南美市场开发部、亚太市场开发部。

2010年4月，成立伊拉克项目经理部。

2012年3月，根据《关于南美及亚太市场开发部职能并入项目经理部的通知》，决定将南美市场开发部职能并入委内瑞拉项目经理部，南美市场开发部人员划转委内瑞拉项目经理部，职能合并后的机构名称调整为委内瑞拉项目经理部（南美市场开发部）。亚太市场开发部职能并入印尼项目经理部，亚太市场开发部人员划转印尼项目经理部，职能合并后的机构名称调整为印尼项目经理部（亚太市场开发部）。职能合并后，由委内瑞拉项目经理部（南美市场开发部）、印尼项目经理部（亚太市场开发部）全面负责本区域市场开发的组织协调工作。

（一）委内瑞拉项目经理部—委内瑞拉项目经理部（南美市场开发部）（副处级，2008.2—2013.12）

2008年2月，沿用各项目经理部的设置，为副处级单位，机关部门和所属单位均为副科级机构。2009年3月，成立委内瑞拉项目经理部党总支。2010年12月，设立南美市场开发部。

2012年3月，将南美市场开发部职能并入委内瑞拉项目经理部，南美市场开发部人员划转委内瑞拉项目经理部，职能合并后的机构名称调整为委内瑞拉项目经理部（南美市场开发部）。

---

① 2010年3月，田均杰因年龄原因退出科级岗位。

1. 领导机构

（1）委内瑞拉项目经理部（南美市场开发部）行政领导名录（2008.2—2013.12）

经　　理　于顺明（兼任，2008.2—2009.12）

王　勇（2009.12—2011.3；兼任，2011.3—2013.1；正处级 2013.1—12）

副 经 理　吴尊礼（副处级，2008.2—2010.6）

范家强（2009.3—2011.3；副处级，2011.3—2013.12）

王　军（2009.3—2013.12）

田太行（2009.3—2013.1；副处级，2013.1—12）

胡华平（2011.1—2012. 6）

胡伟杰（2012.3—2013.1；副处级，2013.1—12）

郑植隆（2012.3—2013.12）

刘国枢（2012.6—2013.8；兼任，2013.8—12）

尹泽刚（2012.6—2013.7）[①]

张雪松（副处级，2013.1—12）

程永升（2013.2—12）

刘庆友（2013.2—12）

安全总监　王　军（2008.2—2009.3；兼任，2009.3—2011.1）

（2）委内瑞拉项目经理部党支部领导名录（2008.2—2009.3）

书　　记　于顺明（2008.2—2009.3）

（3）委内瑞拉项目经理部（南美市场开发部）党总支领导名录（2009.3—2013.12）

书　　记　吴尊礼（2009.12—2010.6）

王　勇（2010.6—2012.12）

副 书 记　王　勇（2009.12—2010.6）

范家强（2011.3—2013.1）

张雪松（2013.2—12）

① 2013 年 7 月，尹泽刚辞职。

委　　员 王　军（2009.3—2013.12）
范家强（2009.3—2013.1）
田太行（2009.3—2013.12）
吴尊礼（2009.12—2010.6）
王　勇（2009.12—2012.12）
胡华平（2011.4—2012.7）
胡伟杰（2012.4—2013.12）
刘国枢（2012.7—2013.12）
张雪松（2013.2—12）
程永升（2013.2—12）

2. 机关部门

2008 年 2 月，沿用机关部门的设置。2009 年 3 月，成立综合办公室、市场经营办、生产技术办、HSE 办、装备管理办、物资管理办、财务资产办 7 个部门。2010 年 3 月，劳资业务从综合办公室分离出来，成立劳动工资办。

（1）办公室—综合办公室（2008.2—2013.12）

2009 年 3 月，成立综合办公室。2010 年 3 月，劳资业务从综合办公室分离出去。

①办公室（2008.2—2009.3）

主　　任 赵秀欣（正科级，2008.2—5）

②综合办公室（2009.3—2013.12）

主　　任 赵秀欣（2009.3—2010.3）
左占田（2010.3—2013.12）

（2）经营部—市场经营办（2008.2—2013.12）

2009 年 3 月，成立市场经营办。

①经营部（2008.2—2009.3）

主　　任（空缺，2008.2—2009.3）

副 主 任 李建明（副科级，2008.2—2009.3）
唐毓峰（副科级，2008.2—2009.3）[①]

① 2009 年 3 月，唐毓峰保留副科级待遇。

②市场经营办（2009.3—2012.12）

主　　　任　胡伟杰（2009.3—2012.3）

刘庆友（2011.1—2013.2；兼任，2013.2—12）

（3）作业部—生产技术办（2008.2—2013.12）

2009年3月，成立生产技术办。

①作业部（2008.2—2009.3）

主　　　任　（空缺，2008.2—2009.3）

副　主　任　胡伟杰（副科级，2008.2—2009.3）

顶驱服务总监　周军明（副科级，2008.2—2009.3）

②生产技术办（2009.3—2013.12）

主　　　任　尹泽刚（2009.3—2012.3；正科级，2012.3—6；兼任，2012.6—2013.2）

薛卫乐（2013.2—8）[①]

（4）财务计划部—财务资产办（2008.2—2013.12）

2009年3月，成立财务资产办。

①财务计划部（2008.2—2009.3）

主　　　任　（空缺，2008.2—2009.3）

副　主　任　解仙逸（副科级，2008.2—2009.3）

②财务资产办（2009.3—2012.12）

主　　　任　解仙逸（2009.3—2010.3）

杨宏松（2010.3—2013.2）

田均杰（2010.3—2013.2）

孟雪飞（2011.1—2013.2；正科级，2013.2—12）

秦　岩（2013.2—12）

（5）HSE办（2009.3—2013.12）

主　　　任　王永强（2009.3—2011.11）

李建英（2012.3—2013.12）

① 2013年8月，薛卫乐辞职。

（6）装备管理办（2009.3—2013.12）

主　　任　王金国（2009.3—2013.2）
　　　　　程永升（2010.3—2013.2）
　　　　　吕　永（2013.2—12）

（7）物资管理办（2009.3—2013.12）

主　　任　刘国枢（2009.3—2012.3；正科级，2012.3—6；兼任，2012.6—2013.2）
　　　　　张　伟（2013.2—12）

（8）劳动工资办（2010.3—2013.12）

2010年3月，劳资业务从综合办公室分离出来，成立劳动工资办。

主　　任　付　强（2010.3—2013.2）
　　　　　王金国（2013.2—12）

3. 所属各单位

（1）西部项目组（2013.6—12）

主　　任　付　强（2013.2—12）

（2）重油带项目组（2013.6—12）

主　　任　陈忠辉（2013.2—12）

（二）印尼项目经理部—印尼项目经理部（亚太市场开发部）（副处级，2008.2—2013.12）

2008年2月，沿用各项目经理部的设置，为副处级单位，机关部门和所属单位均为副科级机构。2009年3月，成立印尼项目经理部党总支。

2012年3月，将亚太市场开发部职能并入印尼项目经理部，亚太市场开发部人员划转印尼项目经理部，职能合并后的机构名称调整为印尼项目经理部（亚太市场开发部）。

1. 领导机构

（1）印尼项目经理部（亚太市场开发部）行政领导名录（2008.2—2013.12）

经　　理　陈兆发（2008.2—2011.3）[1]
　　　　　鲁国永（兼任，2011.3—2013.1）

[1] 2011年3月，陈兆发借调到中国石油印度尼西亚公司。

范家强（兼任，2013.1—12）

副 经 理　徐　军（2008.2—5）

鲁国永（副处级，兼任，2009.12—2011.3）

杨忠清（副处级，2011.3—2013.12）

徐建营（兼任，2009.3—2011.1）

徐　军（2009.3—2011.1）

徐志宏（2009.3—2013.12）

郑植隆（2009.3—2011.1）

李国英（2010.3—2011.1）

朱坤科（2010.3—2011.1）

梁玉增（2011.1—2013.12）

薛孟滨（兼任，2013.2—12）

安全总监　郑植隆（兼任，2009.3—2011.1）

（2）印尼项目经理部（亚太市场开发部）党总支领导名录（2009.3—2013.12）

书　　记　鲁国永（2009.12—2011.3）

杨忠清（2011.3—2013.12）

副 书 记　陈兆发（2009.12—2011.3）

鲁国永（2011.3—2013.1）

范家强（2013.1—12）

薛孟滨（2013.2—12）

委　　员　徐建营（2009.3—2011.4）

徐　军（2009.3—2011.4）

徐志宏（2009.3—2013.12）

鲁国永（2009.12—2013.1）

陈兆发（2009.12—2011.3）

李国英（2010.3—2011.4）

朱坤科（2010.3—2011.4）

杨忠清（2011.3—2013.12）

刘明胜（2011.4—2012.7）

李建明（2011.4—2013.12）

姜海潮（2012.7—2013.12）
范家强（2013.1—12）
薛孟滨（2013.2—12）

2. 机关部门

2008 年 2 月，沿用机关部门的设置。2009 年 3 月，成立综合办公室、市场经营办、生产技术办、HSE 办、装备管理办、物资管理办、财务资产办 7 个部门。2010 年 3 月，劳资业务从综合办公室分离出来，成立劳动工资办。2010 年 12 月，将机关由原来的 7 个办公室调整为综合办公室、市场与生产运行办、后勤保障办和财务资产办等 4 个办公室。2013 年 6 月，将 HSE 办职能从市场与生产运行办分离出来，成立 HSE 办。

（1）办公室—综合办公室（2008.2—2013.12）

2009 年 3 月，成立综合办公室。2010 年 3 月，劳资业务从综合办公室分离出去。2010 年 12 月，综合办公室和劳动工资办调整合并为综合办公室。主要负责：项目经理部行政事务、党委和宣传工作以及劳资管理等，对应公司机关经理办公室、党群工作科和劳动工资科职责。

①办公室（2008.2—2009.3）

主　　任（不详，2008.2—2009.3）

②综合办公室（2009.3—2013.12）

主　　任　刘明胜（2009.3—2012.3）
姜海潮（2012.3—2012. 12）

副 主 任（空缺，2009.3—2013.12）

③劳动工资办（2010.3—2010.12）

主　　任　赵秀欣（2010.3—2010.7）①

（2）经营部（2008.2—2009.3）

2009 年 3 月，经营部撤销。

主　　任（空缺，2008.2—2009.3）

副 主 任　时红星（副科级，2008.2—6）

① 2010 年 7 月，赵秀欣调渤海钻探井下作业公司。

（3）作业部（2008.2—2009.3）

2009 年 3 月，作业部撤销。

主　　任　郑植隆（正科级，2008.2—5）

（4）市场经营办（2009.3—2010.12）

2010 年 12 月，市场经营办、生产技术办和 HSE 办调整合并为市场与生产运行办。

主　　任　徐志宏（正科级，兼任，2009.3—12）
　　　　　　李建明（2009.12—2010.12）

（5）生产技术办（2009.3—2010.12）

2010 年 12 月，市场经营办、生产技术办和 HSE 办调整合并为市场与生产运行办。

主　　任　郑植隆（正科级，兼任，2009.3—2010.3）
　　　　　　张　勇（2010.3—12）

（6）市场与生产运行办（2010.12—2013.12）

2010 年 12 月，市场经营办、生产技术办和 HSE 办调整合并为市场与生产运行办。主要负责：市场开发、生产组织与协调、应急管理、合同管理、法律事务、井控和技术管理、HSSE 管理等，对应公司机关市场与生产运行科、技术服务市场科和质量安全环保科职责。2013 年 6 月，将 HSE 职能从市场与生产运行办中分离出去。

主　　任　李建明（2011.1—2013.12）
　　　　　　张　勇（2011.1—2013.8）①
　　　　　　刘明胜（2012.3—6）
　　　　　　李成军（2013.6—12）

（7）HSE 办（2009.3—2010.12；2013.6—12）

2010 年 12 月，将 HSE 办合并到新成立的市场与生产运行办。2013 年 6 月，将 HSE 办职能从市场与生产运行办分离出来。主要负责：物资采购及管理、通关工作、一般贸易及进出口贸易管理等。

主　　任　王晓峰（2009.3—2010.3）

① 2013 年 8 月，张勇调渤海钻探钻井技术服务公司。

桑培安（2013.6—12）

（8）采办部（2008.2—2009.3）

2009 年 3 月撤销。

主　　任　（空缺，2008.2—2009.3）

副 主 任　田均杰（副科级，2008.2—2009.3）

（9）装备管理办（2009.3—2010.3）

2010 年 3 月，装备管理办和物资管理办，合并成物资装备办。

主　　任　周军明（2009.3—2010.3）

（10）物资管理办（2009.3—2010.3）

2010 年 3 月，装备管理办和物资管理办，合并成物资装备办。

主　　任　田均杰（2009.3—2010.3）

（11）物资装备办—后勤保障办（2010.3—2013.12）

2010 年 12 月，物资装备办融入市场经营办的部分职责，调整更名为后勤保障办。主要负责：物资管理、设备管理、固定资产投资计划管理等，对应公司机关物资装备科和计划经营科职责。

①物资装备办（2010.3—2010.12）

主　　任　周军明（2010.3—6）[①]

唐毓峰（2010.3—2011.1）

②后勤保障办（2010.12—2013.12）

主　　任　徐福军（2012.3—2013.12）

副 主 任　赵继发（副科级，2013.6—12）

（12）财务计划部—财务资产办（2008.2—2013.12）

2009 年 3 月，成立了财务资产办。2010 年 12 月，融入市场经营办的部分职责。主要负责：经营管理、财务管理等，对应公司机关计划经营科和财务资产科职责。

主　　任　（空缺，2008.2—2009.3）

侯胜军（2009.3—2012.7）[②]

陈志峰（2010.3—2013.12）

---

① 2010 年 6 月，周军明辞职。

② 2012 年 7 月，侯胜军借调到中国石油伊拉克公司。

副　主　任　田金岭（副科级，2008.2—2009.3）

3. 所属单位

2008 年 2 月，沿用修井项目部、钻井项目部的设置。2010 年 4 月，下设 DURI、JAMBI、MADURA 和 SORONG 等 4 个项目组。2013 年 6 月，4 个项目组更名为项目，组长、副组长更名为经理、副经理。

（1）修井项目部—DURI 项目组—DURI 项目（2008.2—2013.12）

2010 年 4 月，成立 DURI 项目组，主任、副主任更名为组长、副组长。2013 年 6 月，DURI 项目组更名为 DURI 项目，组长、副组长更名为经理、副经理。

①修井项目部（2008.2—2010.4）

主　　　任（空缺，2008.2—2010.4）

副　主　任　吕永军（副科级，2008.2—2009.3）[①]

赵继发（副科级，2008.2—2009.3）[②]

魏运良（副科级，2008.2—2009.3）[③]

② DURI 项目组（2010.4—2013.6）

组　　　长　郑植隆（兼任，2010.3—2011.1）

梁玉增（兼任，2011.1—2012.12）

副　组　长　寇红艳（副科级，2010.3—2011.9）[④]

赵继发（副科级，2010. 3—2013.6）

③ DURI 项目（2013.6—12）

经　　　理　梁玉增（兼任，2013.6—12）

副　经　理　吕永军（副科级，2013.6—12）

（2）钻井项目部—JAMBI 项目组—JAMBI 项目（2008.2—2013.12）

2010 年 4 月，成立 JAMBI 项目组，主任、副主任更名为组长、副组长。2013 年 6 月，JAMBI 项目组更名为 JAMBI 项目，组长、副组长更名为经理、副经理。

① 2009 年 3 月，吕永军保留副科级待遇。

② 2009 年 3 月，赵继发不再担任副主任，但保留副科级待遇。

③ 2009 年 3 月，魏运良不再担任副主任，但保留副科级待遇。

④ 2011 年 9 月，寇红艳调渤海钻探第二录井公司。

①钻井项目部（2008.2—2010.4）

主　　任　徐志宏（正科级，2008.2—2010.3）

② JAMBI 项目组（2010.4—2013.6）

组　　长　徐志宏（兼任，2010.3—2011.1）

副 组 长　吕永军（副科级，2010.3—2013.6）

③ JAMBI 项目（2013.6—12）

经　　理　李立武（副科级，2013.6—12）

（3）SORONG 项目组—SORONG 项目（2010.4—2013.12）

2013 年 6 月，SORONG 项目组更名为 SORONG 项目，组长、副组长更名为经理、副经理。

① SORONG 项目组（2010.4—2013.6）

组　　长　（空缺，2010.4—2013.6）

副 组 长　（空缺，2010.4—2013.6）

② SORONG 项目（2013.6—12）

经　　理　李　勇（副科级，2013.6—12）

（4）MADURA 项目组行政领导名录（2010.4—2013.12）

组　　长　朱坤科（兼任，2010.3—2011.1）

副 组 长　范学良（副科级，2010.3—2012.3）[①]

（三）阿联酋项目经理部（副处级，2008.2—2009.3）

2008 年 2 月，沿用各项目经理部的设置。2009 年 3 月，随着财务计划部副主任陈志峰、水井项目部（LIVA 地区项目部）主任田立仁解聘，阿联酋项目经理部撤销。

1. 领导机构

（1）阿联酋项目经理部行政领导名录（2008.2—2009.3）

经　　理　（空缺，2008.2—2009.3）

副 经 理　张玉清（副处级，2008.2—5）

（2）阿联酋项目经理部党支部领导名录（2008.2—2009.3）

书　　记　张玉清（2008.2—5）

① 2012 年 3 月，范学良因病解聘。

2. 机关部门

2008 年 2 月，沿用机关部门的设置。2009 年 3 月，随着财务计划部副主任陈志峰解聘，阿联酋项目经理部机关部门撤销。

（1）办公室（2008.2—2009.3）

主　　任　（不详，2008.2—2009.3）

副 主 任　（不详，2008.2—2009.3）

（2）经营部（2008.2—2009.3）

主　　任　（不详，2008.2—2009.3）

副 主 任　卢晓峰（副科级，2008.2—2009.3）[①]

（3）作业部（2008.2—2009.3）

主　　任　（不详，2008.2—2009.3）

副 主 任　（不详，2008.2—2009.3）

（4）财务计划部（2008.2—2009.3）

主　　任　（不详，2008.2—2009.3）

副 主 任　陈志峰（副科级，2008.2—2009.3）

3. 所属单位

2008 年 2 月，沿用水井项目部（LIVA 地区项目部）、建筑项目部（ALAIN 地区项目部）的设置。2009 年 3 月，随着水井项目部（LIVA 地区项目部）主任田立仁解聘，阿联酋项目经理部水井项目部（LIVA 地区项目部）、建筑项目部（ALAIN 地区项目部）撤销。

（1）水井项目部（LIVA 地区项目部）（2008.2—2009.3）

主　　任　田立仁（正科级，2008.2—5）

（2）建筑项目部（ALAIN 地区项目部）（2008.2—2009.3）

主　　任　（空缺，2008.2—2009.3）

（四）蒙古项目经理部（副处级，2008.2—2012.3）

2008 年 2 月，沿用各项目经理部的设置，为副处级机构，机关部门为副科级机构。2011 年 12 月，蒙古项目经理部撤出蒙古国市场。2012 年 3 月，随着 HSE 办主任张厚军、口岸办主任唐毓峰解聘，蒙古项目经理部撤销。

---

① 2009 年 3 月，卢晓峰不再担任副主任，但保留副科级待遇。

1. 领导机构

（1）蒙古项目经理部行政领导名录（2008.2—2011.3）

经　　理　杨忠清（2008.2—2011.3）

副 经 理　赖　强（2008.2—2009.3；正科级，2009.3—2010.3；兼任，2010.3—2011.1）

高　义（2009.3—2010.3）①

田立仁（2009.3—2010.3）②

张维军（2010.3—2011.1）

魏运良（2010.3—2011.1）

安全总监　田立仁（兼任，2009.3—2010.3）

（2）蒙古项目经理部党支部领导名录（2008.2—2011.4）

书　　记　杨忠清（2008.2—2011.4）

副 书 记　李建明（2009.3—2010.3）

张厚军（2010.3—2011.4）

2. 机关部门

2009年3月，成立综合办公室、市场与生产运行办、HSE办、口岸办、财务资产办5个部门。2011年1月，随着综合办公室主任魏德峰、市场与生产运行办主任付元宏、财务资产办主任田金岭解聘，综合办公室、市场与生产运行办、财务资产办3个部门撤销。2012年3月，随着HSE办主任张厚军、口岸办主任唐毓峰解聘，HSE办、口岸办2个部门撤销。

（1）综合办公室（2009.3—2011.1）

2011年1月，随着综合办公室主任魏德峰解聘，综合办公室撤销。

主　　任　李建明（2009.3—12）

魏德峰（2010.3—2011.1）

（2）市场与生产运行办（2009.3—2011.1）

2011年1月，随着市场与生产运行办主任付元宏解聘，市场与生产运行办撤销。

---

① 2010年3月，高义因年龄原因，退出科级岗位。

② 2010年3月，田立仁因年龄原因，退出科级岗位。

主　　任　高　义（兼任，2009.3—2009.7）

付元宏（2009.7—2011.1）

（3）HSE办（2009.3—2012.3）

2012年3月，随着HSE办主任张厚军解聘，HSE办撤销。

主　　任　张厚军（2009.3—2012.3）①

（4）口岸办（2009.3—2012.3）

2012年3月，随着口岸办主任唐毓峰解聘，口岸办撤销。

主　　任　李晓民（2009.3—2010.3）②

王占领（2010.3—2011.1）

唐毓峰（2011.1—2012.3）③

（5）财务资产办（2009.3—2011.1）

2011年1月，随着财务资产办主任田金岭解聘，财务资产办撤销。

主　　任　田金岭（2009.3—2010.3）④

（五）缅甸项目经理部（副处级，2008.2—2013.12）

2008年2月，沿用各项目经理部的设置，为副处级机构。

（1）缅甸项目经理部行政领导名录（2010.4—2013.12）

经　　理　王　勇（2008.2—2009.12）

副 经 理　喻　兵（2008.2—2013.2）

张维军（2011.1—2013.12）

（2）缅甸项目经理部党支部领导名录（2008.2—2009.3）

2008年2月，沿用党支部的设置。2009年3月，缅甸项目经理部不再设立党支部，党员划归公司机关第二党支部管理。

书　　记　王　勇（2008.2—2009.3）

（六）伊拉克项目经理部（副处级，2010.4—2013.12）

2010年4月，成立伊拉克项目经理部，为副处级机构，机关部门为副科级机构。伊拉克项目经理部设市场开发办、生产技术办、HSSE办、财务

① 2012年3月，张厚军因年龄原因退出科级岗位。

② 2010年3月，李晓民因年龄原因退出科级岗位。

③ 2012年3月，唐毓峰因年龄原因退出科级岗位。

④ 2010年3月，田金岭因年龄原因退出科级岗位。

经营办和后勤保障办等5个部门。

2011年11月，伊拉克项目经理部设综合办公室、HSSE办、市场开发办、生产技术办、物资装备办和财务经营办等6个部门。

2012年6月，调整伊拉克项目经理部机构编制。设综合劳资办、HSSE办、生产技术市场办、后勤保障办、财务经营办等5个部门，下设哈法亚项目组、鲁迈拉项目组和米桑项目组等3个项目组。

1. 领导机构

（1）伊拉克项目经理部行政领导名录（2010.4—2013.12）

经　　理　熊　战（2009.12—2011.3；兼任，2011.3—2013.12）
副 经 理　徐建营（2011.1—2011.3；副处级，2011.3—2013.12）
　　谭建华（2010.3—2013.12）
　　徐　军（2011.1—11）
　　张克玉（2011.11—2013. 8；兼任，2013. 8—12）
　　王永强（2011.11—2013.12）
　　刘永奇（兼任，2012.6—2013.3；副处级，2013.10—12）
　　解仙逸（2012.6—2013. 8；兼任，2013. 8—12）
　　甘世胜（兼任，副处级，2013.10—12）

（2）伊拉克项目经理部党总支领导名录（2011.3—2013.12）

书　　记　熊　战（2011.3—2013.10）
　　甘世胜（2013.10—12）
副 书 记　徐建营（2011.3—2013.10）
　　熊　战（2013.10—12）
委　　员　熊　战（2011.3—2013.12）
　　徐建营（2011.3—2013.10）
　　赖　强（2011.4—2012.4）
　　谭建华（2011.4—2013.12）
　　付元宏（2011.4—2012.4）
　　王永强（2012.4—2013.12）
　　张克玉（2012.4—2013.12）
　　刘永奇（2012.7—2013.3；兼任，2013.10—12）

解仙逸（2012.7—2013.12）

甘世胜（2013.10—12）

2. 机关部门

2010 年 4 月，设市场开发办、生产技术办、HSSE 办、财务经营办、后勤保障办。2011 年 1 月，设有综合办公室。2011 年 11 月，设综合办公室、HSSE 办、市场开发办、生产技术办、物资装备办和财务经营办等 6 个部门。

（1）综合办公室—综合劳资办（2011.1—2013.12）

2011 年 1 月，设有综合办公室。2011 年 11 月，设综合办公室。2012 年 6 月，成立综合劳资办。负责项目行政事务、党群工作、会议管理与组织、对外接待、生活后勤、薪酬管理、外事管理；牵头组织外籍员工招聘并督促各参战单位抓好员工教育培训等。

①综合办公室（2011.11—2012.6）

主　　任　付元宏（2011. 11—2012. 6）

②综合劳资办（2012.6—2013.12）

主　　任　刘明胜（2012.6—2013.12）

（2）财务经营办（2010.4—2013.12）

2010 年 4 月，设财务经营办。2011 年 11 月，设财务经营办。负责项目财务管理、税务管理、合同法律等管理与协调。

主　　任　刘和平（2011. 11—2013.12）

（3）生产技术办（2010.4—2012. 6）

2010 年 4 月，设生产技术办。2011 年 11 月，设生产技术办。2012 年 6 月，市场开发办、生产技术办合并，设生产技术市场办。

主　　任　李立武（2011.11—2012. 6）

（4）市场开发办（2010.4—2012. 6）

2010 年 4 月，设市场开发办。2012 年 6 月，市场开发办、生产技术办合并，设生产技术市场办。

主　　任　王占领（2011.11—2012. 6）

（5）生产技术市场办（2012.6—2013.12）

2012 年 6 月，市场开发办、生产技术办合并，设生产技术市场办。负责项目的市场开发与管理、市场开发信息的收集与分析、标书的制作或指导；牵头组织各参战单位抓好生产运行与协调、生产报表的编报、技术管理；牵头组织各参战单位抓好井控管理、应急管理等。

主　　任　付元宏（2012.6—2013.12）
　　　　　刘飞鹰（2012.6—2013.12）

（6）HSSE办（2010.4—2013.12）

2010年4月，设HSSE办。2011年11月，设HSSE办。负责各参战单位的安全及防恐管理工作的监管、督促渤海钻探公司体系文件的宣贯、推进和有效运行；负责定期组织现场安全检查、组织召开周及月度安全例会、督促安全隐患的整改落实。

主　　任　朱庆洋（2011.11—2013.12）
　　　　　王占领（2012.6—2013.12）

（7）后勤保障办—物资装备办—后勤保障办（2011.1—2013.12）

2010年4月，设后勤保障办。2011年11月，设物资装备办。2012年6月，设后勤保障办。牵头做好项目的设备清关、协调联络MOC及SOC取得各种审批材料；负责装备的统一调配和协调、组织协调当地物资采购及材料供应、采购物资的质量控制；牵头做好设备管理、督促检查设备维护保养和故障排除，确保设备正常运转；牵头做好物资及库房的管理工作等。

①物资装备办（2011.1—2012.6）

主　　任　（空缺）

②后勤保障办（2012.6—2013.12）

主　　任　李立武（2012.6—8）
　　　　　李密银（2012.6—2013.12）

3. 所属单位

2012年6月，设哈法亚项目组、鲁迈拉项目组和米桑项目组等3个项目组。2013年9月设鲁克项目组。

（1）哈法亚项目组（2012.6—2013.12）

组　　长　熊　战（兼任，2013.10—12）

（2）鲁迈拉项目组（2012.6—2013.12）

组　　长　徐建营（兼任，2013.10—12）

副　组　长　付元宏（副科级，2011.1—11）

王占领（副科级，2011.1—11）

（3）米桑项目组（2012.6—2013.12）

组　　长　刘永奇（兼任，2013.10—12）

（4）鲁克项目组（不详—2013.12）

组　　长　甘世胜（兼任，2013.10—12）

（七）伊朗项目经理部（副处级，2010.4—2013.12）

2010年4月，成立伊朗项目经理部，为副处级机构，机关部门为副科级机构。

经　　理　张克玉（正科级，2010.3—2011.11）

王秀亭（兼任，2011.7—2012.12）

市场开发办（不详—2013.12）

主　　任　魏德峰（2012.3—2013.12）

（八）中东市场开发部（2010.12—2013.12）

2010年12月，设立中东市场开发部，为副处级机构，机关部门为副科级机构。

经　　理　甘世胜（兼任，不详—2013.12）

副 经 理　赖　强（兼任，2011.1—2013.12）

刘永奇（兼任，2012.3—6）

市场开发办（不详—2013.12）

主　　任　卢晓峰（2012.3—2013.12）

（九）南美市场开发部（2010.12—2012.3）

2010年12月，设立南美市场开发部，为副处级机构。主要负责：渤海钻探公司海外市场钻、修井、辅助工程技术服务、产品销售和国际贸易等市场开发工作。2012年3月，将南美市场开发部职能并入委内瑞拉项目经理部，南美市场开发部人员划转委内瑞拉项目经理部。

经　　理　吴尊礼（兼任，2011.1—2012.3）

副 经 理　郑植隆（2011.1—2012.3）

（十）亚太市场开发部（2010.12—2012.3）

2010年12月，设立亚太市场开发部，为副处级机构。主要负责：渤海钻探工程公司海外市场钻、修井、辅助工程技术服务、产品销售和国际贸易等市场开发工作。

经　　理　杨忠清（兼任，2011.1—2012.3）

第二节　塔里木钻井分公司（2008.2—2013.12）

塔里木钻井分公司原属华北石油管理局二级单位，后隶属渤海钻探公司。2008年2月，依据中国石油天然气集团公司人事〔2008〕199号文件精神，华北石油管理局所属钻井公司与大港油田集团公司钻井公司等单位合并成立了中国石油天然气集团公司渤海钻探工程有限公司，塔里木钻井分公司划入渤海钻探公司管理，更名为中国石油天然气集团公司渤海钻探塔里木钻井工程分公司，机构级别不变。分公司有ZJ90DB交流变频钻机3台，ZJ80DB交流变频钻机2台，ZJ70DB交流变频钻机5台，ZJ70D电驱动钻机2台，ZJ70LDB机电复合钻机5台，ZJ70LC钻机2台，F320钻机2台，F320教学钻机1台以及顶驱钻井系统和各种钻井相关专业设备，固定资产10.03亿元。在塔里木探区承担超深井、大斜度井、定向井、水平井、小井眼井、套管开窗井等各种高难度井以及试油修井等施工作业任务。

2009年2月，李才民任渤海钻探公司总经理助理。

2009年6月，渤海钻探公司调整塔里木钻井分公司领导班子，陈小明任副经理、安全总监。

2010年8月，渤海钻探公司调整塔里木钻井分公司领导班子，李光辉任副经理、安全总监，李义强任副经理。

2010年11月，渤海钻探公司调整塔里木钻井分公司党委班子，副经理、安全总监陈小明改任党委副书记、纪委书记、工会主席。

2011年11月，渤海钻探公司调整塔里木钻井分公司党委领导班子，梁景海任党委书记，李才民任党委副书记，12月，免去李才民的党委副书记职务。

2012 年 4 月，渤海钻探公司调整塔里木钻井分公司领导班子，乔勇任副经理、总工程师。

2012 年 7 月，渤海钻探公司调整塔里木钻井分公司领导班子，张永青任副经理、安全总监。

2012 年 8 月，中共塔里木钻井分公司第三次代表大会召开，选举产生第三届委员会委员 10 人：邓建琦、乔勇 、李才民、李义强、李光辉、张永青、陈小明、陈世春、周清平、梁景海；选举产生第三届纪律检查委员会委员 5 人：刘占学、李海元、张顺、张海山、陈小明。梁景海为党委书记，陈小明为党委副书记、纪委书记，刘占学为纪委副书记。所属 26 个党支部，共有党员 350 人。

2013 年，公司调整了部分领导班子，何选蓬任副经理、丛长江任副经理兼安全总监、杨涛任总会计师。

2008 年至 2013 年，共钻井 222 口，累计钻井进尺 110.99 万米，产值 65.5 亿元。公司创塔里木油田和国内行业钻井纪录 59 项，其中：

2008 年度，60154 队继 2007 年夺得塔里木油田进尺总冠军后，2008 年又以进尺 22924 米的良好成绩，夺得塔里木油田 2008 年度进尺总冠军，同时夺得总进尺、单井进尺、单只钻头进尺“三个第一”；70171 队承钻的轮东 1 井，实钻井深 7620 米，保持中石油陆上深井纪录；70586 队钻成西气东输首口天然气水平井克拉 2-H1 井；70148 队在大北 301 井创下 365.13 毫米套管下深 3500 米的国内纪录；70565 队施工的英买 204 井比邻井提速 27%，成为塔里木油田 2008 年提速最大亮点；60158 队承钻的轮南 2-4-1H 井，井深 5635 米，水平位移 979.80 米，水平段长 750 米，创塔里木油田水平井水平段最长纪录。

2009 年度，哈 10 井设计井深 6750 米，创造了 59 天上 6000 米，82 天上 6500 米的新纪录，节约周期 23 天。70580 队承钻的塔中 62-H11 井，水平位移 1150 米，水平段长 872 米，创塔里木油田水平井钻井水平位移最大、水平段最长两项纪录。70550 队施工的哈 8 井二开使用 12¼ 英寸 PDC 钻头进尺 3752 米，创同类钻头进尺最高纪录。70586 队承钻的英买 2-4 井，裸眼长度 5006 米，是目前塔里木裸眼最长的五段制定向井。90006 队施工的克深 1 井创 13⅜英寸套管一次下深 4910.28 米的国内套管下入最深纪录。

创下 $12\frac{1}{4}$ 英寸钻头钻深 6759 米的国内纪录。再创 $10\frac{3}{4}$ 英寸、$9\frac{7}{8}$ 英寸、$9\frac{5}{8}$ 英寸复合套管下深 6755.26 米的国内最深纪录。

2010 年度，70565 队施工的东河 20-H3 井 97 天完井，同比 20-H1 井提速 45.2%，创东河区块速度最快纪录。70579 队承钻的哈 12-2 井完井井深 6745 米，周期 84.42 天，平均机械钻速 7.49 米 / 小时，创哈拉哈塘最快纪录。克深 7 井以井深 8023 米成为中石油陆上第一超深井，创国内施工纪录 11 项，哈 901H 井以完钻井深 7069.56 米成为中石油第一超深水平井。

2011 年度，70578 队、90007 队荣获中石油十佳功勋钻井队。90007 队施工克深 7 井以井深 8023 米完钻，成为中石油第一深井，该队施工的克深 8 井，创 365.13 毫米套管下深 4500 米和浮重 425 吨最重两项国内纪录，该队荣获新疆维吾尔自治区“工人先锋号奖牌”。90006 队施工克深 101 井创 244.5 毫米、265.13 毫米复合套管下深 6882 米两项国内纪录，该队油气勘探获自治区三大阵地战劳动竞赛库车山前优胜集体。60158 队施工玛 5-1H 井钻至井深 3315 米完钻，创最长水平段 1198.77 米和最大水平位移 1599.18 米两项油田水平井钻井纪录。70580 队施工中古 11-H4 井完钻井深 6991 米，创油田塔中区块水平井最深纪录，该队施工中古 11-H4C 井完钻井深 7052 米，创油田最深水平侧钻井纪录。70586 队承钻中古 164 井完井井深 6213.58 米，以 75.51 天的周期创塔中地区最快纪录，并获油田公司塔中区块年度钻井速度杯总冠军。70578 队施工齐古 1 井二开单只钻头进尺 4283 米，创区块纪录。70551 队施工新垦 101 井 70 天钻至井深 6735 米，该井试验阿特拉井下扭力冲击器，两趟钻钻进总进尺 584.56 米，平均机械钻速 3.22 米 / 小时，与新垦 1 井相比提高 52%。

2012 年度，库车山前第一口总包井——克深 207 井 241 天钻至设计井深 6960 米，率先实现 300 天以内的提速目标。70015 队施工哈 13-5 井 48.98 天完钻 6832 米井深、49.6 天完井转试油，继新垦 8003 井 53.7 天完井打破新垦 405 井 59 天纪录后，再次将这一纪录改写，实现了哈拉哈塘区块 50 天完井重大突破，创出中石油同类型井最快纪录。60154 队进尺突破 2.9 万米，创造年度进尺新纪录。70578 队施工 LG7-5-1 井 3.27 天完成试油，创塔里木油田试油最快纪录。

2013 年度，创造或刷新 13 项区块技术指标及全国纪录。80007 队施工的克深 2-1-14 井 199.6 天完钻，完钻井深 6947 米，实现了 200 天内完钻、230 天试油交井的重大突破，创全国山前区块同类型井最快纪录。90007 队施工的首口分段总包井大北 304 井下入 18 5/8英寸 ×16.48 毫米套管 2000 米，创塔里木新井身结构最大直径下入（同类型）套管纪录。70586 队施工塔中 721-8H 井，水平位移 1887.58 米，水平段长 1561 米，创油田水平井最大水平位移、最长水平段纪录。

公司是以钻井工程技术服务、泥浆技术服务等业务为主的专业化公司，2008 年，公司机关设 8 个科室：行政办公室、党群办公室、人事教育科、财务科、经营管理科、生产管理科、机动科、质量安全环保科；3 个大队级单位：工程技术大队、泥浆技术大队、物资供应站；3 个附属单位：任丘办事处、轮南前指管理站、机关小车队。在册员工 712 人。拥有各种型号钻机 18 部、修井机 2 部。在塔里木盆地各探区能承担超深井、大斜度定向井、双台阶水平井、小井眼井、套管开窗等各种高难度井及钻井液服务等施工任务。

截至 2013 年 12 月，公司机关 9 个科室：办公室（党委办公室）、质量安全环保科、生产协调科、工程技术科、装备管理科、人事科（组织部）、财务资产科、计划经营科、党群工作科；直属单位 6 个：科技信息中心、安全监督站、轮南前指管理站、轮南前指设备管理站、机关小车队、任丘办事处；附属单位 1 个：物资采购站。在册员工 866 人。拥有钻井队 21 支，其中侧钻钻机 2 部。资产总额 10.03 亿元，资产净值 4.33 亿元。2013 年，开钻 56 口，交井 58 口，进尺 28.99 万米，经营收入 18.13 亿元。

一、领导机构

（一）塔里木钻井分公司行政领导名录（2008.2—2013.12）

经　　理　李才民（2008.2—2009.2；兼任，2009.2—2013.12）

常务副经理　梁景海（2009.3—2011.11）

副 经 理　梁景海（2008.2—2013.12）

周清平（2008.2—2013.12）

陈世春（2008.2—2013）

何选蓬（2008.2—6；2013.4—12）①
崔朝晖（2009.6—2012.7）②
陈小明（2009.6—2010.11）
李光辉（2010.8—2013.12）
李义强（2010.8—2013.12）
乔　勇（2012.4—2013.12）
张永青（2012.7—2013.3）
丛长江（2013.3—12）

总工程师　陈世春（2008.2—2012.4）
乔　勇（2012.4—2013.12）

总会计师　邓建琦（2008.2—2013.8）
杨　涛（2013.10—12）

安全总监　崔朝晖（兼任，2008.2—2009.6）
陈小明（兼任，2009.6—2010.10）
李光辉（兼任，2010.8—2013.12）
张永青（兼任，2012.7—2013.3）

（二）塔里木钻井分公司党委领导名录（2008.2—2013.12）

书　　记　李才民（2008.2—2011.11）
梁景海（2011.11—2013.12）

副 书 记　杨庆权（2008.2—2010.11）
陈小明（2010.11—2013.12）
李才民（2011.11—12）

委　　员　李才民（2008.2—2013.12）
梁景海（2008.2—2013.12）
杨庆权（2008.2—2010.11）
周清平（2008.2—2013.12）
邢蜀东（2008.2—2012.8）
崔朝晖（2008.2—2012.7）

① 2008年6月，何选蓬调任华北石油工程事业部副主任。
② 2012年7月，崔朝晖调任油气合作开发分公司副经理。

陈世春（2008.2—2013.8）
邓建琦（2008.2—2012.8）
李光辉（2010.8—2013.12）
李义强（2010.8—2013.12）
乔　勇（2012.4—2013.12）
张永青（2012.7—2013.12）

（三）塔里木钻井分公司纪委领导名录（2008.2—2013.12）

书　　记　杨庆权（2008.2—2010.11）
陈小明（2010.11—2013.12）

（四）塔里木钻井分公司工会领导名录（2008.2—2012.12）

主　　席　杨庆权（2008.2—2010.11）
陈小明（2010.11—2013.12）

二、机关部门

2008 年 2 月，集团公司为优化钻探资源，组建渤海钻探工程有限公司，随即将华北石油管理局塔里木钻井工程公司划为其所属二级单位，命名为渤海钻探工程有限公司塔里木钻井工程分公司。8 月，又更名为渤海钻探塔里木钻井分公司。公司机关设 8 个部门：行政办公室、党群办公室、生产管理科、质量安全环保科、经营管理科、财务科、人事教育科、机动科。4 个直属科级单位：工程技术服务中心、泥浆技术服务大队、物资供应站、任丘办事处。3 个机关附属单位：机关小车队、轮南前指管理站、安全监督站。

2009 年，公司决定将行政办公室更名为经理办公室、机动科更名为装备管理科、人事教育科更名为人事劳资科、物资供应站更名为物资管理中心，成立科技信息中心，为机关直属科级单位。

2010 年，公司成立纪检监察科。

2011 年，公司决定将经理办公室更名为办公室（党委办公室）、经营管理科更名为计划经营科、生产管理科更名为生产协调科、财务科更名为财务资产科、人事劳资科更名为人事科（组织部）、将纪检监察科合并到党群工作科（工会团委审计监察），撤销直属单位工程技术服务中心，增设工程技术科。

2012 年，办公室与第四勘探公司综合办公室合署办公、财务资产科与第四勘探公司财务结算中心合署办公、质量安全环保科与第四勘探公司质量安全环保科合署办公。

截至 2013 年 12 月，公司机关设 9 个部门：办公室（党委办公室）、质量安全环保科、生产协调科、工程技术科、装备管理科、人事科（组织部）、财务资产科、计划经营科、党群工作科（工会团委审计监察）。直属单位 6 个：科技信息中心、机关小车队、安全监督站、物资采购站、轮南前指设备管理站、任丘办事处。

（一）经理办公室—办公室（党委办公室）（2008.2—2013.12）

2008 年 2 月，渤海钻探塔里木钻井分公司将行政办公室更名为经理办公室。2011 年 8 月，公司经理办公室更名为办公室（党委办公室），定员 5 人，其中主任 1 人，科员 4 人。主要职责：负责党政综合性文件、材料、会议报告和领导讲话的起草；来文管理、公文制发、保密工作，文书档案管理、综合治理、治安保卫和维护稳定等工作；履行公司 QHSE 管理体系文件中的相关管理程序。

主　　任　闫陆军（2008.2—2009.4）
王先福（2009.4—2011.3）
张　顺（2011.3—2013.12）

副 主 任　闫陆军（2009.4—2011.11）
坑进田（2008.2—2009.4）
谢泽华（2008.2—2013.12）
张　顺（2009.4—2011.3）
李　春（正科级，2013.4—12）

（二）党群工作科—党群工作科（工会团委审计监察）（2008.2—2013.12）

2008 年 2 月，渤海钻探塔里木钻井分公司将党群办公室更名为党群工作科。2011 年 8 月，公司将纪检监察科的职责并入党群工作科（工会团委审计监察）。定员 5 人，其中科长 1 人，副科长 1 人，科员 3 人。主要职责：负责党政综合性文件、材料、会议报告和领导讲话的起草；来文管理、公文制发、保密工作，文书档案管理、综合治理、治安保卫和维护稳定等工作；负责公司党组织建设和党员管理、职工思想政治工作和精神文明建设、企业文化建设、党委、纪检监察、工会、共青团等日常工作；履行公司 QHSE 管理体系文件中的相关管理程序。

科　　长　邢蜀东（2008.2—2011.3）
刘占学（2011.4—2013.12）

副 科 长　王先福（2008.2—2009.4）
张　顺（2008.6—2009.4）
刘占学（2009.4—2010.6）
李海元（2011.8—2013.4）
黄文雄（2013.4—12）

（三）生产管理科—生产协调科（2008.2—2013.12）

2011 年 8 月，渤海钻探塔里木钻井分公司将生产管理科更名为生产协调科，定员 9 人，其中科长 1 人，副科长 3 人，科员 5 人。主要职责：负责公司生产组织协调、综合生产信息处理、井位路线踏勘、钻井队拆、搬、安监督管理；钻具、钻井工具、井控装备、内放喷工具的租赁；应急体系建设和突发事件处理、履行公司 QHSE 管理体系文件中的相关管理程序。

科　　长　张博华（2008.2—2010.3）
任贺臣（2010.3—2011.3）
张海山（2011.3—2013.12）

副 科 长　任贺臣（2008.2—2009.4）
坑进田（2009.4—2011.3）
麻建华（2009.4—2012.2；2013.4—12）
吴彦军（2010.3—2013.4）
赵志刚（2010.12—2011.8）
袁正泉（2010.12—2011.8）
李国芳（2013.4—12）

（四）经营管理科—计划经营科（2008.2—2013.12）

2011 年 8 月，渤海钻探塔里木钻井分公司将经营管理科更名为计划经营科，定员 6 人，其中科长 1 人，副科长 2 人，科员 3 人。主要职责：负责编制公司中长期发展规划、年度计划、固定资产投资计划、生产经营分析、招投标管理与费用结算、生产进度考核管理、内控体系、法律法规、合同管理；编制年、季、月度生产经营计划并组织实施；落实内部经济责任制度；履行公司 QHSE 管理体系文件中的相关管理程序。

科　　　长　王鹤民（2008.2—2009.4）
　　　　　　李义强（2009.4—2010.9）
　　　　　　陈　军（2010.9—2013.12）
副　科　长　李义强（2008.2—2009.4）
　　　　　　陈　军（2008.6—2010.9）
　　　　　　肖　飞（2010.9—2013.12）
　　　　　　裴　灏（2013.4—12）

（五）人事劳资科—人事科（组织部）（2008.2—2013.12）

2008 年 2 月，塔里木钻井工程公司划入渤海钻探工程有限公司，更名为渤海钻探塔里木钻井工程分公司，人事教育科更名为人事劳资科，定员 6 人，科长 1 人，副科长 1 人，科员 4 人。2011 年 8 月，公司决定将人事劳资科更名为人事科（组织部），定员 8 人，其中科长 1 人，副科长 2 人，科员 5 人。主要职责：负责公司组织机构及岗位职责编制；对干部进行日常管理及年度业绩考核；加强人才队伍建设；劳动用工、薪酬管理、绩效考核及社会保险；制定公司中长期及年度培训计划并组织实施、对员工进行能力评价及技能鉴定；履行公司 QHSE 管理体系文件中的相关管理程序。

科　　　长　卢德友（2010.6—2011.11）
　　　　　　尹贤勇（2008.4—2010.6）
　　　　　　刘汉明（2011.11—2013.12）
副　科　长　刘汉明（2008.4—2011.11）
　　　　　　张英武（正科级，2011.12—2013.12）

（六）质量安全环保科（2008.2—2013.12）

质量安全环保科主要职责：负责公司安全生产管理、消防、交通安全管理、环境保护、质量监督、标准化与节能管理；组织监督检查；对安全事故进行分析、查处违章与安全隐患；负责安全业务培训及井控、硫化氢等特殊操作证的取证、复审工作；负责公司 QHSE 管理体系文件运行和持续改进。

科　　　长　陈小明（兼任，2008.2—2009.6）
　　　　　　徐正庭（兼任，2009.6—2013.12）
副　科　长　徐建平（2008.4—2010.7）

李育新（2008.6—2013.11）
李　春（2010.7—2013.4）
麻建华（2012.2—2013.4）
吴彦军（正科级，2013.4—12）
肖　川（2013.4—12）

（七）工程技术服务中心—工程技术科（2008.2—2013.12）

2011 年 8 月，渤海钻探塔里木钻井分公司决定撤销直属单位工程技术服务中心，成立工程技术科。定员 10 人，其中科长 1 人，副科长 4 人，科员 5 人。主要职责：负责公司工程技术管理；对新技术、新工艺、新工具进行推广跟应用；加强事故预防，调查和处理相关工作；定期到现场技术指导；履行公司 QHSE 管理体系文件中的相关管理程序。

科　　长　张民立（兼任，2008.6—2011.8）
从长江（2011.8—2012.5）
徐建平（2012.5—2013.7）
王学龙（2013.7—12）

副 科 长　乔　勇（2008.4—2011.8）
燕克强（正科级，2008.4—2013.12）
党保元（2008.4—6）
王树超（2008.6—2009.4）
檀大冰（2008.6—2011.8）
从长江（2008.6—2011.8）
唐怀联（2011.7—2012.5）
陈立彬（2011.8—2012.12）
王学龙（2011.8—2013.7）
李瑞强（2011.12—2012.5）
程天辉（正科级，2012.5—2013.12）
李瑞亮（2013.4—12）

（八）机动科—装备管理科（2008.2—2013.12）

2009 年，渤海钻探塔里木钻井分公司将机动科更名为装备管理科，定员 4 人，其中科长 1 人，副科长 1 人，科员 2 人。主要职责：负责公司装备更新改造与管理、制定设备操作规程、设备总体调剂、设备事故调查处理、督促检查设备的维护保养工作、对报废资产进行鉴定、审批、处置等工作；履行公司 QHSE 管理体系文件中的相关管理程序。

科　　长 李国芳（2009.6—2010.6）
张英武（2011.3—2011.12）
袁正泉（2011.12—2013.12）

副 科 长 李国芳（2008.6—2009.6；2010.12—2013.4）
张英武（2010.7—2011.3）
李才良（2011.11—2013.12）

（九）财务科—财务资产科（2008.2—2013.12）

2011 年 8 月，渤海钻探塔里木钻井分公司将财务科更名为财务资产科，定员 6 人，其中科长 1 人、副科长 2 人、科员 4 人。主要职责：负责公司财务规划及预算的编制、日常财务管理、各项成本核算、公司财务状况分析、各种税金的缴纳、编制年终决算报告、履行公司 QHSE 管理体系文件中的相关管理程序。

科　　长 郭振凯（2008.2—2010.6）
刘建华（2010.9—2013.12）

副 科 长 刘建华（2008.4—2010.9）
裴　灏（2009.4—2011.3）
封君坤（正科级，2011.3—2013.12）
付友涛（2013.4—12）

三、直附属单位

（一）泥浆技术服务大队（2008.2—2010.7）

泥浆技术服务大队主要职责：负责塔里木中标井的钻井液处理剂的检测、技术服务等工作。2010 年，根据渤海钻探专业化整合要求，将泥浆技术服务大队整建制划入渤海钻探泥浆技术服务分公司，履行公司 QHSE 管理体系文件中的相关管理程序。

大 队 长 张民立（2008.2—2009.3）
唐怀联（2009.3—2010.7）

副大队长 余兴伟（2008.2—2010.7）

肖占峰（2008.6—2010.7）
何勇波（2009.3—2010.7）

（二）物资供应站—物资管理中心—物资采购站（2008.2—2013.12）

2009 年渤海钻探塔里木钻井分公司决定将物资供应站更名为物资管理中心。2011 年公司将物资管理中心更名为物资采购站。定员 7 人，其中主任 1 人，副主任 1 人、计划员 5 人。主要职责：负责公司生产物资的采购及进货检验管理；材料库房管理及物资出入库管理等工作，履行公司 QHSE 管理体系文件中的相关管理程序。

站　　长 袁正泉（2008.4—2010.6）
任贺臣（2010.6—2012.12）
副 站 长 赵　飞（2008.4—2012.8）
任贺臣（2009.4—2010.3）
姚占山（2010.9—2013.3；正科级，2013.3—12）
李海元（2013.4—12）

（三）科技信息中心（2009.9—2013.12）

2009 年，渤海钻探塔里木钻井分公司决定成立直属单位科技信息中心。定员 4 人，主任 1 人，副主任 1 人，科员 2 人。主要职责：负责制订公司科技发展规划、科研课题立项并组织实施、信息化建设、计算机网络及卫星小站的运行与维护、视频传输系统的使用和管理，履行公司 QHSE 管理体系文件中的相关管理程序。

主　　任 尹贤勇（2010.6—2011.11）
檀大冰（2011.11—2013.4）
王树超（2013.4—12）
副 主 任 王树超（2009.9—2013.4）

（四）机关小车队（2008.2—2013.12）

2011 年 8 月，渤海钻探塔里木钻井分公司决定将机关小车队划入公司直属单位，定员 25 人，队长 1 人，副队长 1 人，汽车驾驶员 23 人。主要职责：负责公司生产生活用车，满足生产要求、对车辆进行维护、保养、维修及驾驶员培训管理等工作，履行公司 QHSE 管理体系文件中的相关管理程序。

队　　长 郑红旗（正科级，2008.2—2013.12）
副 队 长 景信全（2008.2—2009.4）
李亚军（副科级，2009.4—2013.12）

（五）安全监督站（2008.2—2013.12）

2011 年 8 月，渤海钻探塔里木钻井分公司决定将安全监督站划入公司直属单位，定员 35 人，其中站长 1 人，副站长 1 人，安全监督 33 人。主要职责：负责公司对所属单位进行安全监督巡视、制订安全监督工作计划并组织实施、对违章行为予以制止、纠正，并制订预防措施、发现重大隐患和问题后及时与相关部门沟通并监督整改结果、组织安全知识培训，履行公司 QHSE 管理体系文件中的相关管理程序。

站　　长 徐建平（2008.4—2009.6）
徐正庭（2009.6—2011.8）
李育新（2011.8—2013.12）
副 站 长 张海山（2009.4—2011.3）
张英武（2009.4—2010.7）
李　春（2010.7—2012.2）
麻建华（2012.2—2013.4）
肖　川（2013.4—11）
刘文海（2013.11—12）

（六）轮南前指管理站（2008.2—2013.12）

2011 年，渤海钻探塔里木钻井分公司决定将轮南前指管理站划入公司直属单位，定员 4 人，科级 1 人，科员 3 人。主要负责轮南前指管理站基地的日常生活管理、组织协调驻站各项目部及相关科室的生活管理、各井队（试油）队的营房搬迁，生活管理及生活服务费用的结算、封存设备的存放和出入库的管理，履行公司 QHSE 管理体系文件中的相关管理程序。

站　　长 李国芳（2008.6—2009.6）
坑进田（2010.3—2013.12）
副 站 长 郭振凯（2011.7—2013.2）
郑红旗（正科级，2013.3—12）

（七）任丘办事处（2008.2—2013.12）

2008 年渤海钻探塔里木钻井分公司决定将任丘办事处划入公司直属单位，定员 9 人，其中主任 1 人，党支部书记 1 人，科员 7 人。主要负责公司有关信息的传递、做好文件、会议精神的上传下达、组织休假职工的学习、培训及相关会议、严格执行公司计划生育相关政策；综合治理、治安保卫和维护稳定工作，履行公司 QHSE 管理体系文件中的相关管理程序。

主　　任　闫陆军（2008.2—2011.11）
　　　　　　谢泽华（2011.11—2013.12）
副 主 任　坑进田（2008.2—2009.5）
　　　　　　谢泽华（2009.5—2011.11）

四、其他机构

塔里木第四勘探公司的前身是华北石油管理局塔里木钻井工程公司。2008 年 2 月，按照集团公司专业化重组的要求，塔里木钻井工程公司划转到新成立的渤海钻探公司，命名为渤海钻探塔里木钻井工程分公司。6 月，更名为塔里木钻井分公司（在塔里木油田仍称塔里木石油勘探开发指挥部第四勘探公司）。2009 年 4 月，渤海钻探公司为进一步加大塔里木地区市场的开发力度，经总经理办公会议研究决定成立塔里木第四勘探公司（简称四堪），作为公司的正式派出工作机构，在塔里木市场行使市场开发、生产组织协调、施工作业单位的井控安全环保及收入结算等管理职能，列公司直属处级单位管理。

塔里木第四勘探公司是以钻井、固井、测井、录井等石油工程技术服务以及石油工程技术研究为主要业务的专业化公司。公司拥有各类作业队伍 103 支，在册员工 3385 人。作业区域主要分布在塔里木油田、西北局塔河油田等国内市场。可承钻超深井、大位移定向井、双台阶水平井等一系列特殊工艺井施工，初步形成了钻井、试油、测试、大修侧钻、连续油管等作业的产业链。

2008 年 6 月，渤海钻探成立塔里木石油工程项目部，李才民任经理，梁景海任副经理，代表渤海钻探行使市场管理职能，负责对塔里木市场钻井、固井、录井、钻研院等施工作业队伍的管理。按照归口管理的要求将塔里木第七勘探公司与塔里木第四勘探公司合并，又对重组后的第三、第四钻井项目部；测试、井下作业、泥浆技术服务；一定、二定；一固、二固等在新疆的单位进行了合并或更名。

2009 年 4 月，撤销了渤海钻探塔里木石油工程项目部。

公司成立时设机关职能科室 4 个：综合办公室、市场开发科、井控管理科、财务结算中心。直属单位 13 个：塔里木钻井分公司、第三钻井项目部、第四钻井项目部、第一固井塔里木项目部、第二固井塔里木项目部、测井公司塔里木项目部、定向井公司塔里木项目部、第一录井公司塔里木项目部、第二录井公司塔里木项目部、测试公司塔里木项目部、井下公司塔里木项目部、钻研院塔里木分院、钻井技术服务公司塔里木项目部。

2011 年 11 月，渤海钻探加强四勘机构编制，调整机关职能，机关科室由原来的 4 个增加到 6 个，新增加质量安全环保科和物资管理科，并将市场开发科更名为市场生产技术协调科。其中综合办公室、质量安全环保科、财务结算中心与塔里木钻井分公司的办公室、质量安全环保科、财务资产科合署办公。

2011 年 12 月，渤钻公司党委根据塔里木油田所有甲乙方单位实行党工委统一领导的实际情况，研究决定成立塔里木第四勘探公司党工委。李才民为党工委书记，陈小明为党工委副书记。工作职责主要负责在新疆单位的党风廉政建设及社会治安综合治理、防恐、维稳等工作，负责干部的考核监督和党员的教育管理工作。

公司所属党支部 53 个，共有党员 681 人。党组织关系隶属于渤海钻探工程公司党委。公司在新疆维吾尔自治区巴音郭楞蒙古自治州注册，办公地点设在库尔勒市塔指东路五区。

公司成立以来，始终坚持“市场开发、科技创新、管理增效、人才强企、安全发展”五大战略，以“打造中国石油深井第一军”为目标，不断推进深井文化建设，积极开展 EPC 总承包模式管理，全面投入建设新疆大庆的活动，依靠科技手段提速，使各项钻井指标仍处于塔里木油田领先地位，安全文化建设在油田 13 个钻试修井承包商中获得第一名。经营业绩持续攀升，连续 5 年超额完成渤海钻探公司下达的生产经营任务。

截至 2013 年 12 月，四勘公司拥有各种型号钻机 38 部、修井机 5 部，钻机中：9000 米钻机 3 部，8000 米钻机 2 部，7000 米电动钻机 16 部、机电复合钻机 11 部、机械钻机 3 部，F320 钻机 3 部。其他装备有：顶驱 12 部，水泥车 15 台套，沙漠撬装固井机 2 台套，水泥储备罐 114 个，定向井设备 10套，各类综合录井仪器11套，各种测试仪器56台套，沙漠测井仪器2套，液氮泵车 1 台，连续油管车 2 台。

2013 年，经营收入 43.34 亿元，开钻 89 口，交井 77 口，进尺 49.2 万米。有 18 支井队进尺上万米，其中 5 个井队上 2 万米，3 支井队上 2.5 万米。克深 207 井率先实现了山前井 300 天完钻的目标，60154 钻井队塔北区块首次实现一年“六开六完”，年进尺超过 29059 米，打破了 2008 年创造的塔里木油田年度进尺总冠军 22387 米的纪录，在塔里木油田 100 多支钻井队伍中独占鳌头。80007 队施工克深 2-1-14 井以完钻周期 230.77 天，完井周期 256.55 天，刷新库车区块山前 4 开井钻完井纪录，年度进尺 10804 米排名库车第一；创克深地区四开井目的层施工、14 $\frac{3}{8}$英寸加 13 $\frac{3}{8}$英寸复合套管下深 5541 米等三项全国施工纪录。90007 队施工的首口分段总包井大北 304 井下入 18 $\frac{5}{8}$英寸 ×16.48 毫米套管 2000 米，创塔里木新井身结构最大直径下入套管纪录。70037 队承钻的 ZG5-H2 井完钻井深 7810 米，垂深 6306.2 米，水平位移 1655.5 米，水平段长 1358 米，创中国陆上最深水平井纪录。70586 队承钻的 TZ721-8H 井井深 6705 米，水平段长达 1561 米，刷新了塔里木油田水平井水平段 1345 米纪录，创单只钻头进尺 1770 米、水平段日进尺 150 米两项纪录。70015 队承钻的 HA16-3 井月进尺 6300 米，创泛哈拉哈塘地区月度进尺新纪录。在玛扎塔克区块完成 12 口井，完成南疆天然气利民工程产能建设，创造 7 项油田施工纪录。

公司设机关职能科室 7 个：综合办公室、市场生产技术协调科、井控管理科、质量安全环保科、财务结算中心、物质管理科、试油科。

所属单位 12 个：塔里木钻井分公司、第三钻井项目部、第四钻井项目部、第一固井塔里木项目部、测井公司塔里木项目部、定向井公司塔里木项目部、第一录井公司塔里木项目部、第二录井公司塔里木项目部、测试公司塔里木项目部、井下公司塔里木项目部、钻研院塔里木分院、钻井技术服务公司塔里木项目部。

2009 年 2 月，李才民任渤海钻探公司总经理助理。

2009 年 4 月，渤海钻探公司在新疆库尔勒召开干部大会，宣布成立渤海钻探塔里木第四勘探公司的决定并任命领导班子成员。新组建的渤海钻探塔里木第四勘探公司领导班子由李才明、梁景海、陈世春、邓建琦、吴建文、龚志敏、吴洪波、许凯泉等 8 人组成。李才明任公司经理。

2010 年 4 月，渤海钻探公司任命赵继成、李才雄为塔里木第四勘探公司副经理。

2010 年 8 月，为加强四勘领导班子的力量，设专职副经理主抓塔里木的井控安全管理和市场开发工作。任命李光辉为塔里木第四勘探公司副经理兼安全总监，李义强为塔里木第四勘探公司副经理。

2011 年 11 月，任命陈世春为塔里木第四勘探公司常务副经理、总工程师。

2011 年 12 月，渤海钻探公司党委研究决定成立塔里木第四勘探公司党工委。任命李才明为塔里木第四勘探公司党工委书记，陈小明为塔里木第四勘探公司党工委副书记。

2013 年，公司调整了部分领导班子，何选蓬为塔里木第四勘探公司副经理、总工程师，陈田勇为塔里木第四勘探公司副经理，任命杨涛为塔里木第四勘探公司副经理、总会计师。

（一）领导机构

1. 塔里木第四勘探公司行政领导名录（2009.4—2013.12）

经　　理　李才明（2009.4—2013.12）

常务副经理　陈世春（2011.11—2012.8）

副 经 理　梁景海（2009.4—2011.12）

陈世春（2009.4—2011.11）

邓建琦（2009.4—2012.8）

吴洪波（2009.4—2013.12）

许凯泉（2009.4—2011.11）

贾任水（2009.4—2011.12）

李才雄（2010.4—2013.12）

赵继成（2010.4—2011.2）

李光辉（2010.8—2013.12）

李义强（2010.8—2013.12）

张民立（2011.7—2013.12）

龚雅明（2011.11—2013.12）
刘　晖（2011.12—2013.12）
吴建文（2011.12—2013.12）
何选蓬（2013.8—12）
杨　涛（2013.10—12）

总工程师 龚志敏（2009.4—2010.4）
陈世春（2012.4—2013.8）
何选蓬（2013.8—12）

总会计师 邓建琦（2009.4—2013.4）
杨　涛（2013.10—12）

副总会计师 刘建华（2013.7—12）

安全总监 李光辉（兼任，2010.8—2013.12）

2. 塔里木第四勘探公司党工委领导名录（2011.12—2013.12）

书　　记 李才明（2011.12—2013.12）

副 书 记 陈小明（2011.12—2013.12）

委　　员 李才民（2011.12—2013.12）
陈小明（2011.12—2013.12）
陈世春（2011.12—2013.8）
邓建琦（2011.12—2013.8）
李光辉（2011.12—2013.12）
李义强（2011.12—2013.12）
吴建文（2011.12—2013.12）
李才雄（2011.12—2013.12）
龚雅明（2011.12—2013.12）
刘　晖（2011.12—2013.12）
吴洪波（2011.12—2013.12）
张民立（2011.12—2013.12）
何选蓬（2013.8—12）
杨　涛（2013.10—12）
陈田勇（2013.10—12）

（二）科室单位

2009 年 4 月，公司成立时，设 4 个机关部门：综合办公室、市场开发科、井控管理科和财务结算中心。

2010 年 7 月，渤海钻探公司调整四勘机构编制，定员 24 人，新增物资管理科主要负责塔里木地区市场物资采购管理等工作。

2011 年 5 月，在四勘实施“六统一”管理的基础上，渤海钻探公司增加塔里木市场生产技术协调管理职能，将市场开发科更名为市场生产技术协调科。

2011 年 11 月，渤海钻探为加大塔里木市场的管理力度，进一步调整四勘机构编制，定员 31 人。新增质量安全环保科，主要负责塔里木地区施工作业队伍的资质审核、安全检查、HSE 考核和安全文化建设等工作。

2012 年，塔里木第四勘探公司被评为集团公司创先争优先进基层党委，授予集团公司四好班子先进集体称号。

2013 年 1 月，公司在为了明确与井下作业公司在试油业务的职责权利和工作界面新成立试油科。定编 5 人，其中科级职数 2 人。

截至 2013 年 12 月，公司机关设综合办公室、市场生产技术协调科、井控管理科、质量安全环保科、财务结算中心、物资管理科、试油科 7 个部门。

1. 综合办公室（2009.4—2013.12）

2009 年 4 月，公司成立时，综合办公室定员 3 人，其中科级 1 人，科员 2 人。主任王先福。主要职责：负责公司会议材料起草、文书传阅与管理、重点工作督办、网络新闻报道、公司党政联席会、经理办公会和大型生产会的会务组织和记录、人口与计划生育管理、对外公务接待和综合治理等工作。

主　　任　王先福（2009.4—2011.3）
　　　　　　张　顺（2011.3—2013.12）
副 主 任　李　春（2013.4—12）

2. 市场开发科—市场生产技术协调科（2009.4—2013.12）

2009 年 4 月，为加大塔里木市场的开发力度，公司成立市场开发科，主要职责：负责制订塔里木市场的开发战略目标和措施，负责市场准入、合同管理、项目谈判，参与重大工程项目的招投标等工作。人员编制 4 人，其中科级 2 人。科长王鹤民，副科长孙树成。

2011 年 5 月，为实现外部市场的统一管理，理顺工作界面关系，公司将生产技术协调职能纳入市场开发科管理，并将市场开发科更名为市场生产技术协调科。调整后，人员编制 8 人，其中科级 2 人。

科　　长　王鹤民（兼任，2009.4—2010.9）
　　　　　檀大冰（正科级，2010.9—2011.11；2013.4—12）
　　　　　尹贤勇（2010.11—2013.12）
副 科 长　孙树成（2009.4—2013.4）
　　　　　陈天辉（2011.6—2012.5）
　　　　　李瑞强（2012.5—2013.4）
　　　　　李　春（2013.12—12）

3. 井控管理科（2009.4—2013.12）

2009 年 4 月，公司成立时，井控管理科人员编制 3 人，其中科级职数 2 人。主要职责：负责制定并实施井控技术方案、打开油气层前验收、组织井控检查、井控风险识别和井控学习培训、井控取证、复审和井控设备设施管理工作。

2011 年 5 月，公司调整井控管理组织机构与网络，增加专职井控管理人员 2 人。

2011 年 11 月，公司落实重点井关键工序处级责任人制度，在井控资源计划配置中突出应急抢险工作，将井控管理科的编制增加到了 7 人。

科　　长　徐建平（2009.4—2011.11）
　　　　　郭云鹏（2011.11—2013.12）
副 科 长　杨　志（正科级，2009.4—2013.12）
　　　　　郭云鹏（2011.8—11）
　　　　　李瑞亮（2011.12—2013.4）

4. 质量安全环保科（2011.11—2013.12）

2011 年 11 月，公司成立质量安全环保科（由塔里木钻井分公司质量安全环保科演变而来），定员4人，其中科长1人，副科长1人，科员2人。主要职责：负责公司安全生产、环境保护和计量、质量监督、标准化与节能管理；负责HSE管理体系和安全文化建设、消防、交通安全管理、安全业务培训、特种操作证件及钻机、队伍资质管理等工作。成立后的四勘质量安全环保科与塔里木钻井分公司质量安全环保科合署办公。

科　　长　徐正庭（兼任，2009.6—2012.12）
副 科 长　李育新（正科级，2010.9—2013.12）
　　　　　李　春（2010.7—2013.4）
　　　　　麻建华（2012.2—2013.4）

5. 财务结算中心（2010.9—2013.12）

2009年4月，为加强外部市场的收支管理，严格执行渤海钻探有关资金管理及内部结算的有关规定，公司成立财务结算中心。人员编制4人，其中科级职数2人。主要职责：负责公司各项财务结算工作及支票和印章的管理，按照内部结算审核程序，办理各开户单位的内部、外部和关联交易结算业务，以及税务管理和报税工作。与塔里木钻井分公司财务资产科合署办公。

科　　长　郭振凯（2009.4—2010.6）
　　　　　刘建华（2010.9—2013.12）
副 科 长　封君坤（正科级，2010.9—2011.3；2013.4—12）
　　　　　裴　灏（2011.3—2013.4）

6. 物资管理科（2010.9—2013.12）

2010年7月，为充分发挥公司在塔里木市场的整体优势，加强物资合格供方管理，公司成立物资管理科。主要职责：负责塔里木地区市场物资采购及招投标管理工作，对渤海钻探在塔里木的生产物资实行统一管理。定员4人，其中正副科级各1人。

科　　长　任贺臣（2010.9—2013.12）
副 科 长　赵　飞（2010.9—2012.8）①（调国际市场部）
　　　　　姚占山（正科级，2013.4—12）

① 2012年8月，赵飞调国际市场部。

7. 试油科（2013.1—12）

2013 年 1 月，为了加强试油工作的沟通协调，明确与井下作业公司在试油业务的职责权利和工作界面，为公司提供优质高效服务，促进总包工作量和市场创收不断提高，成立试油科。定员 5 人，其中正副科级各 1 人。

科　　长　孙树成（2013.4—12）

副 科 长　吴彦军（正科级，2013.12）

第三节　石油工程总承包分公司（2008.2—2013.12）

2008 年 6 月，渤海钻探公司决定将华北石油管理局所属苏里格气田合作开发项目部更名为华北油气合作开发公司。列公司二级单位管理。长庆油田分公司第五项目经理部的牌子保留，实行一套机构两个牌子运作。机关设 5 个科室：综合办公室、生产运行科、工程技术科、质量安全环保科、计划财务科；1 个直属单位：地质研究所；1 个所属单位：采气作业区。

8 月，渤海钻探公司决定：整合原大港油气合作开发公司和华北油气合作开发公司的业务、人员、资产，成立油气合作开发分公司，成立长庆石油工程项目部，与油气合作开发公司合署办公，实行一套机构两块牌子运作。

2009 年 3 月，长庆石油工程项目部从油气合作开发分公司分离出来，组建渤海钻探工程有限公司长庆石油工程事业部，列公司独立经营性直属处级单位管理。同时撤销长庆石油工程项目部。2010 年 3 月，列为渤海钻探工程公司二级单位管理，机关办公地点位于陕西省西安市未央区凤城二路。

长庆石油工程事业部主要负责公司在长庆沿线市场开发的组织协调，开展业务总包和一体化服务，带动下游工程技术服务队伍，向长庆油田公司提供石油工程技术服务。截至 2012 年年底，在长庆市场建立起以事业部为核心、以公司 19 个二级单位项目部为支撑、以市场化队伍为主力、钻机数量达到 150 部、员工总数近 4000 人的闯市场“生力军”，完井数量突破 1000 口，累计钻井进尺达到 350 万米，创出了 30 项钻井工程技术指标。

2011 年 6 月，成立中共渤海钻探工程有限公司长庆石油工程事业部委员会，委员会由李建荣、王永辉、王宏伟、张明庆、崔克忠、张克正等 6 人组成。李建荣任党委书记，王永辉任党委副书记。同时成立中共渤海钻探工程有限公司长庆石油工程事业部纪律检查委员会，王永辉任纪委书记。

2011 年 11 月，长庆石油工程事业部实行一个机构两块牌子运作，名称为中国石油集团渤海钻探工程有限公司石油工程总承包分公司（中国石油集团渤海钻探工程有限公司长庆石油工程事业部）。

2012 年 7 月，长庆事业部与石油工程总包公司分开运作，石油工程总包公司继续作为生产经营实体，责、权、利保持不变，长庆石油工程事业部作为公司派出机构，代表公司重点履行长庆地区市场的综合管理协调职能，切实做好协调市场开发、协调生产运行、协调资源配置、协调建设方关系、协调企地关系、协调物资采购供应等工作。

一、华北油气合作开发公司（长庆石油第五项目经理部）（2008.6—8）

2008 年 6 月，渤海钻探工程公司决定将华北石油管理局所属苏里格气田合作开发项目部更名为华北油气合作开发公司。列公司二级单位管理。长庆油田分公司第五项目经理部的牌子保留，实行一套机构两个牌子运作。机关设 5 个科室：综合办公室、生产运行科、工程技术科、质量安全环保科、计划财务科；1 个直属单位：地质研究所；1 个所属单位：采气作业区。

8 月，渤海钻探工程公司决定：整合原大港油气合作开发公司和华北油气合作开发公司的业务、人员、资产，成立油气合作开发分公司，成立长庆石油工程项目部，与油气合作开发公司合署办公，实行一套机构两块牌子运作。

（一）华北油气田合作开发公司（长庆石油第五项目经理部）行政领导名录（2008.6—8）

经　　理　李建荣（2008.6—8）

副 经 理　张胜利（2008.6—8）

　　　　　张宗达（2008.6—8）

　　　　　王宏伟（2008.6—8）

总地质师　张宗达（2008.6—8）

安全总监　王宏伟（兼任，2008.6—8）

（二）华北油气合作开发分公司党委领导名录（2008.6—8）

书　　记　李建荣（2008.6—8）

委　　员　李建荣（2008.6—8）

张胜利（2008.6—8）

王宏伟（2008.6—8）

（三）华北油气合作开发分公司（长庆石油第五项目经理部）纪委领导名录（2008.6—8）

书　　记　李建荣（2008.6—8）

（四）华北油气合作开发分公司（长庆石油第五项目经理部）工会领导名录（2008.6—8）

主　　席　张胜利（2008.6—8）

二、油气合作开发公司（长庆石油工程项目部）（2008.8—2009.3）

2008 年 8 月，渤海钻探工程公司决定：整合原大港油气合作开发公司和华北油气合作开发公司的业务、人员、资产，成立油气合作开发分公司（长庆石油工程项目部），列公司二级单位管理。成立长庆石油工程项目部，与油气合作开发公司合署办公，实行一套机构两块牌子运作。将原大港油气合作开发公司和华北油气合作开发公司的业务、人员、资产整体纳入油气合作开发公司（长庆石油工程项目部）管理。长庆油田分公司第四项目经理部的牌子继续保留在油气合作开发公司。主要承担公司油气合作开发相关业务，重点做好公司在苏里格地区各自营区块的气田研究、设计、产能建设、现场管理、采气作业；承揽长庆油田钻井、修井业务，协调承揽石油工程总包业务，带动公司相关单位开拓长庆油田市场，并负责相关队伍资质管理、生产运行、安全监督工作；在自营区块，负责公司内部石油工程技术服务队伍的协调管理，负责外部队伍的市场准入、资质审核、生产协调、安全监督等工作。油气合作开发公司（长庆石油工程项目部）在天津经济技术开发区注册，公司机关主要力量在苏里格一线办公。

2009 年 1 月，随着石油工程承包业务的发展，新增直属单位环江项目部和苏里格项目部，撤销了石油工程管理部。

3 月，渤海钻探工程公司将长庆石油工程项目部从油气合作开发公司分离，组建长庆石油工程事业部。

（一）油气合作开发公司（长庆石油工程项目部）行政领导名录（2008.8—2009.3）

经　　　理　王泽明（2008.8—2009.3）
副　经　理　李建荣（2008.8—2009.3）
　　　　　　张胜利（2008.8—2009.3）
　　　　　　张宗达（2008.8—2009.3）
　　　　　　王宏伟（2008.8—2009.3）
　　　　　　李义富（2008.8—2009.3）
　　　　　　魏宝明（2008.8—2009.3）
总 工 程 师　张胜利（2008.8—2009.3）
总 地 质 师　张宗达（2008.8—2009.3）
安 全 总 监　王宏伟（兼任，2008.8—2009.3）

（二）油气合作开发公司（长庆石油工程项目部）党委领导名录（2008.8—2009.3）

书　　　记　李建荣（2008.8—2009.3）
副　书　记　王泽明（2008.8—2009.3）

（三）油气合作开发公司（长庆石油工程项目部）工会领导名录（2008.8—2009.3）

主　　　席　魏宝明（2008.8—2009.3）

三、长庆石油工程事业部（2009.3—2011.11）

2010 年 3 月 2 日，根据渤海钻探公司机构编制委员会对长庆石油工程事业部机构编制调整请示的批复意见精神，长庆石油工程事业部对现有机构编制进行了调整。下设综合办公室、财务经营科、市场与生产协调科、质量安全环保科、工程技术科 5 个职能科室，小车班、安全监督站 2 个机关附属单位，环江项目部、庆阳项目部、苏里格项目部 3 个直属单位。

2010 年 3 月 15 日，根据公司业务发展的需要，为进一步理顺管理体制，加快推进区块 EPC 总承包业务做大做强，公司将渤海钻探工程有限公司长庆石油工程事业部（以下简称长庆石油工程事业部）列公司二级单位管理。

长庆石油工程事业部暂定员 63 人，其中处级职数 5 人。

2011 年 8 月，为加强煤层气市场的开发与管理，逐步做强做大该市场，同时也为适应现有市场建设方明确提出的工程承包单位应成立相应项目部的具体要求，长庆石油工程事业部成立煤层气项目组。

（一）领导机构

1. 长庆石油工程事业部行政领导名录（2009.3—2011.11）

经　　理　李建荣（2009.3—2011.11）

副 经 理　张胜利（2009.3—2010.4）①

王宏伟（2009.3—2011.11）

张明庆（2009.12—2011.11）

崔克忠（2010.4—2011.11）

安全总监　王宏伟（兼任，2009.3—12）

张明庆（兼任，2009.12—2011.11）

总会计师　崔克忠（2010.4—2011.11）

2. 长庆石油工程事业部党委领导名录（2009.3—2011.11）

书　　记　李建荣（2009.3—2011.11）

副 书 记　王永辉（2011.7—11）

3. 长庆石油工程事业部纪委领导名录（2011.7—11）

书　　记　王永辉（2011.7—11）

4. 长庆石油工程事业部工会领导名录（2011.7—11）

主　　席　王永辉（2011.7—11）

（二）机关科室

1. 综合办公室（2009.3—2011.11）

主　　任　王永辉（2009.3—2011.6）

韩宝东（2011.6—11）

副 主 任　韩宝东（2009.3—2011.6）

① 2010 年 4 月，张胜利调任油气井测试分公司副经理安全总监。

2. 生产安全科（2009.3—2010.3）

科　　长　段正中（2009.3—2010.3）

3. 市场与生产协调科（2010.3—2011.11）

科　　长　段正中（2010.3—2011.2）

副 科 长　余津俐（2010.11—2011.11）

4. 财务经营科（2009.3—2011.11）

科　　长　杨立臣（2010.4—2011.11）

副 科 长　杨立臣（2009.3—2010.4）

范　明（2009.3—2011.11）

5. 工程技术科（2009.3—2011.11）

科　　长　武宇伟（2009.3—2011.2）

副 科 长　袁立军（2009.3—2011.11）

6. 质量安全环保科（2010.3—2011.11）

科　　长　邬向阳（2010.3—6）

副 科 长　蒋学文（2011.2—11）

（三）所属单位

1. 环江项目部（彭阳项目部）（2009.3—2010.3）

经　　理　徐文光（2009.3—2010.3）

副 经 理　邬向阳（2009.3—4）

李志义（2009.3—2010.3）

贾　彦（2009.3—2010.3）

吴保英（2009.3—2010.3）

曹树斌（2009.4—2010.3）

2. 环江项目部（2010.3—2011.11）

经　　理　徐文光（2010.3—2011.11）

副 经 理　贾　彦（2010.3—2011.3）

吴保英（2010.3—2011.2）

曹树斌（2010.3—2011.2）

陈　军（2010.3—2011.11）
张军辉（2011.2—3）

3. 庆阳项目部（2010.3—2011.11）

经　　理　武宇伟（兼任，2010.3—2011.11）
副 经 理　吴保英（2010.3—2011.2；2011.4—11）
孟凡岳（2010.3—2011.11）
曹树斌（2011.2—4）
张军辉（2011.3—11）

4. 苏里格项目部（2010.3—2011.11）

经　　理　段正中（兼任，2010.3—2011.11）
副 经 理　李志义（2010.3—2011.11）
贾　彦（2011.3—11）
吴保英（2011.3—4）

5. 浙江项目组（中队级，2011.3—11）

组　　长　宋建军（2011.3—4）
曹树斌（2011.4—6）
陈印飞（2011.6—11）
副 组 长　王　建（2011.3—11）

6. 煤层气项目组（2011.6—11）

经　　理　李光旭（2011.6—11）
副 经 理　朱立国（2011.6—11）

四、石油工程总承包分公司（长庆石油工程事业部）（2011.11—2012.7）

2011年11月，据公司业务发展需要，为进一步做大做强石油工程总承包业务，经2011年10月24日第十九次总经理办公会研究，决定长庆石油工程事业部实行一个机构两块牌子运作，名称为中国石油集团渤海钻探工程有限公司石油工程总承包分公司（中国石油集团渤海钻探工程有限公司长庆石油工程事业部），简称石油工程总包公司（长庆石油工程事业部）。石油工程总包公司（长庆石油工程事业部）设综合办公室、市场与生产协调科、质量安全环保科（安全井控监督站）、工程技术科和财务经营科5个科室，小车班1个机关附属，第一项目部、第二项目部、第三项目部、第四项目部、第五项目部和煤层气项目部等6个直属单位。

（一）领导机构

1. 石油工程总承包分公司（长庆石油工程事业部）行政领导名录（2011.11—2012.7）

经　　理　李建荣（2011.11—2012.7）
副 经 理　霍如军（2011.11—2012.7）
　　　　　　王宏伟（2011.11—2012.7）
　　　　　　张明庆（2011.11—2012.7）
　　　　　　崔克忠（2011.11—2012.7）
　　　　　　张克正（2011.11—2012.7）
　　　　　　徐文光（2011.11—2012.7）
总会计师　崔克忠（2011.11—2012.7）
安全总监　张明庆（兼任，2011.11—2012.7）

2. 石油工程总承包分公司（长庆石油工程事业部）党委领导名录（2011.11—2012.7）

书　　记　霍如军（2011.11—2012.7）
副 书 记　李建荣（2011.11—2012.7）
　　　　　　王永辉（2011.11—2012.7）

3. 石油工程总承包分公司（长庆石油工程事业部）纪委领导名录（2011.11—2012.7）

书　　记　王永辉（2011.11—2012.7）

4. 石油工程总承包分公司（长庆石油工程事业部）工会领导名录（2011.11—2012.7）

主　　席　王永辉（2011.11—2012.7）

（二）机关科室

1. 综合办公室（2011.11—2012.7）

主　　任　韩宝东（2011.11—2012.7）
副 主 任　韩文元（2012.3—2012.7）

2. 市场与生产协调科（2011.11—2012.7）

科　　长　余津俐（2011.11—2012.7）

3. 质量安全环保科（安全井控监督站）（2011.11—2012.7）

副　科　长　蒋学文（2011.11—2012.7）

4. 工程技术科（2011.11—2012.7）

科　　　长　袁立军（2011.11—2012.7）

5. 财务经营科（2011.11—2012.7）

科　　　长　杨立臣（2011.11—2012.7）

副　科　长　范　明（2011.11—2012.7）

（三）直属单位

1. 第一项目部（2011.11—2012.7）

经　　　理　霍如军（兼任，2011.11—2012.7）

副　经　理　贾　彦（2011.11—2012.7）

张军辉（2011.11—2012.7）

2. 第二项目部（2012.2—7）

经　　　理　武宇伟（兼任，2012.2—7）

副　经　理　孟凡岳（2012.2—7）

朱立国（2012.2—7）

刘新杰（2012.2—7）

3. 苏里格项目部—第三项目部（2011.11—2012.7）

经　　　理　段正中（兼任，2012.2—7）

副　经　理　李志义（2012.2—7）

陈印飞（2012.2—7）

黎　平（2012.2—7）

4. 珠江项目部—第四项目部（2011.11—2012.7）

经　　　理　徐文光（兼任，2011.11—2012.7）

副　经　理　陈　军（2012.2—7）

杨常胜（2012.2—7）

于永宏（2012.2—7）

5. 庆阳项目部—第五项目部（2011.11—2012.7）

经　　理　吴保英（2012.2—7）

副 经 理　熊华军（2012.2—7）

张　华（2012.2—7）

6. 煤层气项目部（2012.2—7）

经　　理　李光旭（2012.2—7）

7. 浙江项目组（2012.2—7）

经　　理　王　建（副科级，2012.2—7）

五、长庆石油工程事业部（石油工程总承包分公司）（2012.7—2013.12）

为充分发挥公司在长庆市场的整体优势，进一步强化有关管理协调职能，经 2012 年 7 月 4 日公司第十五次总经理办公会议研究，决定加强长庆石油工程事业部的管理职能。长庆事业部与石油工程总承包分公司分开运作，石油工程总承包分公司继续作为生产经营实体，责、权、利保持不变，任务和分工执行《关于长庆石油工程事业部实行一个机构两块牌子运作的通知》（渤钻总发〔2011〕161 号）文件的有关规定。长庆石油工程事业部作为公司的派出机构，代表公司重点履行长庆地区市场的综合管理协调职能，切实做好协调市场开发、协调生产运行、协调资源配置、协调建设方关系、协调企地关系、协调物资采购供应等工作。

（一）领导机构

1. 长庆石油工程事业部（2012.7—2013.12）

（1）长庆石油工程事业部行政领导名录（2012.7—2013.12）

主　　任　李建荣（兼任，2012.7—2013.12）

副 主 任　霍如军（兼任，2012.10—2013.3）

赵云飞（兼任，2012.3—2013.12）

王宏伟（兼任，2012.7—2013.3）

崔克忠（兼任，2012.7—2013.12）

尚洪升（兼任，2012.7—2013.12）

刘志宏（兼任，2012.7—2013.12）

陶瑞东（兼任，2012.7—2013.8）
张志武（兼任，2012.7—2013.8）
蒋　明（兼任，2012.7—2013.8）
高和记（兼任，2012.7—2013.12）
寇双悦（兼任，2012.7—2013.12）
朱劲松（兼任，2012.7—2013.12）
宋元洪（兼任，2012.7—2013.12）
黄达全（兼任，2012.7—2013.12）
李江新（兼任，2012.7—2013.8）
赵云飞（兼任，2013.3—12）
陈建华（兼任，2013.3—12）
许永良（兼任，2013.8—12）
王怀军（兼任，2013.8—12）
罗树祥（兼任，2013.8—12）
陈宏标（兼任，2013.8—12）

（2）长庆石油工程事业部党委领导名录（2012.7—2013.12）

书　　记　李建荣（兼任，2012.7—2013.12）
副 书 记　王永辉（兼任，2012.7—2013.12）
霍如军（兼任，2012.10—2013.3）
赵云飞（兼任，2013.3—2013.12）
委　　员　王宏伟（兼任，2012.7—2013.3）
崔克忠（兼任，2012.7—2013.12）
尚洪升（兼任，2012.7—2013.12）
刘志宏（兼任，2012.7—2013.12）
陶瑞东（兼任，2012.7—2013.8）
张志武（兼任，2012.7—2013.8）
蒋　明（兼任，2012.7—2013.8）
高和记（兼任，2012.7—2013.12）
寇双悦（兼任，2012.7—2013.12）
朱劲松（兼任，2012.7—2013.12）

宋元洪（兼任，2012.7—2013.12）
黄达全（兼任，2012.7—2013.12）
李江新（兼任，2012.7—2013.8）
陈建华（兼任，2013.3—12）

2. 石油工程总承包分公司（2012.7—2013.12）

（1）石油工程总承包分公司行政领导名录（2012.7—2013.12）

经　　理　李建荣（兼任，2012.7—2013.12）
副 经 理　王宏伟（兼任，2012.7—2013.12）
张明庆（兼任，2012.7—2013.12）
崔克忠（兼任，2012.7—2013.12）
张克正（兼任，2012.7—2013.12）
王永辉（兼任，2013.6—12）
霍如军（兼任，2012.10—2013.3）
徐文光（兼任，2012.12—2013.12）
赵云飞（兼任，2013.3—12）
武宇伟（兼任，2013.6—12）
总会计师　崔克忠（兼任，2012.7—2013.12）
总工程师　张克正（2013.3—12）
安全总监　张明庆（兼任，2012.7—2013.3）
张克正（兼任，2013.3—12）

（2）石油工程总承包分公司党委领导名录（2012.7—2013.12）

书　　记　霍如军（兼任，2012.10—2013.3）
赵云飞（兼任，2013.3—12）
副 书 记　李建荣（兼任，2012.7—2013.12）
王永辉（兼任，2012.7—2013.12）

（3）石油工程总承包分公司纪委领导名录（2012.7—2013.12）

书　　记　王永辉（兼任，2012.7—2013.12）

（4）石油工程总承包分公司工会领导名录（2012.7—2013.12）

主　　席　王永辉（兼任，2012.7—2013.12）

（二）机关部门

1. 综合管理科（2012.7—2013.12）

科　　长　韩宝东（2012.7—2013.12）

副 科 长　韩文元（2012.7—2013.12）

2. 市场一科（2012.7—2013.12）

科　　长　袁立军（2012.7—2013.12）

3. 市场二科（2012.7—2013.12）

科　　长　余津俐（2012.7—2013.12）

4. 物资管理科（2012.7—2013.12）

科　　长　赵　飞（2012.8—2013.12）

（三）直属单位

1. 第一项目部（2012.7—2013.3）

经　　理　霍如军（兼任，2011.11—2012.7）

副 经 理　贾　彦（2011.11—2012.7）

张军辉（2011.11—2012.7）

2. 第二项目部（2012.7—2013.12）

经　　理　武宇伟（兼任，2012.2—7）

副 经 理　孟凡岳（2012.2—7）

朱立国（2012.2—7）

刘新杰（2012.2—7）

3. 第三项目部（2012.7—2013.12）

经　　理　段正中（兼任，2012.2—7）

副 经 理　李志义（2012.2—7）

陈印飞（2012.2—7）

黎　平（2012.2—7）

4. 第四项目部（2012.7—2013.12）

经　　理　徐文光（兼任，2012.7—2013.6）

武宇伟（兼任，2013.3—12）

副 经 理　陈　军（2012.7—2013.12）

杨常胜（2012.7—2013.12）

于永宏（2012.7—2013.12）

书　　记　陈　军（2013.6—12）

5. 第五项目部（2012.7—2013.12）

经　　理　吴保英（2012.7—2013.6）

徐文光（2013.6—12）

副 经 理　熊华军（2012.7—2013.12）

张　华（2012.7—2013.12）

周　强（2013.3—12）

吴保英（2013.6—12）

书　　记　吴保英（2013.6—12）

6. 煤层气项目部（2012.7—2013.12）

经　　理　李光旭（2012.7—2013.12）

7. 浙江项目组（2012.7—2013.12）

经　　理　鲍红兵（副科待遇，2012.7—2013.12）

第四节　第一钻井工程分公司（2008.2—2013.12）

第一钻井工程分公司是伴随着华北石油勘探会战和大港油田的初创、开发、建设而发展起来的。2008 年 2 月，第一钻井工程公司划转到新成立的渤海钻探公司，名称为大港第一钻井工程分公司。8 月，更名为第一钻井工程分公司，党组织关系隶属于渤海钻探公司党委，注册于天津市经济开发区，办公地点设在天津市滨海新区大港油田红旗路东段 128 号。

第一钻井工程分公司是从事钻井工程施工作业的专业化公司。服务区域主要分布在大港油田、冀东油田、海南福山油田、长庆油田和江苏金坛储气库等市场，多年来不仅为用户进行常规井施工作业，还提供了大位移定向井、水平井、丛式井、侧钻井等特殊工艺井的施工技术服务。

2008年2月，集团公司决定，对华北油田和大港油田钻井工程专业化重组整合，第一钻井工程公司整体并入新成立的中国石油天然气集团公司渤海钻探工程分公司，命名为大港第一钻井工程分公司。机构规格为正处级，列渤海钻探公司所属二级单位管理。党政领导班子由张忠志、马栋辉、张长生、张松杰、刘秀龙、王卫东、王灿、鲁国永8人组成，张忠志任公司经理，马栋辉任公司党委书记。在册员工2508人，机关设科室13个：经理办公室、市场开发科、生产技术科、质量安全环保科、装备管理科、物资管理科、计划经营科、财务资产科、人力资源科、国际合作科、党委办公室、监察审计科（纪委办公室）、群众工作科；附属单位6个：工程技术服务中心、行政管理站、物资配送中心、生产服务队、水电队、设备保养站；直属单位6个：安全监督站、维护稳定办公室、离退休职工管理中心、信息管理中心、车辆服务中心、冀东项目经理部。

4月，更名为渤海钻探公司第一钻井工程分公司。

5月，时任中共中央政治局常委、中纪委书记贺国强，视察公司70026钻井队，并与钻井工人合影留念。

10月，公司成立海南项目经理部，负责2支钻井队在海南福山油田承包钻井施工管理。11月，成立苏里格项目部，下辖3支钻井队。同月，公司离退休职工管理中心移交大港油田第二矿区服务公司。

2008年12月，公司员工总数为2565人，其中各类管理和专业技术人员590人，具有高级职称的32人。机关设13个科室、6个附属单位、7个直属单位。有各类设备1801台（套），资产总值10.1亿元，资产净值6.3亿元。有41支钻井队，其中大港油区市场23支，国内外部市场12支，国际市场6支。全年开钻、交井258口，进尺74.97万米，创收18.6亿元。

2009年2月，张忠志任渤海钻探公司总经理助理。3月，种建春任公司经理。

2009年6月，公司在国际市场施工的5支钻井队，划归渤海钻探国际工程公司管理，国际合作科撤销。

2010年1月，公司成立井控监督站，负责公司日常井控工作的管理和监督检查。

2010 年 10 月，成立大港油田南部项目部。

2011 年 4 月，井下技术服务公司 5 支侧钻队及相关管理人员调入第一钻井工程公司，公司随之成立侧钻项目部；同月，成立金坛储气库项目部。

9 月，制定《泥浆施工管理办法》，规定泥浆工日常管理归钻井队，并明确了相关职责。

同月，中共渤海钻探公司第一钻井工程分公司第二次代表大会召开，选举产生第二届委员会和纪律检查委员会。马栋辉为党委书记，解振宗为纪委书记。公司党委下设 54 个党支部，有党员 583 人。

2012 年 4 月，撤销金坛储气库项目部。

截至 2013 年 12 月，公司机关设 12 个科室：经理办公室（行政事务办公室）、市场开发科、生产技术科、质量安全环保科、装备管理科、物资管理科、计划经营科、财务资产科、人力资源科、党委办公室、监察审计科、群众工作科。7 个附属单位：工程技术服务中心、行政管理站、井控监督站、物资配送中心、生产服务队、水电队、设备保养站。4 个直属单位：安全监督站、信息管理中心、维稳办公室、车辆服务中心。5 个项目部：冀东项目部、苏里格项目部、海南项目部、大港油田南部项目部、侧钻项目部。公司党委下设党支部 69 个，共有党员 605 人。

公司贯彻落实科学发展观，抓住改革重组后的内外市场机遇，准确定位，强本固基，坚持科技创新和内涵发展，注重精细管理和质量效益，推行“想事、干事、成事、成才”理念，持续推进人力资源管理，员工技能素质大幅提升。面对多种困难和挑战，公司员工团结一致，脚踏实地，真抓实干，经受了市场考验，实现了公司持续稳定和快速发展，经营成效显著。2013 年年底，公司在册员工 1866 人，其中各类管理和专业技术人员 477 人。具有高级职称的 30 人。2013 年开钻 339 口，交井 333 口，进尺 90.15 万米。完成井三大工程质量合格率 100%，主要技术指标继续保持较高水平，平均机械钻速 12.93 米 / 小时、平均钻机月速 2847 米 / 台月。年创收 21.4 亿元，生产经营创历史新高。第一钻井工程分公司在我国石油战线南征北战，是一支具有光荣历史传统的钻井队伍。至 2013 年 12 月，已经走过了整 50 年的奋斗历程。公司党委曾被天津市工业工委授予先进党组织，公司连续多年保持了“天津市文明单位”荣誉称号。荣获全国劳模、全国五一劳动奖章 7

人（次）；荣获省部级先进模范集体 19 项，省部级先进模范个人 63 人（次）；荣获大港油田标杆单位和先进模范集体 101 项，大港油田标兵 273 人（次）。累计在油田及国内外市场完成各类油气井、煤层气井和地热井等钻井施工作业 11169 口，钻井进尺达 2766.4 万米。其中在大港油田完成钻井 9212 口，钻井进尺 2254.3 万米；在国内市场，为十几个油田和地区完成钻井 1957 口，钻井进尺 512.1 万米；1995 年公司开始向国际市场迈进，为美国、加拿大、苏丹等国的石油公司提供了钻井施工技术服务。2001 年以来，先后中标委内瑞拉、印度尼西亚和突尼斯等国际钻井项目，曾有 8 个钻井队走出国门，累计在国际市场完成钻井 191 口，钻井进尺 56.6 万米。经过近五十年的艰苦创业和市场磨砺，公司已发展为以陆上石油钻井工程施工作业为主的专业化公司，作业区域主要分布在大港油田、冀东油田、海南福山油田、长庆油田和江苏金坛储气库等市场，具有承钻井深 7000 米以内的常规油气井、大位移定向井、水平井、丛式井、分支井、煤层气井等各类钻井技术服务能力。2008 年 6 月完成的庄海 8Nm-H3 导眼井，井深 5388 米，位移 4639.62 米，创造了国内陆上油田新的水平位移最高纪录；完成了庄海 8Nm-H3 井，井深 4729 米、垂深 1071.06 米、水平位移 4196.35 米、水垂比 3.92，创造了国内陆上油田新的水垂比最大纪录。2009 年，在大港油区成功完成滨深 3×1、滨深 2×1 两口高难度深探井。其中滨深 3×1 井以井深 5583 米，垂深 4518.29 米，最大井斜 48.44 度，最大位移 2733.65 米，分别创出大港油区井深、垂深最深纪录。滨深 2×1 井又以垂深 5047 米，刷新了垂深最深纪录。共获得局级以上科研成果 540 项，为大港油田的开发和建设做出了应有的贡献。

一、领导机构

（一）第一钻井工程分公司行政领导名录（2008.2—2013.12）

经　　理　张忠志（2008.2—2009.2；兼任，2009.2—3）
　　　　　　种建春（2009.3—2013.12）

副 经 理　马栋辉（2008.2—2012.3）
　　　　　　张长生（2008.2—2013.12）
　　　　　　张松杰（2008.2—2009.3）
　　　　　　刘秀龙（2008.2—2013.12）

王卫东（2008.2—2013.12）
王　灿（2008.2—2009.12）
鲁国永（2008.2—2009.7）
饶开波（2009.6—2013.12）
尚洪升（2009.8—2013.12）
樊宝荣（2012.4—2013.12）
蔺玉水（2012.6—2013.12）

总工程师　张松杰（2008.2—2009.3）
饶开波（2009.6—2013.12）

总会计师　王卫东（2008.2—2013.12）

安全总监　刘秀龙（兼任，2008.2—2013.12）

（二）第一钻井工程分公司党委领导名录（2008.2—2013.12）

书　　记　马栋辉（2008.2—2012.3）
张长生（2012.3—2013.12）

副 书 记　张忠志（2008.2—2009.3）
王胜英（2008.2—2008.4）
王景洲（2008.4—2009.3）
种建春（2009.3—2013.12）
鲁国永（2009.7—12）
解振宗（2010.4—2013.12）

委　　员　马栋辉（2008.2—2012.3）
张长生（2008.2—2013.12）
张松杰（2008.2—2009.3）
张忠志（2008.2—2009.3）
王胜英（2008.2—4）
刘秀龙（2008.2—2013.12）
王卫东（2008.2—2013.12）
王　灿（2008.2—2009.12）
鲁国永（2008.2—2009.12）
王景洲（2008.4—2009.3）

种建春（2009.3—2013.12）
饶开波（2009.6—2013.12）
尚洪升（2009.8—2013.12）
解振宗（2010.4—2013.12）
樊宝荣（2012.4—2013.12）
蔺玉水（2012.6—2013.12）

（三）第一钻井工程分公司纪委领导名录（2008.2—2013.12）

书　　记　王胜英（兼任，2008.2—4）
王景洲（兼任，2008.4—2009.3）
鲁国永（兼任，2009.7—12）
解振宗（兼任，2010.4—2013.12）

（四）第一钻井工程分公司工会领导名录（2008.2—2013.12）

主　　席　王胜英（兼任，2008.2—4）
王景洲（兼任，2008.4—2009.3）
鲁国永（兼任，2009.7—12）
解振宗（兼任，2010.4—2013.12）

（五）第一钻井工程分公司经理助理、副总师名录（2008.2—2013.12）

经理助理　王景洲（2008.2—4）
尚洪升（2008.2—2009.8）
樊宝荣（2008.2—2013.4）
高学生（2011.1—2013.12）
雷先革（2009.11—2011.1）
刘兆旺（2013.4—12）

副总工程师　饶开波（2008.2—2009.6）
肖仰德（2008.2—2013.12）
雷先革（2011.1—11）

安全副总监　郑振国（2008.2—2009.2）
李　庚（2009.2—2013.12）

二、机关部门

（一）经理办公室（行政事务办公室）（2008.2—2013.12）

主　　　任　何　明（2008.2—2009.2）
　　　　　　　刘兆旺（2009.10—2013.4）
　　　　　　　孙曜广（2013.4—12）
副　主　任　孙曜广（2008.2—2013.4）
　　　　　　　崔广亮（2013.4—12）
党支部书记　何　明（2008.2—2009.2）
　　　　　　　刘兆旺（2009.10—2013.4）
　　　　　　　孙曜广（2013.4—12）

行政党支部，由经理办公室、行政管理站、信息中心党员组成。

（二）市场开发科（2008.2—2013.12）

科　　　长　樊宝荣（兼任，2008.2—2012.4）
　　　　　　　李瑞忠（2008.2—2009.2）
　　　　　　　赵玉亮（2008.2—2009.5）
　　　　　　　宋连发（2009.2—2012.4）
　　　　　　　丁文军（2012.4—2013.12）
副　科　长　杨全津（2008.2—7；2009.10—2013.12）
　　　　　　　李金其（2008.2—2009.3）
　　　　　　　向春明（2011.4—2013.12）
　　　　　　　宋其斌（2009.10—2012.4）
　　　　　　　姚志奇（2012.4—2013.12）
　　　　　　　蒙彦斌（2012.4—6）
党支部书记　高学生（2008.2—2012.4）
　　　　　　　丁文军（2012.4—2013.12）

市场技术党支部，由市场开发科、市场技术科党员组成。

（三）生产技术科（2008.2—2013.12）

科　　　长　高学生（2008.2—2011.1；兼任，2011.1—2013.12）
　　　　　　　施琮桥（2009.2—2013.12）
　　　　　　　邓国岩（2008.2—2013.7）

副　科　长　刘　彬（女，2009.2—2013.12）
高向东（2009.2—2010.7）
李　伟（2010.7—2013.12）
姚志奇（2011.4—2013.12）
祝小林（2013.4—12）

（四）质量安全环保科（2008.2—2013.12）

科　　　长　郑振国（兼任，2008.2—2009.2）
李　庚（2008.2—2009.2；兼任，2009.2—2013.12）
李瑞忠（2009.2—2013.4）

副　科　长　宋其斌（2009.2—10）
董爱民（2008.2—2013.12）
孟祥龙（2009.2—2011.4；2012.4—2013.4）
冯一兵（2009.2—2013.12）
邓文祯（2011.4—2013.12）
李福良（2012.4—2013.4）

书　　　记　李　庚（2008.2—2013.12）

（五）装备管理科（2008.2—2013.12）

科　　　长　雷先革（兼任，2008.2—2011.11）
李学民（2011.11—2013.12）

副　科　长　李　利（2009.2—10）
李学民（2008.2—2011.11）
王国庆（2008.2—2013.4）
石栓林（2008.2—2011.4）
于万钧（2011.4—2013.12）

（六）物资管理科（2008.2—2013.12）

科　　　长　王其玲（2008.2—2013.4）
郭文发（2013.4—12）

副　科　长　王振平（2008.2—2009.9）
郭文发（2008.2—2013.4）
王国庆（2013.4—12）

党支部书记　王其玲（2008.2—2013.4）
郭文发（2013.4—12）

物资装备党支部，由物资管理科、装备管理科党员组成。

（七）计划经营科（2008.2—2013.12）

科　　长　李国英（2008.2—2009.5）
张雪松（2009.2—5）
赵玉亮（2009.5—2013.12）

副 科 长　何义忠（2009.2—2013.12）

（八）财务资产科（2008.2—2013.12）

科　　长　张志军（2008.2—2010.7）
赵鸿梅（女，2010.7—2013.12）

副 科 长　穆彦杰（女，2008.2—2009.9）
赵鸿梅（2008.2—2010.7）
孙英男（女，2010.7—2013.12）

（九）人力资源科（2008.2—2013.12）

科　　长　王景洲（兼任，2008.2—4）
何　明（2009.2—2013.12）
雷　丽（2009.2—10）
宋连发（兼任，2008.2—2009.2）

副 科 长　雷　丽（2008.2—2009.2）
高用胜（2008.2—2009.2；2011.4—2013.12）
马丽莉（2009.10—2013.12）

党支部书记　张志军（2008.2—2009.2）
何　明（2009.2—2013.12）

计财人力党支部，由计划经营科、财务资产科、人力资源科党员组成。

（十）党委办公室（2008.2—2013.12）

主　　任　马翠雪（2008.2—2009.9）
胡　志（2008.2—2013.4）
丁文军（2009.2—2012.4）
刘兆旺（2013.4—12）

副　主　任　高用胜（2008.2—2011.4）

丁文军（兼任，2008.2—2009.2）

郑永锋（2011.4—2013.12）

党支部书记　马翠雪（2008.2—2009.9）

胡　志（2009.9—2013.4）

刘兆旺（2013.4—12）

党群党支部，由党委办公室、群众工作科、监察审计科党员组成。

（十一）监察审计科（纪委办公室）（2008.2—2013.12）

纪委副书记　窦家林（2008.2—2013.12）

科　　　长　窦家林（2008.2—2013.12）

副　科　长　张　亮（2008.2—2009.2）

于忠宝（2009.2—2013.12）

胡　志（正科级，2013.4—12）

（十二）群众工作科（2008.2—2013.12）

工会副主席　刘俊杰（2008.2—2009.2）

刘兆旺（2009.3—10）

李淑敏（2009.5—2013.12）

科　　　长　刘俊杰（2008.2—2009.2）

刘兆旺（2009.3—10）

李淑敏（2009.3—2013.4）

刘兆旺（2013.4—12）

团委书记　雷　丽（2009.10—2013.12）

团委副书记　刘兆旺（2008.2—2009.3）

马丽莉（女，2009.3—10）

副　科　长　刘兆旺（2008.2—2009.3）

马丽莉（2009.3—10）

雷　丽（2009.10—2013.12）

（十三）维护稳定工作办公室（2008.2—2013.12）

主　　　任　胡　志（主持工作，2008.7—2009.2；
兼任，2009.2—2013.4）

窦家林（2013.4—12）

副　　主　　任　王　忠（2008.2—7）

（十四）国际合作科（2008.2—2009.5）

2009 年 5 月，公司撤销国际合作科，其科室人员和国际市场钻井队整体划归国际工程分公司。

科　　　　　长　徐建营（2008.2—2009.5）

副　　科　　长　朱坤科（2008.2—2009.5）

田太行（2008.2—2009.5）

张克玉（2008.2—2009.5）

三、直属单位

（一）冀东项目部（2008.2—2013.12）

经　　　　　理　王　灿（副处级，兼任，2008.2—2009.2）

王景洲（副处级，兼任，2009.2—3）

牛庆华（2009.5—2013.12）

副　　经　　理　牛庆华（2008.2—2009.2）

李瑞忠（2008.2—2013.12）

邓国岩（2008.2—2013.7）

孟祥龙（2011.4—2012.4）

汪胜武（2013.4—12）

李福良（2013.4—12）

米永强（2013.4—12）

熊小侠（2013.4—12）

总　工　程　师　肖仰德（兼任，2013.4—12）

党 总 支 书 记　王胜英（副处级，兼任，2008.2—4）

王景洲（副处级，兼任，2008.4—2009.2）

李瑞忠（2013.4—12）

牛庆华（兼任，2009.5—2013.12）

党总支副书记　宋连发（兼任，2008.2—2009.2）

工　会　主　席　李瑞忠（兼任，2009.11—2013.12）

（二）苏里格项目部（2008.11—2013.12）

经　　理　饶开波（副处级，兼任，2008.11—2010.1）
　　　　　肖仰德（兼任，2010.1—2012.4）
　　　　　尚洪升（副处级，兼任，2011.4—2013.12）
　　　　　门庆忠（正科级，2013.4—12）
副 经 理　冯一兵（2008.11—2013.12）
　　　　　张雪松（兼任，2009.2—5）
　　　　　秦自强（兼任，2009.5—2011.1）
　　　　　谢进兵（兼任，2009.5—2010.10）
　　　　　王全勇（2010.—2013.12）
　　　　　张小军（2013.4—12）
　　　　　门庆忠（2013.4—12）
党支部书记　饶开波（副处级，兼任，2008.11—2010.1）
　　　　　肖仰德（兼任，2010.1—2011.4）
　　　　　尚洪升（副处级，兼任，2011.4—2013.12）
工会主席　秦自强（兼任，2009.11—2011.1）

（三）海南项目部（2008.10—2013.12）

经　　理　丁文军（2008.10—2012.4）
　　　　　宋其斌（2012.4—2013.12）
副 经 理　高向东（兼任，2009.2—2010.7）
　　　　　张洪虎（2010.7—2013.12）
　　　　　董宏伟（2011.4—2013.12）
党支部书记　丁文军（兼任，2008.10—2012.4）
　　　　　宋其斌（兼任，2012.4—2013.12）
工会主席　高向东（兼任，2009.2—2010.7）

（四）大港油区南部项目部（2010.10—2013.12）

经　　理　宋其斌（2010.10—2012.4）
　　　　　宋连发（2012.4—2013.12）
副 经 理　石栓林（2010.10—2011.4）
　　　　　谢进兵（2010.10—2011.4）

蒙彦斌（2012.6—2013.12）
党支部书记　宋其斌（兼任，2010.10—2012.4）
宋连发（兼任，2012.4—2013.12）

（五）金坛储气库项目部（2011.4—2012.4）

经　　理　姚志奇（2011.4—2012.4）

（六）侧钻项目部（2011.4—2013.12）

经　　理　薛福俊（2012.4—2013.12）
副 经 理　薛福俊（2011.4—2012.4）
蒙彦斌（2011.4—2012.4）
李福良（2011.4—2012.4）
党支部书记　薛福俊（兼任，2011.4—2012.4）

（七）安全监督站（2008.2—2013.12）

站　　长　门庆忠（2008.2—2013.4）
孟祥龙（2013.4—12）
副 站 长　王希普（2008.2—2009.2）
杨全津（2008.7—2009.10）
张小军（2010.10—2013.4）
谢进兵（2011.4—2013.4）
马晓红（2012.6—12）

（八）井控监督站（2010.1—2013.12）

站　　长　施琮桥（兼任，2010.1—2012.12）
副 站 长　汪胜武（2011.4—2013.4）
邓　兵（2013.4—12）

（九）信息管理中心（2008.2—2013.12）

主　　任　冯洪全（2008.2—2009.4）
赵　义（2013.11—12）
副 主 任　赵　义（2009.5—2013.11）

（十）30557 钻井队（2012.12—2013.12）

2012 年，30557 队在长庆油田会战中，一年突破钻井进尺 12 万米，该队 3 名主要干部被破格提拔。

1. 30557 钻井队行政领导名录（2012.12—2013.12）

队　　长　李宝宁（正科级，解聘，2012.12—2013.12）

2. 30557 钻井队党支部领导名录（2012.12—2013.12）

书　　记　崔广亮（副科级，2012.12—2013.12）

第一技术员　郑海刚（副科级，2012.12—2013.12）

第五节　第二钻井工程分公司（2008.2—2013.12）

2008 年 2 月，由华北、大港钻井施工及相关辅助单位组建成立渤海钻探工程有限公司，华北石油管理局第一钻井工程公司改名为渤海钻探华北第一钻井工程公司，8 月 22 日，更名为渤海钻探工程有限公司第二钻井工程分公司。

一、渤海钻探华北第一钻井工程公司（2008.2—8）

2008 年 2 月，为优化钻探资源，推进钻探业务集约化、专业化、一体化协调发展，集团公司决定，整合华北和大港两个油田的钻井、测井、地质录井等力量，华北石油管理局第一钻井工程公司划转到新成立的渤海钻探工程公司，命名为华北第一钻井工程公司。

华北第一钻井工程公司机关设科室 9 个：公司办公室、党群工作部、监督保卫部、人事部、财务资产部、市场管理部、设备管理部、安全环保质量部、生产协调部；附属单位 4 个：井控监管站、人力资源管理中心、财务结算中心、综合档案室；所属单位 11 个：钻前工程分公司、工程技术分公司、泥浆技术服务中心、科技开发管理中心、物资管理中心、安全监督站、设备库、冀中项目组、二连项目组、新疆项目组、海外项目组。

（一）领导机构

1. 华北第一钻井工程公司行政领导名录（2008.2—8）

经　　理　陈景奎（2008.2—8）

副 经 理　栾喜林（2008.2—8）

仲建国（2008.2—8）

赵云飞（2008.2—8）
熊　战（2008.2—8）
总工程师　熊　战（2008.2—8）
总会计师　王晓明（2008.2—8）
安全总监　刘志宏（2008.2—8）

2. 华北第一钻井工程公司党委领导名录（2008.2—8）

书　　记　陈景奎（2008.2—8）
副 书 记　张中朝（2008.2—8）
委　　员　陈景奎（2008.2—8）
栾喜林（2008.2—8）
王小明（2008.2—8）
仲建国（2008.2—8）
张中朝（2008.2—8）
赵云飞（2008.2—8）

3. 华北第一钻井工程公司纪委领导名录（2008.2—8）

书　　记　张中朝（2008.2—8）

4. 华北第一钻井工程公司工会领导名录（2008.2—8）

主　　席　张中朝（2008.2—8）

5. 华北第一钻井工程公司经理助理及副总师名录（2008.2—8）

经理助理　况益民（2008.2—8）
副总工程师　李英虎（2008.2—8）
刘焕玉（2008.2—8）
安全副总监　顾奕民（2008.2—8）

（二）机关部门

1. 人事部（2008.2—8）

主要职责：负责分公司劳动组织管理；负责分公司干部管理、人事档案等相关工作。

主　　任　文家尧（2008.2—8）

副　　主　　任　王铭石（2008.2—8）

杨喜梅（2008.2—8）

副科级组织员　武玉芳（2008.2—8）

2. 公司办公室（2008.2—8）

科级职数 3 人，主要职责：负责分公司领议讲话材料起草；分公司文件的收发、传阅、办理、归档及电子公文传输系统与综合档案管理等工作。

主　　　　任　李丙哲（2008.2—8）

副　　主　　任　黄京生（2008.2—8）

陈建国（2008.2—8）

3. 党群工作部（2008.2—8）

科级职数 2 人，负责分公司工会、共青团等日常工作；协助党政领导抓好分公司厂务公开工作；负责劳动保护知识的宣传、教育及培训工作，参加分公司内部工作伤亡事故的调查、处理工作；负责分公司工会女职工管理工作和女职工委员会日常工作；接受处理职工来信来访，做好思想疏导和稳定工作。

主　　　　任　赵红月（2008.2—8）

副　　主　　任　张　涛（2008.2—8）

4. 监督保卫部（2008.2—8）

科级职数 2 人，主要职责：负责分公司纪委的日常工作；负责分公司信访、稳定、综合治理、武装保卫及户籍协管等工作。

科　　　　长　梁海军（2008.2—8）

副　　科　　长　汪洪义（2008.2—8）

5. 生产协调部（2008.2—8）

主要职责：负责贯彻落实渤海钻探公司有关生产协调方面的管理规定，制定分公司相关规章制度、办法，并组织实施；负责分公司日常生产运行、值班及指挥协调，负责生产过程中物资、设备、车辆的调配与管理，及时处理生产运行过程中所遇到的问题等。

主　　　　任　李　义（2008.2—8）

副　　主　　任　王　强（2008.2—8）

刘金波（2008.2—8）
何向军（2008.2—8）

6. 安全环保质量部（2008.2—8）

主要职责：负责分公司 HSE 管理工作；负责组织开展危害因素识别及风险评价工作；负责特种设备及安全附件的安全管理等工作。

主　　任　顾奕民（2008.2—8）
副 主 任　黄国平（2008.2—8）
罗路全（2008.2—8）

7. 财务资产部（2008.2—8）

负责分公司的全面财务预算管理工作；负责制定分公司债权、债务管理办法，负责分公司债权、债务清理工作；负责制订分公司成本管理战略并组织实施；负责分公司税收核算和纳税管理工作等。

科　　长　赵德明（2008.2—8）
副 科 长　王振春（2008.2—8）
邓展清（2008.2—8）

财务结算中心（2008.2—8）

为机关附属单位，积极参与分公司的预算管理；协助财务资产科抓好分公司的会计核算和会计管理等其他财务工作。

主　　任　刘景环（2008.2—8）
副 主 任　王振春（2008.2—8）

8. 市场管理部（2008.2—8）

负责分公司市场方面的计划、合同方面的各项工作；负责分公司项目验收；负责分公司内部市场准入等工作。

主　　任　齐国平（2008.2—8）
副 主 任　任福常（2008.2—8）
石志国（2008.2—8）

9. 设备管理部（2008.2—8）

科级职数 3 人，主要负责公司所有设备管理基础工作的落实完善，抓好公司设备的使用、保养、维修、更新、改造、报废鉴定及润滑、冷却技术和现场管理；负责公司机械设备事故的调查、分析、上报和处理等工作。

主　　任　冯荣星（2008.2—8）
副 主 任　刘跃会（2008.2—8）
　　　　　　曹建庆（2008.2—8）

（三）所属单位

1. 钻前工程分公司（2008.2—8）

主要职责：协助生产协调科进行井位测定、道路选择以及钻前施工机具、运输车辆安排等工作；负责钻机基础、井架和底座等设备的搬运、安装、调试及检验工作；负责钻机及钻井队生活区电器设备的安装，负责井场道路和井场的修筑，钻井废液池等土方工程施工等工作。

经　　理　孙　逊（2008.2—8）
副 经 理　邓志勇（2008.2—8）
　　　　　　孙双如（2008.2—8）
　　　　　　刘俊华（2008.2—8）
　　　　　　张　辉（2008.2—8）
党总支书记　吴志国（2008.2—8）

2. 工程技术分公司（2008.2—8）

主要职责：负责分公司钻井工程技术、工程质量、井控管理、技术资料管理，新技术和工艺推广，钻具的需求计划等工作。

经　　理　李英虎（2008.2—8）
副 经 理　白英明（2008.2—8）
　　　　　　张铜美（2008.2—8）
　　　　　　赵树清（2008.2—8）
党总支书记　王少文（2008.2—8）

3. 泥浆技术服务中心（2008.2—8）

主要职责：负责分公司钻井液技术发展规划编制、钻井液施工设计、现场钻井液技术指导及管理、重点井复杂井钻井液技术措施制订及指导实施、井浆检测以及配方试验、钻井液资料的验收数据统计存档及甲方的考核验收工作、钻井液技术研究及钻井液新技术、新工艺推广应用、钻井液专业人员的技能培训等工作。

主　　任　刘亚元（2008.2—8）
副 主 任　张国强（2008.2—8）
　　　　　　席凤林（2008.2—8）
　　　　　　陈德铭（2008.2—8）
党总支书记　黄希文（2008.2—8）

4. 科技开发管理中心（2008.2—8）

负责分公司信息化建设规划、管理制度和规定的制、修订工作；负责分公司科委的日常工作；负责公司级科技项目的申报、组织、协调、管理等工作。

主　　任　张宝民（2008.2—8）
副 主 任　李树贤（2008.2—8）
党支部书记　赵建华（2008.2—8）

5. 设备库（副科级，2008.2—8）

负责分公司在库设备、设施的发放、接收、保管工作，及时建好设备、设施出入库台账和数据库的更新工作；负责钻井队大修设备的送修及拉运工作；负责接收、发放钻井队停封、送修及新购置设备，做好验收登记及发放工作。

主　　任　孙瑞祥（2008.2—8）
党支部书记　孟庆珍（2008.2—8）

6. 物资管理中心（2008.2—8）

主要职责：负责分公司物资需求计划管理，审查各单位编制的月度物资需求计划和临时物资需求计划；负责按时编制、上传、报批分公司物资需求计划，并按上级审批意见组织实施；负责分公司物资采购工作，主持召开分公司物资采购招投标会议，做好物资采购招投标工作；负责分公司物资管理工作等。

主　　任　高庆云（2008.2—8）
副 主 任　李季森（2008.2—8）

何　平（2008.2—8）

党支部书记　李国谦（2008.2—8）

7. 安全监督站（2008.2—8）

负责制定组织实施安全监督工作计划；负责对分公司所属单位贯彻落实HSE 责任制、安全规章制度和操作规程等情况进行监督检查；参与 QHSE 体系内审，督促责任单位的问题；负责在发现重大隐患和问题后及时通知有关部门和单位，责成并监督整改等。

站　　长　黄国平（2008.2—8）

副 站 长　姜　东（2008.2—8）

二、渤海钻探公司第二钻井工程分公司（2008.8—2013.12）

根据集团公司文件精神，经公司总经理办公会研究，2008 年 8 月 22 日，将中国石油天然气集团公司渤海钻探华北第一钻井工程分公司更名为中国石油集团渤海钻探工程有限公司第二钻井工程分公司，简称渤海钻探第二钻井公司。公司以钻井作业及钻前工程、工程、泥浆等石油工程技术服务为主要业务。截至 2013 年年底，公司拥有钻井施工队伍 44 支，在册员工 1742 人。

经渤海钻探公司党委研究决定任命：张中朝为党委书记，仲建国、吴志国为党委副书记，吴志国为纪委书记。所属 8 个党总支、65 个党支部，共有党员 667 名。

2008 年，设立机关车队。2008 年 11 月，由于机构改革需要，机关科室由“部”更改为“科”，所属单位名称部分改动。2009 年 2 月，信息业务从科技开发管理中心中抽离，成立信息中心。2013 年年底分公司下设机关职能科室 10 个，分别为党委办公室、经理办公室、群众工作科、监察保卫科、人事劳资科、财务资产科、计划经营科、装备管理科、质量安全环保科、生产协调科；机关附属单位 4 个，分别为井控监管站，列质量安全环保科附属；人力资源管理中心，列人事劳资科附属；财务结算中心，列财务资产科附属；综合档案室，列经理办公室附属；直属单位 15 个，分别为钻前工程作业部、工程技术服务中心、泥浆技术服务中心、科技开发管理中心、信息中心、物资管理中心、车辆服务中心、安全监督站、生产保障中心、冀中项目部、二连项目部、苏里格项目部、新疆项目部、吉林项目部、国外项目部。

2013年，为适应生产经营、市场开拓、HSE管理以及项目部实体化运营和机构扁平化管理的要求，分公司决定对冀中项目部等6个项目部领导班子成员进行调整，为加强外部市场管理力量，在新疆、二连、苏里格、吉林项目部任职的科级人员，不再兼任分公司机关科室职务，解聘其机关科室原任职务。

（一）领导机构

1. 第二钻井工程分公司行政领导名录（2008.8—2013.12）

经　　理　陈景奎（2008.8—2009.3）

仲建国（2009.3—2013.12）

副 经 理　栾喜林（2008.8—2009.12）

仲建国（2008.8—2009.3）

赵云飞（2008.8—2011.11）[①]

熊　战（2008.8—2009.12）[②]

张中朝（2009.3—2013.12）

王小明（2009.3—2012.4）[③]

况益民（2009.3—2013.12）

钟德华（2010.4—2013.12）

张志强（2011.11—2013.12）

刘志宏（2011.12—2013.12）

黄国平（2011.12—2013.12）

刘景环（2012.4—2013.12）

总工程师　熊　战（2008.8—2009.12）

钟德华（2010.4—2013.12）

总会计师　王小明（2008.8—2012.4）

刘景环（2012.4—2013.12）

---

① 2011年11月，赵云飞调任工程技术处副处长。

② 2009年12月，熊战调任国际工程分公司伊拉克项目部经理部经理。

③ 2012年4月，王小明提前退出领导岗位。

安全总监　刘志宏（兼任，2008.2—2011.12）
黄国平（兼任，2011.12—2013.12）

2. 第二钻井工程分公司党委领导名录（2008.8—2013.12）

书　　记　陈景奎（2008.8—2009.3）
张中朝（2009.3—2013.12）

副 书 记　张中朝（2008.8—2009.3）
仲建国（2009.3—2013.12）
吴志国（2009.7—2013.12）

委　　员　陈景奎（2008.8—2009.3）
栾喜林（2008.8—2009.12）
王小明（2008.8—2012.4）
仲建国（2008.8—2013.12）
张中朝（2008.8—2013.12）
赵云飞（2008.8—2011.11）
吴志国（2009.7—2013.12）
熊　战（2009.3—12）
刘志宏（2009.3—2013.12）
况益民（2009.3—2013.12）
钟德华（2010.4—2013.12）

3. 第二钻井工程分公司纪委领导名录（2008.8—2013.12）

书　　记　张中朝（2008.8—2009.7）
吴志国（2009.7—2013.12）

4. 第二钻井工程分公司工会领导名录（2008.8—2013.12）

主　　席　张中朝（2008. 8—2009.7）
吴志国（2009.7—2013.12）

5. 第二钻井工程分公司经理助理及副总师名录（2008.8—2013.12）

经理助理　况益民（2008.8—2009.3）
张志强（2009.10—2011.11）
顾奕民（2009.10—2013.12）

何向军（2012.2—2013.12）
石志国（2012.2—2013.12）
副总工程师 李英虎（2008.8—2012.12）
刘焕玉（2008.8—2013.12）
刘亚元（2013.5—12）
赵树清（2013.5—12）
安全副总监 顾奕民（2008.2—2009.10）
黄国平（2009.10—2011.12）
罗路全（2012.8—2013.12）

（二）机关部门

1. 人事部—人事劳资科（2008.8—2013.12）

（1）人事部（2008.8—11）

主要职责：负责分公司劳动组织管理；负责分公司干部管理，专业技术职务评聘管理；负责分公司薪酬管理；负责分公司员工培训与操作人员技能鉴定工作的管理职能；负责分公司社会统筹保险及人事信息系统的建立、维护和统计管理；负责分公司员工管理及劳动合同管理；负责分公司人力资源配置；负责分公司工伤事故的调查、处理、上报工作；负责分公司职工档案业务管理工作；负责分公司再就业管理工作。

主　　任 文家尧（2008.8—11）
副 主 任 王铭石（2008.8—11）
副科级组织员 武玉芳（2008.8—11）

（2）人事劳资科（2008.11—2013.12）

科　　长 文家尧（2008.11—2010.3）
任福常（2010.3—2013.12）
张云秋（2013.3—12）
副 科 长 王铭石（2008.11—2010.3）
李东升（2009.2—2012.12）
张云秋（2009.10—2013.3）
副科级组织员 武玉芳（2008.11—2009.2）

（3）人力资源中心（2010.3—2013.3）

2010年3月，公司设立人力资源管理中心列人事劳资科附属管理，拟订员6人，其中科级职数2人。2013年3月，与人事科合并。主要职责：负责员工培训实施和日常管理、技能鉴定、资质认证、退出科级干部，借用人员管理。

主　　任　王铭石（2010.3—2013.3）
副 主 任　蒋开庆（2010.3—2013.3）

2. 公司办公室—综合办公室—经理办公室（2008.8—2013.12）

2008年11月，公司办公室更名为综合办公室。2009年10月，经公司经理办公室会议研究，综合办公室更名为经理办公室，科级职数3人。综合档案室附属经理办公室。主要职责：负责分公司领导讲话材料起草，协调分公司领导及机关部门和所属单位有关业务工作，起草、审核以分公司名义上报、外发的文字材料及分公司行政发文，督办分公司重大事项的落实，收集、分析、整理、发布内部网络信息并向上级部门编发上报信息，负责分公司公文及电子公文传输系统、密码和分公司印章管理，负责对外接待、机关公务用车、机关事务及档案室管理，归口管理分公司人口与计划生育工作。

主　　任　李丙哲（2008.8—2013.3）
　　　　　李　颖（2013.3—12）
副 主 任　黄京生（2008.8—2009.2）
　　　　　陈建国（2008.8—2009.10）
　　　　　李　颖（2009.2—2013.3）
　　　　　郭永江（2009.10—2013.12）

3. 党委办公室（2009.10—2013.12）

2009年10月，经公司经理办公室会议研究，公司决定设立党委办公室，为分公司机关科室，科级职数2人。主要职责：负责分公司党委日常事务工作；分公司党组织建设；分公司基层建设、精神文明建设和企业文化建设；分公司内外宣传工作和员工思想政治工作；分公司领导干部理论教育培训工作；分公司保密工作；分公司重大突发事件的对外新闻发布工作；分公司党委重点工作督办、分公司党委会组织协调；负责分公司机关党总支工作。

主　　任　王同民（2009.10—2013.12）
副 主 任　朱黎明（2009.10—2013.12）

4. 党群工作部—党群工作科—群众工作科（2008.8—2013.12）

（1）党群工作部（2008.8—11）

主　　任　赵红月（2008.8—11）
副 主 任　张　涛（2008.8—11）

（2）党群工作科—群众工作科（2008.11—2013.12）

2008 年，党群工作部更名为党群工作科。2009 年 10 月，党群工作科更名为群众工作科，科级职数 2 人。主要职责：负责分公司职工代表大会和团代会的筹备与组织工会和团组织管理、职工遗属管理、困难户补助慰问、女工管理、职工疗养、劳动竞赛、劳动争议案件、先进集体和先进个人评选推荐组织等。

科　　长　赵红月（2008.11—2010.3）
　　　　　　张　涛（2010.3—2012.12）
副 科 长　张　涛（2008.11—2010.3）

5. 监督保卫部—监察保卫科（2008.8—2013.12）

（1）监督保卫部（2008.8—11）

主　　任　梁海军（2008.8—11）
副 主 任　汪洪义（2008.8—11）
副科级审计员　盛惠君（2008.8—11）

（2）监察审计（保卫）科—监察保卫科（2008.11—2013.12）

2008 年 11 月底，机构改革，监督保卫部更名为监察审计（保卫）科。2009 年 10 月，监察审计（保卫）科更名为监察保卫科，科级职数 2 人。主要职责：负责协助分公司、分公司党委、纪委制订纪检监察、信访稳定、综合治理、武装保卫、内部审计等工作制度与年度工作计划并组织实施。负责监督检查分公司各级领导人员落实党风廉政建设责任制情况，做好党风党纪教育、效能监察、案件检查等纪检监察工作，负责信访稳定、综合治理、武装保卫及新分大学生落户工作，负责内部审计工作。

科　　　长　梁海军（2008.11—2013.12）

副　科　长　汪洪义（2008.11—2013.12）

副科级审计员　盛惠君（2008.11—2009）

6. 生产协调部—生产协调科（2008.8—2013.12）

主要职责：负责分公司日常生产运行协调、生产值班、应急管理、现场标准化管理、生产信息收集和报表编报、工农关系协调、钻井施工临时占地等工作。

（1）生产协调部（2008.8—11）

主　　　任　李　义（2008.8—11）

副　主　任　王　强（2008.8—11）

刘金波（2008.8—11）

何向军（2008.8—11）

（2）生产协调科（2008.11—2013.12）

2008 年 11 月，机构改革，生产协调部更名为生产协调科。

科　　　长　李　义（2008.11—2013.3）

刘金波（2013.3—12）

副　科　长　王　强（2008.11—2009.2）

刘金波（2008.11—2013.3）

何向军（2008.11—2012.2）[①]

7. 安全环保质量部—质量安全环保科（2008.8—2013.12）

（1）安全环保质量部（2008.8—11）

主　　　任　顾奕民（2008.8—11）

副　主　任　黄国平（2008.8—11）

罗路全（2008.8—11）

（2）质量安全环保科（2008.11—2013.12）

2008 年 11 月，机构改革需要更名为质量安全环保科。主要职责：负责编制分公司质量安全环保中长期规划和年度计划并组织实施、负责分公司工

① 2010 年，何向军享受正科级待遇。

业安全管理、QHSE 体系运行管理、交通消防管理、职业健康安全管理、环境保护管理、节能节水管理、质量监督管理、计量及标准化管理等。

科　　长　顾奕民（2008.11—2009.10）
　　　　　　黄国平（2009.10—2011.12）
　　　　　　罗路全（2012.2—2013.12）

副 科 长　黄国平（2008.11—2009.10）
　　　　　　罗路全（2008.11—2009.10）
　　　　　　方地均（2009.10—2013.3）

8. 财务资产部—财务资产科（2008.8—2013.12）

主要职责：负责编制分公司年度资金预算并组织实施，筹措各项生产建设资金、成本管理、税价管理、会计核算、会计管理、国有资产和产权管理、固定资产管理、所属各单位经营考核管理、财务会计报表和年度财务决算报告、分公司债权、债务清理管理、住房公积金缴纳、机关财务管理等工作。

（1）财务资产部（2008.8—11）

主　　任　赵德明（2008.8—11）

副 主 任　王振春（2008.8—11）

（2）财务资产科（2008.11—2013.12）

2008 年 11 月，机构改革，财务资产部更名为财务资产科。

科　　长　赵德明（2008.11—2013.3）
　　　　　　邓展清（2013.3—12）

副 科 长　王振春（2008.11—2013.3）
　　　　　　邓展清（2009.10—2013.3）

会计管理中心—财务结算中心（2008.3—2013.12）

为财务资产科附属单位，主要职责，积极参与分公司的预算管理；协助财务资产科抓好分公司的会计核算和会计管理工作；参与分公司资金的筹措和管理；参与组织职工工资的按时发放工作，以及各种税费的核算及交纳工作；参与制订分公司债权、债务管理办法，参与分公司债权、债务清理工作；参与制订分公司成本管理战略并组织实施；协助财务资产科搞好分公司国有资产管理工作；协助财务资产科抓好分公司价格、定额管理工作。参与分公司内部结算价格的制订、管理；参与分公司重点物资采购及重大工程项目的招投标工作。

主　　任 刘景环（2008.8—2012.4）
王振春（2013.3—12）
副 主 任 王振春（2008.8—2013.3）

9. 市场管理部—市场管理科—市场管理科、经营计划科（2008.8—2013.12）

（1）市场管理部（2008.8—11）

主　　任 齐国平（2008.8—11）
副 主 任 任福常（2008.8—11）
石志国（2008.8—11）
刘　伟（2008.8—11）

（2）市场管理科（2008.11—2010.8）

科　　长 齐国平（2008.11—2010.8）
副 科 长 任福常（2008.11—2010.3）
石志国（2008.11—2010.8）
刘　伟（2008.11—2010.8）

（3）市场管理科（2010.8—2013.3）

2010 年 8 月，市场管理科分为市场管理科与经营计划科 2 个科室，业务不分。

科　　长 石志国（2010.8—2013.3）
副 科 长 唐文兵（2010.8—2013.3）

（4）经营计划科—计划经营科（2010.8—2013.3）

2010 年 8 月，市场管理科分为市场管理科与经营计划科 2 个科室，业务不分。

主要职责：负责编制分公司中长期和年度市场开发目标方案、编制中长期和年度生产经营发展规划和目标并组织实施、计划管理、综合统计管理、投资项目管理、基建及维修、市场开发、市场准入、钻井工程投标、工程结算、经营考核、合同管理、法律事务、内控协调等。

科　　长 齐国平（2010.8—2013.12）

副　科　长　刘　伟（2010.8—2013.3）

10. 设备管理部—装备管理科（2008.8—2013.12）

科级职数 3 人，主要职责：负责编制分公司各项设备管理制度并组织实施；完善分公司设备数据库信息；实施分公司固定资产投资、设备技术改造和更新项目及设备修理、机械加工项目的审批和上报。提出设备技术培训计划，组织设备事故的调查分析，并提出处理意见。

（1）设备管理部（2008.8—11）

主　　　任　冯荣星（2008.8—11）

副　主　任　刘跃会（2008.8—11）

曹建庆（2008.8—11）

（2）设备管理科（2008.11—2013.12）

科　　　长　冯荣星（2008.11—2013.12）

副　科　长　刘跃会（2008.11—2013.12）

曹建庆（2008.11—2013.12）

（三）所属单位

1. 钻前工程分公司—钻前工程作业部（2008.8—2013.12）

2008 年 11 月，钻前工程分公司更名为钻前工程作业部。主要职责：负责协助生产协调科进行井位测定、道路选择、车辆安排、井场修筑，钻井基础、井架和底座等设备的搬运、安装、调试与检验，钻井队生活区电器设备的安装调试，钻井废液池等土方工程施工，基地蔬菜大棚和培训基地等后勤服务设施的日常维护和管理工作。

经　　　理　孙　逊（2008.8—2013.12）

副　经　理　邓志勇（2008.8—2009.10）

孙双如（2008.8—2009.2）

刘俊华（2008.8—2013.12）

张　辉（2008.8—2013.12）

孟庆飞（2010.3—2013.12）

徐　刚（2010.3—2013.12）

党总支书记　吴志国（2008.8—2009.10）

邓志勇（2009.10—2013.12）

2. 工程技术分公司—工程技术服务中心（2008.8—2013.12）

2008 年 11 月，工程技术分公司更名为工程技术服务中心。主要职责：负责分公司钻井工程技术、工程质量、井控管理、技术资料管理，新技术和工艺推广，钻具的需求计划，重点井工程项目技术方案制定等工作，并及时派工程技术人员提供现场技术指导，确保井下事故与复杂得到有效控制，指导钻井队处理工程事故。

（1）工程技术分公司（2008.8—11）

经　　理 李英虎（2008.8—11）

副 经 理 白英明（2008.8—11）

张铜美（2008.8—11）

赵树清（2008.8—11）

党总支书记 王少文（2008.8—11）

（2）工程技术服务中心（2008.11—2013.12）

主　　任 李英虎（2008.11—2012.2）

赵树清（2012.2—2013.12）

副 主 任 白英明（2008.11—2013.3）

张铜美（2008.11—2013.3）

赵树清（2008.11—2012.2）

党总支书记 王少文（2008.11—2013.3）

3. 泥浆技术服务中心（2008.8—2013.12）

全面负责分公司在各钻井区域的钻井液技术服务工作；负责编制钻井液施工设计，受甲方委托编制钻井液设计；负责分公司在各区域钻井施工过程中的钻井液过程控制，对重点井、复杂井制定单井钻井液技术措施。

主　　任 刘亚元（2008.8—2013.12）

副 主 任 张国强（2008.8—2013.12）

席凤林（2008.8—2009.2）

陈德铭（2008.8—2013.3）

田　军（2009.2—2013.3）

党总支书记　黄希文（2008.8—2009.2）
席凤林（2009.2—2013.12）

4. 科技开发管理中心（2008.8—2013.12）

2009 年信息中心成立后，科技开发管理中心职责做如下调整：负责分公司科委的日常工作；负责公司级科技项目的申报、组织、协调、管理；负责分公司科技进步规划的制订、组织、实施；科技项目的立项、实施、评审；负责科技经费的管理工作；负责钻井工艺技术发展趋势调研和最新钻井技术水平的跟踪研究与技术储备；负责分公司石油学会的日常工作；负责专利工作的一切事务及科技情报管理，履行科技推广站的职能工作。

主　　任　张宝民（2008.8—2013.12）
副 主 任　李树贤（2008.8—2013.12）
党支部书记　赵建华（2008.8—2009.10）
陈建国（2009.10—2013.12）

5. 设备库—生产保障中心（2008.8—2013.12）

主要职责：负责分公司在库设备、设施的发放、接收、保管工作，及时建好设备、设施出入库台账和数据库的更新工作；负责钻井队大修设备的送修及拉运工作；负责接收、发放钻井队停封、送修及新购置设备，做好验收登记及发放工作。

2008 年 8 月至 2013 年 3 月（副科级）

主　　任　孙瑞祥（2008.8—2013.3）
党支部书记　孟庆珍（2008.8—2012.2）

2013 年 3 月至 2013 年 12 月（正科级）

主　　任　孙瑞祥（2013.3—2013.12）
党支部书记　梁建军（2013.3—12）

6. 物资管理中心（2008.8—2013.12）

主要职责：负责制定分公司物资管理的有关规章制度和管理办法，并组织实施；负责物资需求计划管理、物资采购工作；主持召开分公司物资采购招投标会议；负责物资采购合同的签订、审核；负责日常物资检验、验收、搬运、保管、发放、并组织对合格供方的评定等。

主　　任　高庆云（2008.8—2013.12）
副 主 任　李季森（2008.8—2011.3）
何　平（2008.8—2013.12）
陈　辉（2011.3—2013.12）
党支部书记　李国谦（2008.8—2009.2）
黄京生（2009.2—2011.3）
李季森（2011.3—2013.12）

7. 安全监督站（2008.8—2013.12）

负责制订、完善安全监督工作的规章制度、工作程序、工作标准和考核办法，并组织实施。负责选派符合资质要求的安全监督对现场的安全管理实施监督，负责对安全监督进行培训与考核。

站　　长　黄国平（2008.8—2009.10）
罗路全（2009.10—2012.8）
姜　东（2013.3—12）
副 站 长　姜　东（2008.2—2013.3）

8. 机关车队—车辆服务中心（2008.8—2013.12）

2008年，公司成立机关车队。主要职责：负责分公司车辆调配、使用、保养、维护和管理，对驾驶员进行培训、管理，做到安全、优质、高效、合理。

2008年8月至2013年3月（副科级）

队　　长　申　玉（2008.8—2013.3）
党总支书记　吕明利（2008.8—2011.3）
孟庆珍（2012.2—2013.3）

2013年3月至2013年12月（正科级）

队　　长　申　玉（2013.3—12）
党总支书记　孟庆珍（2013.3—12）

9. 信息中心（2009.10—2013.12）

主要职责：负责分公司信息化建设规划、管理制度和规定的制、修订工作；负责分公司各类管理信息化系统的推广使用及信息反馈工作；负责分公司的计算机硬件及桌面维护、管理工作；负责分公司计算机网络建设、运行、管理与维护；负责分公司门户网站的建设、管理，组织分公司各科室及所属各单位做好网站维护、专题制作等工作；负责做好各类信息化系统安全和网络安全工作。

主　　任　赵建华（2009.10—2013.12）
副 主 任　张双涛（2009.10—2013.12）

10. 冀中项目部（2013.3—12）

主要职责：负责冀中地区和江苏金坛项目市场开发、生产运行、经营管理、项目管理、安全环保、工程技术、井控管理、队伍管理、综合治理等工作。

经　　理　钟德华（2013.3—12）
常务副经理　刘金波（2013.3—12）
副 经 理　齐国平（2013.3—12）
　　　　罗路全（2013.3—12）
　　　　寿柏群（2013.3—12）
总工程师　刘亚元（2013.3—12）
　　　　赵树清（2013.3—12）
总经济师　齐国平（2013.3—12）
安全总监　罗路全（2013.3—12）
安全副总监　张国威（2013.3—12）
副总工程师　张晓峰（2013.3—12）

11. 二连项目部（2013.3—12）

主要职责：负责二连油区市场开发、生产运行、经营管理、项目管理、安全环保、工程技术、井控管理、队伍管理、综合治理等工作。

经　　理　况益民（2013.3—12）
常务副经理　李　义（2013.3—12）
副 经 理　任福常（2013.3—12）
　　　　齐建英（2013.3—12）
　　　　高和云（2013.3—12））

总 经 济 师　任福常（2013.3—12）
安 全 总 监　方地均（2013.3—12）
副总工程师　贺　云（2013.3—12）

12. 苏里格项目部（2013.3—12）

主要职责：负责苏里格油区市场开发、生产运行、经营管理、项目管理、安全环保、工程技术、井控管理、队伍管理、综合治理等工作。

经　　　理　何向军（2013.3—12）
副　经　理　叶江涛（2013.3—12）
陶　涛（2013.3—12）
邓裕斌（2013.3—12）
总 工 程 师　白英明（2013.3—12）
陈德铭（2013.3—12）
安 全 总 监　刘剑琼（2013.3—12）
副总工程师　李　超（2013.3—12）

13. 新疆项目部（2013.3—12）

主要职责：负责西部油田市场开发、生产运行、经营管理、项目管理、安全环保、工程技术、井控管理、队伍管理、综合治理等工作。

经　　　理　张志强（2013.3—12）
常务副经理　顾奕民（2013.3—12）
副　经　理　李英虎（2013.3—12）
石志国（2013.3—10）①
赵德明（2013.3—12）
张海斌（2013.3—12）
总 工 程 师　李英虎（2013.3—12）
总 经 济 师　赵德明（2013.3—12）
安 全 总 监　姜　东（2013.3—12）
副总工程师　张铜美（2013.3—12）
田　军（2013.3—12）

① 2013 年，石志国调任新青玉石油工程事业部。

14. 吉林项目部（2013.3—12）

经　　　理 刘志宏（2013.3—12）
常务副经理 郭忠启（2013.3—12）
副　经　理 刘焕玉（2013.3—12）
唐文兵（2013.3—12）①
张　华（2013.3—12）
安全总监 郭忠启（2013.3—12）
总工程师 刘焕玉（2013.3—12）
总经济师 唐文兵（2013.3—12）
安全副总监 花　涛（2013.3—12）

15. 国外项目部（2013.3—12）

经　　　理 况益民（2013.3—12）
常务副经理 梁建军（2013.3—12）
副　经　理 杨培高（2013.3—12）
秦　利（2013.3—12）
装备总监 冯荣星（2013.3—12）
财务总监 邓展清（2013.3—12）
人力总监 张云秋（2013.3—12）

第六节　第三钻井工程分公司（2008.2—2013.12）

2008 年 2 月，按照集团公司专业化重组的要求，大港油田集团公司第二钻井工程公司划转到新成立的渤海钻探工程公司，更名为渤海钻探工程公司大港第二钻井工程公司，列渤海钻探工程公司二级单位管理。党政领导班子由刘光木、顾金辉、赵正中、霍如军、马金山、张庆昌、赵继成、吴建文、毕学军 9 人组成，刘光木任经理，顾金辉任党委书记。在册员工 1786 人，外雇员工 705 人，机关设科室 14 个：经理办公室（行政事务办公室）、

① 2013 年，唐文兵调任新青玉石油工程事业部。

市场开发一科、市场开发二科、生产技术科、质量安全环保科、物资管理课、装备管理科、计划经营科、财务资产科、劳动工资科、党委办公室、监察审计科、群众工作科和维护稳定办公室，附属单位5个：工程技术服务中心、行政管理站、设备保养站、生产服务队和物资配送中心，直属单位9个（含2个临时机构）：安全监督站、车辆服务中心、信息管理中心、离退休职工管理中心、新疆项目经理部、玉门项经理目部、冀东项经理目部、南部油区项目部和油区重点井项目部。党组织关系隶属于渤海钻探工程公司党委，注册于天津市经济开发区，办公地点设在天津市大港油田二道沟。

3月，70522钻井队队长牛星壮通过北京奥组委资格确认，正式当选北京2008年奥运会火炬手，代表百万石油人参加北京2008年奥运会的圣火传递。

8月，渤海钻探工程公司将渤海钻探工程公司大港第二钻井工程公司更名为渤海钻探工程公司第三钻井工程分公司。

10月，离退休职工管理中心划归大港油田集团公司第二矿区服务公司管理。

2008年12月，公司员工总数为2441人，其中各类管理和专业技术人员611人，具有高级职称的17人。机关设14个科室、4个附属单位、10个直属单位。有各类设备1457台（套），资产总值5.28亿元，资产净值2.99亿元。有37支钻井队，其中大港油区市场25支，国内外部市场12支。全年开钻、交井234口和232口，进尺68.7万米，创收16.75亿元。

2009年4月，成立陕北项目部。撤销油区重点井项目部、冀东项目经理部。将机关科室维护稳定办公室划归公司科级直属单位管理。将信息管理中心、新疆项目经理部、玉门项目部经理部分别更名为信息中心、新疆项目部、玉门项目部。将属临时性机构的油区南部项目部列公司直属科级单位管理。

2009年4月，70521钻井队被授予“中央企业先进集体”荣誉称号。

2009年7月，刘光木调任定向井技术服务公司经理，尤军接任公司经理。

2009年12月，成立冀东项目部，列公司直属正科级单位管理。

2009年12月，公司搬迁至大港油田红旗路1066号。

2010 年 1 月，整合市场开发一科和市场开发二科，成立市场开发科。撤销陕北项目部，成立长庆项目部，陕北项目部其原有业务、资产及账务等原则上全部由长庆项目部接管。

2010 年 4 月，70522 钻井队队长牛星壮被集团公司授予“十大特等劳动模范”荣誉称号。

2010 年 4 月，撤销油区南部项目部。

2010 年 12 月，成立油区南部项目部，列公司直属正科级单位管理。

2011 年 1 月，大港油田有史以来最深风险定向探井新港 1 井开钻。

2011 年 7 月，冀东项目部所属 1 支钻井队和机关人员调整到油区施工和机关科室工作，其项目部编制保留。

2011 年 9 月，中共渤海钻探第三钻井公司第二次代表大会召开，选举产生中共渤海钻探第三钻井公司第二届委员会和纪律检查委员会委员，顾金辉任党委书记，尤军、李鹏任党委副书记，李鹏任纪律检查委员会书记，刘红卫任纪律检查委员会副书记。所属 5 个党总支、59 个党支部，共有党员 613 人。

2012 年 2 月，第三钻井公司 7 支钻井队荣获集团公司工程技术服务业务金银铜牌称号，其中 40505 和 70152 钻井队被授予金牌队，40573、50536、50542、70522 钻井队被授予银牌队，50537 钻井队被授予铜牌队荣誉称号。

2012 年 6 月，50536 钻井队荣获集团公司“铁人先锋”荣誉称号。

2012 年 7 月，第三钻井公司党委荣获集团公司“先进基层党委”荣誉称号。

2012 年 12 月，成立井控监管站，列公司直属副科级单位管理。

2012 年 8 月，公司 11 人被授予“滨海新区优秀外来建设者”荣誉称号。

2012 年 12 月，中油集团公司工程技术服务企业 2012 年优秀队站长选树活动中，公司 40573 队队长康辉荣获第一名，70592 队队长李敏荣获第五名。

2013 年 8 月，经公司党委会议研究决定，成立机关党总支，刘霞任党总支书记，下属 10 个党支部。

2013 年 11 月，为进一步优化公司组织机构编制，理顺管理职能，规范机构名称，将计划经营科更名为企业管理科，质量安全环保科更名为安全环保科，市场开发科更名为市场与生产协调科，生产技术科更名为工程技术科，监察审计科更名为纪察武保科，并调整部分职能。

截至 2013 年 12 月，公司用工总量 2606 人，其中合同化员工 1119 人，有各类设备 2883 台（套），资产总值 8.60 亿元，资产净值 2.67 亿元。共有机关职能科室 12 个：经理办公室（行政事务办公室）、市场与生产协调科、工程技术科、质量安全环保科、物资管理科、装备管理科、劳动工资科、计划经营科、财务资产科、党委办公室、监察审计科、群众工作科。附属单位 5 个：工程技术服务中心、行政管理站、生产服务队、设备保养站、物资配送中心。直属单位 10 个：安全监督站、井控监管站、维护稳定办公室、车辆服务中心、信息中心、新疆项目部、长庆项目部、玉门项目部、冀东项目部、油区南部项目部。钻井队 34 支，主要分布在大港油区 20 支、塔里木油田 10 支、长庆油田 2 支、玉门油田 2 支。

2013 年开钻 293 口，交井 259 口，进尺 90.17 万米。完成井三大工程质量合格率 100%，主要技术指标继续保持较高水平，平均机械钻速 9.91 米 / 小时、平均钻机月速 2474 米 / 台月。年创收 24.39 亿元，生产经营创历史最好水平。

公司成立以来，认真贯彻落实上级的工作部署，持续推进管理提升工作，积极实施扁平化管理，扎实做好生产经营工作，主营业务收入连年增长，公司总体规模持续扩大。多年来，为中石油大港、冀东、辽河、吉林、长庆、塔里木、广西、玉门等油田，中石化西北分公司，北京华油天然气公司，中联煤层气公司，陕西延长油矿等社会市场，以及美国菲利普斯公司、加拿大泛华公司等国际试产提供钻井工程技术服务。累计在油田及国内外市场完成各类油气井施工作业 1549 口，钻井进尺达 475.24 万米。2007 年完成中石油十大深井之一阳北 1 井，完成井深 7000 米；完成广西地区桂中 1 井；完成大港油田第一口千米桥潜山深水平井千 18—19H 井；2008 年完成高含硫风险探井海古 1 井；2011 年率先在苏里格将水平井钻井周期控制在 35 天以内；2011 年在大港油田滨 41 井首次实施精细控压钻井；2012 年完成东部渤海湾地区最深定向井新港 1 井。共获得局级以上科研成果 28 项，获得国家专利 21 项。为各服务油田开发和建设做出了应有贡献。

一、领导机构

（一）第三钻井工程分公司行政领导名录（2008.2—2013.12）

经　　理　刘光木（2008.2—2009.7）[①]

　　　　　　尤　军（2009.7—2013.12）

副 经 理　顾金辉（2008.2—2013.12）

　　　　　　霍如军（2008.2—2011.11）[②]

　　　　　　马金山（2008.2—2011.11）[③]

　　　　　　张庆昌（2008.2—2012.4）[④]

　　　　　　赵继成（2008.2—2013.12）

　　　　　　吴建文（2008.2—2013.12）

　　　　　　毕学军（2008.2—2013.12）

　　　　　　陶瑞东（2011.11—2013.12）

　　　　　　许永良（2012.4—2013.12）

　　　　　　李贵宾（2012.6—2013.12）

总工程师　马金山（2008.8—2011.11）[⑤]

　　　　　　陶瑞东（2011.11—2013.12）

总会计师　毕学军（2008.2—2013.12）

安全总监　张庆昌（兼任，2008.2—2012.4）

　　　　　　李贵宾（兼任，2012.6—2013.12）

（二）第三钻井工程分公司党委领导名录（2008.2—2013.12）

书　　记　顾金辉（2008.2—2013.12）

副 书 记　刘光木（兼任，2008.2—2009.7）

　　　　　　尤　军（兼任，2009.7—2013.12）

　　　　　　赵正中（2008.2—2009.9）

　　　　　　李　鹏（2009.9—2013.12）

委　　员　顾金辉（2008.2—2013.12）

---

① 2009 年 7 月，刘光木调任定向井技术服务公司经理。

② 2011 年 11 月，霍如军调任石油总包公司第一项目部经理。

③ 2011 年 11 月，马金山调任钻井技术服务公司副经理。

④ 2012 年 4 月，张庆昌调任渤海钻探工程公司市场生产协调处副处长。

⑤ 2011 年 11 月，马金山调任钻井技术服务公司总工程师。

刘光木（兼任，2008.2—2009.7）
赵正中（2008.2—2009.9）
霍如军（2008.2—2011.11）
马金山（2008.2—2011.11）
张庆昌（2008.2—2012.4）
赵继成（2008.2—2013.12）
吴建文（2008.2—2013.12）
毕学军（2008.2—2013.12）
尤　军（2009.7—2013.12）
李　鹏（2009.9—2013.12）
许永良（2012.4—2013.12）
李贵宾（2012.6—2013.12）

（三）第三钻井工程分公司纪委领导名录（2008.2—2013.12）

书　　记　赵正中（2008.2—2009.9）
李　鹏（2009.9—2013.12）
副 书 记　柳金义（2008.2—2009.10）
刘红卫（2009.10—2013.12）
委　　员　赵正中（2008.2—2009.9）
李　鹏（2009.9—2013.12）
柳金义（2008.2—2009.10）
刘红卫（2008.2—2013.12）
杨建萍（2008.2—2011.9）
周新民（2008.2—10）
邵　阳（2010.3—2013.12）
武凤旺（2011.9—2013.12）
闫寿华（2011.9—2013.12）

（四）第三钻井工程分公司工会领导名录（2008.2—2013.12）

主　　席　赵正中（兼任，2008.2—2009.9）
李　鹏（兼任，2009.9—2013.12）
副 主 席　刘红卫（兼任，2008.3—7）

张海亮（兼任，2008.7—2010.10）
武凤旺（兼任，2010.11—2012.12）
刘长庆（兼任，2012.12—2013.12）

委　　员　王振明（2008.2—2013.12）
边瑞忠（2008.2—2013.12）
刘长庆（2008.2—2013.12）
孙洪彬（2008.2—2012.6）
李　兵（2008.2—2013.12）
张克正（2008.2—2011.6）
杨建萍（2007.3—2013.12）
房　建（2008.2—2013.12）
雷　芳（女，2008.2—2013.12）
熊安辉（2007.3—2013.12）

（五）第三钻井工程分公司经理助理名录（2008.2—2013.2）

经理助理　李贵宾（2008.2—2011.7）
刘永奇（2008.2—2011.7）
许永良（2009.2—2012.4）
付建华（2011.7—2013.12）
汤长青（2012.6—2013.12）

副总工程师　刘永存（2008.2—2011.2）
张克正（2008.2—2011.6）
付建华（2011.2—6）
陈建华（2011.6—2013.3）
李贵宾（2011.7—2012.6）
刘永奇（2011.7—2012.2）
高志和（2012.2—2013.4）
王福合（2013.3—12）

副总经济师　许永良（2008.2—2009.2）

安全副总监　刿翔辉（2008.2—2013.12）

二、机关部门

（一）经理办公室（行政事务办公室）（2008.2—2013.12）

主　　任　张海亮（2008.2—7）
成大鹏（2008.7—2009.7）
柳耀泉（2012.2—2013.6）
邹　荣（2013.6—12）

副 主 任　成大鹏（2008.2—7）
柳耀泉（2009.8—2012.2）
包爱民（女，2008.8—2013.12）

（二）市场开发一科、市场开发二科—市场开发科—市场与生产协调科（2008.2—2013.12）

1. 市场开发一科（2008.2—2010.1）

科　　长　付建华（2008.2—2010.1）

副 科 长　万爱莲（正科级，2008.2—8）
韩忠正（2008.2—2010.1）
何玉龙（2008.5—8）

2. 市场开发二科（2008.2—2010.1）

科　　长　汤长青（2008.2—2010.1）

副 科 长　胡华平（2008.2—2009.6）

3. 市场开发科（2010.1—2013.11）

科　　长　付建华（兼任，2010.1—2013.1）
汤长青（兼任，2013.1—11）

副 科 长　韩忠正（2010.1—2013.11）
葛滨海（正科级，2010.1—2012.2）
万爱莲（正科级，2010.4—2013.11）
郭江辉（2010.3—10）
李　兵（2012.6—2013.11）
蔡理想（2013.2—11）

4. 市场与生产协调科（2013.11—12）

科　　长　汤长青（兼任，2013.11—12）

副 科 长　韩忠正（2013.11—12）

万爱莲（正科级，2013.11—12）

李　兵（正科级，2013.11—12）

蔡理想（2013. 11—12）

刘泳敬（2013.11—12）

（三）生产技术科—工程技术科（2008.2—2013.12）

1. 生产技术科（2008.2—2013.11）

科　　长　张克正（2008.2—2009.4；兼任，2009.11—2010.3）

赵金风（2009.4—11）

陈建华（兼任，2010.3—2012.8）

张建荣（2012.8—2013.1 1）

副 科 长　门跃进（2008.11—2009.10）

张建荣（2008.2—2012.8）

张保和（2008.2—2009.4）

熊安辉（2008.2—2010.10）

刘　辉（2008.2—12）

刘宝利（2008.2—2010.10）

赵金风（正科级，2009.11—2012.12）

陈建华（正科级，2009.10—2010.3）

王永路（2010.3—2012.12）

许京国（2010.10—2013.11）

郁燕飞（2010.11—2011.10）

邱明川（2012.6—2013.6）

王建俊（2012.12—2013.11）

2. 工程技术科（2013.11—12）

科　　长　张建荣（2013.11—12）

副 科 长　赵金风（正科级，2013.11—12）

许京国（2013.11—12）
王建俊（2013.11—12）
王维良（2013.12）

（四）质量安全环保科—安全环保科（2008.2—2013.12）

1. 质量安全环保科（2008.2—2013.11）

科　　长　刹翔辉（兼任，2008.2—2013.5）
杨津泉（2013.5—11）

副 科 长　戴积军（2008.2—2010.10）
张建光（2008.2—2009.10）
张向荣（2008.2—2011.2）
陈文龙（2008.2—8）
李　兵（2009.1—2012.6）
张永军（2009.10—2012.12）
牛星壮（2010.10—2013.9）
郭江辉（2010.10—2011.10）
李富华（回族，2012.2—2013.11）
陈国林（满族，2012.6—2013.11）
王世杰（2012.12—2013.11）

2. 安全环保科（2013.11—12）

科　　长　杨津泉（2013.11—12）

副 科 长　李富华（2013.11—12）
陈国林（2013.11—12）
王世杰（2013.11—12）

（五）装备管理科（2008.2—2012.12）

科　　长　高志和（2008.2—2013.4）
王福忠（兼任，2013.4—12）

副 科 长　闫金杰（2008.2—11；2010.3—2013.5）
王福忠（2008.11—2009.10）
张　燕（2012.1—2013.12）

王宝忠（2013.5—12）

（六）物资管理科（2008.2—2012.12）

科　　长　李建和（2008.2—2009.10）

王福忠（2010.10—2013.12）

副 科 长　王红军（2008.2—3）

马福新（2008.3—2013.12）

王福忠（2009.10—2010.10）

张向荣（2011.2—2013.12）

（七）计划经营科—企业管理科（2008.2—2013.12）

1. 计划经营科（2008.2—2013.11）

科　　长　许永良（2008.2—2012.4）

宋　颖（女，2012.6—2013.11）

副 科 长　宋　颖（2008.2—2012.6）

何玉龙（2012.6—2013.11）

2. 企业管理科（2013.11—12）

科　　长　宋　颖（2013.11—12）

副 科 长　何玉龙（2013.11—12）

（八）财务资产科（2008.2—2013.12）

科　　长　李振文（2008.2—2013.12）

副 科 长　蒋海林（2008.2—2013.6）

冯　云（女，2012.6—2013.12）

（九）劳动工资科（2008.2—2012.12）

科　　长　闫寿华（2008.2—2013.12）

副 科 长　张维军（2008.2—2009.11）

刘长庆（2008.2—2012.12）

周见果（2009.10—2013.12）

张永军（2012.12—2013.12）

（十）监察审计科—纪察武保科（2008.2—2013.12）

1. 监察审计科（2008.2—2013.11）

科　　长 柳金义（2008.2—2009.10）
刘红卫（2009.10—2013.11）

副 科 长 王红军（2008.3—2009.10；2011.10—2012.12）
邵　阳（2010.3—2011.10）
吉　野（2012.12—2013.11）

2. 纪察武保科（2013.11—12）

科　　长 刘红卫（2013.11—12）

副 科 长 吉　野（2013.11—12）

（十一）党委办公室（2008.2—2013.12）

主　　任 李　鹏（2008.2—2009.9）
贾希丰（2009.8—2013.12）

副 主 任 贾希丰（2008.2—2009.8）
杨　毅（2009.8—2013.12）
吉　野（满族，2010.11—2012.12）
刘　霞（女，正科级，兼任，2013.8—12）

（十二）群众工作科（2008.2—2013.12）

科　　长 刘红卫（2008.3—7）
张海亮（2008.7—2010.10）
武凤旺（2010.10—2012.12）
刘长庆（2012.12—2013.12）

副 科 长 杨建萍（2008.2—2013.12）
石　烨（女，2012.6—2013.12）

（十三）维护稳定办公室（2008.2—2009.4）

主　　任 刘红卫（2008.3—2009.10；兼任，2008.3—7）

副 主 任 刘红卫（2008.2—3）
包爱民（2008.3—8）

（十四）机关党总支（2013.8—12）

书　　记　刘　霞（2013.8—12）
委　　员　房　建（兼任，2013.8—12）
　　　　　　吉　野（兼任，2013.8—12）

三、直属单位

（一）安全监督站（2008.2—2013.12）

站　　长　杨津泉（2008.2—8；2012.6—2013.6）
　　　　　　陈文龙（2009.10—2012.6；2013.6—12）
副 站 长　房　建（兼任，2008.2—2012.2）
　　　　　　高振武（2008.2—2009.10）
　　　　　　彭新强（2008.12—2013.3）
　　　　　　孙洪彬（2008.2—12；2011.10—2012.6）
　　　　　　蔡理想（2012.2—2013.2）
　　　　　　王红军（2013.1—12）
总支书记　房　建（2008.2—2013.1）
　　　　　　杨津泉（兼任，2013.1—6）
　　　　　　陈文龙（兼任，2013.6—12）

（二）车辆服务中心（2008.2—2013.12）

主　　任　靳　华（2008.2—2009.10）
副 主 任　王福金（2008.2—2013.12）
　　　　　　索同泉（2009.10—2013.12）

（三）维护稳定办公室（2009.4—2013.12）

主　　任　刘红卫（2009.4—10）
　　　　　　房　建（2013.1—12）
副 主 任　王红军（2009.10—2010.10；2012.12—2013.1）
　　　　　　熊安辉（2010.10—2012.12）

（四）离退休职工管理中心（2008.2—10）

副 主 任　李仓录（2008.2—10）

（五）信息管理中心—信息中心（2008.2—2012.12）

1. 信息管理中心（2008.2—2009.4）

副　主　任　沈书强（2008.2—2009.4）

2. 信息中心（2009.4—2012.12）

主　　　任　沈书强（2013.9—12）

副　主　任　沈书强（2009.4—2013.9）

（六）新疆项目经理部—新疆项目部（2008.2—2012.12）

1. 新疆项目经理部（2008.2—2009.4）

经　　　理　武凤旺（2008.2—4）

刘永存（兼任，2008.8—2009.4）

副　经　理　陈建华（正科级，2008.2—4；2008.8—2009.4）

李　兵（2008.2—4；2009.1—4）

王福忠（2008.2—4）

单福纯（2008.2—4；2008.8—2009.4）

王春雷（2008.2—4；2008.8—2009.4）

陈文龙（2008.8—2009.4）

闫金杰（2008.11—2009.4）

总工程师　陈建华（兼任，正科级，2008.2—4；2008.8—2009.4）

安全主管　李　兵（兼任，副科级，2008.2—4；2009.1—2009.4）

2. 新疆项目部（2009.4—2013.12）

经　　　理　刘永存（兼任，2009.4—2011.1）

赵继成（兼任，副处级，2011.1—2011.12）

吴建文（兼任，副处级，2011.12—2013.12）

副　经　理　单福纯（2009.4—2010.10）

王春雷（2009.4—2011.1；正科级，2011.1—2013.12）

闫金杰（2009.4—2010.3）

陈文龙（正科级，2009.4—10；2010.6—2013.6）

张保合（2009.10—2011.10）

陈国林（2009.10—2012.6）

张　燕（2010.3—2012.1）
王福合（2010.10—2012.12；正科级，2012.12—2013.3；副总师，2013.3—12）
张克正（兼任，2011.1—6）
李贵宾（兼任，2011.7—2012.6）
邵　阳（2011.10—2013.12）
刘立超（2012.6—2013.12）
陈建华（2012.8—2013.3）
王宝忠（2013.3—5）
郭江辉（2013.6—12）
李志敏（2013.6—12）
张　金（2013.6—12）

总支书记 武凤旺（2009.4—2010.10）
王春雷（2010.10—2011.1）
李　鹏（兼任，副处级，2011.1—2012.12）
吴建文（兼任，副处级，2012.12—2013.12）

（七）玉门项目经理部—玉门项目部（2008.2—2012.12）

1. 玉门项目经理部（2008.2—2009.4）

经　　理 李贵宾（2008.2—5）
杨津泉（2008.5—2009.4）

总工程师 万爱莲（正科级，2008.8—2009.4）

副 经 理 何玉龙（2008.2—5；2008.8—2009.4）

总支书记 李贵宾（兼任，2008.2—5）
杨津泉（兼任，2008.5—2009.4）

2. 玉门项目部（2009.4—2013.12）

经　　理 杨津泉（2009.4—2012.2）
葛滨海（2012.2—2013.12）

副 经 理 高振武（2009.10—2010.10）
何玉龙（2009.4—2012.6）

张保和（2009.4—10）
王建俊（2012.2—12）
邹　荣（2012.12—2013.6）
邱明川（2013.6—12）
牛星壮（2013.9—12）

总支书记 杨津泉（兼任，2009.4—2012.2）
葛滨海（兼任，2012.2—2013.12）

（八）油区南部项目部（2008.2—2010.4；2010.12—2013.12）

经　　理 葛滨海（2008.7—2009.4）
万爱莲（2009.4—2010.4；兼任，2010.12—2012.2）
杨津泉（2012.2—6）
李　兵（兼任，2012.6—2013.12）

副 经 理 彭新强（2008.2—12）
葛滨海（2008.2—7）
孙洪彬（2008.12—2010.1；兼任，2011.10—2012.6）
周志安（2010.3—4）
郭江辉（兼任，2010.12—2011.10）
张　燕（兼任，2012.6—2013.3）
邱明川（兼任，2012.8—12）
蔡理想（兼任，2013.3—11）
韩忠正（兼任，2013.11—12）

总支书记 孙洪彬（2012.2—6）
武凤旺（2012.12—2013.11）
李　兵（兼任，2013.11—12）

（九）油区重点井项目部（2008.2—2009.4）

经　　理 赵金凤（2008.2—2009.4）

（十）冀东项目经理部—冀东项目部（2008.2—2009.4；2009.12—2013.12）

1. 冀东项目经理部（2008.2—4）

经　　理 武凤旺（2008.4—8）

副 经 理 陈建华（正科级，2008.2—8）

李　兵（2008.4—2009.1）
王福忠（2008.4—8）
王春雷（2008.4—8）
单福纯（2008.4—8）
总 工 程 师　陈建华（正科级，兼任，2008.4—8）
安 全 主 管　李　兵（兼任，2008.4—2009.1）

2. 冀东项目部（2009.12—2011.10）

经　　　理　李贵宾（2010.1—2011.7）
副　经　理　周志安（2010.4—10）
王红军（2010.10—2011.10）

（十一）陕北项目部（2009.4—2010.1）

2010 年 1 月，将陕北项目部钻机和业务划转到长庆项目部，人员重新安排工作。

经　　　理　葛滨海（2009.4—12）

（十二）长庆项目部（2010.1—2013.12）

经　　　理　汤长青（2010.1—2012.6；助理，兼任，2012.6—2013.1）
许永良（兼任，副处级，2013.1—12）
副　经　理　孙洪彬（2010.1—2011.10）
郁燕飞（2010.3—11；2011.10—2012.12）
郭江辉（2011.10—2013.6）
付建华（兼任，2013.1—12）
彭新强（2013.3—12）
柳耀泉（正科级，2013.6—12）
书　　　记　汤长青（兼任，2010.1—2013.1）
许永良（兼任，2013.1—12）

（十三）井控监管站（2012.12—2013.12）

站　　　长　王永路（副科级，2012.12—2013.12）
副　站　长　王永刚（2012.12—2013.12）

第七节　第四钻井工程分公司（2008.2—2013.12）

2008年2月27日，由华北、大港钻井施工及相关辅助单位组建成立渤海钻探工程有限公司，华北石油管理局第二钻井工程公司更名为渤海钻探华北第二钻井工程分公司，8月22日，更名为渤海钻探工程有限公司第四钻井工程分公司。2010年3月29日，第四钻井工程分公司和第六钻井工程分公司的业务、资产、人员整合，组建新的渤海钻探工程有限公司第四钻井工程分公司，简称第四钻井公司。

一、渤海钻探工程公司华北第二钻井工程分公司（2008.2—8）

2008年2月27日，中油集团公司决定，由华北油田、大港油田钻井施工及相关辅助单位组建成立渤海钻探工程分公司，第二钻井工程公司改名为渤海钻探华北第二钻井工程分公司。第二钻井工程分公司隶属中油集团渤海钻探工程分公司，位于河北省任丘市渤海路。在册合同化员工1209人，劳务派遣用工495人，分公司组织机构没有进行调整，机关下设9个部室，分别是综合办公室（党委办公室）、生产协调部、设备管理部、质量安全环保部、计划财务部、市场经营部（长城钻井项目办公室）、党群工作部、人事劳资部（组织部）、综治保卫部。3个附属单位，4个辅助生产单位，26支钻井队。拥有ZJ20K至ZJ70DB等在内的钻探7000米以内井深的各种型号性能先进优良钻机，具备石油、天然气勘探开发、煤层气和地热开发综合施工能力，兼具钻井液技术服务、钻井工程技术服务、煤层气取芯等专业技术和处理各种钻井工程事故复杂的能力。

8月22日，更名为“中国石油集团渤海钻探工程有限公司第四钻井工程分公司”，简称“第四钻井公司”。第四钻井工程分公司隶属中国石油天然气集团公司渤海钻探工程有限公司。

2008年5月22日，公司党员踊跃交纳“5·12”抗震救灾“特殊党费”。471名党员共筹集赈灾“特殊党费”6.76万元。

（一）领导机构

1. 华北第二钻井工程分公司行政领导名录（2008.2—8）

经　　理　翟仲成（2008.2—8）
副 经 理　杨贵盛（2008.2—8）
　　　　　龚志敏（2008.2—8）
　　　　　马玉鹏（2008.2—8）
　　　　　李才雄（2008.2—8）
总工程师　龚志敏（2008.2—8）
总会计师　刘曰芳（2008.2—8）
安全总监　马玉鹏（2008.2—8）
退　　职　牟光清（安全总监副处级，2008.2—8）

2. 华北第二钻井工程分公司党委领导名录（2008.2—8）

书　　记　翟仲成（2008.2—8）
副 书 记　蒋　明（2008.2—8）
委　　员　翟仲成（2008.2—8）
　　　　　蒋　明（2008.2—8）
　　　　　杨贵盛（2008.2—8）
　　　　　龚志敏（2008.2—8）
　　　　　马玉鹏（2008.2—8）
　　　　　李才雄（2008.2—8）
　　　　　刘曰芳（2008.2—8）
　　　　　胡传才（2008.2—4）
　　　　　吴永兴（人事劳资科科长、组织部部长，2008.2—8）

3. 华北第二钻井工程分公司纪委领导名录（2008.2—8）

书　　记　胡传才（2008.2—4）
　　　　　蒋　明（2008.4—8）

4. 华北第二钻井工程分公司工会领导名录（2008.2—8）

主　　席　胡传才（2008.2—4）
　　　　　蒋　明（2008.4—8）

副　主　席　付东平（2008.2—5）

巩立朝（2008.5—8）

退　　　职　胡传才（原任工会主席，副处级，2008.4—8）

5. 华北第二钻井工程分公司经理助理、副总师名录（2008.2—8）

经理助理　王增顺（2008.2—8）

副总工程师　李井矿（2008.2—8）

田玉勤（2008.2—8）

安全副总监　李保海（2008.2—8）

（二）机关部门

1. 综合办公室（党委办公室）（2008.2—8）

主　　　任　巩立朝（2008.2—5）

王树军（2008.7—8）

副　主　任　王树军（2008.2—7）

王洪升（2008.7—8）

2. 生产协调部（2008.2—8）

主　　　任　谷世军（2008.2—8）

副　主　任　李　晶（2008.2—8）

董玉海（2008.2—8）

3. 设备管理部（2008.2—8）

主　　　任　李德国（2008.2—8）

副　主　任　蒋　明（黑龙江省哈尔滨市，2008.5—8）

4. 质量安全环保部（2008.2—8）

主　　　任　李保海（2008.2—8）

副　主　任　胡　坚（2008.2—8）

5. 计划财务部（2008.2—8）

主　　　任　周剑波（2008.2—8）

副　主　任　赵辉（晖）（2008.2—8）

所属会计核算中心（2008.2—8）

主　　任　赵　林（2008.2—8）

副 主 任　张晓刚（2008.2—8）

6. 市场经营部（长城钻井项目办公室）（2008.2—8）

主　　任　王增顺（兼任，2008.2—8）

副 主 任　宁　军（2008.2—8）

7. 党群工作部（2008.2—8）

主　　任　付东平（2008.2—5）

巩立朝（2008.5—8）

副 主 任　柴德平（2008.2—5）

李金齐（2008.2—8）

工会副主席　付东平（兼任，2008.2—5）

巩立朝（兼任，2008.5—8）

团委书记　李军成（兼任，2008.2—5）

8. 人事劳资部（组织部）（2008.2—8）

主　　任　吴永兴（2008.2—8）

副 主 任　刘志广（2008.2—8）

9. 综治保卫部（2008.2—8）

主　　任　徐　智（2008.2—8）

（三）所属单位

1. 安全监督站（2008.2—8）

站　　长　刘华昌（兼任，2008.2—5）

乔东升（2008.5—8）

副 站 长　乔东升（2008.2—5）

2. 物资管理中心（节能办公室）（2008.2—8）

2008 年 1 月 1 日，为加大节能减排力度，有效控制物化成本，尤其加强油料管理，提高公司经济效益，公司决定成立节能办公室，办公室设在物资管理中心，两机构合署办公。2008 年 2 月 27 日，成立渤海钻探工程公司，物资管理中心（节能办公室）名称不变。2008 年 5 月 5 日，为进一步加强对物资管理系统员工的教育管理，做好监督和效能监察工作，更好地发挥物资管理中心和节能办公室的职能作用，恢复物资管理中心直属党支部。

（1）物资管理中心（2008.2—8）

主　　任　苑志尧（2008.2—5）
　　　　　　李军成（2008.5—8）
副 主 任　王永芝（2008.2—8）
　　　　　　杨志华（2008.2—8）
党支部书记　王永芝（2008.5—8）
安全监督　苑志尧（2008.2—5）

（2）节能办公室（2008.2—8）

主　　任　苑志尧（2008.2—5）
副 主 任　王永芝（2008.2—8）
　　　　　　杨志华（2008.2—8）

3. 小车队（2008.2—8）

队　　长　徐立斌（2008.2—8）
党支部书记　李金平（2008.2—8）
工会主席　李金平（2008.2—8）

4. 冀东分公司（2008.2—8）

2008 年 2 月，成立渤海钻探工程公司，冀东分公司没有更名。

（1）领导机构

①冀东分公司领导名录（2008.2—2010.4）

经　　理　龚志敏（兼任，2008.2—8）
副 经 理　韩惠杰（正科级，2008.2—8）
　　　　　　李井矿（兼任，2008.2—8）
　　　　　　王　峰（正科级，2008.2—8）
　　　　　　杨培永（勇）（正科级，2008.2—8）
　　　　　　周剑波（正科级，兼任，2008.2—8）
安全总监　刘华昌（正科级，2008.2—8）

主管工程师　韩惠杰（正科级，2008.2—8）
张明海（2008.2—8）
工会主席　李秀清（2008.2—5）
付东平（2008.5—8）

②临时党委领导名录（2008.2—8）

书　　记　蒋　明（河北蔚县，兼任，2008.2—8）
副 书 记　李秀清（正科级，2008.2—5）
付东平（正科级，2008.5—8）
委　　员　龚志敏（兼任，2008.2—8）
蒋　明（河北蔚县，兼任，2008.2—8）
李井矿（兼任，2008.2—8）
杨培永（正科级，2008.2—8）
刘华昌（正科级，2008.2—8）
韩惠杰（正科级，2008.2—8）
周剑波（正科级，2008.2—8）
王　峰（正科级，2008.2—8）
付东平（正科级，2008.5—8）

（2）机关部门

①生产部（2008.2—8）

主　　任　杨培永（正科级，2008.2—8）
副 主 任　赵金义（副科级，2008.2—8）
李　波（副科级，2008.6—8）

②技术部（2008.2—8）

主　　任　韩惠杰（正科级，2008.2—8）
副 主 任　段乃忠（副科级，2008.2—8）
张家义（副科级，2008.2—8）
王照辉（副科级，2008.5—10）
冀鹏飞（副科级，2008.10—8）

③经营部（2008.2—8）

主　　任　周剑波（正科级，兼任，2008.2—8）

副　主　任　刘景才（副科级，2008.2—8）
　　　　　　陈　艳（副科级，2008.2—8）

④质量安全环保部（井控办公室）（2008.2—8）

主　　　任　刘华昌（正科级，2008.2—8）
副　主　任　邬向阳（副科级，2008.2—8）

⑤综合办公室（兼党群工作部）（2008.2—8）

主　　　任　李秀清（正科级，2008.2—5）
　　　　　　付东平（正科级，2008.5—8）
副　主　任　韩泽成（副科级，2008.2—8）

5. 钻前工程部（2008.2—8）

经　　　理　宋惠来（2008.2—8）
副　经　理　谭东海（2008.2—8）
　　　　　　高洪中（钟）（2008.2—8）
党总支书记　白维谦（2008.2—8）
工会主席　白维谦（2008.2—8）
安全监督　高洪中（钟）（2008.2—8）

6. 综合服务站（2008.2—8）

站　　　长　刘振生（2008.2—5）
　　　　　　李秀清（2008.5—8）
副　站　长　徐文光（正科级，2008.2—8）
　　　　　　宋江涛（2008.5—8）
党总支书记　边树培（2008.2—5）
　　　　　　徐文光（正科级，2008.5—8）
工会主席　边树培（2008.2—5）
　　　　　　徐文光（正科级，2008.5—8）
安全监督　徐文光（正科级，2008.2—5）
　　　　　　宋江涛（2008.5—8）

7. 工程技术部（2008.2—8）

主　　　任　申法忠（2008.2—8）

副　　主　　任　陈永奇（2008.2—8）
　　　　　　　　于进海（2008.2—8）
　　　　　　　　赵继军（2008.2—8）
　　　　　　　　李建新（2008.2—8）
　　　　　　　　石兴超（2008.6—10）
党 总 支 书 记　陈永奇（2008.2—8）
主 管 工 程 师　王立泉（副科级，2008.2—8）
井控主管工程师　丁英立（副科级，2008.2—8）
工　会　主　席　赵继军（2008.2—8）
安　全　监　督　赵继军（2008.2—8）

二、渤海钻探第四钻井工程分公司（2008.8—2010.3）

2008 年 11 月 12 日，根据渤海钻探工程有限公司《关于规范公司所属单位内部科级机构名称的通知》文件，对分公司科级机构名称更名，生产协调部更名为生产协调科；设备管理部更名为装备管理科；质量安全环保部更名为质量安全环保科；计划财务部更名为计划财务科；市场经营部更名为市场经营科；党群工作部更名为党群工作科；人事劳资部（组织部）更名为人事劳资科（组织科）；综治保卫部更名为综治保卫科；综合办公室名称不变。

2008 年 11 月，为加强公司机构编制管理，规范机构名称，渤钻公司下发编委办［2008］8 号文件《关于规范公司所属单位内部科级机构名称的通知》，分公司对各单位的名称进行了更名。

2008 年 12 月，分公司共开钻 170 口，完井 176 口，完成钻井进尺 53.87 万米，实现经营收入 8.81 亿元，生产经营是历年来最好的。国内市场平均钻机月速 2688.7 米 / 台月，机械钻速 13.14 米 / 小时。所钻井井身质量、固井质量合格率 100%，事故时效为 0.2%，复杂时效 0.4%。

截至 2008 年年底，公司拥有固定资产原值 7.55 亿元。钻机形成了 30–70 机械和电动系列，21 部钻机分布在冀中、冀东、塔里木、煤层气、储气库和缅甸市场。设备动力特性和先进性处于国内先进水平。具备石油、天然气勘探开发、煤层气和地热开发综合施工能力，兼具钻井液技术服务、钻井工程技术服务、煤层气取芯以及顶驱设备等专业技术服务能力。掌握定向井、从式井、水平井、欠平衡井和多分支水平井施工工艺和油气层保护技术，能承揽各种地表环境、各种井型的石油、天然气等钻井工程技术服务。公司以其特有的技术优势和服务宗旨，以及半个世纪以来的勘探开发经验，成为中国石油钻井行业的主力军。

2009年3月19日，分公司召开深入学习实践科学发展观活动动员大会，全面部署深入学习实践科学发展观活动。

2010年3月29日，渤海钻探工程有限公司根据集团公司持续重组的有关要求，为进一步优化组织结构，整合区域市场资源，提高钻井业务规模效率和效益，决定将第四钻井工程分公司和第六钻井工程分公司的业务、资产、人员整合，组建新的渤海钻探工程有限公司第四钻井工程分公司，简称第四钻井公司，列渤海钻探工程有限公司二级单位管理，机关办公地点设在河北省任丘市。同时，将原第四钻井工程分公司所属冀东项目部的业务、资产、人员和40509、40690、50521、50666、70112、50252钻井队整体划归第五钻井工程分公司管理，共划转员工315人，其中合同化用工226人，市场化用工15人，劳务用工74人。

（一）领导机构

1. 第四钻井工程分公司行政领导名录（2008.8—2010.3）

经　　理　翟仲成（2008.8—2010.4）①

副 经 理　杨贵盛（2008.8—2010.4）②

龚志敏（2008.8—2010.4）

马玉鹏（2008.8—2010.4）

李才雄（2008.8—2010.4）

王延恒（2009.7—2010.4）

总工程师　龚志敏（2008.8—2010.4）

总会计师　刘曰芳（2008.8—2010.4）③

安全总监　马玉鹏（2008.8—2010.4）

牟光清（副处级，2008.8—2009.4）④

① 2010年4月，翟仲成调任管具技术服务公司党委书记。

② 2010年4月，杨贵盛调任第一固井分公司副经理。

③ 2010年4月，刘曰芳调任井下作业分公司副经理、总会计师。

④ 2009年4月，牟光清退职。

2. 第四钻井工程分公司党委领导名录（2008.8—2010.3）

书　　记　翟仲成（2008.8—2009.7）
　　　　　王延恒（2009.7—2010.4）
副 书 记　蒋　明（2008.8—2010.4）①
　　　　　翟仲成（2009.7—2010.4）②
委　　员　杨贵盛（2008.8—2010.4）
　　　　　龚志敏（2008.8—2010.4）
　　　　　马玉鹏（2008.8—2010.4）
　　　　　李才雄（2008.8—2010.4）
　　　　　刘曰芳（2008.8—2010.4）
　　　　　吴永兴（人事劳资科科长、组织部部长，2008.8—2010.4）

3. 第四钻井工程分公司纪委领导名录（2008.8—2010.3）

书　　记　蒋　明（2008.8—2010.4）

4. 第四钻井工程分公司工会领导名录（2008.8—2010.3）

主　　席　蒋　明（2008.8—2010.4）
　　　　　胡传才（副处级，2008.8—2010.4）③
副 主 席　巩立朝（2008.8—2010.3）

5. 第四钻井工程分公司经理助理、副总师名录（2008.8—2010.3）

副总工程师　李井矿（2008.2—2010.4）
　　　　　　田玉勤（2008.2—2010.4）
　　　　　　王照辉（2008.10—2010.4）
安全副总监　李保海（2008.2—2009.3）
　　　　　　乔东升（2009.3—2010.4）
经理助理　王增顺（2008.2—2010.4）
　　　　　吴永兴（2010.3—4）

---

① 2010年4月，蒋明调任第五钻井工程分公司党委副书记、纪委副书记、工会主席。

② 2010年4月，翟仲成调任管具技术服务公司党委书记。

③ 2010年4月，胡传才退职。

（二）机关部门

1. 综合办公室（党委办公室）—经理办公室（2008.2—2010.4）

2009 年 7 月 15 日，为了便于开展工作，更好地发挥职能部门作用，综合办公室更名为经理办公室，综合办公室、党委办公室工作职责划归党群工作科。

（1）综合办公室（党委办公室）（2008.2—2009.7）

主　　任　巩立朝（2008.2—5）

　　　　　　王树军（2008.7—2009.7）

副 主 任　王树军（2008.2—2009.7）

　　　　　　王洪升（2008.7—2009.7）

　　　　　　于荣亭（2008.10—2009.7）

（2）经理办公室（2009.7—2010.4）

主　　任　王树军（2009.7—2010.4）

副 主 任　王洪升（2009.7—2010.4）

　　　　　　于荣亭（2009.7—2010.3）

2. 生产协调部—生产协调科（2008.2—2010.4）

2008 年 11 月 12 日，对分公司科级机构名称更名，生产协调部更名为生产协调科。

（1）生产协调部（2008.2—11）

主　　任　谷世军（2008.2—11）

副 主 任　李　晶（2008.2—11）

　　　　　　董玉海（2008.2—11）

（2）生产协调科（2008.11—2010.4）

科　　长　谷世军（2008.11—2010.1）

　　　　　　杨培永（2010.1—2010.4）

副 科 长　李　晶（2008.11—2010.4）

　　　　　　董玉海（2008.11—2010.4）

　　　　　　杨义强（2009.10—2010.4）

3. 设备管理部—装备管理科（2008.2—2010.4）

2008 年 11 月 12 日，对分公司科级机构名称更名，设备管理部更名为装备管理科。

（1）设备管理部（2008.2—11）

主　　任　李德国（2008.2—11）

副 主 任　蒋　明（黑龙江省哈尔滨市，2008.5—11）

（2）装备管理科（2008.11—2010.4）

科　　长　李德国（2008.11—2010.4）

副 科 长　蒋　明（黑龙江省哈尔滨市，2008.11—2010.4）

4. 质量安全环保部—质量安全环保科（2008.2—2010.4）

2008 年 11 月 12 日，对分公司科级机构名称更名，质量安全环保部更名为质量安全环保科。

（1）质量安全环保部（2008.2—11）

主　　任　李保海（2008.2—11）

副 主 任　胡　坚（2008.2—11）

（2）质量安全环保科（2008.11—2010.4）

科　　长　李保海（2008.11—2009.2）

乔东升（2009.2—2010.4）

副 科 长　胡　坚（2008.11—2009.2）

宋江涛（2009.2—2010.4）

5. 计划财务部—计划财务科（2008.2—2010.4）

2008 年 11 月 12 日，对分公司科级机构名称更名，计划财务部更名为计划财务科。

（1）计划财务部（2008.2—11）

主　　任　周剑波（2008.2—11）

副 主 任　赵辉（晖）（2008.2—11）

（2）计划财务科（2008.11—2010.4）

科　　长　周剑波（2008.11—2010.4）

副 科 长　赵　林（正科级，2008.11—12）

张晓刚（2008.11—2010.1）

赵　晖（辉）（2008.11—2010.1）

陈　艳（女，2010.1—4）

所属会计核算中心（2008.2—2010.4）

主　　任　赵　林（2008.2—11）

副 主 任　张晓刚（2008.2—11）

6. 市场经营部（长城钻井项目办公室）—市场经营科（2008.2—2010.4）

2008 年 9 月 27 日，撤销公司长城钻井项目办公室，相关人员职务自行卸免，市场经营部继续负责海外项目及相关的移交工作。

2008 年 11 月 12 日，对分公司科级机构名称更名，市场经营部更名为市场经营科。

（1）市场经营部（长城钻井项目办公室）（2008.2—9）

主　　任　王增顺（兼任，2008.2—9）

副 主 任　宁　军（2008.2—9）

（2）市场经营部（2008.9—11）

主　　任　王增顺（兼任，2008.9—11）

副 主 任　宁　军（2008.9—11）

副科级法律顾问　蒋艳芝（女，副科级，2008.10—11）

（3）市场经营科（2008.11—2010.4）

科　　长　王增顺（兼任，2008.11—2010.4）

副 科 长　宁　军（2008.11—2010.4）

阳运国（2009.2—2010.4）

副科级法律顾问　蒋艳芝（2008.11—2010.4）

7. 党群工作部—党群工作科（2008.2—2010.4）

2008 年 11 月 12 日，对分公司科级机构名称更名，党群工作部更名为党群工作科。

2009 年 7 月 15 日，为了便于开展工作，更好地发挥职能部门作用，综合办公室更名为经理办公室，综合办公室、党委办公室工作职责划归党群工作科。

（1）党群工作部（2008.2—11）

主　　　任 付东平（2008.2—5）

巩立朝（2008.5—11）

副　主　任 柴德平（2008.2—5）

李金齐（2008.2—11）

工会副主席 付东平（兼任，2008.2—5）

巩立朝（兼任，2008.5—11）

团 委 书 记 李军成（兼任，2008.2—5）

（2）党群工作科（2008.11—2010.4）

科　　　长 巩立朝（2008.11—2010.4）

副　科　长 李金齐（2008.11—2010.4）

黄延兵（2010.1—4）

副科级纪检员 李金齐（2008.11—2010.4）

工会副主席 巩立朝（兼任，2008.11—2010.4）

团 委 书 记 李军成（兼任，2008.11—2010.1）

团委副书记 黄延兵（兼任，2010.1—2010.4）

8. 人事劳资部（组织部）—人事劳资科（组织科）（2008.2—2010.4）

2008 年 11 月 12 日，对分公司科级机构名称更名，人事劳资部（组织部）更名为人事劳资科（组织科）。

（1）人事劳资部（组织部）（2008.2—11）

主　　　任 吴永兴（2008.2—11）

副　主　任 刘志广（2008.2—11）

（2）人事劳资科（组织科）（2008.11—2010.4）

科　　　长 吴永兴（2008.11—2010.3）

副　科　长 刘志广（2008.11—2010.4）

副科级组织员 刘志广（2008.11—2010.4）

9. 综治保卫部—综治保卫科（2008.2—2010.4）

2008 年 11 月 12 日，对分公司科级机构名称更名，综治保卫部更名为综治保卫科。

（1）综治保卫部（2008.2—11）

主　　任　徐　智（2008.2—11）

（2）综治保卫科（2008.11—2010.4）

科　　长　徐　智（2008.11—2010.4）

（三）所属单位

设 2 个机关附属单位，分别是安全监督站、物资管理中心。2008 年 11 月 12 日，根据渤海钻探工程有限公司《关于规范公司所属单位内部科级机构名称的通知》，对分公司科级机构名称更名时，2 个机关附属单位名称不变。

设2个辅助生产单位，分别是小车队、冀东分公司，2008年11月12日，分公司科级机构名称更名，冀东分公司更名为冀东项目部，小车队名称不变。2008 年 9 月 27 日，成立缅甸项目部，2008 年 12 月 31 日，成立塔里木项目部，2010 年 3 月 29 日，成立伊拉克哈法亚项目部，成立煤层气项目部。

设 3 个三级单位，分别是钻前工程部、综合服务站、工程技术部，2008 年 11 月 12 日，钻前工程部更名为钻前工程作业部，综合服务站更名为综合管理站，工程技术部更名为工程技术服务中心。

1. 安全监督站（2008.2—2010.4）

站　　长　刘华昌（兼任，2008.2—5）

乔东升（2008.5—2009.2）

杨培永（2009.2—2010.1）

谷世军（2010.1—4）

副 站 长　乔东升（2008.2—5）

宋江涛（2008.11—2009.2）

胡　坚（2009.2—2010.4）

李洪恩（2009.3—2010.4）

2. 物资管理中心（节能办公室）（2008.2—2010.4）

2008 年 1 月 1 日，为加大节能减排力度，有效控制物化成本，尤其加强油料管理，提高公司经济效益，公司决定成立节能办公室，办公室设在物资管理中心，两机构合署办公。2 月 27 日，成立渤海钻探工程公司，物资管理中心（节能办公室）名称不变。5 月 5 日，为进一步加强对物资管理系统员工的教育管理，做好监督和效能监察工作，更好地发挥物资管理中心和节能办公室的职能作用，恢复物资管理中心直属党支部。

（1）物资管理中心（2008.2—2010.4）

主　　任　苑志尧（2008.2—5）
　　　　　　李军成（2008.5—2010.4）
副 主 任　王永芝（2008.2—2010.4）
　　　　　　杨志华（2008.2—2009.2）
党支部书记　王永芝（2008.5—2010.4）
安全监督　苑志尧（2008.2—5）

（2）节能办公室（2008.2—2010.4）

主　　任　苑志尧（2008.2—5）
副 主 任　王永芝（2008.2—11）
　　　　　　杨志华（2008.2—2009.2）

3. 小车队（2008.2—2010.4）

队　　长　徐立斌（2008.2—2010.4）
副 队 长　陈献忠（2008.11—2010.4）
党支部书记　李金平（2008.2—11）
　　　　　　韩泽成（2008.11—2010.4）
工会主席　李金平（2008.2—11）
　　　　　　韩泽成（2008.11—2010.4）
安全监督　李金平（2008.11）
　　　　　　陈献忠（2008.11—2010.4）

4. 冀东项目部（2008.2—2010.4）

2007 年 12 月 10 日，按照华北石油管理局市场调整部署，第二钻井工程公司钻井队伍退出长庆苏里格市场，公司长庆分公司临时党委、分公司机构撤销。随着公司冀东市场规模的不断扩大，为进一步充实冀东分公司领导力量，健全组织机构，完善管理职能，公司决定冀东分公司设 4 部 1 室，即生产部、技术部、经营部、质量安全环保部（井控办公室）、综合办公室

（党群工作部）。

2008年2月，成立渤海钻探工程公司，冀东分公司没有更名。11月12日，冀东分公司更名为冀东项目部。2009年2月6日，按照钻探公司机构设置的相关规定，为充分体现机构精干高效原则，结合冀东项目部生产经营实际情况，决定冀东项目部调整为分公司直属科级单位。负责该项目的生产、安全、井控、技术、经营和队伍管理等工作。项目部下设5个办公室，分别是生产办公室，技术办公室，安全、井控办公室，经营办公室，综合办公室。

2010年3月29日，第四、六钻井工程公司重组整合，将冀东项目部的业务、资产、人员和在冀东市场施工的40509、40690、50521、50666、华北施工的70112、50252钻井队整体划归第五钻井分公司管理。

（1）冀东分公司—冀东项目部领导名录（2008.2—2010.4）

①冀东分公司—冀东项目部行政领导名录（2008.2—2010.4）

经　　理　龚志敏（兼任，2008.2—12）
蒋　明（河北省蔚县，兼任，2009.2—2010.1）
李保海（2010.1—4）

常务副经理　李保海（兼任，2009.2—2010.1）

副 经 理　韩惠杰（正科级，2008.2—2010.4）
李井矿（兼任，2008.2—11）
王　峰（正科级，2008.2—12）
杨培永（勇）（正科级，2008.2—12）
周剑波（正科级，兼任，2008.2—2009.2）
王照辉（兼任，2008.10—12）
付东平（正科级，2009.2—2010.4）
李　波（副科级，2010.1—4）
赵　辉（晖）（副科级，2010.1—4）

安全总监　刘华昌（正科级，2008.2—2009.2）
李保海（兼任，2009.2—2010.1）
李　波（副科级，2010.1—4）

主管工程师　韩惠杰（正科级，2008.2—2010.4）

张明海（2008.2—11）

②冀东分公司—冀东项目部党委领导名录（2008.2—2010.4）

临时党委（2008.2—2009.2）

书　　记　蒋　明（河北省蔚县，兼任，2008.2—2009.2）
副 书 记　李秀清（正科级，2008.2—5）
　　　　　付东平（正科级，2008.5—2009.2）
委　　员　龚志敏（兼任，2008.2—12）
　　　　　蒋　明（兼任，2008.2—2009.2）
　　　　　李井矿（兼任，2008.2—10）
　　　　　杨培永（正科级，2008.2—2009.2）
　　　　　刘华昌（正科级，2008.2—2009.2）
　　　　　韩惠杰（正科级，2008.2—2009.2）
　　　　　周剑波（正科级，2008.2—2009.2）
　　　　　王　峰（正科级，2008.2—12）
　　　　　付东平（正科级，2008.5—2009.2）

党总支领导名录（2009.2—2010.4）

书　　记　蒋　明（兼任，2009.2—2010.2）
　　　　　付东平（2010.2—4）
副 书 记　付东平（正科级，2009.2—2010.2）
　　　　　张保海（2010.2—4）
委　　员　李保海（兼任，2009.2—2010.4）
　　　　　韩惠杰（正科级，2009.2—2010.4）
　　　　　李　波（副科级，2010.2—4）
　　　　　赵晖（辉）（副科级，2010.2—4）

③冀东分公司—冀东项目部工会领导名录（2008.2—2010.4）

主　　席　李秀清（2008.2—5）
　　　　　付东平（2008.5—2010.4）

（2）冀东分公司（2008.2—11）

①生产部（2008.2—11）

主　　任　杨培永（正科级，2008.2—11）

副 主 任　赵金义（副科级，2008.2—11）

李　波（副科级，2008.6—11）

②技术部（2008.2—11）

主　　任　韩惠杰（正科级，2008.2—11）

副 主 任　段乃忠（副科级，2008.2—11）

张家义（副科级，2008.2—11）

王照辉（副科级，2008.5—10）

冀鹏飞（副科级，2008.10—11）

③经营部（2008.2—11）

主　　任　周剑波（正科级，兼任，2008.2—11）

副 主 任　刘景才（副科级，2008.2—11）

陈　艳（副科级，2008.2—11）

④质量安全环保部（井控办公室）（2008.2—11）

主　　任　刘华昌（正科级，2008.2—11）

副 主 任　邬向阳（副科级，2008.2—11）

⑤综合办公室（兼党群工作部）（2008.2—11）

主　　任　李秀清（正科级，2008.2—5）

付东平（正科级，2008.5—11）

副 主 任　韩泽成（副科级，2008.2—11）

（3）冀东项目部（2008.11—2010.4）

2008年11月至2009年2月：

①生产部（2008.11—2009.2）

主　　任　杨培永（正科级，2008.11—2009.2）

副 主 任　赵金义（副科级，2008.11—2009.2）

李　波（副科级，2008.11—2009.2）

蒋　明（黑龙江省哈尔滨市，副科级，兼任，2008.11—2009.2）

②技术部（2008.11—2009.2）

主　　任　韩惠杰（正科级，2008.11—2009.2）

副 主 任　段乃忠（副科级，2008.11—2009.2）

张家义（副科级，2008.11—2009.2）

冀鹏飞（副科级，2008.11—2009.2）

主管工程师　张明海（副科级，2008.11—2009.2）

③经营部（2008.11—2009.2）

主　　任　周剑波（兼任，2008.11—2009.2）

副 主 任　刘景才（副科级，2008.11）

陈　艳（副科级，2008.11—2009.2）

赵晖（辉）（兼任，2010.1—4）

④质量安全环保部（井控办公室）（2008.11—2009.2）

主　　任　刘华昌（正科级，2008.11—2009.2）

副 主 任　邬向阳（副科级，2008.11—12）

⑤综合办公室（党群工作部）（2008.11—2009.2）

主　　任　付东平（正科级，2008.11—2009.2）

副 主 任　韩泽成（副科级，2008.11）

2009 年 2 月至 2010 年 4 月：

①生产办公室（2009.2—2010.4）

主　　任　李　波（副科级，2009.2—2010.4）

副 主 任　徐智慧（2009.6—2010.3）

②技术办公室（2009.2—2010.4）

主　　任　李　荣（2009.2—3）

张明海（2009.6—2010.3）

王立泉（副科级，2010.3—4）

主管工程师　张明海（2009.2—6）

③安全、井控办公室（2009.2—2010.4）

主　　任　丁英立（副科级，2009.2—2010.4）

④经营办公室（2009.2—2010.4）

主　　任　陈　艳（副科级，2009.2—2010.1）

赵晖（辉）（副科级，2010.1—4）

⑤综合办公室（2009.2—2010.4）

主　　任　付东平（副科级，2009.2—2010.4）

5. 钻前工程部—钻前工程作业部

（1）钻前工程部（2008.2—11）

经　　理　宋惠来（2008.2—11）

副 经 理　谭东海（2008.2—11）

高洪中（钟）（2008.2—11）

书　　记　白维谦（2008.2—11）

主　　席　白维谦（2008.2—11）

安全监督　高洪中（钟）（2008.2—11）

（2）钻前工程作业部（2008.11—2010.4）

经　　理　宋惠来（2008.11—2009.2）

白维谦（2009.2—2010.4）

副 经 理　谭东海（2008.11）

高洪中（钟）（2008.11—2010.4）

安全监督　高洪中（钟）（2008.11—2010.4）

书　　记　白维谦（2008.11—2009.2）

刘华昌（2009.2—2010.1）

李金平（2010.1—4）

主　　席　白维谦（2008.11—2009.2）

刘华昌（2009.2—2010.1）

李金平（2010.1—4）

6. 综合服务站—综合管理站

（1）综合服务站（2008.2—11）

站　　长　刘振生（2008.2—5）

李秀清（2008.5—11）

副 站 长　徐文光（正科级，2008.2—11）

宋江涛（2008.5—11）

安全监督　徐文光（正科级，2008.2—5）
　　　　　　宋江涛（2008.5—11）
书　　记　边树培（2008.2—5）
　　　　　　徐文光（正科级，2008.5—11）
主　　席　边树培（2008.2—5）
　　　　　　徐文光（正科级，2008.5—11）

（2）综合管理站（2008.11—2010.4）

站　　长　李秀清（2008.11—2010.4）
副 站 长　陈献忠（2008.11）
　　　　　　谭东海（2008.11—2010.4）
　　　　　　杨志华（2010.1—4）
安全监督　陈献忠（2008.11）
　　　　　　谭东海（2008.11—2010.4）
书　　记　徐文光（2008.11—12）
　　　　　　刘景才（2008.11—2010.4）
主　　席　徐文光（2008.11—12）
　　　　　　刘景才（2008.11—2010.4）

7. 工程技术部—工程技术服务中心

（1）工程技术部（2008.2—11）

主　　任　申法忠（2008.2—11）
副 主 任　陈永奇（2008.2—11）
　　　　　　于进海（2008.2—11）
　　　　　　赵继军（2008.2—11）
　　　　　　李建新（2008.2—11）
　　　　　　石兴超（2008.6—10）
　　　　　　李　荣（2008.10—11）
安全监督　赵继军（2008.2—11）
书　　记　陈永奇（2008.2—11）
主管工程师　王立泉（副科级，2008.2—11）
　　　　　　胡景东（副科级，2008.10—11）

井控主管工程师　丁英立（副科级，2008.2—11）

主　　　　　席　赵继军（2008.2—11）

（2）工程技术服务中心（2008.11—2010.4）

主　　　　　任　申法忠（2008.11—2010.4）

副　　主　　任　陈永奇（2008.11—2010.4）

赵继军（2008.11—2009.2）

于进海（2008.11—2010.3）

李建新（2008.11—2010.4）

李　荣（2008.11—2009.2）

段乃忠（2009.2—2010.3）

书　　　　　记　陈永奇（2008.11—2010.4）

主 管 工 程 师　王立泉（副科级，2008.11—2010.3）

胡景东（副科级，2008.11—2010.3）

井控主管工程师　丁英立（副科级，2008.11—2009.2）

段乃忠（副科级，2009.2—2010.3）

主　　　　　席　赵继军（2008.11—2009.2）

陈永奇（2009.2—2010.4）

安　全　监　督　赵继军（2008.11—2009.2）

王立泉（2009.2—2010.3）

胡景东（2010.3—4）

8. 缅甸项目部（2008.9—2010.4）

2008 年 9 月 27 日，随着钻探公司的重组，集团公司对国外钻井市场进行了调整。渤海钻探公司明确缅甸项目继续由分公司经营管理。鉴于缅甸市场效益和开发前景良好，为了稳固拓展缅甸市场，加强管理力度，提升经营管理水平，展示公司实力和形象，实现效益最大化，决定成立缅甸项目部。缅甸项目部主要负责缅甸市场开发、相关方协调、经营管理、队伍建设工作；同时撤销公司长城钻井项目办公室，相关人员职务自行卸免，市场经营部继续负责海外项目及相关的移交工作。

经　　　　　理　王增顺（兼任，2008.9—2010.3）

黄清泉（正科级，2010.3—4）

副　经　理　黄清泉（副科级，2008.9—2010.3）

李　杰（副科级，2010.3—4）

主管工程师　刘　平（2008.9—2010.4）

9. 塔里木项目部（2008.12—2010.4）

2008 年 12 月 31 日，按照钻探公司市场调整部署，分公司 5 台钻机赴塔里木油田公司承包作业，为了加大经营管理力度，提高管理水平，实现效益最大化，经分公司研究决定成立塔里木项目部。塔里木项目部为分公司直属科级单位。负责该项目的队伍管理、生产经营、安全技术等管理工作。项目部成立生产、技术、安全井控、经营、综合 5 个办公室。

（1）塔里木项目部领导名录（2008.12—2010.4）

经　　　理　龚志敏（兼任，2008.12—2010.1）

李才雄（兼任，2010.1—4）

副　经　理　王照辉（常务）（兼任，2008.12—2010.4）

王　峰（正科级，2008.12—2010.4）

赵　林（正科级，2008.12—2010.4）

安全总监　王　峰（正科级，2008.12—2010.4）

（2）塔里木项目部党总支领导名录（2008.12—2010.4）

书　　　记　龚志敏（兼任，2008.12—2010.2）

李才雄（兼任，2010.2—4）

副　书　记　李金平（正科级，2008.12—2010.1）

张长山（正科级，2010.1—4）

委　　　员　王　峰（正科级，2008.12—2010.4）

王照辉（兼任，2008.12—2010.4）

李才雄（兼任，2010.2—4）

（3）塔里木项目部工会领导名录（2008.12—2010.4）

主　　　席　李金平（2008.12—2010.1）

张长山（正科级，2010.1—4）

（4）所属单位领导名录

①生产办公室（2008.12—2010.4）

主　　　任　王　峰（正科级，2008.12—2010.4）

副　主　任　冀鹏飞（副科级，2009.2—8）
蒋　明（黑龙江省哈尔滨市，副科级，2009.2—2010.4）

②技术办公室（2008.12—2010.4）

主　　任　王照辉（兼任，2008.12—2010.4）

副　主　任　张家义（副科级，2009.2—2010.3）
冀鹏飞（副科级，2009.8—2010.4）
于进海（副科级，2010.3—4）

③安全、井控办公室（质量安全环保办公室）（2008.12—2010.4）

主　　任　王　峰（正科级，2008.12—2010.4）

副　主　任　胡　坚（副科级，兼任，2009.2—2010.4）

④经营办公室（2008.12—2010.4）

主　　任　赵　林（正科级，2008.12—2010.4）

副　主　任　杨志华（副科级，2009.2—2010.1）
韩向阳（副科级，2010.1—4）

⑤综合办公室（2008.12—2010.4）

主　　任　李金平（正科级，2008.12—2010.1）
张长山（正科级，2010.1—4）

三、渤海钻探第四钻井工程分公司（2010.3—2013.12）

2010 年 3 月 29 日，根据集团公司持续重组的有关要求，为进一步优化组织结构，整合区域市场资源，提高钻井业务规模效率和效益，渤海钻探工程有限公司研究决定将第四钻井工程分公司和第六钻井工程分公司的业务、资产、人员整合，组建新的渤海钻探工程有限公司第四钻井工程分公司，简称第四钻井公司，列公司所属二级单位管理，机关注册和办公地点设在河北省沧州市任丘市。同时，撤销原第四钻井工程分公司和第六钻井工程分公司。

分公司设机关科室 11 个：经理办公室、党委办公室、计划经营科、质量安全环保科、生产协调科、装备管理科、财务资产科、人事劳资科、物资管理科、群众工作科、纪检监察科。机关附属单位 4 个：信息中心、结算中心、安全监督站、人力资源中心。直属单位 14 个：工程技术服务中心、泥浆技术服务中心、钻前工程作业部、综合管理站、小车队、物资管理中心、蒙古项目部、塔里木项目部、青海项目部、长庆项目部、晋州项目部、缅甸项目部、哈法亚项目部、煤层气项目部，拥有钻井队 37 个。在册员工 2107，其中：合同化员工 2004 人，市场化员工 103 人。

2010 年 4 月 2 日，渤海钻探下发文件通知，新成立的第四钻井工程分公司党政领导班子由王延恒、矫绮枫、张晓明、龚志敏、李俊禄、张增慧、马玉鹏、李才雄、张志武等 9 人组成，矫绮枫任经理、党委副书记，王延恒任党委书记，张晓明任党委副书记、纪委书记、工会主席。所属 8 个党总支、57 个党支部、共有党员 716 人。

2010 年，分公司根据面临的市场和发展形势，制定出“一年夯基础、两年见成效、三年大发展”的奋斗目标和“稳固做强冀中市场、攻坚做大外部市场、挺进做优国外市场、内外兼修再铸辉煌”的拓展市场策略，调整部分钻机再次进入冀东市场、长庆市场和开辟伊拉克哈法亚市场。2011 年拓展了煤层气市场并进入中国石化大牛地市场。

2011 年 3 月 24 日，为实施侧钻业务专业化管理，促进该业务健康快速发展，渤海钻探工程公司调整侧钻业务管理体制，将井下作业分公司侧钻业务划归第四钻井工程分公司管理，井下作业分公司从事侧钻作业的 C15553 队人员、设备（750 型修井机）及资质一并划转到第四钻井工程分公司管理，共划转了 27 人，其中合同化员工 20 人，市场化员工 2 人，劳务工 5 人（其中 1 名合同化员工未接收）。

2011 年 7 月 8 日，为进一步加强公司泥浆技术研发工作，提高技术服务水平，渤海钻探工程公司决定成立塔里木第四勘探公司泥浆技术服务中心（简称四勘泥浆中心），列泥浆公司所属副处级单位管理。将第四钻井公司塔里木市场的泥浆技术服务业务划归四勘泥浆中心，并将从事泥浆技术服务的部分人员（8 人）划转到泥浆公司四勘泥浆中心管理。

2012 年 2 月 14 日，根据集团公司企业标准《工程技术企业组织机构设置规范》和渤海钻探公司机构设置工作部署的相关要求，分公司对组织机构和职能进行设置调整，将经理办公室和党委办公室合并为办公室（党委办公室）、人事劳资科和人力资源中心合并为人事劳资科，物资管理中心和综合管理站合并为生产保障与服务中心，撤销蒙古项目部和青海项目部，成立工程技术科、井控监管站和冀东项目部，小车队更名为车辆服务中心。调整后设机关科室 11 个，机关附属单位 3 个，直属单位 13 个（7 个项目部），钻井队 43 支。

2012 年，分公司实施“六建设六提升”的工作举措，突出管理提升，致力于钻井提速，全年动用钻机 41 部，开钻 288 口，完井 294 口，完成进尺 92.85 万米，实现经营收入 18.95 亿元，超额完成利润指标。钻井进尺较 2010 年重组时增长了 50.8%，经营收入增长了 53.7%。40689 钻井队以年进尺 8.35 万米，创造了华北油区单机单队钻井进尺纪录。

截至 2012 年 12 月，分公司在册员工 2097 人，其中：合同化员工 1953 人，市场化员工 144 人。有公司级技术专家 4 人，处级技术专家 2 人，集团公司技能专家 1 人，公司级技能专家 5 人，具有高级技术职称 22 人，中级技术职称 168 人，高级技师 7 人，技师 30 人。拥有 ZJ70DB、ZJ50DB、ZJ50JD 等大、中、小型号钻机共 43 台（套），具备石油、天然气勘探开发、煤层气和地热开发综合施工能力，兼具钻井液技术服务、钻井工程技术服务、煤层气取芯等专业技术和处理各种钻井工程事故复杂的能力。掌握定向井、丛式井、水平井、欠平衡井和多分支水平井施工工艺和油气层保护技术，可承揽各种地表环境、各种井型的石油、天然气、高含硫化氢油气井和煤层气、地热井施工等钻井工程技术服务。曾先后完成环渤海湾最深井 6200 米牛东 1 井、6100 米的牛东 101 井和 6093 米的牛东 102 井等多口深井、超深井和复杂结构井施工，在煤层气项目上实施完成中国石油首口煤层气多分支水平井——武 M1-1 井组的施工，依靠自身技术实力，独立承钻煤层气郑平 02-1V 井组的施工和完井，打破国外长期对煤层气多分支水平井钻探技术的垄断。

截至 2012 年 11 月 30 日，分公司现有员工 2813 人，其中：合同化员工 1975 人，市场化员工 145 人，劳务工 693 人（其中劳务派遣 236 人）；高级技术职称 17 人，中级 160 人；集团公司技能专家 1 人，公司级技术专家 4 人；处级技术专家 2 人；技能专家 8 人；高级技师 7 人；技师 30 人。公司机关下设 11 个科室，3 个机关附属单位，6 个直属单位，8 个项目部，42 支钻井队。目前拥有 ZJ70DB、ZJ50DB、ZJ50JD、ZJ50D、ZJ45、ZJ40DB、ZJ40J、ZJ40、ZJ30 等型号大、中、小型钻机共 44 台（套），具备石油、天然气勘探开发、煤层气和地热开发综合施工能力，兼具钻井液技术服务、钻井工程技术服务、煤层气取芯等专业技术和处理各种钻井工程事故复杂的能力。熟练掌握定向井、丛式井、水平井、欠平衡井和多分支水平井施工工艺和油气层保护技术，可承揽各种地表环境、各种井型的石油、天然气、高含硫化氢油气井和煤层气、地热井施工等钻井工程技术服务。

2013 年 7 月 19 日，分公司成立国际市场部，列为分公司机关附属单位；哈法亚项目部更名为伊拉克项目部；将办公室档案管理职能划转到信息中心；将党群工作科党组织、党员管理职能划转到人事劳资科。通过调整，增加了 1 个机关附属单位，部分单位职能发生了变化。共设 11 个机关科室，分别是办公室（党委办公室）、市场与生产协调科、质量安全环保科、人事劳资科（党委组织部）、计划经营科、工程技术科、物资管理科、装备管理科、财务资产科、纪检监察科（保卫科）、党群工作科（工会、团委）；设机关附属单位 4 个，分别是安全监督站、财务结算站、井控监管站、国际市场部；设直属科级单位 7 个，分别是工程技术服务中心、泥浆技术服务中心、车辆服务中心、钻前工程作业部、信息中心、生产保障与服务中心、晋州项目部；设外部项目部 6 个，分别是冀东项目部、塔里木项目部、长庆项目部、煤层气项目部、缅甸项目部、伊拉克项目部。

截至 2013 年 12 月 31 日，共有员工 2727 人，其中合同化员工 1900 人，市场化员工 157 人，劳务工 670 人（劳务派遣 185 人）。高级职称 27 人，中级职称 191 人，初级职称 363 人。公司级技术专家 3 人，分公司技术专家 1 人。集团公司技能专家 1 人，公司级技能专家 5 人。在聘高级技师 12 人，技师 25 人，高级工 693 人，中级工 377 人，初级工 172 人。有党的基层组织 73 个，其中党委 1 个，党总支 7 个，党支部 65 个。有党员 816 人，其中预备党员 26 人，女党员 40 人，少数民族党员 16 人，35 岁及以下的党员 163 人，大专以上学历的党员 505 人。

（一）领导机构

1. 第四钻井工程分公司行政领导名录（2010.3—2013.12）

经　　理　矫绮枫（2010.3—2013.12）

副 经 理　王延恒（2010.3—2013.3）

　　　　　　龚志敏（2010.3—2013.3）

李俊禄（2010.3—2013.3）
张增慧（2010.3—2013.12）
马玉鹏（2010.3—2013.12）
李才雄（2010.3—2013.12）
张志武（2010.3—2013.12）
陈小刚（2013.3—12）
张永青（2013.3—12）
王怀军（2013.3—12）
王增顺（2013.3—12）

总工程师 龚志敏（2010.3—2013.3）
张永青（2013.3—12）

总会计师 张增慧（2010.3—2013.12）

安全总监 马玉鹏（2010.3—2013.12）

退职干部 王延恒（2013.3—12）①
龚志敏（2013.3—12）②

2. 第四钻井工程分公司党委领导名录（2010.3—2013.12）

书　　记 王延恒（2010.3—2013.3）
陈小刚（2013.3—12）

副 书 记 矫绮枫（2010.3—2013.12）
张晓明（2010.3—2013.3）
李俊禄（2013.3—12）

委　　员 龚志敏（2010.3—2013.3）
李俊禄（2010.3—2013.3）
张增慧（2010.3—2013.12）
马玉鹏（2010.3—2013.12）
李才雄（2010.3—2013.12）
张志武（2010.3—2013.12）

---

① 王延恒 2013 年 3 月退职，2015 年 12 月退休。
② 龚志敏 2013 年 3 月退职，2017 年退休。

张永青（2013.3—12）
王怀军（2013.3—12）
王增顺（2013.3—12）
退　　　职　王延恒（2013.3—12）
龚志敏（2013.3—12）
张晓明（2013.3—12）

3. 第四钻井工程分公司纪委领导名录（2010.3—2013.12）

书　　　记　张晓明（2010.4—2012.12）
胡传才（副处级，2010.4—2012.12）①

4. 第四钻井工程分公司工会领导名录（2010.3—2013.12）

主　　　席　张晓明（2010.4—2012.12）
副　主　席　巩立朝（2010.4；2012.2—12）
胡传才（副处级，2010.4—2012.12）

5. 第四钻井工程分公司经理助理、副总师名录（2010.3—2013.12）

经理助理　袁树理（2010.4—2013.12）
吴永兴（2010.4—2013.12）
王增顺（2010.4—2013.3）
副总工程师　吴廷银（2010.4—2013.3）
张永青（2010.4—2011.6）②
李井矿（2010.4—2013.12）
田玉勤（2010.4—2012.2）
王照辉（2010.4—2013.12）
安全副总监　刘增山（2010.4—2013.12）
助理级干部　乔东升（2010.4—2013.12）

（二）机关部门

2010 年 3 月 29 日，组建新的渤海钻探工程有限公司第四钻井工程分公司，机关设 11 个科室，2012 年 2 月 14 日，根据集团公司企业标准《工程

① 2012 年 12 月，胡传才退职。
② 2011 年 6 月，张永青调油气合作开发分公司。

技术企业组织机构设置规范》和渤海钻探公司相关要求，将分公司组织机构重新进行设置，将经理办公室、党委办公室合并，其中党委办公室部分职能划归党群工作科，党群工作科增加宣传和组织职责，人事劳资科、人力资源中心合并，成立工程技术科，计划经营科的市场管理职能划归市场与生产协调科。

1. 经理办公室—办公室（党委办公室）（2010.4—2013.12）

2010 年 3 月 29 日，组建新的渤海钻探工程有限公司第四钻井工程分公司，成立经理办公室。2012 年 2 月 14 日，经理办公室、党委办公室合并，其中党委办公室部分职能划归党群工作科，合并后更名为办公室（党委办公室）。

（1）经理办公室（2010.4—2012.2）

主　　任　王树军（2010.4—2012.2）

副 主 任　王　健（正科级，2010.4—2012.2）

王洪升（2010.4—6）[①]

梁　冰（2010.7—2012.2）

（2）办公室（党委办公室）（2012.2—2013.12）

主　　任　王树军（2012.2—2013.12）

副 主 任　王　健（正科级，2012.2—2013.3）

梁　冰（2012.2—2013.12）

书　　记　王　健（2012.2—2013.7）

梁　冰（2013.7—12）

2. 党委办公室（2010.4—2012.2）

2010 年 3 月 29 日，组建新的渤海钻探工程有限公司第四钻井工程分公司，成立党委办公室。2012 年 2 月 14 日，经理办公室、党委办公室合并，其中党委办公室部分职能划归党群工作科，合并后更名为办公室（党委办公室）。

主　　任　宗　礼（2010.4—2012.2）

副 主 任　王运良（正科级，2010.4—2011.7）

---

① 2010 年 6 月，王洪升调管具工程技术服务公司。

黄延兵（2010.4—2012.2）
书　　　　记　王运良（2010.4—2011.7）

3. 计划经营科（2010.4—2013.12）

2010 年 3 月 29 日，组建新的渤海钻探工程有限公司第四钻井工程分公司，成立计划经营科。2012 年 2 月 14 日，计划经营科的市场管理职能划归生产协调科，生产协调科更名为市场与生产协调科。

科　　　　长　袁树理（兼任，2010.4—2013.12）
副　科　长　宁　军（2010.4—2012.2）
蒋艳芝（2012.2—2013.12）
分公司法律顾问　蒋艳芝（副科级，2010.4—2013.12）

4. 质量安全环保科（2010.4—2013.12）

2010 年 3 月 29 日，组建新的渤海钻探工程有限公司第四钻井工程分公司，成立质量安全环保科。

科　　　　长　刘增山（兼任，2010.4—2013.12）
副　科　长　宋江涛（2010.4—2013.12）
李洪恩（2010.4—2013.12）

5. 生产协调科—市场与生产协调科（2010.4—2013.12）

2010 年 3 月 29 日，组建新的渤海钻探工程有限公司第四钻井工程分公司，成立生产协调科。2012 年 2 月 14 日，计划经营科的市场管理职能划归生产协调科，生产协调科更名为市场与生产协调科。

（1）生产协调科（2010.4—2012.2）

科　　　　长　杨培永（2010.4—2012.2）
副　科　长　金　刚（正科级，2010.4—2012.2）
董玉海（2010.4—2012.2）
刘志忠（2010.4—2012.2）
副科级科员　李　晶（2010.4—2012.2）
杨义强（兼任，2010.4—2012.2）

（2）市场与生产协调科（2012.2—2013.12）

科　　　　长　宁　军（2012.2—2013.12）

副　科　长　刘志忠（2012.2—2013.12）
董玉海（2012.2—2013.12）
李　晶（2012.2—2013.11）
副科级科员　杨义强（兼任，2012.2—2013.12）

6. 装备管理科（2010.4—2013.12）

2010年3月29日组建新的渤海钻探工程有限公司第四钻井工程分公司，成立装备管理科。

科　　　长　殷平水（2010.4—2013.12）
副　科　长　李德国（正科级，2010.4—2012.7）
蒋　明（黑龙江省哈尔滨市，2012.7—2013.12）
副科级科员　杨　军（兼任，2012.4—2013.12）

7. 财务资产科（2010.4—2013.12）

2010年3月29日，组建新的渤海钻探工程有限公司第四钻井工程分公司，成立财务资产科。

科　　　长　史治珠（2010.4—2013.12）
副　科　长　周剑波（正科级，2010.4—2013.12）
陈　艳（2010.4—2013.12）

8. 人事劳资科（2010.4—2013.10）

2010年3月29日，组建新的渤海钻探工程有限公司第四钻井工程分公司，成立人事劳资科。

2012年2月14日，人事劳资科、人力资源中心合并，名称为人事劳资科，组织职能划归群众工作科，群众工作科更名为党群工作科（工会、团委）。

2013年8月，组织职能从党群工作科划归人事劳资科，人事劳资科更名为人事劳资科（党委组织部）。

2010年4月至2012年2月：

科　　　长　吴永兴（兼任，2010.4—2012.2）
副　科　长　刘志广（2010.4—2012.2）

2012 年 2 月至 2013 年 10 月：

科　　长　吴永兴（兼任，2012.2—2013.10）
副 科 长　孙宏博（2012.2—2013.10）
　　　　　张旭亮（2012.2—2013.10）
　　　　　刘志广（2012.2—2013.10）

9. 人事劳资科（党委组织部）（2013.8—12）

（1）人事劳资科（2013.10—12）

科　　长　吴永兴（助理，兼任，2013.10—12）
副 科 长　孙宏博（正科级，2013.10—12）
　　　　　张旭亮（2013.10—12）
　　　　　刘志广（2013.10—12）

（2）党委组织部（2013.10—12）

部　　长　吴永兴（2013.10—12）
副 部 长　刘志广（2013.10—12）

10. 物资管理科（2010.4—2013.12）

2010 年 3 月 29 日，组建新的渤海钻探工程有限公司第四钻井工程分公司，成立物资管理科。

科　　长　刘永峰（2010.4—2013.12）
副 科 长　蒋学勇（2010.4—2013.3）
　　　　　杨志华（2010.4—2013.12）
　　　　　刘荣庆（2013.7—12）

11. 群众工作科—党群工作科（工会、团委）（2010.4—2013.12）

2010 年 3 月 29 日，组建新的渤海钻探工程有限公司第四钻井工程分公司，成立群众工作科。2012 年 2 月 14 日，经理办公室、党委办公室合并，其中党委办公室部分职能划归党群工作科，合并后更名为办公室（党委办公室），群众工作科更名为党群工作科（工会、团委），增加宣传和组织职责。2013 年 8 月，组织职能从党群工作科划归人事劳资科，人事劳资科更名为人事劳资科（党委组织部）。

（1）群众工作科（2010.4—2012.2）

科　　　长　巩立朝（2010.4—2012.2）

工会副主席　巩立朝（2010.4—2）

（2）党群工作科（工会、团委）（2012.2—2013.12）

科　　　长　巩立朝（2012.2—2013.3）

王　健（2013.3—12）

副　科　长　黄延兵（2012.2—2013.12）

李东慧（2012.4—2013.12）

副科级科员　高　俊（2012.4—2013.3）

工会副主席　巩立朝（2010.4—2013.3）

王　健（2013.3—12）

团委副书记　黄延兵（2012.2—2013.12）

12. 纪检监察科（保卫科）（2010.4—2013.12）

2010 年 3 月 29 日，组建新的渤海钻探工程有限公司第四钻井工程分公司，成立纪检监察科（保卫科）。

科　　　长　徐　智（2010.4—2013.12）

副　科　长　刘建同（正科级，2010.4—2012.9）[①]

李金齐（2010.4—2013.7）

李　晶（2013.11—12）

13. 工程技术科（2012.2—2013.12）

2012 年 2 月 14 日，分公司组织机构重新进行设置，成立工程技术科。

科　　　长　吴廷银（2012.2—2013.3）

王照辉（兼任，2013.3—12）

副　科　长　段乃忠（正科级，2012.2—2013.3）

14. 信息中心（2012.2—2013.12）

2012 年 2 月 14 日，分公司组织机构重新进行设置，信息中心列为直属单位。

① 2012 年 9 月，刘建同调任晋州项目部副经理。

主　　任　贾兆年（2012.2—2013.12）
副 主 任　于荣亭（正科级，2012.2—2013.12）

15. 国际市场部（2013.7—12）

2013 年 7 月 15 日，根据渤海钻探《关于加强国际市场管理力量的通知》（渤钻总发〔2013〕37）要求，为加强国际市场管理，理顺管理职能，经分公司研究，决定成立渤海钻探第四钻井工程分公司国际市场部，列分公司机关计划经营科附属单位管理。暂定员 3 人，其中：科级职数 1 人，科员 2 人。主要负责分公司国际市场人员、队伍、装备、招投标、生产经营等管理工作。

主　　任　黄清泉（2013.7—12）

（三）所属单位

2010 年 3 月 29 日，分公司设机关附属单位 4 个，分别是信息中心、结算中心、安全监督站、人力资源中心。2012 年 2 月 14 日，分公司组织机构重新进行设置，信息中心列为直属单位，人事劳资科、人力资源中心合并，撤销人力资源中心，结算中心更名为财务结算站，成立井控监管站。

2010 年 3 月 29 日，组建新的渤海钻探工程有限公司第四钻井工程分公司，设二线单位 6 个，分别是工程技术服务中心、泥浆技术服务中心、钻前工程作业部、综合管理站、小车队、物资管理中心。2012 年 2 月 14 日，分公司组织机构重新进行设置，小车队更名为车辆服务中心，综合管理站更名为生产保障与服务中心，增加物资管理、食堂管理职能，取消物质管理中心，其职能并入生产保障与服务中心，信息中心列为直属单位。重新设置后，设 6 个直属单位，分别是工程技术服务中心、泥浆技术服务中心、车辆服务中心、钻前工程作业部、信息中心、生产保障与服务中心。

2010 年 3 月 29 日，组建新的渤海钻探工程有限公司第四钻井工程分公司，成立 8 个项目部，分别是蒙古项目部、塔里木项目部、青海项目部、长庆项目部、晋州项目部、缅甸项目部、哈法亚项目部、煤层气项目部。2010 年 6 月 29 日，成立渤海钻探第四钻井工程分公司冀东项目部。2012 年 2 月 14 日，分公司组织机构重新进行设置，取消蒙古项目部和青海项目部，青海项目部与长庆项目部合并，名称为长庆项目部。设置冀东项目部、塔里木项目部、长庆项目部、晋州项目部、青海项目部、煤层气项目部、缅甸项目部、哈法亚项目部 8 个项目部。

1. 信息中心（2010.4—2012.2）

2010 年 3 月 29 日，组建新的渤海钻探工程有限公司第四钻井工程分公司，成立信息中心。2012 年 2 月 14 日，分公司组织机构重新进行设置，信息中心列为直属单位。

主　　任　贾兆年（2010.4—2012.2）

副 主 任　王荣亭（正科级，2010.4—2012.2）

2. 结算中心—财务结算站（2010.4—2013.12）

2010 年 3 月 29 日，组建新的渤海钻探工程有限公司第四钻井工程分公司，成立结算中心。2012 年 2 月 14 日，分公司组织机构重新进行设置，结算中心更名为财务结算站。

（1）结算中心（2010.4—2012.2）

主　　任　梁福明（2010.4—2012.2）

副 主 任　赵　晖（2010.4—2012.2）

赵　林（正科级，2011.3—2012.2）

（2）财务结算站（2012.2—2013.12）

站　　长　周剑波（正科级，兼任，2012.2—2013.12）

3. 安全监督站（2010.4—2013.12）

2010 年 3 月 29 日，组建新的渤海钻探工程有限公司第四钻井工程分公司，成立安全监督站。

站　　长　乔东升（助理级，2010.4—2013.12）

副 站 长　谷世军（正科级，2010.4—2013.12）

景　彬（2010.4—2013.12）

4. 人力资源中心（2010.4—2012.2）

2010 年 3 月 29 日，组建新的渤海钻探工程有限公司第四钻井工程分公司，成立人力资源中心。

主　　任　孙宏博（2010.4—2012.2）

5. 井控监管站（2012.2—2013.12）

2011 年 4 月 27 日，根据渤海钻探《关于加强公司钻井、井下等单位井控监管机构编制的通知》要求，为进一步加强分公司井控监管力量，理顺管理体制，明确监管责任，成立井控监管站。2012 年 2 月 14 日，分公司组织机构重新进行设置，井控监管站正式开始运行。

站　　长　王照辉（兼任，2012.2—2013.3）
段乃忠（正科级，2013.3—12）

6. 工程技术服务中心（2010.4—2013.12）

2010 年 3 月 29 日，组建新的渤海钻探工程有限公司第四钻井工程分公司，成立工程技术服务中心。

主　　任　张永青（兼任，2010.4—2011.6）①
申法忠（中）（2011.7—2013.10）
刘　超（2013.10—12）

副 主 任　申法忠（正科级，2010.4—2011.7）
李建新（2010.4—2013.12）
刘占涛（2010.4—2012.2）
王运良（2011.7—2013.12）
刘　超（2011.7—2013.10）
唐生显（2011.7—2013.12）
王润平（2012.2—2013.12）

党支部书记　申法忠（正科级，2010.4—2011.7）
王运良（2011.7—2013.12）

7. 泥浆技术服务中心（2010.4—2013.12）

2010 年 3 月 29 日，组建新的渤海钻探工程有限公司第四钻井工程分公司，成立泥浆技术服务中心。

主　　任　陈永奇（2010.4—2013.12）

副 主 任　王怀军（正科级，2010.4—2012.2）
王志明（2010.4—2013.12）

① 2011 年 6 月，张永青调油气合作开发分公司。

胡景东（2010.4—2013.12）
王立泉（2012.2—2013.3）
吴　太（2012.2—2013.7）

党支部书记　王怀军（2010.4—2012.2）
吴　太（2012.2—2013.7）
罗鹏峰（2013.7—12）

8. 钻前工程作业部（2010.4—2013.12）

2010 年 3 月 29 日，组建新的渤海钻探工程有限公司第四钻井工程分公司，成立钻前工程作业部。

主　　任　白维谦（2010.4—2013.12）

副 主 任　冯建苍（正科级，2010.4—2012.7）
李金平（正科级，2010.4—2013.7）
陈　箭（2010.4—2013.12）
高洪中（2010.4—2013.12）
罗鹏峰（2012.7—2013.7）
姚文林（兼任，2012.12—2013.12）

党总支书记　冯建苍（正科级，2010.4—2012.7）
罗鹏峰（2012.7—2013.7）
李金平（2013.7—12）

9. 综合管理站—生产保障与服务中心（2010.4—2012.12）

2010 年 3 月 29 日，组建新的渤海钻探工程有限公司第四钻井工程分公司，成立综合管理站。2012 年 2 月 14 日，分公司组织机构重新进行设置，综合管理站更名为生产保障与服务中心，增加物资管理、食堂管理职能，取消物质管理中心，其职能并入生产保障与服务中心。

（1）综合管理站（2010.4—2012.2）

站　　长　李秀清（2010.4—2012.2）

副 站 长　刘景才（正科级，2010.4—2012.2）
谭东海（2010.4—2012.2）
陈献忠（2010.4—2012.2）

安全监督　谭东海（2010.4—2012.2）
书　　记　刘景才（2010.4—2012.2）
主　　席　刘景才（2010.4—2012.2）

（2）生产保障与服务中心（2012.2—2013.12）

主　　任　刘景才（2012.2—2013.12）
副 主 任　王永芝（2012.2—2013.12）
　　　　　谭东海（2012.2—2013.12）
　　　　　陈献忠（2012.2—2013.12）
　　　　　李金齐（2013.7—12）
书　　记　王永芝（2012.2—2013.7）
　　　　　李金齐（2013.7—12）

10. 小车队—车辆服务中心（2010.4—2013.12）

2010 年 3 月 29 日，组建新的渤海钻探工程有限公司第四钻井工程分公司，成立小车队。2012 年 2 月 14 日，分公司组织机构重新进行设置，小车队更名为车辆服务中心。

（1）小车队（2010.4—2012.2）

队　　长　葛晓斌（2010.4—2012.2）
副 队 长　徐立斌（正科级，2010.4—5）
　　　　　谭忠宁（2010.4—2012.2）
　　　　　韩泽成（正科级，2010.4—2）
党支部书记　韩泽成（2010.4—2012.2）

（2）车辆服务中心（2012.2—12）

主　　任　葛晓斌（2012.2—2013.12）
副 主 任　韩泽成（正科级，2012.2—2013.12）
　　　　　谭忠宁（2012.2—2013.12）
党支部书记　韩泽成（2012.2—2013.12）

11. 物资管理中心（2010.4—2012.2）

2010 年 3 月 29 日，组建新的渤海钻探工程有限公司第四钻井工程分公司，成立物资管理中心。2012 年 2 月 14 日，分公司组织机构重新进行设置，取消物质管理中心，其职能并入生产保障与服务中心。

主　　任　李军成（2010.4—2011.3）

副 主 任　王永芝（正科级，2010.4—2012.2）

张进学（2010.4—2012.2）

党支部书记　王永芝（2010.4—2011.3；负责全面工作，2011.3—2012.2）

12. 信息中心（2012.2—12）

2010 年 3 月 29 日，组建新的渤海钻探工程有限公司第四钻井工程分公司，成立信息中心。2012 年 2 月 14 日，分公司组织机构重新进行设置，信息中心列为直属单位。

主　　任　贾兆年（2012.2—2013.12）

副 主 任　于荣亭（正科级，2012.2—2013.12）

13. 蒙古项目部（2010.4—2012.2）

2010 年 3 月 29 日，组建新的渤海钻探工程有限公司第四钻井工程分公司，成立蒙古项目部，下设综合办公室、生产办公室、技术办公室。整合后该项目未启动，部分人员到冀东项目部。2012 年 2 月 14 日，分公司组织机构重新进行设置，撤销蒙古项目部。

经　　理　张志武（兼任，2010.4—2012.12）

副 经 理　李维民（正科级，2010.4—6）

孙兴凯（正科级，2010.4—8）

吴　太（正科级，2010.4—2012.2）

董彦民（正科级，2010.4—8）

党总支书记　张志武（兼任，2010.4—2012.12）

工会主席　梁　冰（2010.4—7）

（1）综合办公室（2010.4—2012.2）

主　　任　张旭亮（副科级，2010.4—2012.2）

副 主 任　梁　冰（副科级，2010.4—7）

罗鹏峰（副科级，2010.4—2012.2）

（2）生产办公室（2010.4—2012.2）

主　　任　钱晓峰（副科级，2010.4—2012.2）

副　主　任　李志尧（副科级，2010.4—2012.2）

靳海坤（副科级，2010.4—2012.2）

（3）技术办公室（2010.4—2012.2）

主　　　任　黄　健（副科级，2010.4—2012.2）

副　主　任　刘建强（副科级，2010.4—2012.2）

14. 塔里木项目部（2010.4—2013.12）

2010 年 3 月 29 日，组建新的渤海钻探工程有限公司第四钻井工程分公司，成立塔里木项目部，下设综合办公室、安全（井控）办公室、生产办公室、技术办公室、经营办公室。2012 年 2 月 14 日，分公司组织机构重新进行设置，下设综合组、技术组、生产（安全）组、经营组。

经　　　理　李才雄（兼任，2010.4—2013.12）

副　经　理　王照辉（兼任，2010.4—2012.2）

赵　林（正科级，2010.4—2011.3）

王　峰（正科级，2010.4—2013.12）

李军成（正科级，2011.3—2013.12）

李井矿（兼任，2012.2—2013.12）

书　　　记　李才雄（兼任，2010.4—2013.12）

副　书　记　张长山（2010.4—2013.12）

2010 年 4 月至 2012 年 2 月：

（1）综合办公室（2010.4—2012.2）

主　　　任　张长山（正科级，2010.4—2012.2）

副　主　任　李金平（正科级，兼任，2010.7—2012.2）

（2）安全、井控办公室（2010.4—2012.2）

主　　　任　王　峰（兼任，2010.4—2012.2）

副　主　任　胡　坚（副科级，2010.4—2012.2）

（3）生产办公室（2010.4—2012.2）

主　　　任　王　峰（兼任，2010.4—2012.2）

副　主　任　蒋　明（黑龙江省哈尔滨市，副科级，2010.4—2012.2）

（4）技术办公室（2010.4—2012.2）

主　　　任　王照辉（兼任，2010.4—2012.2）

副　主　任　冀鹏飞（副科级，2010.4—2011.11）
于进海（副科级，2010.4—2011.7）
李维民（正科级，2010.6—2012.2）

（5）经营办公室（2010.4—2012.2）

主　　任　赵　林（正科级，2010.4—2011.3）
副　主　任　韩向阳（副科级，2010.4—2012.2）

2012 年 2 月至 2013 年 12 月：

（1）综合组（2012.2—2013.12）

组　　长　张长山（正科级，2012.2—2013.12）

（2）技术组（2012.2—2013.12）

组　　长　李井矿（兼任，2012.2—2013.12）
副　组　长　李维民（正科级，2012.2—2013.3）
徐春章（副科级，2013.11—12）

（3）生产（安全）组（2012.2—2013.12）

组　　长　王　峰（兼任，2012.2—2013.12）
副　组　长　蒋　明（黑龙江省哈尔滨市，副科级，2012.2—7）
胡　坚（副科级，2012.2—2013.12）
吕红艺（副科级，兼任，2012.4—2013.12）

（4）经营组（2012.2—2013.12）

组　　长　李军成（正科级，兼任，2012.2—2013.12）
副　组　长　韩向阳（副科级，2012.2—2013.12）
焦力平（副科级，2012.4—2013.12）

15. 青海项目部（2010.4—2012.2）

2010 年 3 月 29 日，组建新的渤海钻探工程有限公司第四钻井工程分公司，成立青海项目部，下设安全办公室、生产办公室。因所有钻井队撤出青海市场，2012 年 2 月 14 日分公司组织机构重新进行设置，取消青海项目部。

经　　理　李井矿（兼任，2010.4—2012.2）
副　经　理　罗　刚（正科级，2010.4—2012.2）
王润平（副科级，2010.4—2012.2）

党总支书记　李井矿（兼任，2010.4—2012.2）

（1）安全办公室（2010.4—2012.2）

主　　　任　陈卫民（副科级，2010.4—2012.2）

（2）生产办公室（2010.4—2012.2）

主　　　任　段建军（副科级，2010.4—2012.2）

16. 长庆项目部（2010.4—2013.12）

2010 年 3 月 29 日，组建新的渤海钻探工程有限公司第四钻井工程分公司，成立长庆项目部，下设安全办公室、生产办公室。因所有钻井队撤出青海市场，2012 年 2 月 14 日，分公司组织机构重新进行设置，青海项目部与长庆项目部合并，名称为长庆项目部，下设生产（安全）组、技术组，取消青海项目部。

2010 年 4 月至 2012 年 2 月：

经　　　理　吴廷银（兼任，2010.4—2012.2）

副　经　理　鲁　林（副科级，2010.4—6；2010.11—2011.10）

党总支书记　吴廷银（兼任，2010.4—2012.2）

工会主席　鲁　林（副科级，2010.4—6）

井控主管　冀鹏飞（副科级，2010.11—2011.10）

安全监督　鲁　林（副科级，2010.4—6；2010.11—2011.10）

张军忠（副科级，2010.6—11）

（1）安全办公室（2010.4—2012.2）

主　　　任　张军忠（副科级，2010.4—2012.2）

（2）生产办公室（2010.4—2012.2）

主　　　任　杨玉林（副科级，2010.4—2012.2）

副　主　任　冀鹏飞（副科级，2010.11—2011.10）

2012 年 2 月至 2013 年 12 月：

经　　　理　王怀军（副科级，2012.2—2013.12）

副　经　理　罗　刚（正科级，2012.2—2013.12）

宗　礼（正科级，2012.2—2013.12）

书　　　记　宗　礼（正科级，2012.2—2013.12）

主　　　席　宗　礼（正科级，2012.2—2013.12）

安全监督　钱晓峰（副科级，2012.2—2012.12）

（1）生产、安全组（2012.2—12）

组　　长　钱晓峰（副科级，2012.2—2013.12）

副 组 长　杨玉林（副科级，2012.2—2013.12）

（2）技术组（2012.2—12）

组　　长　刘　超（副科级，2012.2—2013.3）

刘　超（正科级，2013.3—10）

17. 晋州项目部（2010.4—2013.12）

2010年3月29日，组建新的渤海钻探工程有限公司第四钻井工程分公司，成立晋州项目部。

2010年4月至2012年2月：

经　　理　梅双军（正科级，2010.4—2012.2）

副 经 理　于宝岭（副科级，2010.4—2012.2）

景　彬（兼任，2010.4—2012.2）

王志明（兼任，2010.4—2012.2）

陈　箭（兼任，2010.4—2012.2）

书　　记　任宏建（正科级，2010.4—2012.2）

主　　席　任宏建（正科级，2010.4—2012.2）

安全监督　景　彬（兼任，2010.4—2012.2）

2012年2月至2013年12月：

经　　理　金　刚（正科级，2012.2—2013.12）

副 经 理　任宏建（正科级，2012.2—2013.12）

张进学（副科级，2012.2—2013.12）

景　彬（兼任，2012.2—2013.3）

王志明（兼任，2012.2—2013.3）

陈　箭（兼任，2012.2—2013.12）

刘建同（正科级，2012.9—2013.7）

张军忠（副科级，2013.11—12）

靳海坤（副科级，2013.11—12）

书　　记　任宏建（正科级，2012.2—2013.12）

18. 缅甸项目部（2010.4—2013.12）

2010 年 3 月 29 日，组建新的渤海钻探工程有限公司第四钻井工程分公司，成立缅甸项目部。

经　　理　黄清泉（正科级，2010.4—2013.7）
副 经 理　李　杰（副科级，兼任，2010.4—2013.12）
　　　　　　崔炳刚（副科级，兼任，2012.2—2013.12）

19. 伊拉克哈法亚项目部—伊拉克项目部（2010.3—2013.12）

2010 年 3 月 29 日，根据渤海钻探公司赴伊拉克哈法亚项目施工作业的安排部署，为加强管理，要求各参战单位都要成立项目部。随着项目的启动，分公司首上 1 台钻机承担钻井施工任务。为开拓伊拉克市场，实现首战告捷，展示分公司实力和形象；考虑国外市场的风险、责任及环境的复杂性，经分公司研究决定成立伊拉克哈法亚项目部。项目部为分公司直属科级单位，主要负责该项目生产管理、安全管理、经营管理、队伍建设、雇员管理及相关方协调等工作。2013 年 7 月 19 日，伊拉克哈法亚项目部更名为伊拉克项目部。

（1）哈法亚项目部行政领导名录（2010.3—2013.7）

经　　理　徐智慧（正科级，2010.3—2013.7）
副 经 理　常　亮（副科级，兼任，2010.3—2013.7）
　　　　　　韩惠杰（正科级，2010.4—6）

（2）伊拉克项目部行政领导名录（2013.7—12）

经　　理　徐智慧（正科级，2013.7—12）
副 经 理　常　亮（副科级，兼任，2013.7—12）

20. 煤层气项目部（2010.4—2013.12）

2010 年 3 月 29 日，根据渤海钻探公司对煤层气项目施工作业的运行模式和安排部署，为稳固拓展煤层气市场，加强管理力度，提升经营管理水平，实现效益最大化，经分公司研究决定成立煤层气项目部。项目部为分公司直属科级单位，主要负责该项目相关方协调、生产管理、安全管理、经营管理、队伍建设等工作。2012 年 2 月 14 日，分公司组织机构重新进行设置，煤层气项目部下设生产（安全）组、技术组。

2010 年 4 月至 2012 年 2 月：

经　　　理　段乃忠（正科级，2010.3—2012.2）

副　经　理　阳运国（副科级，2010.3—2012.2）

　　　　　　鲁　林（副科级，2011.10—2012.2）

技术井控主管　冀鹏飞（副科级，2011.10—2012.2）

安全监督　鲁　林（副科级，2011.10—2012.2）

2012 年 2 月至 2013 年 12 月：

经　　　理　鲁　林（正科级，2012.2—2013.12）

副　经　理　阳运国（正科级，2012.2—2013.12）

党总支书记　阳运国（正科级，2012.2—2013.12）

（1）生产、安全组（2012.2—12）

组　　　长　张军忠（副科级，2012.2—2013.11）

（2）技术组（2012.2—12）

组　　　长　冀鹏飞（副科级，2012.2—2013.12）

21. 冀东项目部（2010.6—2013.12）

2010 年 6 月 29 日，从蒙古市场回迁 3 部钻机，按照渤海钻探公司市场与生产协调处工作安排，3 部钻机到冀东钻井市场施工作业。为了加大经营管理力度，提高管理水平，实现效益最大化，成立冀东项目部，建立临时党总支委员会。冀东项目部为分公司临时直属科级单位。主要负责该项目的生产、经营、安全、技术和队伍管理等工作。2012 年 2 月 14 日，分公司组织机构重新进行设置，冀东项目部下设综合组、生产（安全）组、技术组。

2010 年 4 月至 2012 年 2 月：

经　　　理　杨培永（兼任，2010.6—2012.2）

副　经　理　鲁　林（副科级，2010.6—8）

　　　　　　韩惠杰（正科级，2010.6—2012.2）

　　　　　　孙兴凯（正科级，2010.8—2012.2）

　　　　　　董彦民（正科级，2010.8—2012.2）

书　　　记　孙兴凯（正科级，2010.8—2012.2）

副　书　记　杨培永（兼任，2010.6—2012.2）

主　　　席　孙兴凯（正科级，2010.8—2012.2）

安全监督　董彦民（正科级，2010.8—2012.2）
　　　　　　鲁　林（副科级，2010.6—8）

2012年2月至2013年12月：

经　　理　杨培永（正科级，2012.2—2013.12）
副 经 理　孙兴凯（正科级，2012.2—2013.3）
　　　　　　董彦民（正科级，2012.2—2013.3）
书　　记　孙兴凯（正科级，2012.2—2013.3）
　　　　　　董彦民（正科级，2013.3—12）

（1）综合组（2012.2—12）

组　　长　赵　晖（副科级，2012.2—2013.12）
副 组 长　罗鹏峰（副科级，2012.2—7）

（2）生产、安全组（2012.2—12）

组　　长　靳海坤（副科级，2012.2—2013.11）
副 组 长　李志尧（副科级，2012.2—2013.12）

（3）技术组领导名录（2012.2—12）

组　　长　黄　健（副科级，2012.2—2013.12）
副 组 长　刘建强（副科级，2012.2—2013.12）

第八节　第五钻井工程分公司（2008.2—2013.12）

一、渤海钻探华北第三钻井工程分公司（2008.2—8）

2008年2月27日至28日，华北油田、大港油田分别召开干部大会，宣布中国石油集团党组和中国石油集团关于组建渤海钻探工程公司的决定。新成立的渤海钻探工程公司由华北石油管理局所属的5个钻井公司、录井处、管具工程技术处、固井工程技术处、钻井工程技术服务处、钻井工艺研究院和大港油田集团公司所属的2个钻井公司、钻井技术服务公司、定向井技术服务公司、固井技术服务公司、测井公司、地质录井公司等单位组成。这次业务整合和专业化重组是中国石油集团党组根据集约化、专业化、一体化整体协调发展的体制改革总体思路做出的重要决策，是适应建设综合性国际能源公司需要做出的重要战略部署。

2008 年 4 月 12 日，渤海钻探工程有限公司决定：将华北石油管理局第三钻井工程公司更名为渤海钻探华北第三钻井工程分公司（简称华北第三钻井公司）。

（一）领导机构

1. 华北第三钻井工程公司行政领导名录（2008.2—8）

经　　理　范先祥（2008.2—8）
副 经 理　郝新朝（2008.2—8）
孙俊虎（2008.2—8）
李贻泉（2008.2—8）
杨文权（2008.2—8）
总工程师　杨文权（兼任，2008.2—8）
安全总监　马洪钟（2008.2—4）
左洪国（2008.4—8）

2. 华北第三钻井工程公司党委领导名录（2008.2—8）

书　　记　范先祥（2008.2—8）
副 书 记　苏耀琪（2008.2—8）
委　　员　范先祥（2008.2—8）
苏耀琪（2008.2—8）
郝新朝（2008.2—8）
孙俊虎（2008.2—8）
李贻泉（2008.2—8）
杨文权（2008.2—8）
马洪钟（2008.2—8）
左洪国（2008.4—8）

3. 华北第三钻井工程公司纪委领导名录（2008.2—8）

书　　记　苏耀琪（2008.2—8）
副 书 记　牛广平（2008.2—8）

4. 华北第三钻井工程公司工会领导名录（2008.2—8）

主　　席　苏耀琪（2008.2—8）
副 主 席　亢应清（2008.2—8）
委　　员　苏耀琪（2008.2—8）
李泽明（2008.2—8）
亢应清（2008.2—8）
马志敏（女，2008.2—8）
杨思友（2008.2—8）
张秀森（2008.2—8）
陈克新（2008.2—8）
宗东晨（2008.2—8）
董仪胜（2008.2—8）

（二）机关部门

1. 经理办公室（2008.2—8）

主　　任　王金利（2008.2—8）

2. 经营部—经营管理科（2008.2—8）

科　　长　张忠锋（2008.2—8）
副 主 任　郑岩力（2008.4—8）

3. 财务部—财务科（2008.2—8）

科　　长　刘永德（2008.2—8）
副 科 长　范寿杰（2008.2—8）
王更新（2008.2—8）

4. 组织人事劳资部—人事劳资科（组织科）（2008.2—8）

科　　长　解振宗（2008.2—8）
副 主 任　万志雄（2008.2—8）

5. 生产运行部—生产运行科（2008.2—8）

科　　长　皮德福（2008.2—8）
副 科 长　王世同（2008.2—8）

6. 安全环保质量部—安全环保与节能科（2008.2—8）

主　　任　陶红正（2008.2—8）

副 主 任　邢厚信（2008.2—8）

王和龙（2008.2—8）

7. 装备部—装备科（2008.2—8）

主　　任　郑有理（2008.2—8）

副 主 任　龚治滨（2008.2—8）

8. 审计部（2008.2—8）

科　　长　任俊良（2008.2—8）

9. 党群工作部—党群工作科（2008.2—8）

科　　长　陈世辉（2008.2—8）

10. 纪委监察保卫部—纪检保卫科（保卫科）（2008.2—8）

科　　长　牛广平（2008.2—8）

（三）直属单位

1. 工程技术中心（2008.2—8）

主　　任　杨振荣（2008.2—8）

副 主 任　杨洪岗（2008.2—8）

康锁柱（2008.2—8）

2. 泥浆技术中心（2008.2—8）

主　　任　左洪国（2008.2—8）

夏景刚（2008.5—8）

副 主 任　李宝藏（2008.2—8）

邓增库（2008.2—8）

3. 钻前工程中心（2008.2—8）

主　　任　边秀山（2008.2—8）

周　克（2008.2—8）

乔紫渊（2008.2—8）

4. 人力资源中心（2008.2—8）

主　　任　钱建源（2008.2—8）
副 主 任　高海河（2008.2—8）

5. 物资中心（2008.2—8）

副 主 任　范宗树（2008.2—8）

6. 小车队（2008.2—8）

队　　长　张春玉（2008.2—8）

7. 长庆项目部（2008.2—8）

经　　理　李贻泉（2008.2—8）
副 经 理　郝贺鹏（2008.2—8）
王世同（2008.2—8）
范寿杰（2008.2—8）
安全总监　赵德保（2008.2—8）

8. 冀中项目部经理部（2008.2—8）

经　　理　郝新朝（2008.2—8）
副 经 理　皮德福（2008.2—8）
王宝山（2008.2—8）
边秀山（2008.2—8）
康锁柱（2008.2—8）
范卫海（2008.2—8）
张树义（2008.8）
安全总监　陶红政（2008.2—8）

9. 冀东项目经理部（2008.2—8）

经　　理　孙俊虎（2008.2—8）
副 经 理　杨振荣（2008.2—8）
魏建华（2008.2—8）
郑岩力（2008.2—8）
王更新（2008.2—8）

郭长斌（2008.2—8）
夏景刚（2008.2—8）
邢厚信（2008.2—8）
安全总监 张朝阳（2008.2—5）
邢厚信（2008.5—8）

10. 印度尼西亚项目经理部（2008.2—8）

经　　理 龚治滨（2008.2—8）
副 经 理 郑邦贤（2008.2—8）

二、渤海钻探工程有限公司第五钻井工程分公司（2008.8—2013.12）

2008 年 8 月 22 日，渤海钻探工程公司下发所属单位更名的通知：原中国石油天然气集团公司渤海钻探华北第三钻井工程分公司更名为中国石油集团渤海钻探工程有限公司第五钻井工程分公司，简称渤海钻探第五钻井公司。

8 月 26 日，渤海钻探工程公司经研究决定，聘任范先祥为第五钻井工程分公司经理；郝新朝、孙俊虎、李贻泉为第五钻井工程分公司副经理；杨文权为第五钻井工程分公司副经理兼总工程师；左洪国为第五钻井工程分公司安全总监。

8 月 27 日，经公司党委会议研究决定：范先祥任第五钻井工程分公司党委委员、党委书记；苏耀琪任第五钻井工程分公司党委委员、党委副书记、纪委委员、纪委书记、工会主席；郝新朝、孙俊虎、李贻泉、杨文权、左洪国任第五钻井工程分公司党委委员。

截至 2008 年年底，分公司设经理办公室、经营管理科、财务科、人事劳资科（组织科）、生产运行科、质量安全环保科、装备管理科、审计科、党群工作科、纪委监察保卫科、冀中项目部市场办 11 个机关科室，财务核算中心、技能鉴定站、安全监督站 3 个附属单位，工程技术中心、泥浆技术中心、钻前工程中心、小车队、人力资源中心、物资管理中心 6 个直属单位，25 支钻井队，共有员工 1492 人。固定资产原值 6.12 亿元，净值 4.16 亿元，新度系数 0.68。共拥有主要设备 76 台套，其中，钻机 24 台，（7000 米钻机 6 台、5000 米钻机 4 台、4000 米钻机 12 台、3000 米钻机 2 台）车辆 27 台。施工区域主要分布在冀中、冀东、苏里格、山西、印度尼西亚等市场。2008 年全年实现经营收入 83951 万元，为年度预算的 103%，同比增加 12791 万元。经营总支出 82122 万元，为年度预算的 102.7%。完成渤海钻探公司考核指标后，实现超额利润 2424 万元。

2009 年，面对金融危机的严峻考验，分公司及时制定了应对危机、增收节支十项措施，从开拓市场、提速增效、压缩开支、形式任务教育等方面做出了具体部署。对投资规模、管理费用、人工费用等明确了节支目标，并将各项指标进行了分解，落实到每个单位。进一步完善单井考核机制，在分公司上下共同努力下，圆满完成各项控制指标，全年压缩投资 1000 万元，财务费用控制在 1000 万元以内，机关及后勤服务单位压缩管理费用 400 万元，节省物资采购费用 528 万元。

2009 年 5 月 6 日，公司所属的在印度尼西亚施工作业的 HPSRIG#3、HPSRIG#4 钻井队的业务、人员、资产整建制的划归国际工程分公司管理，共划转 40 人。

2010 年，分公司优化资源配置，合理调整钻机布局。接受第四钻井分公司划转钻机 6 部，冀东市场增加 4 部钻机，提高冀东 3 号岛大位移井钻探施工能力。形成苏里格、冀中、冀东三大主力市场和浙江、山西两个辅助市场的合理布局。分公司调整机构改革成效显著，减少管理层，撤销冀中项目部；将人力资源中心和小车队合并，成立行政事业服务中心。强化队伍管理，接受第四、第六钻井分公司划转 315 人，实现了平稳过渡。

2011 年 3 月 28 日，下发渤钻总发〔2011〕49 号《关于杨文权 范先祥聘任（解聘）职务的通知》文件经研究，决定聘任杨文权为第五钻井工程分公司经理，解聘其第五钻井工程分公司总工程师职务。经理范先祥调任渤海钻探工程有限公司总经理助理。

2011 年，分公司大力实施“市场增收工程”，按照“两增两保”和“高端领先”市场发展战略，进一步优化钻井市场，将全部 70 型、50 型电动钻机部署在储气库井、风险探井、大位移井、水平井、页岩气井等高端钻井市场，实现由低效市场向高效市场的转移。分公司 50645 钻井队成为渤海钻探公司首次进入页岩气市场的施工队伍。

2011 年 7 月，渤海钻探工程公司对分公司机构编制调整的请示做出批复：机关定员 70 人，其中，初级职数暂定 7 人，科级职数 22 人（暂定助理级人员 5 人），下设办公室、市场与生产协调科、质量安全环保科、人事科（党委组织部）、计划经营科、工程技术科、装备管理科、财务资产科、党群工作科（党办、工会、团委、审计监察）共 9 个科室。第二钻井鉴定站、井控监管站、财务结算站 3 个机关附属单位，定员 18 人，其中，科级职数 2 人。设钻前工程作业部、工程技术服务中心、泥浆技术服务中心、安全监督站、物资管理中心、信息中心、行政服务中心 7 个直属单位和冀东项目部、长庆项目部 2 个项目部，科级职数 26 人。

2012 年，分公司实施“市场增收战略”，合理优化资源布局，撤出页岩气市场、浙江苏北钻井市场，开辟吉林油田钻井市场，新增 2 部 70 钻机进入冀中储气库市场；正合长庆油田钻井市场，形成三足鼎立的西部市场格局；积极筹备伊拉克项目，2 部 50 钻机备战国际市场，实现了由低端市场向高端市场的跨越，提高了发展质量。2012 年全年开钻 174 口，交井 178 口，完成钻井进尺 605203 米；实现经营收入 13.44 亿元，完成年度预算的 121.08%，同比增加 28261 万元，增幅 26.61%；实现利润 3791 万元，超额完成了渤海钻探公司下达的经营指标。

2013 年 3 月 1 日，第五钻井公司召开干部大会，宣布干部调整决定，聘任蒋明、罗树祥为第五钻井工程分公司副经理、解聘高明山、孙俊虎第五钻井工程分公司副经理职务。

2013 年 12 月 30 日，分公司召开中国共产党渤海钻探工程有限公司第五钻井分公司第一次代表大会，会议选举产生了中国共产党渤海钻探工程有限公司第五钻井分公司第一届委员会和纪律检查委员会。党委委员 7 人，蒋明当选书记，杨文权当选副书记；纪委委员 5 人，蒋明当选书记。党委下属 3 个党总支部、40 个直属党支部，共有党员 573 人。

截至 2013 年年底，分公司共有员工 1895 人。其中合同化用工 1289 人，合同化待遇 11 人，市场化用工 104 人、劳务工 491 人。二线单位 424 人，钻井队 1427 人。具有高级职称 15 人，中级职称 157 人，技术专家 6 人。高级技师 11 人，技师 46 人，技能专家 5 人。固定资产原值 10.02 亿元，净值 4.32 亿元，有钻机 30 台，车辆 32 台。施工区域主要分布在冀中、冀东、长庆、吉林、山西和国外伊拉克哈法亚等钻井市场。

设机关职能部门 10 个：经理办公室、经营管理科、财务科、工程技术科、人事劳资科、生产运行科、质量安全环保科、装备管理科、党群工作科、纪检监察科。附属单位 2 个：井控监管站、技能鉴定站。直属单位 7 个：信息中心、工程技术中心、泥浆技术中心、物资管理中心、钻前工程中心、行政事业服务中心、安全监督站。钻井队 30 支：其中冀中项目部 11 支、冀东项目部 7 支、长庆项目部 10 支、哈法亚项目部和鲁克项目部各 1 支。

（一）领导机构

1. 第五钻井工程分公司行政领导名录（2008.8—2013.12）

经　　理　范先祥（2008.8—2011.3）[①]
　　　　　杨文权（2011.3—2013.12）
副 经 理　郝新朝（2008.8—2009.7）
　　　　　孙俊虎（2008.8—2013.3）
　　　　　李贻泉（2008.8—2013.12）
　　　　　杨文权（2008.8—2011.3）
　　　　　崔克忠（2009.3—2010.4）[②]
　　　　　高明山（2010.4—2013.3）
　　　　　冯文丽（女，2010.4—2013.12）
　　　　　左洪国（2010.4—2013.12）
　　　　　刘春强（2011.11—2012.4）[③]
　　　　　郑岩力（2012.6—2013.12）
　　　　　罗树祥（2013.3—12）
　　　　　蒋　明（2013.3—12）
总工程师　杨文权（2007.4—2011.3）
　　　　　左洪国（2012.1—2013.12）
总会计师　崔克忠（2009.3—2010.4）
　　　　　冯文丽（女，2010.4—2013.12）

① 2011 年 3 月，范先祥调任渤钻公司总经理助理。
② 2010 年 4 月，崔克忠调任长庆石油工程事业部副经理、总会计师。
③ 2012 年 4 月，刘春强调任市场与生产协调处副处长。

安全总监　左洪国（2008.4—2012.1）
李贻泉（2012.1—2013.12）

2. 第五钻井工程分公司党委领导名录（2008.8—2013.12）

书　　记　范先祥（2008.8—2010.4）
高明山（2010.4—2013.3）

副 书 记　苏耀琪（2008.8—2009.07）
解振宗（2009.7—2010.4）[①]
范先祥（2010.4—2011.3）
蒋　明（2010.4—2013.12）
杨文权（2011.3—2013.12）

委　　员　范先祥（2008.8—2010.4）
高明山（2010.4—2013.3）
蒋　明（2010.4—2013.12）
解振宗（2009.7—2010.4）
苏耀琪（2008.8—2009.7）
郝新朝（2008.8—2009.7）
孙俊虎（2008.8—2013.3）
李贻泉（2008.8—2013.12）
杨文权（2008.8—2013.12）
马洪钟（2005.1—2008.8）
左洪国（2008.4—2013.12）
崔克忠（2009.3—2010.6）
冯文丽（女，2010.4—2013.12）
刘春强（2011.11—2012.4）
郑岩力（2012.6—2013.12）

3. 第五钻井工程分公司纪委领导名录（2008.8—2013.12）

书　　记　苏耀琪（2008.8—2009.7）

---

① 2010年4月，解振宗调任第一钻井工程分公司党委副书记、纪委书记、工会主席。

解振宗（2009.7—2010.4）
蒋　明（2010.4—2013.12）
副 书 记　牛广平（2008.8—2013.12）

4. 第五钻井工程分公司工会领导名录（2008.8—2013.12）

主　　席　苏耀琪（1996.4—2009.7）
解振宗（2009.7—2010.4）
蒋　明（2010.4—2013.12）
副 主 席　亢应清（2004.3—2012.11）
何新杰（2012.11—2013.12）
委　　员　苏耀琪（1996.4—2009.7）
李泽明（2001.9—2013.12）
亢应清（2004.3—2012.11）
马志敏（女，1996.7—2011.5）
杨思友（2004.12—2011.5）
张秀森（2004.12—2011.5）
陈克新（2004.12—2011.5）
宗东晨（2004.12—2011.5）
董仪胜（2004.12—2011.5）
解振宗（2009.7—2010.4）
蒋　明（2010.4—2013.12）
白振超（2011.5—2013.12）
张建义（2011.5—2013.12）
陈世辉（2011.5—2013.12）
赵中奇（2011.5—2013.12）
陶晓辉（2011.5—2013.12）
韩玉东（女，2011.5—2013.12）
何新杰（2012.11—2013.12）

（二）机关部门

1. 经理办公室领导名录（2008.8—2013.12）

主　　任　王金利（2008.8—2013.10）
副 主 任　付东平（正科级，2010.4—2012.1）
　　　　　刘红卫（2011.11—2013.12）

2. 经营部—经营管理科[①]（2008.8—2013.12）

科　　长　康锁柱（2011.11—2013.12）
副 主 任　郑岩力（2008.4—2009.1）
副 科 长　刘佳林（2009.6—11；2012.6—2013.12）
　　　　　李宝海（正科级，2010.4—6）
　　　　　叶　强（2011.1—2012.2）
　　　　　范寿杰（2012.2—2012.5）

3. 财务部—财务科（2008.8—2013.12）

科　　长　任俊良（2009.7—2013.10）
副 科 长　范寿杰（2009.7—2012.2）
　　　　　王更新（2009.7—2012.2）
　　　　　赵　敏（2012.6—2013.12）

4. 组织人事劳资部—人事劳资科（组织科）（2008.8—2013.12）

科　　长　牛广平（2009.11—2013.3）
副 主 任　万志雄（2008.8—12）
副 科 长　韩双然（2009.6—2012.2）
　　　　　王彦祯（正科级，2010.4—2013.3）
　　　　　何新杰（2012.2—11）
　　　　　李洪岗（2012.12—2013.12）
　　　　　周英会（2013.6—12）

5. 生产运行部—生产运行科（2008.8—2013.12）

科　　长　皮德福（2008.8—2010.9）

① 2009 年 7 月 8 日，与冀中项目部市场办公室合并。

郑岩力（2010.9—2012.1）
徐建生（2012.1—2013.12）
副　科　长　徐建生（2008.8—2010.2）

6. 安全环保质量部—安全环保与节能科（2008.8—2013.12）
主　　　任　陶红政（2008.8—2013.12）
副　主　任　邢厚信（2008.8—2009.1）
王和龙（2008.8—2009.1；2012.12—2013.12）
副　科　长　李洪岗（2010.11—2012.12）
李士杰（2011.11—2012.2）
韩双然（2012.2—2013.1）

7. 装备部—装备科（2008.8—2013.12）
科　　　长　郑有理（2008.8—2013.12）
副　主　任　龚治滨（2008.1—2013.11）
副　科　长　韩国英（2013.6—12）

8. 审计部（2008.8—2009.7）
科　　　长　任俊良（2008.8—2009.6）

9. 党群工作部—党群工作科（2008.8—2013.12）
科　　　长　陈世辉（2009.8—2013.12）
副　科　长　张建义（正科级，2010.4—9）

10. 纪委监察保卫部—纪检保卫科（保卫科）—纪检监察科（2008.8—2013.12）
科　　　长　牛广平（2008.8—2009.12；2013.4—12）
宋克华（2009.12—2012.11）
副　主　任　宋克华（正科级，2008.8—2009.12）

11. 工程技术科（2012.10—2013.12）
科　　　长　周家明（兼任，2012.10—2013.12）

（三）附属单位

第二钻井职业技能鉴定站（2008.12—2013.12）
站　　　长　万志雄（正科级，2008.12—2013.12）

（四）直属单位

1. 工程技术中心（2008.8—2013.12）

副　主　任　杨洪岗（2008.8—12）
王英水（2010.11—2011.3）
刘春强（2008.1—2008.12）
李　波（2010.4—2012.1）
孟令新（2011.11—2012.2）
叶　强（2012.4—6）
周家明（2008.8—2010.1）
李泽明（2008.8—2013.12）

2. 泥浆技术中心（2008.8—2013.12）

主　　　任　夏景刚（2008.8—2013.12）
副　主　任　王保军（2011.11—2013.12）
李宝藏（2008.8—2012.1）
邓增库（2008.8—2012.1）

3. 钻前工程中心（2008.8—2013.12）

主　　　任　边秀山（2008.8—2013.12）
副　主　任　刘景坡（2008.8—2013.12）
周　克（2008.8—2013.4）

4. 人力资源中心（2008.8—2010.2）

副　主　任　孙相猛（2008.8—2009.2）
高海河（2008.8—2009.11）

5. 物资中心（2008.8—2013.12）

主　　　任　范宗树（2008.8—2013.12）
副　主　任　郑书志（2011.11—2012.5）
朱晓宁（2013.6—12）

6. 安全监督站（2008.8—2013.12）

站　　　长　陶红政（兼任，2008.10—2009.1；2010.9—11）

罗树祥（2010.11—2013.1）
副　站　长　罗树祥（2009.1—2010.11）
王和龙（2008.10—2012.1）
邢厚信（2008.10—2012.11）
丁英立（2010.4—2012.1）
王卫中（2011.2—2012.1）
李士杰（2012.2—2013.2）
周英会（2013.2—6）
张树义（2013.6—12）

7. 小车队（2008.8—2013.12）

队　　　长　张春玉（2008.8—2010.1）
副　队　长　付志军（2008.8—2010.1）

8. 行政事业服务中心（2008.8—2013.12）

主　　　任　张春玉（2010.1—2013.12）
副　主　任　叶　强（2010.1—2011.1）
付志军（2010.1—2013.2）
王更新（2012.2—2013.12）

9. 信息中心（2008.8—2013.12）

副　主　任　刘佳林（2009.11—2012.6）
齐京阳（2012.6—2013.12）

10. 冀中项目部市场办公室（2008.8—2013.12）

主　　　任　刘春强（正科级，2008.12—2011.10）

11. 井控监管站（2008.8—2013.12）

站　　　长　郭长斌（2011.11—2012.11）
黄红亮（副科级，2012.7—2013.12）
副　站　长　黄红亮（2012.2—7）

12. 女工委员会（2008.8—2013.12）

主　　　任　韩玉东（2013.2—8）

13. 长庆项目部（2008.8—2013.12）

经　　理　李贻泉（2008.1—2010.11）
郝贺鹏（2010.11—2012.1）
杨振荣（兼任，2012.1—6）

副 经 理　郝贺鹏（2008.1—2012.1）
王世同（2008.1—2010.2）
范寿杰（2008.1—2010.2）
徐建生（2010.2—2012.1）
乔紫渊（2010.2—2013.2）
王更新（2011.2—2012.2）
王和龙（2012.1—12）
邓增库（2011.5—2013.12）
谢序辉（2012.2—2013.12）
李　波（2012.1—2013.12）
郑书志（2012.5—2013.12）

安全总监　王和龙（2010.2—2012.12）

14. 冀中项目部经理部（2008.8—2013.12）

经　　理　郝新朝（2008.1—2009.7）

副 经 理　边秀山（2008.1—2013.12）
康锁柱（2013.1—12）
范卫海（2013.1—10）
张树义（2013.5—12）

15. 冀东项目经理部（2008.8—2013.12）

经　　理　孙俊虎（2008.1—2012.2）
杨振荣（2010.2—2012.2）
魏建华（2008.8—2010.8）
郑岩力（2012.1—6）

副 经 理　杨振荣（2008.8—2010.2）
魏建华（2008.8—2010.8）

王更新（2008.1—2009.1）
王世同（2010.2—2012.1）
范寿杰（2010.2—2012.2）
王卫中（2011.2—2013.5）
李宝藏（2011.5—2013.12）
丁英立（2012.1—2013.1）
李　波（2011.11—2012.1）
郝贺鹏（正科级，2012.1—2013.12）

常务副经理　李宝海（正科级，2010.4—6）
安全总监　罗树祥（2009.1—2010.10）

16. 四川页岩气项目组（2008.8—2013.12）
组　　长　叶　强（副科级，2012.2—4）

17. 山西煤层气项目组（2008.8—2013.12）
组　　长　孟令新（2012.2—2013.5）

18. 印度尼西亚项目经理部（2008.8—2013.12）
经　　理　龚治滨（2008.8—2009.6）
副 经 理　郑邦贤（2008.8—2009.6）

19. 伊拉克哈法亚项目部（2008.8—2013.12）
经　　理　王卫中（2013.5—12）
副 经 理　王章存（2013.5—12）
贺　伟（2013.5—12）

第九节　第六钻井工程分公司（2008.2—2010.3）

一、渤海钻探华北第四钻井工程分公司（2008.2—8）

2008 年 2 月 27 日，集团公司决定由华北石油管理局、大港油田钻井施工及相关辅助单位组建中国石油集团渤海钻探工程分公司，华北石油管理局第四钻井工程公司改名为渤海钻探华北第四钻井工程分公司，8 月 22 日，更名为中国石油集团渤海钻探工程有限公司第六钻井工程分公司，简称第六钻井公司。机关办公和注册地点设在河北省晋州市，分公司设机关科室 10 个：公司办公室、党群工作部、纪监审计部、生产协调部、技安环保监督部、设备管理部、人事部、财务部、物资计划部、市场管理部，机关附属单位 2 个：财务结算中心、安全监督站，直属单位 5 个：泥浆技术管理站、工程技术大队、钻前大队、综合队、小车队，钻井队 26 个。

分公司新的党政领导班子由矫绮枫、张晓明、李俊禄、钟德华、张志武、冯文丽、张领臣等 7 人组成，矫绮枫任经理、党委书记，张晓明任党委副书记、纪委书记、工会主席。所属 2 个党总支，公司机关党总支和钻前大队党总支、34 个党支部、共有党员 307 人。

2008 年 5 月，为积极落实集团公司和渤海钻探公司关于支援青海油田建设千万吨油田的工作部署，分公司抽调 3 部钻机支援青海，开辟青海市场，并在青海市场屡创佳绩，刷新和保持了 18 项区块技术指标，带动了台南整体提速，实现了廖永远副总经理提出的三个阶段提速目标，被集团公司领导誉为“铁军”，被中国石油报评论为“狼群效应”，树立了良好的市场形象。

（一）领导机构

1. 华北第四钻井工程分公司行政领导名录（2008.2—8）

经　　理　矫绮枫（2008.2—8）
副 经 理　李俊禄（2008.2—8）
　　　　　钟德华（2008.2—8）
　　　　　张志武（2008.2—8）
　　　　　张柱昌（正处级，2008.2—3）[①]
总工程师　钟德华（2008.2—8）
总会计师　冯文丽（2008.2—8）
安全总监　张领臣（2008.2—8）

① 2008 年 3 月，张柱昌退职。

2. 华北第四钻井工程分公司党委领导名录（2008.2—8）

书　　记　矫绮枫（2008.2—8）

彭振福（正处级，2008.2—8）[①]

副 书 记　张晓明（2008.2—8）

委　　员　矫绮枫（2008.2—8）

张晓明（2008.2—8）

李俊禄（2008.2—8）

钟德华（2008.2—8）

张志武（2008.2—8）

冯文丽（2008.2—8）

张领臣（2008.2—8）

3. 华北第四钻井工程分公司纪委领导名录（2008.2—8）

书　　记　张晓明（2008.2—8）

4. 华北第四钻井工程分公司工会领导名录（2008.2—8）

主　　席　张晓明（2008.2—8）

副 主 席　张建义（2008.2—8）

委　　员　王怀军、王芬荣（女）、张建义、张晓明、杨德甫、宗　礼、唐继明、梅双军、梁福明

5. 华北第四钻井工程分公司总经理助理、副总师名录（2008.2—8）

副总工程师　吴廷银（吴庭银，2008.2—8）

安全副总监　甘焕振（2008.2—3）

刘增山（2008.3—8）

经理助理　袁树理（2008.2—8）

（二）机关部门

1. 公司办公室（2008.2—8）

主　　任　宗　礼（2008.2—8）

副 主 任　贾兆年（2008.2—8）

① 2008 年 8 月，彭振福退职。

2. 生产协调部（2008.2—8）

主　　任　金　刚（2008.2—8）

副 主 任　孙兴凯（2008.2—8）

张占洪（2008.2—8）

3. 技安环保监督部（2008.2—8）

主　　任　甘焕振（2008.2—8）

副 主 任　景　彬（2008.2—8）

4. 设备管理部（2008.2—8）

主　　任　殷平水（2008.2—8）

副 主 任　张玉华（2008.2—8）

5. 财务部（2008.2—8）

主　　任　梁福明（2008.2—8）

副 主 任　史治珠（2008.2—8）

6. 人事部（2008.2—8）

主　　任　王彦祯（2008.2—8）

副 主 任　孙宏博（正科级 2008.2—8）

王　健（2008.2—8）

所属的职称改革办公室（2008.2—8）

主　　任　孙宏博（2008.2—8）

副 主 任　王　健（2008.2—8）

7. 市场管理部（2008.2—8）

主　　任　袁树理（2008.2—8）

副 主 任　张旭亮（2008.2—8）

鲁　林（2008.2—8）

8. 物资计划部（2008.2—8）

主　　任　王公平（2008.2—6）

刘永峰（2008.6—8）

9. 纪监审计部领导名录（2008.2—8）

副科级审计员　刘建同（2008.2—8）

10. 党群工作部领导名录（2008.2—8）

主　　任　王运良（2008.2—8）

工会副主席　张建义（2008.2—8）

团委书记　王怀军（2008.2—8）

11. 机关附属单位

（1）财务结算中心行政领导名录（2008.2—8）

主　　任　（不详，2008.2—8）

（2）安全监督站行政领导名录（2008.2—8）

站　　长　刘增山（2008.3—8）

副站长　董彦民（2008.3—8）

（三）所属单位

1. 综合队（2008.2—8）

（1）综合队行政领导名录（2008.2—8）

队　　长　于宝岭（副科级，2008.3—8）

（2）综合队党支部领导名录（2008.2—8）

书　　记　蒋学勇（副科级，2008.2—8）

2. 工程技术服务中心（2008.2—8）

（1）工程技术服务中心行政领导名录（2008.2—8）

主　　任　张永青（2008.2—8）

副主任　李维民（2008.2—8）

刘占涛（2008.2—8）

王润平（2008.2—8）

（2）工程技术服务中心党支部领导名录（2008.2—8）

书　　记　任宏建（2008.2—8）

（3）工程技术服务中心工会领导名录（2008.2—8）

主　　席　任宏建（2008.2—8）

3. 小车队（2008.2—8）

队　　　　长　葛晓斌（正科级，2008.2—8）

副　队　长　谭忠宁（2008.2—8）

党支部书记　张进学（副科级，2008.2—8）

4. 泥浆技术服务中心（2008.2—8）

主　　　　任　吴廷银（吴庭银，2008.2—8）

副　主　任　吴　太（2008.2—8）

王志明（2008.2—8）

党支部书记　梅双军（2008.2—8）

工会主席　梅双军（2008.2—8）

5. 钻前工程作业部（2008.2—8）

主　　　　任　罗　刚（2008.2—8）

副　主　任　陈　箭（2008.2—8）

刘志忠（2008.2—8）

党总支书记　冯建苍（2008.2—8）

工会主席　冯建苍（2008.2—8）

6. 长庆钻井项目部（2008.2—8）

经　　　　理　张志武（兼任，2008.2—8）

副　经　理　孙宏博（2008.2—8）

孙兴凯（2008.2—8）

安全总监　景　彬（2008.2—8）

总工程师　李维民（2008.2—8）

总会计师　史治珠（2008.2—8）

党总支书记　张志武（2008.2—8）

党总支副书记　孙宏博（2008.2—8）

办公室主任　蒋学勇（2008.2—8）

经营部主任　张旭亮（2008.2—8）

生产运行部主任　孙兴凯（2008.2—8）

技术服务部主任　李维民（2008.2—8）

副　主　任　黄　健（2008.2—8）
刘建强（2008.2—8）
李志尧（2008.2—8）

7. 蒙古项目部（2008.2—8）

经　　　理　吴　太（2008.2—8）
副　经　理　鲁　林（2008.2—8）
党委书记　吴　太（2008.2—8）
党委副书记　鲁　林（2008.2—8）
办公室主任　钱晓峰（2008.2—8）
副　主　任　李勇鹏（2008.2—8）

二、渤海钻探第六钻井公司（2008.8—2010.3）

2008 年 8 月 22 日，渤海钻探华北第四钻井工程分公司改名为中国石油集团渤海钻探工程有限公司第六钻井工程分公司，简称第六钻井公司。2009 年 4 月 15 日，分公司对所属各单位领导重新下文任命。

截至 2008 年 12 月，公司共有在册员工 1063 人，其中：管理人员 206 人，专业技术人员 107 人，具有高级技术职称 14 人，中级职称 53 人，大专以上学历 321 人，中专学历 66 人。拥有 2000 米 ~ 7000 米大、中型电动和机械钻机 26 台（套），公司固定资产原值 5.11 亿元，设备新度系数 0.64。2008 年累计开钻 176 口，完井 187 口，钻井进尺 54.89 万米。

2009 年 9 月，根据公司发展战略和信息技术发展趋势，按照公司统一要求，分公司成立信息中心，列直属科级单位管理。

2009 年公司全年动用钻机 22 部，开钻 165 口，完井 164 口，钻井进尺 39.37 万米。

2010 年 3 月 29 日，根据集团公司持续重组的有关要求，为进一步优化组织结构，整合区域市场资源，提高钻井业务规模效率和效益，渤海钻探工程有限公司决定将第四钻井工程分公司和第六钻井工程分公司的业务、资产、人员整合，组建新的渤海钻探工程有限公司第四钻井工程分公司，简称第四钻井公司，列公司所属二级单位管理，机关办公和注册地址设在河北省沧州市任丘市。同时，撤销第四钻井工程分公司和第六钻井工程分公司。

2008 年 11 月，为加强公司机构编制管理，规范机构名称，渤钻公司下发“关于规范公司所属单位内部科级机构名称的通知”文件，分公司对各单位的名称进行了更名，将机关单位的“部”更名为“科”。分公司机关科室分别名称更名为：综合办公室、党群工作科、纪监审计科、生产协调科、质量安全环保科、装备管理科、人事劳资科、财务科、物资管理科、市场管理科，3 个直属单位分别更名为：泥浆技术服务中心、工程技术服务中心、钻前工程作业部。

（一）领导机构

1. 第六钻井公司行政领导名录（2008.8—2010.3）

经　　理　矫绮枫（2008.8—2010.4）
副 经 理　李俊禄（2008.8—2010.4）
　　　　　钟德华（2008.8—2010.4）
　　　　　张志武（2008.8—2010.4）
总工程师　钟德华（2008.8—2010.4）
总会计师　冯文丽（2008.8—2010.4）
安全总监　张领臣（2008.8—2010.4）

2. 钻探第六钻井公司党委领导名录（2008.8—2010.3）

书　　记　矫绮枫（2008.8—2010.4）
副 书 记　张晓明（2008.8—2010.4）
委　　员　矫绮枫（2008.8—2010.4）
　　　　　张晓明（2008.8—2010.4）
　　　　　李俊禄（2008.8—2010.4）
　　　　　钟德华（2008.8—2010.4）
　　　　　张志武（2008.8—2010.4）
　　　　　冯文丽（2008.8—2010.4）
　　　　　张领臣（2008.8—2010.4）
退职干部　彭振福（原任党委书记，正处级，2008.8—2009.12）

3. 第六钻井公司纪委领导名录（2008.8—2010.3）

书　　记　张晓明（2008.8—2010.4）

4. 第六钻井公司工会领导名录（2008.8—2010.3）

主　　席 张晓明（2008.8—2010.3）

副 主 席 张建义（2008.8—2010.3）

委　　员 王怀军、王芬荣、张建义、张晓明、杨德甫、宗礼、唐继明、梅双军、梁福明

5. 第六钻井公司助理级领导名录（2008.8—2010.3）

副总工程师 吴廷银（2008.8—2010.3）

张永青（2009.4—2010.3）

安全副总监 刘增山（2008.8—2010.3）

经理助理 袁树理（2008.8—2010.3）

（二）机关部门

1. 综合办公室（2008.8—2010.3）

主　　任 宗　礼（2009.4—2010.3）

副 主 任 贾兆年（2009.4—9）（任信息中心主任）

梁　冰（2009.9—2010.3）

2. 生产协调科（2008.8—2010.3）

科　　长 金　刚（2009.4—2010.3）

副 科 长 孙兴凯（2009.4—2010.3）

张占洪（2009.4—2010.3）

3. 质量安全环保科（2008.8—2010.3）

科　　长 刘增山（2008.8—2010.3）

副 科 长 景　彬（2008.8—2010.3）

4. 装备管理科（2008.8—2010.3）

科　　长 殷平水（2009.4—2010.3）

副 科 长 张玉华（2008.8—2009.4）

李志尧（2008.12—2010.3）

5. 财务科（2008.8—2010.3）

科　　长 梁福明（2009.4—2010.3）

副　科　长　史治珠（2009.3—2010.3）

所属的财务结算中心

主　　　任　史治珠（正科级，2009.3—2010.3）

6. 人事劳资科（2008.8—2010.3）

科　　　长　王彦祯（2009.4—2010.3）

副　科　长　孙宏博（2009.4—2010.3）

王　健（2009.4—2010.3）

所属的职称改革办公室

主　　　任　孙宏博（正科级，2009.4—2010.3）

副　主　任　王　健（2008.8—2010.3）

7. 市场管理科（2008.8—2010.3）

科　　　长　袁树理（2009.4—2010.3）

副　科　长　张旭亮（2009.4—2010.3）

鲁　林（2009.4—2010.3）

8. 物资管理科（2008.8—2010.3）

科　　　长　刘永峰（2009.4—2010.3）

副　科　长　罗鹏峰（2009.3—2010.3）

9. 纪监审计科（2008.8—2010.3）

科　　　长　刘建同（2009.3—2010.3）

10. 党群工作科（2008.8—2010.3）

主　　　任　王运良（2008. 8—2010.3）

工会副主席　张建义（2008. 8—2010.3）

团 委 书 记　王怀军（2008.8—2010.3）

11. 机关附属单位

（1）财务结算中心（2009.3—2010.3）

主　　　任　史治珠（正科级，2009.3—2010.3）

（2）安全监督站（2008.8—2010.3）

站　　　长　刘增山（兼任，2008.8—2010.3）

副 站 长　董彦民（2008.8—2010.3）

12. 机关直属单位

信息中心（2009.10—2010.3）

主　　　任　贾兆年（2009.9—2010.3）

（三）所属单位

1. 综合队（2008.8—2010.3）

2010 年 3 月，公司合并后取消科级建制。

队　　　长　于宝岭（副科级，2008.8—2010.4）

副 队 长　贺群牛（2009.3—不详）

　　　　　　　秦建宁（2009.3—不详）

党支部书记　蒋学勇（副科级，2008.8—2010.3）

2. 工程技术服务中心（2008.8—2010.3）

主　　　任　张永青（2009.4—2010.3）

副 主 任　李维民（2009.4—2010.3）

　　　　　　　刘占涛（2009.4—2010.3）

　　　　　　　王润平（2009.4—2010.3）

所属的井控办公室

主　　　任　刘占涛（兼任，2009.4—2010.3）

副 主 任　刘占涛（兼任，2008.8—2009.4）

党支部书记　任宏建（2008.8—2010.3）

工 会 主 席　任宏建（2008.8—2010.3）

3. 泥浆技术服务中心（2008.8—2010.3）

主　　　任　吴廷银（吴庭银，2009.4—2010.3）

副 主 任　吴　太（2009.4—2010.3）

　　　　　　　王志明（2009.4—2010.3）

党支部书记　梅双军（2008. 8—2010.3）

工　会　主　席　梅双军（2008.8—2010.3）

4. 钻前工程作业部（2008.8—2010.3）

主　　　　任　罗　刚（2009.4—2010.3）
副　主　任　陈　箭（2009.4—2010.3）
　　　　　　刘志忠（2009.4—2010.3）
党总支书记　冯建苍（2008.8—2010.3）
工　会　主　席　冯建苍（2008.8—2010.3）

5. 小车队（2008.8—2010.3）

队　　　　长　葛晓斌（正科级，2008.8—2010.3）
副　队　长　谭忠宁（2008.8—2010.3）
党支部书记　张进学（副科级，2008.8—2010.3）

6. 长庆钻井项目部（2008.8—2009.2）

经　　　　理　张志武（兼任，2008.8—2009.2）
副　经　理　孙宏博（2008.8—2009.2）
　　　　　　孙兴凯（2008.8—2009.2）
安　全　总　监　景　彬（2008.8—2009.2）
总　工　程　师　李维民（2008. 8—2009.2）
总　会　计　师　史治珠（2008. 8—2009.2）
党总支书记　张志武（2008. 8—2009.2）
党总支副书记　孙宏博（2008. 8—2009.2）
办公室主任　蒋学勇（2008.8—2009.2）
经营部主任　张旭亮（2008.8—2009.2）
生产运行部主任　孙兴凯（2008.8—2009.2）
技术服务部主任　李维民（2008.8—2009.2）
技术服务部副主任　黄　健（2008.8—2009.2）
　　　　　　刘建强（2008.8—2009.2）
　　　　　　李志尧（2008.8—2009.2）

7. 蒙古项目部（2008.8—2010.3）

经　　　　理　吴　太（2008.8—2009.2）

张志武（兼任，2009.2—2010.3）

副　经　理　鲁　林（2008.8—2009.2）

孙宏博（2009.2—2010.3）

孙兴凯（2009.2—2010.3）

李维民（2009.2—2010.3）

吴　太（2009.2—2010.3）

总工程师　李维民（2009.2—2010.3）

总会计师　史治珠（2009.2—2010.3）

安全总监　景　彬（2009.2—2010.3）

党总支书记　吴　太（2008.2—8）

张志武（兼任，2009.2—2010.3）

党总支副书记　鲁　林（2008.2—8）

孙宏博（2009.2—2010.3）

（1）综合办公室（2008.8—2010.3）

主　　任　钱晓峰（2008.8—2009.2）

张旭亮（2009.2—2010.3）

副 主 任　李勇鹏（2008.8—2009.2）

蒋学勇（2009.2—2010.3）

梁　冰（2009.2—2010.3）

（2）生产办公室（2008.8—2010.3）

主　　任　钱晓峰（2009.2—2010.3）

副 主 任　李志尧（2009.2—2010.3）

（3）工程技术服务部（2008.8—2010.3）

主　　任　黄　健（2009.2—2010.3）

副 主 任　刘建强（2009.2—2010.3）

8. 青海项目部（2008.5—2010.3）

根据渤海钻探工程公司5月14日专题会议关于抽调公司3部钻机赴青海参加涩北气田开发建设的要求，经公司2008年5月16日，党政领导联席会议研究决定，成立青海项目部，项目部经理李俊禄，副经理罗刚。项目部机关成员共19人组成，分别从公司机关相关部门和二线各单位抽调。

经　　　理　李俊禄（兼任，2009.2—2010.3）

副　经　理　罗　刚（2009.2—2010.3）

王润平（2009.2—2010.3）

安 全 总 监　罗　刚（2009.2—2010.3）

党 总 支 书 记　李俊禄（兼任，2009.2—2010.3）

副党总支书记　罗　刚（2009.2—2010.3）

（1）综合管理部（2008.5—2010.3）

主　　　任　段建军（2009.2—2010.3）

（2）工程技术部（2008.5—2010.3）

主　　　任　陈卫民（2009.2—2010.3）

第十节　井下技术服务分公司（2008.2—2013.12）

一、大港油田分公司井下技术服务公司（2008.2—2009.10）

2008 年 2 月，大港油田集团公司与大港油田公司重组整合，井下技术服务公司隶属大港油田公司。延续原管理体制和机构设置。办公地点在天津市大港油田港西大道。

截至 2009 年 3 月，在册员工 2756 人，机关部室 13 个：经理办公室、市场开发部、财务资产部、生产协调部、质量安全环保部、国际工程部、物资装备部、技术开发部、武装保卫部、党委工作部、党委组织部、监察审计部（纪委办公室）、群众工作部。机关附属 7 个：南部项目部、国际项目经理部、信息室、档案室、打字室、生产值班室、治安巡逻队。机关直属 7 个：维护稳定办公室（有偿解除劳动合同人员服务站）、安全监督站、离退休职工管理中心、勘探开发项目部、大庆项目部、冀东项目部、长庆项目部。所属单位 10 个：试油工程分公司、压裂酸化分公司、测试分公司、278 技术研究所、试采分公司、修造准备分公司、管子工具分公司、行政服务中心、恒丰科工贸总公司、亚龙运输中心。

2009 年 10 月，公司整建制划归渤海钻探工程有限公司。

（一）领导机构

1. 大港油田分公司井下技术服务公司行政领导名录（2008.2—2009.10）

　　经　　理　汪国庆（2008.2—2009.10）
　　副 经 理　王　伟（2008.2—2009.10）
　　　　　　　于长录（兼任，2008.2—2009.10）
　　　　　　　高和记（兼任，2008.2—2009.10）
　　　　　　　韩俊喜（2008.2—2009.10）
　　　　　　　任宝良（2008.2—2009.10）
　　安全总监　任宝良（2008.2—2009.10）
　　总会计师　韩俊喜（2008.2—2009.10）
　　总工程师　于长录（2008.2—2009.10）

2. 大港油田分公司井下技术服务公司党委领导名录（2008.2—2009.10）

　　书　　记　王　伟（2008.2—2009.10）
　　副 书 记　汪国庆（2008.2—2009.10）
　　　　　　　赵树满（2008.2—2009.10）
　　委　　员　王　伟（2008.2—2009.10）
　　　　　　　汪国庆（2008.2—2009.10）
　　　　　　　于长录（2008.2—2009.10）
　　　　　　　高和记（2008.2—2009.10）
　　　　　　　韩俊喜（2008.2—2009.10）
　　　　　　　任宝良（2008.2—2009.10）
　　　　　　　赵树满（2008.2—2009.10）

3. 大港油田分公司井下技术服务公司纪委领导名录（2008.2—2009.10）

　　书　　记　赵树满（2008.2—2009.10）

4. 大港油田分公司井下技术服务公司工会领导名录（2008.2—2009.10）

　　主　　席　赵树满（2008.2—2009.10）
　　副 主 席　楼　斌（2008.2—2009.6）
　　　　　　　郭世广（2009.6—12）

5. 大港油田分公司井下技术服务公司副总师、经理助理名录（2008.2—2009.10）

安全副总监 刘福生（2008.2—2009.12）

副总工程师 张文胜（2008.2—2009.12）

经理助理 刘景兴（2008.2—2009.12）

吕选鹏（2008.2—2009.12）

魏占国（2008.2—2009.12）

李瑞杰（2008.2—2009.12）

陈田勇（2008.2—2009.12）

（二）机关部门

1. 经理办公室（2008.2—2009.12）

2009 年 12 月，经理办公室随井下技术服务公司划转到渤海钻探工程公司。定员 5 人，科长 2 人，科员 3 人。下辖打字室、信息室、档案室 3 个附属单位。主要职责为整理每月要事、秘书管理、文书管理、计划生育工作、通信管理、档案管理。

主任 刘　勇（2008.2—2009.12）

副主任 王宗毅（2008.2—2009.12）

信息室（2008.2—2009.12）

主任 赵树红（女，2008.2—2009.12）

2. 市场开发部（2008.2—2009.12）

2009 年 12 月，井下技术服务公司划转到渤海钻探工程公司后，市场开发部更名为市场开发科，项目办公室更名为基建项目办公室。定员 6 人，科长 2 人，科员 4 人。2011 年 3 月 3 日，因业务需要，经井下技术服务分公司党委会研究决定，特下发《关于基建办公室机构调整的通知》。将基建办公室由原市场开发科附属单位改列为企管法规科附属单位管理，原各项管理职能不变。

主任 王小勇（2008.2—2009.12）

副主任 吴胜新（2008.2—2009.12）

喻　彬（2008.2—2009.12）

尹中友（2008.2—2009.3）

项目办公室主任 张　杰（2009.3—12）

3. 国际工程部（2008.2—2009.12）

2009 年 12 月，井下技术服务公司划转到渤海钻探工程公司后，国际工程部更名为国际工程科。定员 6 人，科长 2 人，科员 4 人。下辖国际项目经理部 1 个附属单位。

平　台　经　理　陈　谊（2008.2—8）
赵永杰（2008.2—2009.3）
王国亮（2008.2—2009.3）
张国昌（2008.2—2009.3）
陈　彬（2008.2—2009.3）
吴文波（2008.2—2009.3）

4. 财务资产部（2008.2—2009.12）

2009 年 12 月，井下技术服务公司划转到渤海钻探工程公司后，财务资产部更名为财务资产科。定员 11 人，科长 3 人，科员 8 人。主要职责为固定资产管理、税收管理、成本管理、资金管理。

主　　　任　罗启权（2008.2—2009.12）
副　主　任　周旭宇（2008.2—3）
任明亮（2009.3—12）
谌卫东（2009.3—12）

5. 生产协调部（2008.2—2009.12）

2009 年 12 月，井下技术服务公司划转到渤海钻探工程公司后，生产协调部更名为生产协调科。定员 12 人，科长 3 人，科员 9 人。主要负责综合管理、工农关系管理、生产值班和公司仲裁等工作。

主　　　任　杨　军（2008.2—2009.12）
副　主　任　商其山（2008.2—2009.12）
李春宁（2008.2—2009.12）
顾兴军（正科级，兼任，2008.2—2009.12）
南部项目部经理　顾兴军（兼任，2008.2—2009.12）
南部项目部副经理　文　哲（2008.2—2009.12）
薛福俊（2008.2—2009.3）

李　伦（2009.3—12）

6. 质量安全环保部（2008.2—2009.12）

2009 年 12 月，井下技术服务公司划转到渤海钻探工程公司后，质量安全环保部更名为质量安全环保科。定员 11 人，科长 5 人，科员 6 人。主要负责公司工业生产安全、交通安全、消防安全、环境保护管理、职业健康管理、质量、计量、标准化管理、QHSE 管理体系管理。

主　　任　李希山（2008.2—2009.12）

副 主 任　苏富红（2008.2—2009.12）

谷新江（2008.2—2009.12）

张国昌（2009.3—12）

7. 物资装备部（2008.2—2009.12）

2009 年 12 月，井下技术服务公司划转到渤海钻探工程公司后，物资装备部更名为物资装备科。定员 11 人，科长 2 人，科员 9 人。主要负责整个公司的物资、装备采购管理工作及节能节材管理工作。

主　　任　燕晓民（2008.2—2009.3）

副 主 任　倪振海（2008.2—2009.3）

楼国祥（2009.3—12）

高级专家　刘广田（正科级，2009.3—12）

8. 技术开发部（2008.2—2009.12）

2009 年 12 月，井下技术服务公司划转到渤海钻探工程公司后，技术开发部更名为技术开发科。定员 6 人，科长 3 人，科员 3 人。主要负责公司的科技管理、工程事故管理、井控管理、科技信息交流及制定相关技术文件等工作。2011 年 4 月，成立井控监管站。

主　　任　刘德正（2008.2—2009.3）

燕晓民（2009.3—12）

副 主 任　李志义（2008.2—2009.12）

付友忠（2008.6—2009.12）

9. 武装保卫部（2008.2—2009.12）

2009 年 12 月，井下技术服务公司划转到渤海钻探工程公司后，武装保工部更名为武装保卫科。定员4人，科长2人，科员2人。主要负责武装管理，治安管理，户籍管理，巡逻队管理。

主　　任 刘向正（2008.2—2009.12）

副 主 任 李政武（2008.2—2009.12）

10. 党委工作部（2008.2—2009.12）

2009年12月，井下技术服务公司划转到渤海钻探工程公司后，党委工作部更名为党委办公室（党委宣传部）。定员6人，科长2人，科员4人 。主要负责文书工作、宣传工作、心得交流等。

主　　任 王建国（2008.2—2009.12）

副 主 任 程松林（2008.2—2009.12 ）

11. 党委组织部（人事劳资部）—人事劳资科（党委组织部）（2008.2—2009.12）

2009年12月，井下技术服务公司划转到渤海钻探工程公司后，党委组织部（人事劳资部）更名为人事劳资科（党委组织部）。定员11人，科长3人，科员8人。主要负责劳动管理、绩效考核、工资管理、培训管理、党组织管理、大学生管理、科级干部管理、劳动组织管理、社会统筹保险管理、职业技能鉴定管理、就失业及离退休管理和专业技术干部管理工作。2010年9月，成立中国石油渤海钻探第一井下职业技能鉴定站。列井下技术服务公司人事劳资科附属科级单位管理，业务上归渤海钻探职业技能鉴定中心直接领导，定员3人，其中科级职数1人。

主　　任 张北发（2008.2—2009.12）

副 主 任 李永忠（2008.2—2009.12）

崔树香（女，2008.2—2009.12）

12. 监察审计部（纪委办公室）（2008.2—2009.12）

2009年12月，井下技术服务公司划转到渤海钻探工程公司后，监察审计部（纪委办公室）更名为监察审计科（纪委办公室）。定员3人，科长1人，科员2人。主要负责党风建设，接待来信来访，效能监察以及审计。

主　　任 刘效峰（2008.2—2009.12）

13. 群众工作部（2008.2—2009.12）

2009年12月，井下技术服务公司划转到渤海钻探工程公司后，群众工作部更名为群众工作科（包括工会办公室、团委）。定员7人，科长2人，科员5人。日常工作包括生活保障、群众生产、民主管理、工会组织、组织宣传、女工工作和工会财务管理等内容。

主　　任 楼　斌（2008.2—2009.3）
郭世广（2009.3—12）
副 主 任 马丽丽（女，2008.2—2009.12）
工会办公室主任 楼　斌（兼任，2008.2—2009.3）
郭世广（2009.3—12）
团委副书记 马丽丽（兼任，2008.2—2009.12）

14. 维护稳定办公室（有偿解除劳动合同人员服务站）（2008.2—2009.12）

2009年12月，维护稳定办公室（有偿解除劳动合同人员服务站）随井下技术服务公司划转到渤海钻探工程公司。定员6人，科长2人，科员4人。主要负责维稳工作，家属管理工作，解除劳动合同管理。

主　　任 刘景兴（兼任，2008.2—2009.12）
副 主 任 张西臣（2008.2—2009.12）

15. 安全监督站（2008.2—2009.12）

2009年12月，安全监督站随井下技术服务公司划转到渤海钻探工程公司。定员20人，科长5人，科员15人。

站　　长 郑瑞松（2008.2—2009.12）
副 站 长 周庆发（2008.2—2009.12）
薛金祥（2008.6—2009.12）
杨其兴（2009.3—12）

16. 离退休职工管理中心（2008.2—2009.12）

2009年12月，离退休职工管理中心划转到大港油田井下作业公司。

主　　任 郭世广（2008.2—2009.3）
孙杜军（2009.3—12）
副 主 任 郑建杰（2008.2—2009.3）

赵益军（2008.2—2009.12）
刘立稳（2009.3—12）
党总支书记　郭世广（兼任，2008.2—2009.3）
孙杜军（2009.3—12）
工 会 主 席　郭世广（兼任，2008.2—2009.3）
孙杜军（2009.3—12）

17. 勘探开发项目部（2008.2—2009.12）

2009 年 12 月，勘探开发项目部随公司划转到渤海钻探工程公司。定员 38 人，科长 8 人，科员 30 人。作为公司的技术服务单位，主要负责公司企业标准制订及修订，科研项目研究及新工艺新技术推广应用。

经　　　理　张世林（正科级，2008.2—2009.12）
副　经　理　王玉忠（2008.2—2009.12）
韩守印（2008.2—2009.3）
吴英新（2008.2—2009.12）
王　江（2008.2—2009.12）
王玉忠（正科级，兼任，2009.3—12）
赵永杰（2009.3—12）
吴文波（2009.3—12）
韩祥海（2009.3—12）
朱维和（兼任，2009.3—12）
主任工程师　韩守印（兼任，2008.2—2009.3）
王玉忠（正科级，2009.3—12）
党总支书记　韩守印（正科级，2008.2—2009.3）
朱维和（正科级，2009.3—12）

18. 长庆项目部（2008.2.10—2009.12）

2009 年 12 月，长庆项目部随井下技术服务公司整体划归渤海钻探工程公司。

经　　　理　李光旭（2008.2—2009.12）
副　经　理　梁昌保（正科级，2008.2—2009.12）

李大生（正科级，2008.2—2009.12）
张建华（2008.2—2009.3）
苟景锋（2008.2—2009.12）
赵　勇（2008.2—2009.12）
王　林（2008.2—2009.12）
苟景锋（正科级，2008.2—2009.12）
王　强（2008.6—2009.12）

党总支书记　李大生（2008.2—2009.12）
党总支副书记　李光旭（兼任，2008.2—2009.12）
工会主席　李大生（兼任，2008.2—2009.12）

19. 冀东项目部（2008.2—2009.12）

2009 年 12 月，冀东项目部随井下技术服务公司整体划归渤海钻探工程公司。

经　　理　李瑞杰（2008.2—2009.12）
副 经 理　薛金祥（2008.2—2008.6）
刘理民（2008.2—2009.12）
田胜敏（2008.2—2009.12）
陈文清（正科级，兼任，2008.2—2009.12）
杨兴其（2008.2—2009.3）
李现奎（2008.6—2009.12）

党总支书记　田胜敏（2008.2—2009.12）
党总支副书记　李瑞杰（兼任，2008.2—2009.12）
工会主席　田胜敏（兼任，2008.2—2009.12）

20. 试油工程分公司（2008.2—2009.12）

2009 年 12 月 4 日，井下技术服务公司业务划转到渤海钻探工程公司后，试油工程分公司更名为渤海钻探井下技术服务分公司试油工程作业部。

经　　理　雷正辉（2008.2—2009.12）
副 经 理　温宝堂（兼任，2008.2—2009.12）
徐大富（正科级，2008.2—2009.12）

赵　林（2008.2—不详）
李诗仙（2008.2—2009.12）
何树明（2008.2—2009.12）
陈文清（2006.11—2009.12）
陈文清（正科级，2008.2—2009.12）
张仁勇（2008.2—2009.12）
彭军平（2008.2—2009.12）
钟　华（2008.2—2009.12）
陈　彬（2009.3—12）
王国亮（2009.3—12）
王大利（2009.3—不详）

党总支书记　温宝堂（2008.2—2009.12）
党总支副书记　雷正辉（兼任，2008.2—2009.12）
工会主席　温宝堂（兼任，2008.2—2009.12）

21. 压裂酸化分公司（2008.2—2009.12）

2009年12月4日，井下技术服务公司业务划转到渤海钻探工程公司后，压裂酸化分公司更名为渤海钻探井下技术服务分公司压裂酸化作业部。

经　　理　韩春阳（2008.2—2009.12）
副 经 理　朱维和（兼任，2008.2—2009.3）
王传潮（2008.2—2009.12）
李宝军（2008.2—2009.12）
楼国祥（2008.2—2009.3）
赵国荣（2008.2—2009.12）
张　骥（2008.2—2009.12）
姜　勇（2009.3—12）
任连财（兼任，2009.3—12）

党总支书记　朱维和（2008.2—2009.3）
任连财（2009.3—12）
党总支副书记　韩春阳（兼任，2008.2—2009.12）
工会主席　朱维和（兼任，2008.2—2009.3）

任连财（2009.3—12）

22. 测试分公司（2008.2—2009.12）

2009 年 12 月 4 日，井下技术服务公司业务划转到渤海钻探工程公司后，测试分公司更名为渤海钻探井下技术服务分公司测试工程作业部。

经　　　理　李瑞杰（2008.2—10）
　　　　　　　吴兆亮（2008.2—2009.12）
副　经　理　邢国义（2008.2—2009.12）
　　　　　　　冯其雨（2008.2—2009.12）
　　　　　　　马清波（2008.2—2009.12）
　　　　　　　姜有才（2008.2—2009.12）
　　　　　　　陈　辉（2008.2—2009.12）
　　　　　　　朱东营（兼任，2009.3—12）
党总支书记　吴兆亮（2008.2—2009.3）
　　　　　　　朱东营（2009.3—12）
党总支副书记　吴兆亮（兼任，2008.2—2009.12）
工 会 主 席　吴兆亮（兼任，2008.2—2009.3）
　　　　　　　朱东营（2009.3—12）

23. 管子工具分公司（2008.2—2009.12）

2009 年 12 月 4 日，井下技术服务公司业务划转到渤海钻探工程公司后，管子工具分公司更名为渤海钻探井下技术服务分公司管具服务中心。

经　　　理　倪振海（2009.3—12）
副　经　理　夏　琪（兼任，2008.2—2009.12）
　　　　　　　宋晓生（2008.2—2009.12）
　　　　　　　刘广田（2008.2—2009.3）
　　　　　　　王荣业（2008.2—2009.12）
　　　　　　　薛福俊（2009.3—12）
党总支书记　夏　琪（2008.2—2009.12）
党总支副书记　刘广田（兼任，2008.2—2009.3）
　　　　　　　倪振海（兼任，2009.3—12）

工会主席 夏　琪（兼任，2008.2—2009.12）

24. 修造准备分公司（2008.2—2009.12）

2009年12月4日，井下技术服务公司业务划转到渤海钻探工程公司后，修造准备分公司更名为渤海钻探井下技术服务分公司修造准备中心。

经　　理 孔凡波（2008.2—2009.12）
副 经 理 朱东营（兼任，2008.2—2009.3）
邓云建（2008.2—2009.12）
路永军（2008.2—2009.12）
仝选德（2008.2—2009.12）
党总支书记 朱东营（2008.2—2009.3）
孔凡波（兼任，2009.3—12）
党总支副书记 孔凡波（兼任，2008.2—2009.3）
工会主席 朱东营（兼任，2008.2—2009.3）
孔凡波（兼任，2009.3—12）

25. 井下技术研究所（2008.2—2009.12）

所　　长 刘海滨（2008.2—7）
任连财（2008.2—2009.3）
刘德正（2009.3—12）
副 所 长 王文忠（兼任，2008.2—12）
纪玉金（2008.2—2009.12）
冯海江（2008.2—2009.12）
刘立稳（2008.2—2009.3）
张建华（2009.3—12）
党总支书记 任连财（兼任，2008.2—2009.3）
冯海江（2009.3—12）
党总支副书记 刘德正（兼任，2009.3—12）
工会主席 纪玉金（2008.2—2009.3）
冯海江（2009.3—12）

26. 行政服务中心（2008.2—2009.12）

经　　　理　张　杰（2008.2—2009.3）
　　　　　　　楼　斌（2009.3—12）
副　经　理　高　华（2008.2—2009.12）
　　　　　　　崔海峡（兼任，2008.2—2009.12）
　　　　　　　张希祥（2008.2—2009.12 ）
党总支书记　崔海峡（2008.2—2009.12）
党总支副书记　张　杰（兼任，2008.2—2009.3）
　　　　　　　楼　斌（兼任，2009.3—12）
工 会 主 席　崔海峡（兼任，2008.2—2009.12）

27. 试采分公司（2008.2—2009.12）

2009 年 12 月 4 日，井下技术服务公司业务划转到渤海钻探工程公司后，试采分公司更名为渤海钻探井下技术服务分公司试采工程作业部。

经　　　理　程书会（2008.2—2009.12）
副　经　理　宗旭明（2008.2—2009.3）
　　　　　　　陈金生（2008.2—2009.12）
　　　　　　　李　伦（2008.2—2009.3）
　　　　　　　肖广才（2008.2—2009.12）
　　　　　　　尹中友（2009.3—12）
党总支书记　程书会（兼任，2008.2—2009.12）
工 会 主 席　程书会（兼任，2008.2—2009.12）

28. 亚龙运输中心（2008.2—2009.12）

经　　　理　马建山（2008.2—2009.12）
副　经　理　时习怀（2008.2—不详）
　　　　　　　马占途（2008.2—2009.12）
　　　　　　　贺文俊（2008.2—2009.12）
　　　　　　　赵连朋（2008.2—2009.3）
　　　　　　　李天权（2009.3—2009.12）
党总支书记　李新武（2008.2—2009.12）

工　会　主　席　李新武（兼任，2008.2—2009.12）

29. 恒丰科工贸总公司（2008.2—2009.12）

经　　　　理　薛占争（2008.2—2009.12）
副　经　理　孙杜军（兼任，2008.2—2009.3）
党总支书记　孙杜军（2008.2—2009.3）
党总支副书记　薛占争（兼任，2008.2—2009.12）
工　会　主　席　孙杜军（兼任，2008.2—2009.3）

二、渤海钻探工程有限公司时期井下技术服务公司（2009.10—2013.12）

2009年10月，经总经理办公会议研究，成立渤海钻探井下技术服务公司；大港油田井下技术服务公司更名为中国石油集团渤海钻探工程有限公司井下技术服务分公司（以下简称井下技术服务公司），列渤海钻探公司所属二级单位管理；将大港油田井下作业公司所属的钻修分公司纳入井下技术服务公司科级单位管理。井下技术服务公司主要从事试油、酸化、压裂、大修、侧钻、测试、试采、调剖、堵水和防砂等石油工程技术服务业务。

2009年12月，井下技术服务公司机关及直附属单位和所属单位组织机构进行设置。

井下技术服务公司机关设立经理办公室、党委办公室（党委宣传部）、市场开发科、国际工程科、生产协调科、质量安全环保科、技术开发科、企管法规科、财务资产科、物资装备科、人事劳资科（党委组织部）、监察审计科（纪委办公室）、群众工作科（工会办公室、团委）、武装保卫科14个科室。其中企管法规科为新设立科室，具体负责公司经营政策制定，组织对所属单位进行考核，队伍资质管理和对外合同评审以及统计工作和法律事务管理。机关科室暂定员105人，其中科级定员34人。

井下技术服务公司机关设立南部项目部、国际项目经理部、基建项目办公室、培训中心、结算中心、信息室、档案室、打字室、治安巡逻队9个附属单位。其中培训中心、结算中心、为新增附属单位，培训中心具体负责公司培训计划落实和培训业务开展，培训教案开发，培训效果评估；结算中心负责财务结算工作。机关附属暂定员38人，其中科级定员10人。

井下技术服务公司机关下设维护稳定办公室、安全监督站、勘探开发项目部、工程项目部、机关小车队、长庆项目部、冀东项目部、河南项目部、华油项目部、金坛项目部10个直属单位，其中工程项目部、河南项目部、华油项目部、金坛项目部为新增直属单位。工程项目部主要针对划转过来的侧钻、大修业务，进行作业施工方案设计，负责牵头组织实施侧钻，大修井的工程服务项目，并负责合同的洽谈签订、结算工作，负责侧钻、大修现场施工把关。河南项目部、华油项目部、金坛项目部是此次业务划转而接收的项目部，继续保留项目部组织机构，负责相应项目管理。机关直属暂定员179人，科级定员46人。

井下技术服务公司设立有10个所属单位，分别为：试油工程作业部、钻修工程作业部、压裂酸化作业部、测试工程作业部、试采工程作业部、管具服务中心、修造准备中心、井下技术研究所、行政服务中心、亚龙运输中心。

2010年9月，成立中国石油渤海钻探第一井下职业技能鉴定站。列井下技术服务公司人事劳资科附属科级单位管理，业务上归渤海钻探职业技能鉴定中心直接领导，定员3人，其中科级职数1人。主要负责大港片区各单位的井下作业工、作业机司机、汽车驾驶员等专业工种职业技能鉴定的组织工作。

2011年3月，市场开发科附属单位基建办公室列为企管法规科附属单位管理，基建办公室原各项管理职能不变。

2011年3月，为实施侧钻业务专业化管理，促进该业务健康快速发展。经总经理办公会议研究决定调整公司侧钻业务管理体制，将井下技术服务公司侧钻业务划归第一钻井公司管理，同时将井下技术服务公司侧钻15601、15602、15621、15623、12625队的人员连同资质一并划转到第一钻井公司（共计149人，其中钻修机关及附属单位14人），划转后井下技术服务公司仍保留4个侧钻资质。

2011年4月22日，成立井控监管站。列技术开发科副科级级附属单位管理，暂定员8人。其主要职责为：全面负责公司井控管理工作相关的规划计划、推广应用、宣传教育、监督把关等一系列相关工作。

2009年10月，成立中共渤海钻探工程有限公司井下技术服务分公司委员会。委员会由王伟、汪国庆、赵树满、于长录、张曙光、高和记、韩俊喜、仨宝良、黄巨臣等 9 人组成。王伟同志任党委书记，汪国庆、赵树满同志任党委副书记。成立中共渤海钻探工程有限公司井下技术服务分公司纪律检查委员会。赵树满同志任纪委委员、纪委书记。赵树满同志任井下技术服务分公司工会主席。

2011 年 6 月，中共井下技术服务分公司第二次代表大会召开，选举产生第二届委员会和纪律检查委员会，王伟为党委书记，汪国庆为党委副书记，赵树满为纪委书记。所属 11 个党总支、93 个党支部，共有党员 937 人。109 名正式代表参加会议。大会以差额选举、无记名投票的方式选举产生第二届委员会委员 8 名，分别为：王伟、吕选鹏、任宝良、汪国庆、张曙光、赵树满、高和记、韩俊喜；选举产生纪律检查委员会委员 5 名，分别为：刘向正、刘效锋、张北发、赵树满、郭世广。大会听取和审议了王伟代表分公司党委所做的工作报告，听取和审议了赵树满代表公司纪委所做的工作报告，并通过相应的决议。同日，召开中国共产党渤海钻探工程有限公司井下技术服务分公司第二届委员会第一次全体会议和纪律检查委员会第一次全体会议召开。会议以等额选举、无记名投票的方式选举产生第二届委员会书记和副书记：王伟任党委书记，汪国庆、赵树满任党委副书记。会议以等额选举、无记名投票方式，经中国共产党渤海钻探工程有限公司井下技术服务分公司第二届委员会第一次全体会议通过，选举产生纪律检查委员会书记：赵树满任井下技术服务分公司纪律检查委员会书记。

2013 年 7 月，对井下技术服务公司机关及直附属单位和所属单位组织机构进行设置。公司机关设经理办公室（党委办公室）、生产协调科、市场管理科、质量安全环保科、人事劳资科（党委组织部）、财务资产科、技术开发科、物资装备科、监察审计科、群众工作科等 10 个科室，定员 108 人（含处级人员），其中，科级职数 34 人（含 5 名助理级人员）。机关附属设第一井下职业技能鉴定站和信息档案室，暂定员 16 人，其中科级职数 2 人。

井下技术服务公司下设 10 个直属科级单位：安全监督站、井控监管站、人力资源中心、财务核算中心、维护稳定办公室，国际工程项目部、长庆项目部、冀东项目部、金坛项目部、南部项目部等，定员 147 人。

井下技术服务公司下设 9 个所属单位：试油工程作业部、压裂酸化作业部、钻修（试采）工程作业部、测试工程作业部、技术研发中心、管具服务中心、修造准备中心、车辆服务中心、行政服务中心，以及天津大港油田亚龙运输中心。

10月，成立东北项目部，列直属科级单位管理，暂定员6人，其中，科级职数3人。

10月，技术研发中心设勘探室、开发室、大修室、措施室、值班室、化验室、计量室、资料室、泥浆站等9个直属队级单位。天津大港油田井下恒丰福利化工厂列技术研发中心直属队级单位管理，暂定员26人。

（一）领导机构

1. 井下技术服务分公司行政领导名录（2009.10—2013.12）

经　　理　汪国庆（2009.10—2013.12）

副 经 理　王　伟（2009.10—2013.8）①

于长录（2009.10—2010.5）②

张曙光（2009.10—2013.12）

高和记（2009.10—2013.10）

韩俊喜（2009.10—2013.12）

任宝良（2009.10—2013.12）

黄巨臣（2009.10—2011.3）③

吕选鹏（2010.6—2011.11）④

张世林（2011.11—2013.12）

刘广田（2011.11—2013.12）

安全总监　任宝良（2009.10—2011.11）

刘广田（2011.11—2013.12）

总会计师　韩俊喜（2009.10—2013.12）

总工程师　于长录（2009.10—2010.5）⑤

吕选鹏（2010.6—2011.11）

① 2013年8月，王伟调任渤海钻探测井公司党委委员、党委副书记。

② 2010年5月，于长录调任工程技术处副处长。

③ 2011年3月，黄巨臣调任国际工程分公司副经理。

④ 2011年11月，吕选鹏调任工程技术处副处长。

⑤ 2010年5月，调任工程技术处副处长。

张世林（2011.11—2013.12）

2. 井下技术服务分公司党委领导名录（2009.10—2013.12）

书　　记　王　伟（2009.10—2013.8）

高和记（2013.10—12）

副 书 记　汪国庆（2009.10—2013.12）

赵树满（2009.10—2013.12）

委　　员　汪国庆（2009.10—2013.12）

赵树满（2009.10—2013.12）

于长录（2009.10—2010.5）

张曙光（2009.10—2013.12）

高和记（2009.10—2013.12）

韩俊喜（2009.10—2013.12）

任宝良（2009.10—2013.12）

黄巨臣（2009.10—2011.3）

吕选鹏（2010.6—2011.11）

张世林（2011.11—2013.12）

刘广田（2011.11—2013.12）

3. 井下技术服务分公司纪委领导名录（2009.10—2013.12）

书　　记　赵树满（2009.10—2013.12）

4. 井下技术服务分公司工会领导名录（2009.10—2013.12）

主　　席　赵树满（2009.10—2013.12）

副 主 席　郭世广（2009.12—2013.12）

5. 井下技术服务分公司副总师、经理助理名录（2009.10—2013.12）

安全副总监　刘福生（2009.12—2013.12）

副总工程师　张文胜（2009.12—2013.12）

刘广田（2011.3—11）

李希山（兼任，2013.4—12）

苟景峰（兼任，2013.4—12）

王玉忠（兼任，2013.4—12）

副总地质师　张世林（2011.3—11）
经 理 助 理　刘景兴（2009.12—2013.12）
吕选鹏（2009.12—2010.6）
魏占国（2009.12—2013.12）
李瑞杰（2009.12—2013.12）
陈田勇（2009.12—2013.3）
高 级 主 管　雷正辉（兼任，2011.3—2013.12）
温宝堂（兼任，2011.3—2013.12）
韩春阳（兼任，2011.3—2012.3）

（二）机关部门

1. 经理办公室（2009.12—2013.9）

2009 年 12 月，随井下技术服务公司划转到渤海钻探工程公司。定员 5 人，科长 2 人，科员 3 人。下辖打字室、信息室、档案室三个附属单位。主要职责为整理每月要事、秘书管理、文书管理、计划生育工作、通信管理、档案管理。

2013 年 9 月，经井下技术服务分公司组织机构调整，经理办公室与党委办公室（党委宣传部）合并，组成经理办公室（党委办公室）。

主　　　任　刘　勇（2009.12—2013.9）
副　主　任　王宗毅（2009.12—2013. 9）
信息室主任　赵树红（2009.12—2013. 9）
王宗毅（2009.12—2013. 9）

2. 党委办公室（党委宣传部）（2009.12—2013.9）

2009 年 12 月，井下技术服务公司划转到渤海钻探工程公司后，党委工作部更名为党委办公室（党委宣传部）。定员 6 人，科长 2 人，科员 4 人 。主要负责文书工作、宣传工作、心得交流等。

2013 年 9 月，经井下技术服务分公司组织机构调整，党委办公室（党委宣传部）与经理办公室合并，组成经理办公室（党委办公室）。

主　　　任　王建国（2009.12—2013. 9）
副　主　任　程松林（2009.12—2011.3）
张丽华（女，2012.2—2013.9）

3. 财务资产科（2009.12—2013.12）

2009 年 12 月，井下技术服务公司划转到渤海钻探工程公司后，财务资产部更名为财务资产科。定员 11 人，科长 3 人，科员 8 人。主要职责为固定资产管理、税收管理、成本管理、资金管理。

2013 年 9 月，经井下技术服务分公司组织机构调整，财务资产科定员增至 13 人，科长 3 人，科员 8 人，主要职责不变。

科　　　长　罗启权（2009.12—2013.12）
副　科　长　任明亮（2009.12—2013.12）
谌卫东（2009.12—2013.12）

4. 生产协调科（2009.12—2013.12）

2009 年 12 月井下技术服务公司划转到渤海钻探工程公司后，生产协调部更名为生产协调科。定员 12 人，科长 3 人，科员 9 人。主要负责综合管理、工农关系管理、生产值班、公司仲裁等工作。

2013 年 9 月，经井下技术服务分公司组织机构调整，南部项目部与生产协调科分离，由附属单位转为直属单位。生产协调科定员减至 10 人，科长 3 人，科员 7 人，其他主要职责不变。

科　　　长　杨　军（2009.12—2013.12）
副　科　长　商其山（2009.12—2013.12）
李春宁（2009.12—2010.3）
顾兴军（正科级，2009.12—2012.2）
范庆丰（2010.3—2013.12）
南部项目部经理　顾兴军（2009.12—2012.2）
钟　华（2012.2—2013.9）
南部项目部副经理　文　哲（2009.12—2011.9）
李　伦（2009.12—2011.3）
肖广才（2010.3—2013.9）
张新忠（2011.3—7）
王文山（2011.7—2013.9）
杨兴其（2012.2—2013.9）

5. 质量安全环保科（2009.12—2013.12）

2009 年 12 月井下技术服务公司划转到渤海钻探工程公司后，质量安全环保部更名为质量安全环保科。定员 11 人，科长 5 人，科员 6 人。主要负责公司工业生产安全、交通安全、消防安全、环境保护管理、职业健康管理、质量、计量、标准化管理、QHSE 管理体系管理。

科　　长　李希山（2009.12—2011.11）
刘福生（兼任，2011.11—2012.2）
康相千（2012.2—2013.12）

副 科 长　苏富红（2009.12—2013.12）
张国昌（2009.12—2013.12）
李福良（2009.12—2011.3）
谷新江（正科级，2011.3—9）
葛江胜（正科级，2011.9—2013.12）
杨宝明（2013.4—12）

6. 市场开发科（2009.12—2013.9）

2009 年 12 月井下技术服务公司划转到渤海钻探工程公司后，市场开发部更名为市场开发科，项目办公室更名为基建项目办公室。定员 6 人，科长 2 人，科员 4 人。

2011 年 3 月，将基建办公室由市场开发科附属单位改列为企管法规科附属单位管理，原各项管理职能不变。

2013 年 9 月，经井下技术服务分公司组织机构调整，市场开发科和企管法规科、基建办合并，组成市场管理科。

科　　长　王小勇（2009.12—2010.3）
李光旭（2010.3—2011.3）
吴兆亮（2011.3—2013.9）

副 科 长　张仁勇（兼任，2011.3—2013.9）
陈　辉（2011.3—2013.7）

基建项目办公室主任　张　杰（2009.12—2011.3）

7. 企管法规科（2009.12—2013.9）

2009 年 12 月，企管法规科成立，列公司机关科级单位管理。定员 6 人，科长 2 人，科员 4 人。主要负责公司经营政策制定，组织对所属单位进行考核，队伍资质管理和对外合同评审以及统计工作和法律事务管理。

2011 年 3 月，将基建办公室由原市场开发科附属单位改列为企管法规科附属单位管理，原各项管理职能不变。

2013 年 9 月，经井下技术服务分公司组织机构调整，市场开发科和企管法规科、基建办合并，组成市场管理科。

主　　任　魏占国（兼任，2009.12—2013.9）
副 主 任　吴胜新（2009.12—2013.9）
基建项目办公室主任　张　杰（2011.3—2013.9）

8. 物资装备科（2009.12—2013.12）

2009 年 12 月，井下技术服务公司划转到渤海钻探工程公司后，物资装备部更名为物资装备科。定员 11 人，科长 2 人，科员 9 人。主要负责整个公司的物资、装备采购管理工作及节能节材管理工作。

2013 年 9 月，经井下技术服务分公司组织机构调整，物资装备科定员 12 人，科长 3 人，科员 9 人。

高级专家　刘广田（正科级，2009.12—2010.3）
科　　长　郑瑞松（2010.3—2013.12）
副 科 长　楼国祥（2009.12—2013.12）
　　　　　　任洪庆（2010.3—2013.12）

9. 技术开发科（2009.12—2013.12）

2009 年 12 月，井下技术服务公司划转到渤海钻探工程公司后，技术开发部更名为技术开发科。定员 6 人，科长 3 人，科员 3 人。主要负责公司的科技管理、工程事故管理、井控管理、科技信息交流及制定相关技术文件等工作。

2011 年 4 月，成立井控监管站。列技术开发科副科级级附属单位管理，暂定员 8 人。

2013 年 9 月，经井下技术服务分公司组织机构调整，井控监管站与技术开发科分离，列公司直属单位管理。技术开发科定员 4 人，科长 2 人，科员 2 人。

科　　　　　　长 燕晓民（2009.12—2013.12）
副　　科　　长 李志义（2009.12—2010.3）
付友忠（2009.12—2013.4）
井控监管站站长 燕晓民（兼任，2011.5—2013.9）
井控监管站副站长 付友忠（兼任，2011.5—2013.4）
徐卫国（2011.5—2013.9）

10. 人事劳资科（党委组织部）（2009.12—2013.12）

2009 年 12 月，井下技术服务公司划转到渤海钻探工程公司后，党委组织部（人事劳资部）更名为人事劳资科（党委组织部）。定员 11 人，科长 3 人，科员 8 人。主要负责劳动管理、绩效考核、工资管理、培训管理、党组织管理、大学生管理、科级干部管理、劳动组织管理、社会统筹保险管理、职业技能鉴定管理、就失业及离退休管理和专业技术干部管理工作。

2010 年 9 月，成立中国石油渤海钻探第一井下职业技能鉴定站。列井下技术服务公司人事劳资科附属科级单位管理，业务上归渤海钻探职业技能鉴定中心直接领导，定员 3 人，其中科级职数 1 人。主要负责大港片区各单位的井下作业工、作业机司机、汽车驾驶员等专业工种职业技能鉴定的组织工作。

截至 2013 年 12 月，人事劳资科（党委组织部）定员 11 人，科长 4 人，科员 7 人。第一职业技能鉴定站定员 5 人，科长 1 人。

科　　　　　　长 张北发（2009.12—2013.12）
副　　科　　长 李永忠（2009.12—2013.12）
崔树香（2009.12—2013.12）
培训中心副主任 高　富（2009.12—2013.9）
第一职业技能鉴定站站长 张北发（2011.3—2013.12）
副　　站　　长 高　富（2011.3—2013.12）

11. 监察审计科（纪委办公室）（2009.12—2013.12）

2009 年 12 月，井下技术服务公司划转到渤海钻探工程公司后，监察审计部（纪委办公室）更名为监察审计科（纪委办公室）。定员 3 人，科长 1 人，科员 2 人。主要负责党风建设，接待来信来访，效能监察以及审计。

科　　　长　刘效峰（2009.12—2013.12）

监　察　员　陈慧娜（女，2010.3—2013.12）

12. 群众工作科（工会办公室、团委）（2009.12—2013.12）

2009 年 12 月，井下技术服务公司划转到渤海钻探工程公司后，群众工作部更名为群众工作科（工会办公室、团委）。定员 7 人，科长 2 人，科员 5 人。日常工作包括生活保障、群众生产、民主管理、工会组织、组织宣传、女工工作、工会财务管理等内容。

主　　　任　郭世广（2009.12—2013.12）

副　主　任　马丽丽（2009.12—2013.12）

工会办公室主任　郭世广（2009.12—2013.12）

团委副书记　马丽丽（2009.12—2013.12）

13. 国际工程科—国际工程项目部（2009.12—2013.12）

2009 年 12 月，井下技术服务公司划转到渤海钻探工程公司后，国际工程部更名为国际工程科。定员 6 人，科长 2 人，科员 4 人。下辖国际项目经理部一个附属单位。

2013 年 9 月，国际工程科更名为国际工程项目部，列公司直属单位管理，定员 14 人，科长 10 人，其中海外平台经理 8 人，科员 4 人。

（1）国际工程科（国际项目经理部）（2009.12—2013.9）

科　　　长　王小勇（2010.3—2011.3）

张仁勇（2011.3—2013.9）

副　科　长　喻　彬（2009.12—2011.3）

陈　辉（2011.3—2013.7）

王绍达（2012.2—2013.9）

彭军平（正科级，2012.2—2013.9）

尹中友（2012.2—2013.7）

马清波（2013.4—9）

赵永杰（2013.4—9）

委内瑞拉平台经理 王绍达（2012.2—2013.9）

伊拉克项目经理 彭军平（正科级，2012.2—2013.9）

国际项目平台经理 倪国胜（2013.4—9）

吴宝志（2013.4—9）

（2）国际工程项目部（2009.12—2013.9）

经　　理 张仁勇（2013.9—12）

副 经 理 王绍达（兼任委内瑞拉平台经理，2013.9—12）

彭军平（正科级，兼任伊拉克项目经理，2013.9—12）

马清波（2013.9—12）

赵永杰（兼任伊拉克项目副经理，2013.9—12）

倪国胜（兼任 BHDC—97 队平台经理，2013.9—12）

吴宝志（兼任 BHDC—98 队平台经理，2013.9—12）

14. 维护稳定办公室（2009.12—2013.9）

2009 年 12 月，随井下技术服务公司划转到渤海钻探工程公司。定员 6 人，科长 2 人，科员 4 人。主要负责维稳工作，家属工管理工作，解除劳动合同管理。

2013 年 9 月，维护稳定办公室与武装保卫科合并，成立新的维护稳定办公室，列公司直属单位管理。定员 14 人，科长 3 人，科员 11 人。

主　　任 刘景兴（2009.12—2010.3）

张西臣（2010.3—2013.4）

王建国（2013.4—12）

副 主 任 张西臣（2009.12—2010.3）

高　华（2013.4—12）

李政武（2013.9—12）

刘向正（2013.9—12）

马占途（2013.9—12）

15. 武装保卫科（2009.12—2013.9）

2009 年 12 月，井下技术服务公司划转到渤海钻探工程公司后，武装保卫部更名为武装保卫科。定员 4 人，科长 2 人，科员 2 人。主要负责武装管理，治安管理，户籍管理，巡逻队管理。

2013 年 9 月，维护稳定办公室与武装保卫科合并，成立新的维护稳定办公室，列公司直属单位管理。

科　　长　刘向正（2009.12—2013.9）
副 科 长　李政武（2009.12—2013.9）
马占途（2010.3—2013.9）

16. 安全监督站（2009.12—2013.12）

2009 年 12 月，随井下技术服务公司划转到渤海钻探工程公司。定员 20 人，科长 5 人，科员 15 人。

2013 年 9 月，安全监督站定员增至 26 人，科长 5 人，科员 21 人。

站　　长　郑瑞松（2009.12—2010.3）
邓云建（2010.3—2013.12）
副 站 长　周庆发（2009.12—2013.12）
薛金祥（2009.12—2010.3）
杨兴其（2009.12—2012.2）
徐卫国（2009.12—2011.5）
李卫东（正科级，2011.3—2013.12）
李现奎（2012.2—2013.12）
杨国明（2012.2—2013.12）
陈文清（2013.4—12）

17. 勘探开发项目部（2009.12—2013.9）

2009 年 12 月，随公司划转到渤海钻探工程公司。定员 38 人，科长 8 人，科员 30 人。作为公司的技术服务单位，主要负责公司企业标准制定及修订，科研项目研究及新工艺新技术推广应用。

2013 年 9 月，撤销勘探开发项目部，职能并入技术研发中心。

经　　理　张世林（2011.3—11）

田胜敏（2012.2—2013.9）
副　经　理　王　江（2009.12—2010.3）
吴文波（2009.12—2010.3）
朱维和（2009.12—2010.3）
王玉忠（2009.12—2011.3）
王　林（2010.3—2011.3）
李春宁（2010.3—2013.9）
陈　彬（2011.3—2012.2）
刘理民（2011.3—2013.9）
张新忠（2011.3—2013.9）
王文山（2011.3—2011.7）
王　林（2012.2—2013.9）
赵永杰（不详—2013.4）
张培宁（2013.4—9）
主任工程师　王玉忠（正科级，2009.12—2011.3）
王　林（正科级，2012.2—2013.12）
党总支书记　朱维和（2009.12—2010.3）
王玉忠（正科级，2010.3—2011.3）
张世林（兼任，2011.3—2013.9）
王　林（2012.2—2013.9）
党支部副书记　田胜敏（2012.2—2013.9）
工　会　主　席　王　林（兼任，2012.2—2013.9）

18. 工程项目部（2009.12—2013.9）

2009 年 12 月，工程项目部成立，列公司直属单位。定员 18 人，科长 8 人，科员 10 人。主要工作为针对划转过来的侧钻、大修业务，进行作业施工方案设计，负责牵头组织实施侧钻、大修井的工程服务项目，并负责合同的洽谈签订、结算工作，负责侧钻、大修现场施工把关。

2013 年 9 月，撤销工程项目部，职能并入技术研发中心。

经　　　理　陈田勇（兼任，2009.12—2011.9）
韩春阳（兼任，2011.9—2012.3）

胡永雄（2012.3—2013.9）

副　经　理 胡永雄（正科级，2009.12—2012.3）

白云清（2009.12—2010.3）

薛福俊（2009.12—2011.3）①

杨光远（2009.12—2010.3）

蒙彦斌（2009.12—2011.3）②

吴英新（2009.12—2013.9）

史志勇（2009.12—2011.3）

尹中友（2010.3—2012.2）

19. 长庆项目部（2009.12—2013.12）

2009年12月随井下技术服务公司整体划归渤海钻探工程公司，同时更名为渤海钻探井下技术服务分公司长庆项目部。长庆项目部以5个职能办公室和16个区域项目组为日常管理核心的机构，项目组按照属地管理的原则，对负责区域进行市场开发、生产组织、安全管理、经营结算等，以保证试油、压裂、钻修、测试等队伍和设备全部运转正常。所辖苏里格区域市场成立了5个区域试气井项目组，试气队18支、压裂车组3套、测试队15支；陕北区域市场成立了6个区域油井项目组，试油（气）队15支、压裂车组6套；陇东区域市场（含中石化项目）成立了3个区域油井项目组，试油队15支、压裂车组5套、钻修队伍2支；煤层气市场成立了2个区域项目组，压裂车组2套。

2013年9月，经井下技术服务分公司组织机构调整，长庆项目部定员28人，科长18人，科员10人，下辖14个项目组，分别是苏东项目组、苏南项目组、合作区块项目组、长南定吴项目组、长南靖南项目组、靖探项目组、苏探项目组、陕北压裂项目组、油井水平井项目组、中石化项目组、超低渗项目组、洪德水平井项目组、陇东压裂项目组、山西煤层气，负责区域生产协调和经营结算。

经　　理 李光旭（2009.12—2010.3）

---

① 2011年3月，薛福俊调一钻工作。

② 2011年3月，蒙彦斌调一钻工作。

副　　经　　理	梁昌保（正科级，2009.12—2010.3）
	李大生（2009.12—2010.3）
	王　林（2009.12—2010.3）
	苟景锋（正科级，2009.12—2013.12）
	王　强（2009.12—2013.12）
	贾正发（正科级，2009.12—2010.3）
	郝兴亮（2009.12—2013.12）
	李道松（2009.12—2013.12）
	赵　勇（正科级，2010.3—2013.12）
	李卫东（正科级，2010.3—2011.3）
	李宝军（2010.3—2013.9；正科级，2013.9—12）
	薛金祥（2010.3—2013.12）
	胡廷洪（2010.3—2013.12）
	张建华（正科级，2011.3—2013.9）
	史志勇（2011.3—2012.2）
	李　伦（2011.3—2013.12）
	徐大富（正科级，2012.2—2013.12）
	刘晓庆（2012.2—2013.12）
	晏　斌（2012.2—2013.12）
	郑莎莎（女，2012.2—2013.12）
	张培宁（2013.9—12）
党总支书记	李大生（2009.12—2010.3）
党总支副书记	李光旭（兼任，2009.12—2010.3）
	赵　勇（正科级，2010.3—2013.12）
工　会　主　席	李大生（2009.12—2010.3）
	赵　勇（2010.3—2013.12）

20. 冀东项目部（2009.12—2013.12）

2009 年 12 月，随井下技术服务公司整体划归渤海钻探工程公司，同时更名为渤海钻探井下技术服务分公司冀东项目部。为公司机关直属单位。

2013 年 9 月，冀东项目部定员 3 人，科长 2 人，科员 1 人。

经　　　理 李瑞杰（兼任，2009.12—2011.3）
李光旭（2011.3—7）
田胜敏（兼任，2011.7—2012.2）
刘景兴（兼任，2012.2—2013.12）

副　经　理 王连柏（正科级，2009.12—2010.3）
胡廷洪（2009.12—2010.3）
刘理民（2009.12—2011.3）
田胜敏（2009.12—2011.7）
陈文清（正科级，兼任，2009.12—2012.2）
李现奎（2009.12—2012.2）
王连柏（正科级，2012.2—2013.4）
杨东海（2012.2—2013.12）
刘理民（2013.9—12）

党总支书记 田胜敏（2009.12—2012.2）
刘景兴（2012.2—2013.12）

党总支副书记 李瑞杰（兼任，2009.12—2011.3）
李光旭（2011.3—2011.7）

工 会 主 席 田胜敏（2009.12—2012.2）
刘景兴（兼任，2012.2—2013.12）

21. 金坛项目部（2009.12—2013.12）

2009 年 12 月，随井下技术服务公司整体划归渤海钻探工程公司，同时更名为渤海钻探井下技术服务分公司金坛项目部，为公司机关直属单位。

2013 年 9 月，金坛项目部定员 3 人，科长 2 人，科员 1 人。

经　　　理 康相千（2009.12—2012.2）
宋　文（2012.2—2013.12）

副　经　理 宋　文（兼任，2010.3—2012.2）
葛江胜（兼任，2011.3—9）
史志勇（2012.2—2013.12）

党总支书记 葛江胜（2011.3—9）
康相千（兼任，2011.9—2012.2）

宋　文（2012.2—2013.12）

党总支副书记　康相千（兼任，2011.3—9）

22. 试油工程作业部（2009.12—2013.12）

2009年12月，井下技术服务公司业务划转到渤海钻探工程公司后，为有效整合资源，强化企业管理，更好地服务于公司发展战略，经公司领导办公会研究，经渤海钻探工程公司劳动工资处同意，更名为渤海钻探井下技术服务分公司试油工程作业部（以下简称试油工程作业部）。

截至2012年12月，试油工程作业部在册职工757人（除外雇工），科级职数9人，在大港油区主要承担着大港油田勘探事业部、开发事业部、油气藏评价项目部、滩海勘探开发公司等的试油、措施等工程技术服务。近年来，经营产期稳步提升，由2006年的4.1896亿元攀升到2012年10.465亿元。

行业市场包括长庆市场的试气、试油工作；冀东市场主要从事冀东油田的油气井试油、酸化、防砂、试井及不压井作业等技术服务项目；承担大张坨地下储气库试气、封堵及华北储气库试油、完井项目；江苏金坛储气库主要从事试气施工。

国内反承包市场：承担加拿大泛华公司的试油措施作业。

试油工程作业部通过了中石油资质委员会认证，现20支一线队伍中：甲级队2支，乙级队14支，丙级队3支，一支队伍没有资质。试油工程作业部现有各种设备132台，其中：修井机65台，通井机36台；捞油车1台，各种运输车辆30台。

经　　　理　雷正辉（兼任，2009.12—2013.12）

副　经　理　温宝堂（兼任，2009.12—2013.12）

彭军平（2009.12—2010.3）

张仁勇（2009.12—2011.3）

陈　彬（2009.12—2011.3）

王国亮（2009.12—2011.3）

徐大富（正科级，2009.12—2012.2）

钟　华（2009.12—2012.2）

李诗仙（2009.12—2013.12）

何树明（2009.12—2013.12）

吴文波（2010.3—2013.12）
顾兴军（正科级，2012.2—2013.12）
陈文清（正科级，2012.2—2013.4）
张世杰（2012.2—2013.12）
刘福昌（2012.2—2013.12）
龚卫东（2013.4—12）
魏　宁（2013.4—12）
陶立达（2013.4—12）

党总支书记　温宝堂（2009.12—2013.12）
党总支副书记　雷正辉（2009.12—2013.12）
工会主席　温宝堂（2009.12—2013.12）

23. 压裂酸化作业部（2009.12—2013.12）

2009 年 12 月，井下技术服务公司业务划转到渤海钻探工程公司后，为有效整合资源，强化企业管理，更好地服务于公司发展战略，经公司领导办公会研究，经渤海钻探工程公司劳动工资处同意，更名为渤海钻探井下技术服务分公司压裂酸化作业部（以下简称压裂酸化作业部）。

截至 2012 年 12 月，压裂酸化作业部共拥有在册职工 558 人（除外雇工），科级职数 9 人，在大港油区主要承担着大港油田勘探事业部、开发事业部、油气藏评价项目部、滩海勘探开发公司等的压裂、酸化、防砂措施等工程技术服务。行业市场包括长庆市场、山西煤层气市场、冀东市场以及海南、江苏、浙江、东北等零星市场的油气井压裂、酸化、防砂等技术服务项目。连续油管技术服务在国内开展的业务有钻塞、打捞、酸化、气举、洗压井及冲砂等工艺，在国际市场主要从事的是拖动酸化及洗压井业务。

2006 年至 2012 年压裂酸化作业部经营产期稳步提升，由 2.6 亿元攀升到 11.35 亿元。

压裂酸化作业部通过中石油资质委员会认证，13 支一线队伍中：甲级队 4 支，乙级队 9 支。

压裂酸化作业部是井下技术服务公司的设备大户，现有各种设备 274 台，其中：压裂车 77 台；2000 型压裂泵橇 3 台；混砂车 20 台；仪表车 19 台；仪表撬 1 台；管汇车 9 台；液氮泵车 8 台；连续油管设备 3 套以及水泥车、氮气增压设备、高压压风机、拉砂车等辅助设备。

经　　　理　韩春阳（兼任，2009.12—2011.9）
　　　　　　　陈田勇（2011.9—2013.3）
副　经　理　李宝军（2009.12—2010.3）
　　　　　　　王传潮（2009.12—2013.12）
　　　　　　　赵国荣（2009.12—2013.12）
　　　　　　　张　骥（2009.12—2013.12）
　　　　　　　姜　勇（2009.12—2013.12）
　　　　　　　任连财（兼任，2009.12—2013.12）
　　　　　　　薛占争（正科级，2010.3—2013.12）
　　　　　　　谷新江（正科级，2011.9—2013.12）
　　　　　　　姜　勇（正科级，2012.2—12）
　　　　　　　苗洪海（2012.2—12）
党总支书记　任连财（2009.12—2013.12）
党总支副书记　韩春阳（2009.12—2011.9）
　　　　　　　陈田勇（2011.9—2013.3）
工会主席　任连财（2009.12—2013.12）

24. 钻修工程作业部—钻修（试采）作业部（2009.12—2013.12）

渤海钻探井下技术服务公司钻修工程作业部（以下简称钻修工程作业部），于 2009 年 12 月由大港油田井下作业公司纳入井下技术服务公司管理，专业从事于油水井大修、侧钻、浅钻以及措施等施工的工程技术服务单位。

截至 2012 年 12 月底，该作业部共拥有在册员工 306 人（除外雇工），科级职数 6 人，专业从事于油水井大修、浅钻井、措施等工程技术服务，拥有特色鲜明的技术体系，具有处理高疑难井、高复杂井、高风险井的雄厚实力。

行业市场除在保障大港油区的生产施工以外，已在大港储气库主要从事大张坨地下储气库试气、封堵，江苏金坛国家重点储气库项目岩穴造腔及维护性作业、长庆项目从事大修、措施及气井试气项目，山西煤层气浅钻井项目占据一定的市场空间，施工技术能力得到建设方的一致认可。

钻修工程作业部下属 9 支一线生产施工队伍，其中具有中油集团甲级大修资质的队伍 1 支、乙级大修资质的队伍 8 支；二线生产保障队伍两支：综合车队与修保队。

钻修工程作业部现有修井机 13 台，柴油机 21 台，钻井泵 26 台，各种运输车辆 10 台。

2013 年 4 月，经井下技术服务分公司组织机构调整，将试采工程作业部部分职能划分到钻修工程作业部，成立新的钻修（试采）工程作业部。

（1）钻修工程作业部（2009.12—2013.4）

经　　理　葛江胜（2009.12—2010.3）
刘广田（2010.3—2011.11）
李希山（2011.11—2013.4）

副 经 理　范庆丰（2009.12—2010.3）
徐　涛（2009.12—2010.3）
刘仕忠（2009.12—2010.3）
杨宝明（2009.12—2013.4）
霍战海（2009.12—2013.4）
贾正发（正科级，2010.3—2013.4）
彭军平（2010.3—2012.2）
王　江（2010.3—2013.4）
王连柏（正科级，2011.3—2012.2）

党总支书记　王树洪（2009.12—2013.4）

副 书 记　刘广田（2010.3—2011.11）
李希山（兼任，2011.11—2013.4）

（2）钻修（试采）工程作业部（2013.4—2013.12）

经　　理　李希山（2013.4—12）

副 经 理　霍战海（2013.4—12）
贾正发（正科级，2013.4—12）
王　江（2013.4—12）
王连柏（正科级，2013.4—12）
王树洪（2013.4—12）

党总支书记　王树洪（2013.4—12）

党总支副书记　李希山（兼任，2013.4—12）

25. 测试工程作业部（2009.12—2013.12）

2009 年 12 月，井下技术服务公司业务划转到渤海钻探工程公司后，测试分公司更名为渤海钻探井下技术服务分公司测试工程作业部。（以下简称测试工程作业部）

截至 2012 年 12 月，测试工程作业部共拥有在册员工 170 人（除外雇工），科级职数 6 人，在大港油区主要承担着大港油田勘探事业部、开发事业部、油气藏评价项目部、滩海勘探开发公司等的地层测试、钢丝试井、地面计量等工程技术服务。近年来，经营产期稳步提升，由 2006 年的 5065 万元攀升到 2012 年 8796 万元。

行业市场包括长庆市场的试气工作；冀东市场主要从事冀东油田的油气井钢丝试井及地面计量（含地面排液）等技术服务项目；东北吉林市场主要从事地面计量技术服务项目。

测试工程作业部通过了中石油资质委员会认证，现共有 30 支资质队伍，其中甲级队共 14 支：分别是地层测试队 5 支，地面计量队 4 支，钢丝试井队 5 支；乙级队 16 支。

测试工程作业部现有各种主要设备 60 余台，其中：三相分离器及附属设备 9 套，二相分离器及附属设备 25 套，钢丝试井车 14 台，地面排液设备 5 套，地层测试工具均满足测试要求；各种运输车辆 10 台。

经　　理　吴兆亮（2009.12—2011.3）
王玉忠（2011.3—2013.9）
姜有才（2013.9—12）

副 经 理　朱东营（兼任，2009.12—2013.12）
邢国义（2009.12—2010.3）
冯其雨（2009.12—2013.12）
马清波（2009.12—2013.9）
姜有才（2009.12—2013.9）
陈　辉（2009.12—2011.3）
陈　丰（2011.3—2013.12）

马田力（2013.9—12）

党总支书记　朱东营（2009.12—2013.12）

党总支副书记　吴兆亮（2009.12—2011.3）

王玉忠（兼任，2011.3—2013.9）

姜有才（2013.9—12）

工会主席　朱东营（2009.12—2013.12）

26. 管具服务中心（2009.12—2013.12）

2009 年 12 月，井下技术服务公司业务划转到渤海钻探工程公司后，管子工具分公司更名为渤海钻探井下技术服务分公司管具服务中心（以下简称管具服务中心）。

截至 2012 年 12 月 31 日，管具服务中心共拥有在册员工 171 人（除外雇工），科级职数 4 人，在大港油区主要承担着钻采工具及配件的设计、维修、管理；井控设备的维修、保养、管理；油管的维修、保养、管理及现场服务等。经营产值由 2006 年的 4171 万元逐步上升到 2012 年的 6878 万元。中心资产原值 3038 万元，井控设备由 2007 年成立之初的 220 台套发展到 525 台套。

管具服务中心现有固定设备 52 台，其中：起重机 14 台，车床 7 台；分离器 25 台；试压泵 4 台；大通径试压装置 1 台；井控车间采油井口及管汇试压系统 1 台。移动设备 13 台，其中：车辆 8 台；抓管机 5 台。

经理　倪振海（2009.12—2013.12）

副经理　夏　琪（2009.12—2013.12）

宋晓生（2009.12—2013.12）

王荣业（2009.12—2013.12）

刘德徽（2013.4—12）

党总支书记　夏　琪（2009.12—2013.12）

党总支副书记　倪振海（兼任，2009.12—2013.12）

工会主席　夏　琪（兼任，2009.12—2013.12）

27. 修造准备中心（2009.12—2013.12）

2009 年 12 月，修造准备中心随井下技术服务公司划转到渤海钻探工程公司。

截至2013年4月，修造准备中心共拥有在册员工219人（外雇工17人），科级职数5人。下设6个基层单位，有加工车间、管焊车间、修保车间、供电队、港东钻具厂、生产准备队。该中心主要任务是保障公司一线生产后勤服务。

提供的生产服务项目包括，井场电路安装架设、井场发电服务；各类循环罐、储液罐及野营房的制作加工与维护、发放；各类钻具的发放、维修、保养；负责井下作业用各类打捞工具、变扣接头、油管短节等工具的加工制作；负责为一线作业队提供用油、用水服务，并配合作业队平井场下地锚及各种车辆的维修保养等服务工作。

修造准备中心现有各类主要设备191台。其中200千瓦以上发电机27台，80千瓦的发电机69台；双排、地锚车、油水罐车及辅助车辆共27台；数控车床、管子螺纹车床、刨床等各类型号车床共44台；各类电焊机共24台。

经　　理　孔凡波（2009.12—2013.12）
副 经 理　邓云建（2009.12—2010.3）
路永军（2009.12—2013.12）
仝选德（2009.12—2013.12）
蔡田青（兼任，2009.12—2013.4）
刘仕忠（2010.3—2013.12）
张西臣（2013.9—12）
党总支书记　蔡田青（2009.12—2013.12）
副 书 记　孔凡波（兼任，2009.12—2013.12）
工会主席　蔡田青（2009.12—2013.12）

28.技术研究所—技术研发中心（2009.12—2013.12）

2009年12月，技术研究所随井下技术服务公司业务划转到渤海钻探工程公司。

截至2012年12月，技术研究所共拥有在册员工91人（除外雇工），科级职数3人，在大港油区主要承担着公司油、气、水样品化验分析；计量器具及安全防护设施检定；地质资料综合管理；压井液和油层保护液研发生产；酸化、酸压措施井工艺设计等工作。

2013 年 9 月，经井下技术服务分公司组织机构调整，技术研究所更名为技术研发中心，将勘探开发项目部和工程项目部的职能并入技术研发中心。

（1）技术研究所（2009.12—2013.9）

所　　长　刘德正（2009.12—2013.9）
副 所 长　纪玉金（2009.12—2013.9）
冯海江（2009.12—2013.9）
张建华（2009.12—2011.3）
王　林（2011.3—2012.2）
党总支书记　冯海江（2009.12—2013. 9）
党总支副书记　刘德正（兼任，2009.12—2013. 9）
工 会 主 席　冯海江（2009.12—2013. 9）

（2）技术研发中心（2013.9—12）

经　　理　王玉忠（兼任，2013. 9—12）
副 经 理　冯海江（2013. 9—12）
韩祥海（2013. 9—12）
胡永雄（2013. 9—12）
纪玉金（2013. 9—12）
李春宁（2013. 9—12）
刘德正（正科级，2013. 9—12）
田胜敏（正科级，2013. 9—12）
王　林（正科级，2013. 9—12）
吴英新（2013. 9—12）
张新忠（2013. 9—12）
党总支书记　王玉忠（2013. 9—12）
党总支副书记　冯海江（兼任，2013. 9—12）
工 会 主 席　冯海江（2013. 9—12）

29. 行政服务中心（2009.12—2013.12）

2009 年 12 月，行政服务中心随井下技术服务公司业务划转到渤海钻探工程公司。

行政服务中心科级领导 4 人；在册员工 155 人。行政服务中心主要从事办公楼及厂区卫生保洁、大型会议的接待服务、公司客饭及职工就餐住宿接待，职工洗浴、一线工服清洗等工作，还兼有公司职能的房屋管理、绿化、采暖旷围费用的结算、红十字会、爱卫会等工作。

经　　　理　楼　斌（2009.12—2013.12）
副　经　理　高　华（2009.12—2013.4）
崔海峡（兼任，2009.12—2013.12）
张希祥（2009.12—2013.12）
程松林（2013.4—12）
党总支书记　崔海峡（2009.12—2013.12）
党总支副书记　楼　斌（兼任，2009.12—2013.12）
工 会 主 席　崔海峡（兼任，2009.12—2013.12）

30. 试采工程作业部—车辆服务中心（2009.12—2013.3）

2009 年 12 月，试采分公司随井下技术服务公司业务划转到渤海钻探工程公司后。

2010 年是井下技术服务公司对试采人员进行分离重组，主营业务转为车辆管理，试采分公司变更为试采工程作业部，截至 2012 年 12 月 31 日，共拥有在册员工 65 人，科级职数 4 人，主要职责是为公司领导和机关部室以及相关单位提供用车服务，并负责机关门卫看守的日常管理工作。近年来，经营产期从 2010 年至 2012 年保持收支平衡。

2013 年 9 月，经井下技术服务分公司组织机构调整，将试采工程作业部主营业务保留，成立车辆管理中心，其他职能划入钻修（试采）工程作业部。

（1）试采工程作业部（2009.12—2013.4）

经　　　理　程书会（2009.12—2010.3）
李大生（2010.3—2013.3）
副　经　理　陈金生（2009.12—2010.3）
肖广才（2009.12—2010.3）
尹中友（2009.12—2010.3）
徐　涛（2010.3—2013.3）

陈连合（2010.3—2013.3）
党总支书记　程书会（兼任，2009.12—2010.3）
李大生（2010.3—2013.3）
党总支副书记　程松林（2011.3—2013.4）
工会主席　程书会（2009.12—2010.3）
李大生（2010.3—2011.3）
程松林（2011.3—2013.4）

（2）车辆服务中心（2013.4—12）

经理　李大生（2013.4—12）
副经理　蔡田青（2013.4—12）
陈连合（2013.4—12）
徐　涛（2013.4—12）
党总支书记　李大生（2013.3—12）
党总支副书记　程松林（2013.3—4）
工会主席　程松林（2013.3—4）

31. 亚龙运输中心（2009.12—2013.12）

2009 年 12 月，亚龙运输中心随井下技术服务公司业务划转到渤海钻探工程公司。

经理　马建山（2009.12—2013.12）
副经理　李新武（2009.12—2013.12）
马占途（2009.12—2010.3）
贺文俊（2009.12—2013.12）
李天权（2009.12—2013.12）
陈金生（2010.3—2013.12）
党总支书记　李新武（2009.12—2013.12）
工会主席　李新武（兼任，2009.12—2013.12）

32. 恒丰科工贸总公司（2009.12—2010.3）

2009 年 12 月，恒丰科工贸总公司随井下技术服务公司业务划转到渤海钻探工程公司。

2010年3月，将恒丰科工贸总公司进行清算，并终止营业。

经　　理　薛占争（2009.12—2010.3）

党总支副书记　薛占争（兼任，2009.12—2010.3）

33. 经理办公室（党委办公室）（2013.9—12）

2013年9月，党委办公室（党委宣传部）与经理办公室合并，组成经理办公室（党委办公室）。定员9人，科长4人，科员5人。经理办公室附属打字室、信息室、档案室合并为信息档案室，列经理办公室（党委办公室）附属科室，定员11人，科长1人，科员10人。

经理办公室（党委办公室）主要职责为整理每月要事、文书工作、秘书管理、文书管理、计划生育工作、通信管理、档案管理、宣传工作、心得交流等。

（1）经理办公室（党委办公室）（2013.9—12）

主　　任　刘　勇（2013. 9—12）

副 主 任　王宗毅（2013. 9—12）

赵树红（2013.9—12）

（2）党委办公室（经理办公室）（2013.9—12）

主　　任　王建国（2013. 9—12）

副 主 任　张丽华（2013. 9—12）

34. 市场管理科（2013.9—12）

2013年9月，市场开发科和企管法规科、基建办公室合并，组成市场管理科。定员15人，科长3人，科员12人。

主　　任　魏占国（兼任，2013.9—12）

副 主 任　吴胜新（2013.9—12）

吴兆亮（2013.9—12）

35. 南部项目部（2013.9—12）

2013年9月，经井下技术服务分公司组织机构调整，南部项目部与生产协调科分离，由附属单位转为直属单位。南部项目部定员8人，科长4人，科员7人，其他主要职责不变。

经　　理　钟　华（2013.9—12）

副 经 理 肖广才（2013.9—12）
王文山（2011.7—2013.9）
杨兴其（2012.2—2013.9）

36. 井控监管站（2013.9—12）

2013 年 9 月，经井下技术服务分公司组织机构调整，井控监管站与技术开发科分离，列公司直属单位管理。技术开发科定员人，科长 2 人，科员 2 人。

经　　理（空缺）

37. 财务核算中心（2013.9—12）

2013 年 9 月，将财务结算中心和各作业部财务人员合并，成立财务核算中心，列公司直属单位管理。定员 27 人，科长 1 人，科员 26 人。

主　　任 谌卫东（2013.04—12）

38. 人力资源中心（2013.9—12）

2013 年 9 月，将各作业部财务人员合并，成立人力资源中心，列公司直属单位管理。定员 16 人，科长 1 人，科员 15 人。

主　　任 崔树香（副科级，2013.9—12）

39. 东北项目部（2013.10—12）

2013 年 10 月，成立东北项目部，列直属科级单位管理，暂定员 6 人，其中，科级职数 3 人。

经　　理 吴兆亮（兼任，2013.4—9）
张建华（2013.9—12）

副 经 理 吴文波（2013.4—12）
周承富（2013.4—12）

第十一节　井下作业分公司（2009.10—2013.12）

2009年10月，集团公司决定将华北油田公司井下作业公司整体划转到渤海钻探工程有限公司，命名为渤海钻探工程有限公司井下作业分公司（简称分公司）。直属渤海钻探工程有限公司领导，党组织关系隶属于渤海钻探工程有限公司党委。

2010年4月，经渤海钻探工程公司党委会议研究决定，王毅任井下作业分公司纪委委员、纪委书记、工会主席。

2010年9月，中共渤海钻探工程有限公司井下作业分公司第六次代表大会召开。大会选举产生中共井下作业公司第六届委员会，选举王毅、王立中、庄建山、刘曰芳、孙海林、贾会存、唐玉程、曹云安、魏子仲等9人为委员会委员，王立中为党委书记，庄建山、王毅为党委副书记；选举产生中共井下作业公司纪律检查委员会，选举王毅、宋光辉、张继勇、胡小兵、夏爱军、寇双悦、臧素梅等7人为纪委委员，王毅为纪委书记，胡小兵为纪委副书记。所属15个党总支、100个党支部、共有党员1100人。

2011年3月，分公司侧钻C15553队的人员连同资质一并划转到第四钻井公司，由第四钻井公司统一管理。

2013年4月，分公司人力资源培训中心（技能鉴定站）涉及培训业务的资产、设备设施、场地等划归渤海钻探工程有限公司职工教育培训中心管理，原有的技能鉴定站职能继续保留。

截至2013年12月，分公司主要从事试油试气、酸化压裂、大修侧钻、射孔测试、带压作业、连续油管系列工艺技术和工程地质研究等工程技术服务。共有合同化员工2876人，市场化用工54人。拥有试油队28支，修井队14支，射孔测试队5支，酸化压裂队11支，带压作业队2支，连续油管队2支，地面计量队2支。固定资产原值25.92亿元，资产净值9.38亿元。2013年累计完成试油气849口、1020层，酸化压裂1858井次、3341层，大修42井次，射孔916井次、7967米，特种作业297井次（其中连续油管作业69井次，氮气排液151井次，地面流程32井次，带压作业34井次，其他 11 井次）。全年实现总收入 24.18 亿元。

机关职能科室 12 个：经理办公室、党委办公室、市场与生产协调科、工程技术科、安全环保科、科技管理科、计划经营科、装备科、财务资产科、人事劳资科（党委组织部）、纪检监察审计科、群众工作科；机关附属单位 3 个：新闻宣传站、井筒技术服务中心、技能鉴定站；直属单位 10 个：维稳办公室、信息档案中心、国内项目运行部、国际项目运行部、物资管理站、安全监督站、井控监管站、财务核算站、煤层气项目部、长庆外包管理项目部；所属单位 11 个，其中主要生产单位 7 个：试油工程作业部、钻修工程作业部、酸化压裂作业部、射孔测试作业部、二连项目部、新疆项目部、长庆项目部；生产辅助单位 3 个：车辆服务中心、管具中心、工程地质研究所；其他单位 1 个：行政服务中心。

一、领导机构

（一）井下作业分公司行政领导名录（2009.10—2013.12）

经　　理 庄建山（2009.10—2011.11）
刘　铮（2011.11—2013.12）

副 经 理 王立中（2009.10—2011.11）
魏子仲（2009.10—2012.5）
曹云安（2009.10—2013.12）
张增慧（2009.10—2010.4）
贾会存（2009.10—2011.12）
孙海林（2009.10—2013.12）
唐玉程（2010.4—2013.12）
刘曰芳（2010.4—2013.12）
寇双悦（2011.12—2013.12）
娄新春（2012.4—2013.12）
曾　昊（2012.12—2013.12）

总工程师 孙海林（兼任，2009.10—2013.12）

总会计师 张增慧（兼任，2009.10—2010.4）
刘曰芳（兼任，2010.4—2013.12）

安全总监 魏子仲（兼任，2009.10—2012.4）

娄新春（兼任，2012.4—2013.12）

（二）井下作业分公司党委领导名录（2009.10—2013.12）

书　　记　王立中（2009.10—2011.11）
刘　铮（2011.11—2012.7）
王　毅（2012.7—2013.12）

副 书 记　庄建山（2009.10—2011.11）
王　毅（2010.4—2012.7）
刘　铮（2012.7—2013.12）

委　　员　王立中（2009.10—2011.11）
张增慧（2009.10—2010.4）
贾会存（2009.10—2011.12）
曹云安（2009.10—2013.12）
魏子仲（2009.10—2012.4）
庄建山（2009.10—2011.11）
王　毅（2009.10—2013.12）
唐玉程（2009.10—2013.12）
孙海林（2009.10—2013.12）
刘曰芳（2010.4—2013.12）
刘　铮（2011.11—2013.12）
寇双悦（2011.12—2013.12）
娄新春（2012.4—2013.12）
曾　昊（2012.12—2013.12）

（三）井下作业分公司纪委领导名录（2009.10—2013.12）

书　　记　唐玉程（2009.10—2010.4）
王　毅（2010.4—2013.12）

（四）工会领导名录（2009.10—2013.12）

主　　席　唐玉程（2009.10—2010.4）
王　毅（2010.4—2013.12）

（五）井下作业分公司经理助理及副总师名录（2009.10—2013.12）

经理助理　郭庆平（2009.10—2013.12）

盛江庆（2010.2—2013.12）
罗新辉（2010.2—2013.12）
安全副总监　李全祺（2009.10—2013.12）
副总工程师　富玉海（2010.2—2013.12）
曾　昊（2012.2—12）
刘兴浩（2012.12—2013.12）
白田增（2012.12—2013.12）
仪忠建（2013.8—12）

二、机关科室

（一）经理办公室（2009.10—2013.12）

2010年10月，机关事务管理科行政事务工作划归经理办公室。

2011年5月，经理办公室定员7人，其中科级职数2人。

2012年8月，分公司将经理办公室负责的综合档案管理职责及人员划归信息中心，划归后，经理办公室定员5人，其中科级职数2人。

主　　任　牛改河（2009.10—2013.12）
副 主 任　景　体（2009.10—2012.2）

（二）党委办公室（2009.10—2013.12）

2010年10月，分公司撤销机关事务管理科，党务工作划归党委办公室。

2011年5月，党委办公室定员4人，其中科级职数2人。党委办公室负责的团委工作划归群众工作科。

2012年8月，分公司对机关及直（附）属机构设置、工作职责进行调整，党委办公室减少1名副主任，总定员3人，其中主任1人，科员2人，工作职责不变。

主　　任　洪育田（2009.10—2010.6）
张继勇（2010.11—2012.2）
韩　鹰（2012.2—2013.12）
副 主 任　胡小兵（2009.10—2010.6）
张继勇（2010.6—11）
陈　坤（女，2011.5—2012.2）
团委书记　洪育田（兼任，2009.10—2010.6）

团委副书记　胡小兵（兼任，2009.10—2010.6）

陈　坤（2010.6—2011.5）

（三）调度室（2009.10—2011.5）

2011 年 5 月，分公司调整机关、直（附）属机构及部分三级单位编制，将调度室、市场部（经营管理科）、工农科合并成立市场与生产运行科。

调　度　长　杨宝忠（2009.10—2011.5）

副 调 度 长　申　琦（2009.10—2011.5）

（四）市场部（经营管理科）（2009.10—2011.5）

2011 年 5 月，分公司对机关、直（附）属机构及部分三级单位编制进行调整，市场部（经营管理科）、调度室、工农科合并成立市场与生产运行科。

主　　　任　刘洪山（2009.10—2011.5）

副　主　任　曾　昊（2009.10—2011.5）

（五）工农科（2009.10—2011.5）

2011 年 5 月，分公司对机关、直（附）属机构及部分三级单位编制进行调整，将工农科、调度室、市场部（经营管理科）合并成立市场与生产运行科。

科　　　长　叶乃敬（2009.10—2011.5）

（六）市场与生产运行科—市场与生产协调科（2011.5—2013.12）

2011 年 5 月，分公司将调度室、市场部（经营管理科）、工农科合并成立市场与生产运行科，总定员 15 人，其中科级职数 5 人，科员 10 人。主要负责制订公司市场开发战略目标和年度市场开发计划，并组织推动实施；负责公司国内、外市场开发、运行、协调、监督和信息收集工作；负责公司合同管理工作以及审核、监督合同的履行；负责公司日常生产运行及工农关系、重点工程协调工作；负责各种大型、特殊施工及施工队伍搬迁的现场组织、协调工作；负责突发事件中应急队伍、人员、设备等组织协调工作；负责公司冬防保温、防洪系统的管理协调工作；负责动土作业许可及管理工作。

2012 年 8 月，分公司将原市场与生产运行科国内、国际市场运行职责和人员分别划归国内项目运行部和国际项目运行部后，市场与生产运行科更名为市场与生产协调科，总定员 11 人，其中科长 1 人，副科长 1 人，科员 9 人。

科　　长 任源峰（2011.5—2013.12）
副 科 长 刘洪山（2011.5—2012.2）
叶乃敬（2011.5—2012.2）
武宗刚（2011.8—2012.2）
刘　飞（2011.8—2012.2）
张爱民（2012.3—12）
郭瑞生（2012.11—2013.5）
郭　强（2013.5—12）
崔世杰（2013.7—12）
李　军（2013.7—12）

（七）生产技术科（井控办）（2009.10—2011.5）

2011 年 5 月，分公司撤销生产技术科（井挖办）成立井筒技术服务中心。

科　　长 邓德鲜（2009.10—2011.5）
副 科 长 徐克彬（2009.10—2010.9）

（八）工程技术科（2012.8—2013.12）

2012 年 8 月，工程技术管理职能从直属机构井筒技术服务中心分离出来，成立工程技术科。工程技术科定员 5 人，其中科级职数 2 人。主要负责组织编制、完善井下作业工程技术的相关技术文件（含生产工艺规程）和制度，并组织实施；建立健全公司内部石油工程技术管理体系以及技术管理工作；负责组织对工程事故的调查、分析处理和事故责任的仲裁，制订事故预防措施。

2013 年 8 月，分公司重新明确工程技术科职责，主要负责组织编制、完善分公司石油工程技术（含生产工艺规程）的相关文件和制度，并组织实施，负责分公司井控和井下作业工程的质量管理，负责分公司技术管理的日常工作，负责重点工程和工程技术装备的管理，负责事故与复杂的管理。

科　　长 徐克彬（2012.8—12）
白田增（2012.12—2013.12）

副　科　长　白田增（2012.8—12）
张　伟（2013.3—12）
庄英涛（正科级，2013.11—12）

（九）质量安全环保科—安全环保科（2009.10—2013.12）

2010 年 10 月，分公司撤销机关事务管理科，其所承担的安全、环保工作划归质量安全环保科。

2011 年 5 月，分公司调整机关编制，质量安全环保科定员 11 人，其中科级职数 3 人。

2012 年 8 月，分公司队伍资质管理工作由质量安全环保科划出后，质量安全环保科减少 1 名科员，总定员 10 人，其中科长 1 人，副科长 2 人，科员 7 人。主要负责分公司 QHSE 体系运行、工业安全、交通消防安全、消防器材、特种设备及安全附件、职业健康、交通、环境保护、质量监督、标准化、计量、危险作业、节能节水等管理工作；负责对安全环保隐患治理和整改项目设计方案中的安全环保措施，新产品、新技术、新工艺应用过程中的安全审查和环境污染处理措施，污染治理方案进行审查。

2013 年 10 月，质量安全环保科的质量计量标准化业务及人员划归计划经营科后，质量安全环保科更名为安全环保科，安全环保科定员 9 人，其他工作职责不变。

科　　　长　李全祺（2009.10—2013.12）
副　科　长　郭　强（2010.2—2011.5）
汤国庆（2010.2—2012.12）
李　伟（2012.3—2013.12）
尹崇烈（2013.9—12）
责任工程师　时增林（2012.12—2013.7）

（十）科技管理科（2011.4—2013.12）

2011 年 4 月，分公司科技管理业务及人员从生产技术科划出，成立科技管理科，总定员 3 人，其中科长 1 人，科研管理人员 2 人。主要负责掌握国内外井下作业新技术新工艺的发展趋势，组织开展科技项目立项、过程控制、技术研发、科技创业、技术推广、科技年鉴编写、科技成果存档、登记等工作。

科　　长　曾　昊（2011.8—2012.12）
　　　　　　徐克彬（2012.12—2013.12）
副 科 长　曾　昊（2011.5—8）

（十一）企划科—计划经营科（2009.10—2013.12）

2011 年 5 月，企划科更名为计划经营科，总定员 9 人，其中科级职数 2 人。主要领导及其职位名称没有发生变化，工作职责不变。

2012 年 10 月，企划科增加绿化管理工作。

2013 年 10 月，质量安全环保科的质量计量标准化业务、人员（科员 1 人）纳入计划经营科管理，计划经营科定员 10 人，调整后计划经营科增加质量计量标准化管理业务，其他工作职责不变。

科　　长　张彦林（2009.10—2012.2）
　　　　　　王延勇（2012.2—2013.12）
副 科 长　申玉领（2011.8—2013.12）

（十二）资产设备科—装备科（2009.10—2013.12）

2011 年 5 月，资产设备科更名为装备科，主要领导及领导职位名称没有发生改变，装备科定员 6 人，其中科级职数 2 人，工作职责不变。

2012 年 8 月，分公司调整机关及直（附）属机构设置、工作职责，装备科增加 1 名科员，减少 1 名科级职数，总定员 7 人，其中科长 1 人，科员 6 人。装备科所负责的装备购置流程中设备的谈判、采购管理和实施职责划归物资管理站，分公司施工队伍资质管理工作职责由工程技术科划归装备科，新增成品油消耗定额的制定工作职责以及做好重点井开工验收和抽吸工序开工验收工作。

科　　长　魏广森（2009.10—2012.2）
　　　　　　刘伯修（2012.2—2013.12）
副 科 长　刘伯修（2009.10—2012.2）
　　　　　　赵洪江（2013.10—12）
责任工程师　荀治平（2012.9—2013.10）

（十三）财务科—财务资产科（2009.10—2013.12）

2011 年 5 月，财务科更名为财务资产科，总定员 9 人，其中科级职数 2 人。

2012 年 8 月，分公司对机关及直（附）属机构设置、工作职责进行调整，将财务资产科负责的新井工作量验收、结算、收款工作职责划归国内项目运行部，财务资产科减少 1 名科员，定员调整为 8 人，其中科长 1 人，副科长 1 人，科员 6 人。

科　　　长　孙凤祥（2009.10—2013.12）

副　科　长　赵冬军（2009.10—2013.3）

李海梅（2013.3—12）

（十四）人事劳资科—劳动工资科（2009.10—2012.8）

2010 年 10 月，机关事务管理科撤销，其人事劳资、职工教育培训等工作划归人事劳资科。

2011 年 5 月，分公司对机关、直（附）属机构及部分三级单位编制进行调整，人事劳资科更名为劳动工资科，总定员 8 人，其中科级职数 2 人。

2012 年 8 月，劳动工资科与人事科（党委组织部）合并成立人事劳资科（党委组织部）。

科　　　长　王熙强（2009.10—2011.5）

段连英（2011.5—2012.2）

副　科　长　段连英（2009.10—2011.5）

李　昆（2012.2—8）

（十五）党委组织部—人事科（党委组织部）（2009.10—2012.8）

2010 年 10 月，分公司撤销机关事务管理科，其党建工作划归党委组织部。

2011 年 5 月，分公司对机关、直（附）属机构及部分三级单位编制进行调整，党委组织部更名为人事科（党委组织部），定员 3 人，其中科级职数 2 人。

2012 年 8 月，分公司对机关及直（附）属机构进行调整，劳动工资科与人事科（党委组织部）合并成立人事劳资科（党委组织部）。

部　　　长　夏爱军（2009.12—2012.8）

副　部　长　张继勇（2010.2—6）

副科级组织员　夏爱军（2009.10—12）

徐晶晶（女，2011.8—2012.8）

（十六）人事劳资科（党委组织部）（2012.8—2013.12）

2012 年 8 月，分公司对机关及直（附）属机构进行调整，劳动工资科与人事科（党委组织部）合并成立人事劳资科（党委组织部）。

科长（部长） 夏爱军（2012.8—2013.12）

副 科 长 徐晶晶（2012.8—2013.12）

李 昆（2012.8—2013.12）

副科级组织员 徐晶晶（2012.8—2013.12）

（十七）井下专业技能鉴定站—渤海钻探第二井下职业技能鉴定站（2009.10—2011.5）

2010 年 7 月，在井下专业技能鉴定站的基础上，渤海钻探工程有限公司成立渤海钻探第二井下职业技能鉴定站，主要负责华北片区井下专业技能鉴定考核工作。

2011 年 5 月，分公司调整机关科室编制，将技能鉴定站与职工培训中心合并成立人力资源培训中心（技能鉴定站）。

站 长 王熙强（2009.10—2011.5）

（十八）党委宣传部（2009.10—2011.5）

2011 年 5 月，为适应集团公司和渤海钻探工程公司深化改革和市场竞争的需要，经分公司党政联席会议研究决定，撤销党委宣传部。

部 长 刘志坚（2009.10—2011.5）

（十九）纪检监察科（2009.10—2011.5）

2011 年 5 月，为适应集团公司和渤海钻探工程公司深化改革和市场竞争的需要，经分公司党政联席会议研究决定，将纪检监察科与审计科合并成立纪检监察审计科。

科 长 石建辉（2009.10—2010.4）

胡小兵（2010.6—2011.5）

副 科 长 臧素梅（2009.10—2011.5）

（二十）审计科（2009.10—2011.5）

2011 年 5 月，为适应集团公司和渤海钻探工程公司深化改革和市场竞争的需要，经分公司党政联席会议研究决定，将审计科与纪检监察科合并成立纪检监察审计科。

科　　　　长　宋光辉（2009.10—2011.5）

（二十一）纪检监察审计科（2011.5—2013.12）

2011年5月，分公司党政联席会议研究决定，将纪检监察科与审计科合并成立纪检监察审计科，总定员5人，其中科级职数3人。主要负责落实公司党风廉政建设和监察、审计工作；落实"三重一大"决策制度及对相关制度情况进行监督检查、考核和责任追究；核实员工群众举报的问题，严肃查处违纪违法案件，做好党员干部申诉案件的复查、复核工作；搞好效能监察及日常的行政监察工作。

科　　　　长　胡小兵（2011.5—2013.12）

副　　科　　长　宋光辉（2011.5—2012.2）

臧素梅（2011.5—2012.2）

黄延新（2013.8—12）

副科级纪检监察员　黄延新（2012.2—2013.8）

刘风霞（2013.8—12）

（二十二）保卫科（2009.10—2011.5）

2010年10月，分公司撤销机关事务管理科，其所属治安保卫工作划归保卫科。

2011年5月，分公司调整机构和人员编制，撤销保卫科。保卫科和维稳信访办公室合并成立维稳办公室。

科　　　　长　殷军岗（2010.11—2011.4）

副　　科　　长　殷军岗（2009.10—2010.11）

（二十三）工会—群众工作科（2009.10—2013.12）

2010年10月，机关事务管理科负责的工会组织建设、文体活动、会费收缴、机关职工疗养、职代会的日常管理工作划归工会办公室。

2011年5月，工会办公室更名为群众工作科，总定员8人，其中科级职数3人。团委的工作职能由党委办公室划归群众工作科。

2012年8月，分公司调整群众工作科定员，减少1名科级职数。调整后，群众工作科定员7人，其中科长1人，副科长1人，科员5人。

1. 工会办公室（2009.10—2011.5）

主　　　　任　寇双悦（2009.10—2011.5）

女工委主任 侯 萍（2009.10—2010.6）
女工委副主任 刘志红（女，2010.6—2011.5）

2. 群众工作科（2011.5—2012.12）

科　　长 陈凤军（2011.5—2012.2）
刘志红（2012.2—2013.12）
副 科 长 刘志红（2011.5—2012.2）
杨红伟（2012.2—2013.12）
女工委主任 刘志红（2012.2—2013.12）
女工委副主任 刘志红（2011.5—2012.2）
团委副书记 杨红伟（2011.8—2013.12）

（二十四）机关事务管理科（2009.10—2010.10）

2010 年 10 月，分公司撤销机关事务管理科，其所承担的各项职责划归机关部分科室。

科　　长 杜泽林（2009.10—2010.7）

三、机关附属单位

（一）新闻宣传站（2011.5—2013.12）

2011 年 5 月，分公司成立新闻宣传站，机构规格正科级，总定员 3 人，其中科级职数 1 人。主要负责公司政治理论教育工作；做好公司两级中心组理论学习工作；负责公司企业文化建设的牵头策划和协调组织的具体工作；负责公司先进典型的选树和宣传工作；负责公司新闻宣传工作；负责公司统战、政协工作以及普法宣传工作的指导与协调。

站　　长 刘志坚（2011.5—2012.12）

（二）井筒技术服务中心（2011.5—2013.12）

2011 年 5 月，分公司成立井筒技术服务中心。

2012 年 8 月，分公司调整井筒技术服务中心隶属关系、定员及职责，井筒技术服务中心隶属工程技术科管理，总定员 3 人，其中主任 1 人（兼任），科员 2 人。主要负责所承担工程项目重点井施工方案、设计的编写、审核和审批以及设计管理工作并按设计要求严格监督实施，对分公司合作区块勘探开发项目的施工方案进行编写、初审、报批并及时发放，会同相关部门定期上井检查施工方案和质量的执行情况，及时了解施工方案执行过程中遇到的难题。

主　　任　邓德鲜（2011.5—2012.2）
　　　　　白田增（2012.2—2013.12）
副 主 任　白田增（2011.8—2012.2）

（三）职工培训中心—人力资源培训中心（技能鉴定站）—技能鉴定站（2009.10—2013.12）

2011 年 5 月，职工培训中心与技能鉴定站合并成立人力资源培训中心，机构规格正科级，总定员 24 人，其中科级职数 3 人。

2012 年 8 月，人力资源培训中心（技能鉴定站）减少 1 名科级职数，总定员 24 人，其中科级人员 2 人，其他人员 22 人。将原所负责的分公司员工技能竞赛的组织管理工作职责划归人事劳资科（党委组织部）。调整后，人力资源培训中心主要负责执行分公司年度培训计划；负责公司员工的培训及函授报名工作；组织、实施、指导、协调职业技能鉴定及鉴定站场地、设备、设施配套建设与更新完善；负责操作技能考核组织实施与考核过程质量管理与控制工作。

2013 年 4 月，公司成立培训中心，分公司培训机构中涉及培训业务的资产、设备设施、场地等纳入培训中心管理，培训机构中具有井下作业等相关专业培训授课工作经历 3 年以上的教师等纳入培训中心管理。分公司原有的技能鉴定站继续保留。8 月，分公司调整组织机构，技能鉴定站划归机关附属，人员及职责不变。

1. 职工培训中心—人力资源培训中心（技能鉴定站）（2009.10—2013.4）

主　　任　顾界亚（2009.10—12）
　　　　　张亚红（2010.2—2013.1）
　　　　　孙延罡（2013.1—4）
副 主 任　张亚红（2009.10—2010.2）
　　　　　孔得志（2009.10—2011.4）
　　　　　王　桓（2010.4—2013.4）
党支部书记　顾界亚（2009.10—12）
　　　　　王　桓（2010.4—2013.4）

党支部副书记　张亚红（2010.4—2013.1）
　　　　　　　　孙延罡（2013.1—4）
政 治 教 导 员　顾界亚（2009.10—12）
工　会　主　席　王　桓（2010.4—2013.4）

2. 技能鉴定站（2013.4—12）

主　　　　任　江森林（2013.5—12）
责 任 工 程 师　马红兴（2013.4—12）

四、直属单位

（一）维稳信访办公室—维稳办公室（2009.10—2013.12）

2009 年 10 月，分公司成立维稳信访办公室。主要负责处理好公司的维稳工作；及时接待信访人员；妥善处理好相关维稳事项，并协助公司处理好重要时期的维稳工作。

2011 年 5 月，分公司调整机构和人员编制，维稳信访办公室和保卫科合并成立维稳办公室，机构规格正科级，总定员 9 人，其中科级职数 3 人。

2012 年 8 月，分公司调整机构设置，维稳办公室减少 2 名科级职数，总定员 7 人，其中主任 1 人。

主　　　　任　孙　琦（2010.4—2012.7）
　　　　　　　　骆增礼（2012.7—2013.12）
副　　主　　任　骆增礼（2010.1—2012.7）
　　　　　　　　殷军岗（2011.4—11）

（二）信息中心—信息档案中心（2011.5—2013.12）

2011 年 5 月，分公司对机关直属单位进行调整，工程地质研究所信息室部分人员划出成立信息中心，机构规格正科级，总定员 6 人，其中科级职数 2 人。

2012 年 8 月，经理办公室所负责的综合档案管理职责以及人员划归直属单位信息中心后，将信息中心更名为信息档案中心，主要领导及领导职位名称没有变更，信息档案中心定员 7 人，其中主任 1 人，科员 6 人。主要负责分公司综合档案管理工作。信息中心其他职责不变。

主　　　　任　杨永起（2012.3—2013.12）

副　主　任　杨永起（2011.8—2012.3）

责任工程师　杨永起（2011.5—8）

（三）国内项目运行部①（2012.8—2013.12）

2012年8月，分公司成立国内项目运行部，机构规格正科级，总定员15人，其中主任1人，副主任4人，科员10人。主要负责组织落实分公司国内市场开发战略目标，做好国内重要区域市场开发及施工队伍配置工作；负责分公司国内市场、关联交易市场施工项目的管理、运行及合同管理工作；负责分公司各单位之间有关合同的签订、审核、监督合同的履行。

主　　　任　刘洪山（2012.2—2013.12）

副　主　任　刘　飞（2012.2—2013.12）

王　谦（2012.3—2013.12）

张素欣（女，2012.3—2013.12）

仪忠建（2012.3—7）

（四）国际项目运行部②（2012.8—2013.12）

2012年8月，国际项目运行部成立，机构规格正科级，总定员10人，其中主任1人，副主任2人，科员7人。主要负责分公司国际市场的开发、组织、管理及外事管理工作，负责国际工程项目、国内反承包项目的所有业务承揽，公司因公出国（境）的管理与协调。

主　　　任　武宗刚（2012.2—2013.12）

副　主　任　陈国梁（2012.3—2013.12）

责任工程师　荀志平（2012.3—9）

（五）物资管理中心—物资管理站（2009.10—2013.12）

2011年5月，物资管理中心更名为物资管理站，总定员10人。

2012年8月，分公司对机关及直（附）属机构设置、工作职责进行调整，将物资管理站由分公司机关附属单位划归分公司直属单位管理，总定员11人，新增分公司装备购置流程中设备的谈判、采购管理和实施工作职责，

① 2012年2—3月，公司任命国内项目运行部领导，负责科室的组织筹建工作；8月，国内项目运行部正式成立。

② 2012年2—3月，公司任命国际项目运行部领导，负责科室的组织筹建工作；8月，国际项目运行部正式成立。

原所负责的成品油消耗定额的制定工作职责划归装备科。

1. 物资管理中心（2009.10—2011.5）

主　　任　姬利丰（2009.10—2011.5）

副 主 任　张友明（2009.10—2011.5）

2. 物资管理站（2011.5—2013.12）

站　　长　姬利丰（2011.5—2013.12）

副 站 长　张友明（2011.5—2013.8）

解　广（2011.8—2013.12）

（六）安全监督站（2009.10—2013.12）

2011 年 5 月，为了适应集团公司和渤海钻探工程公司深化改革和市场竞争的需要，公司调整部分机关科室定员编制，安全监督站定员 15 人，其中科级职数 3 人。

2012 年 8 月，安全监督站定员增加至 21 人，其中站长 1 人，副站长 2 人，科员 18 人。

2013 年 8 月，公司调整组织机构，安全监管站由机关附属划归直属单位。

站　　长　孙泽贞（2009.10—2012.2）

刘云祥（2012.2—2013.12）

副 站 长　贾二虎（2010.2—2012.2）

张进欣（2010.2—2012.2）

张子镇（2012.3—11）

张小兵（2012.3—2013.5）

刘英杰（2012.12—2013.12）

汤国庆（2012.12—2013.12）

张爱民（2012.12—2013.12）

尹崇烈（2013.6—9）

陈雅勇（2013.9—12）

杨继现（2013.9—12）

责任工程师　时增林（2012.1—12）

（七）井控监管站（2011.5—2013.12）

2011 年 5 月，分公司成立井控监管站，机构规格副科级，总定员 8 人，其中科级职数 1 人。主要负责一级风险井关键工序的驻井把关和监控；负责重点井关键工序施工的驻井监督指导，及时协调、处理施工中出现的问题；负责重点井的井控设计、方案措施等的审查和技术把关，参加重点井开钻和钻开油气层前的检查验收；负责组织编制井控应急处理预案，开展井控演练、排查井控隐患及处理现场井控问题等。

2013 年 8 月，公司调整组织机构，井控监管站由机关附属划归直属单位。11 月，分公司重新明确井控监管站职责，主要负责参与制定分公司井控管理规章制度，并监督实施，负责一级风险井关键工序的驻井把关和监督以及重点井关键工序施工的驻井监督指导；负责分公司井控工作的日常监督检查和考核，参与井喷事故调查；负责重点井打开油气层前的检查验收；负责分公司井控装备的日常监督管理以及组织编制井控应急处理预案，开展井控演练、排查井控隐患及处理现场井控问题等工作。

站　　长　庄英涛（2011.5—2012.11；正科级，2012.11—2013.12）

（八）会计核算中心—财务核算站（2009.10—2013.12）

2011 年 5 月，为了适应集团公司和渤海钻探工程公司深化改革和市场竞争的需要，公司党政联席会研究决定，会计核算中心更名为财务核算站，机构规格正科级，总定员 10 人，其中科级职数 2 人（其中 1 人兼任）。

2013 年 8 月，公司调整组织机构，财务核算站由机关附属划归直属单位。

1. 会计核算中心（2009.10—2011.5）

主　　任　孙凤祥（兼任，2009.10—2011.5）

副 主 任　赵冬军（兼任，2009.10—2011.5）

2. 财务核算站（2011.5—2013.12）

站　　长　孙凤祥（兼任，2011.5—2013.3）

赵冬军（2013.3—10）

张江霞（2013.10—12）

副 站 长　李海梅（女，2011.8—2013.3）

（九）煤层气项目部（2013.3—12）

2013年3月，分公司成立煤层气项目部，机构规格正科级，总定员9人，其中经理、书记1人（兼），常务副经理1人，副经理2人（兼）。主要负责分公司煤层气项目部施工过程中的安全、井控和应急监督管理工作；负责煤层气市场的开发工作；负责分公司煤层气市场施工队伍管理以及施工质量的监督、检查工作。

经　　理　郭庆平（2013.2—12）

副 经 理　任　严（常务，2013.2—12）

　　　　　　崔海军（2013.2—12）

（十）长庆外包管理项目部（2013.8—12）

2013年8月，分公司成立长庆外包管理项目部，机构规格正科级，主要负责掌握长庆地区承包商施工队伍的生产动态，对承包商实施日常HSE（井控）监管；负责承包商及其施工队伍资质、资格初审；负责对承包商所施工井溢流的上报及现场处置。

副 经 理　时增林（2013.7—12）

五、所属单位

（一）第一试油分公司—第一试油工程作业部（2009.10—2013.8）

2009年12月，第一试油分公司更名为第一试油工程作业部，主要领导及领导职位名称没有改变，更名后机构规格、职责不变。

2013年8月，分公司撤销第一试油工程作业部、第二试油工程作业部，成立试油工程作业部，对原所属作业部机关人员、基层队人员进行整合重组。

经　　理　盛江庆（2009.10—2010.2）

　　　　　　唐文岭（2010.2—2013.8）

副 经 理　唐文岭（2009.10—2010.2）

　　　　　　杨振威（2009.10—2012.7）

　　　　　　商　量（2010.9—2013.8）

　　　　　　魏志红（2011.8—2013.8）

　　　　　　张子镇（2012.10—2013.8）

　　　　　　景　体（2012.2—2013.8）

党总支书记　任源峰（2009.10—2011.4）
魏法军（2011.4—2012.2）
景　体（2012.2—2013.8）

党总支副书记　盛江庆（2009.10—2010.4）
唐文岭（2010.4—2013.8）

责任工程师　赵秀欣（2010.5—2013.8）

工会主席　任源峰（2009.10—2011.4）
魏法军（2011.4—2012.2）
景　体（2012.2—2013.8）

（二）第二试油分公司—第二试油工程作业部（2009.10—2013.8）

2009 年 12 月，第二试油分公司更名为第二试油工程作业部。

2010 年 10 月，分公司撤销第二试油工程作业部试采队。

2012 年 1 月，第二试油工程作业部与第三试油工程作业部合并，撤销第三试油工程作业部。调整后第二试油工程作业部机关设 3 部 1 室（生产技术部、经营部、安全文化推进部、办公室），总定员 35 人。两个试油工程作业部所属车队、综合服务队合并，保留第二试油工程作业部维修队机构设置，归并后一线共有 10 支试油队。

2013 年 8 月，分公司撤销第一试油工程作业部、第二试油工程作业部，成立试油工程作业部，对原所属作业部机关人员、基层队人员进行整合重组。

经　　理　孙延罡（2009.10—2010.2）
郭瑞生（2010.2—2012.11）
郑培峰（2012.11—2013.8）

副 经 理　全志保（2009.10—2010.4）
孙宝岐（2009.10—2012.2）
吴玉川（2009.10—2013.8）
韩　鹰（2009.10—2010.4）
李泽君（2010.4—2012.2）
李兴华（2010.9—2012.2）
刘云祥（2011.4—2012.2）

何玉斌（2011.8—2013.8）
朱传宝（2012.2—2013.1）
田金合（2012.2—2013.5）
刘京生（2012.3—2013.8）
郑培峰（2012.11—2013.8）
龚学忠（2013.1—8）
张小兵（2013.5—8）

党总支书记　韩　鹰（2009.10—2010.4）
李泽君（2010.4—2012.2）
朱传宝（2012.2—2013.1）
龚学忠（2013.1—8）

党总支副书记　孙延罡（2009.10—2010.4）
郭瑞生（2010.4—2012.11）
郑培峰（2012.11—2013.8）

责任工程师　何玉斌（2010.9—2011.8）

工会主席　韩　鹰（2009.10—2010.4）
李泽君（2010.4—2012.2）
朱传宝（2012.2—2013.1）
龚学忠（2013.1—8）

（三）第三试油分公司—第三试油工程作业部（2009.10—2012.1）

2009 年 12 月，第三试油分公司更名为第三试油工程作业部。

2012 年 1 月，第二试油工程作业部与第三试油工程作业部合并，撤销第三试油工程作业部。

经　　理　郭瑞生（2009.10—2010.2）
魏法军（2010.2—2011.4）

副经理　刘云祥（2009.10—2011.4）
李德臣（2009.10—2011.4）
李　军（2010.9—2011.4）

党总支书记　赵庆宪（2009.10—12）
全志保（2010.4—2011.4）

党总支副书记　郭瑞生（2009.10—2010.4）
　　　　　　　　魏法军（2010.4—2011.4）
责 任 工 程 师　何玉斌（2010.9—2011.4）
工　会　主　席　赵庆宪（2009.10—12）
　　　　　　　　全志保（2010.4—2011.4）

（四）试油工程作业部（2013.8—12）

2013 年 8 月，分公司成立试油工程作业部，对原所属第一试油工程作业部、第二试油工程作业部的机关人员、基层队人员进行整合重组。作业部机关设 3 部 1 室（生产技术部、经营部、安全文化推进部和综合办公室），下设 16 支试油队，将 5 支辅助生产队伍进行重组，成立车队、生产准备队、维修队、物资服务队。主要负责本单位 QHSE 和井控、应急等管理工作；承担分公司的试油（试气）作业任务，做好本单位市场开发、生产组织与协调工作；负责本单位施工井现场踏勘、井场布置、设施的搬迁、安装、常规井开工前的安全检查验收及施工井交接工作。

经　　　　理　郑培峰（2013.8—12）
副　经　理　唐文岭（2013.8—12）
　　　　　　　　龚学忠（2013.8—12）
　　　　　　　　景　体（2013.8—12）
　　　　　　　　吴玉川（2013.8—12）
　　　　　　　　何玉斌（2013.8—12）
　　　　　　　　商　量（2013.8—12）
　　　　　　　　魏志红（2013.8—12）
　　　　　　　　刘京生（2013.8—12）
　　　　　　　　张子镇（2013.8—12）
　　　　　　　　张小兵（2013.8—12）
党 总 支 书 记　唐文岭（2013.8—12）
党总支副书记　郑培峰（2013.8—12）
　　　　　　　　龚学忠（正科级，2013.8—12）
　　　　　　　　景　体（正科级，2013.8—12）
责 任 工 程 师　赵秀欣（正科级，2013.8—10）

（五）修井分公司—钻修工程作业部（2009.10—2013.12）

2009 年 12 月，修井分公司更名为钻修工程作业部，更名后机构规格、工作职责、领导职位名称不变。

2011 年 3 月，钻修工程作业部侧钻 C15553 队的人员连同资质一并划转到第四钻井工程分公司，由第四钻井工程分公司统一管理。

经　　理　富玉海（2009.10—2010.3；2011.11—2013.12）
　　孙延罡（2010.3—2011.11）

副 经 理　贾二虎（常务，2013.1—12）
　　曹克英（2009.10—2010.4）
　　赵洪江（2009.10—2013.10）
　　张　军（2009.10—2011.5）
　　董连刚（2009.10—2013.12）
　　龚学忠（2010.4—2011.12）
　　王国良（2010.6—2013.1）
　　李俊启（2011.5—2012.2）
　　殷军岗（2011.11—2013.12）
　　贾二虎（2012.2—2013.1）
　　郑广宁（2012.7—2013.12）

党总支书记　曹克英（2009.10—2010.4）
　　龚学忠（2010.4—2011.11）
　　殷军岗（2011.11—2013.12）

党总支副书记　富玉海（2009.10—2010.3；2011.11—2013.12）
　　孙延罡（2010.3—2011.11）

工会主席　曹克英（2009.10—2010.4）
　　龚学忠（2010.4—2011.11）
　　殷军岗（2011.11—2013.12）

（六）特种工程作业部[①]（2012.1—2013.7）

2012 年 1 月，分公司成立特种工程作业部，机构规格正科级，总定员

---

① 2011年4月，公司任命特种工程作业部的领导，负责作业部的组织筹建工作；2012年1月，特种工程作业部正式成立。

85 人。机关设 2 部 1 室（生产技术部、安全文化推进部、综合办公室）；为了减少机构层级和管理人员数量，特种工程作业部实行作业部直接管理班组的扁平化管理模式，作业部下设 8 支小队，列班组管理。主要承担连续油管不压井气举排液、诱喷求产、冲砂解堵解卡等施工任务；承担不压井装置施工作业任务；承担氮气气举排液诱喷、压裂伴氮、地面设施解堵扫线、水力喷射泵排液求产、试油等施工作业任务。

2013 年 7 月，分公司撤销特种工程作业部，成立直属队级机构连续油管作业队和带压作业一队。

经　　理　全志保（2011.4—2012.12）
仪忠建（2013.3—7）

副 经 理　孙洪波（2011.4—2012.2）
李德臣（2011.4—2012.2）
李　军（2011.4—2013.7）
崔世杰（2011.4—2013.7）
李兴华（2012.2—4）
仪忠建（2012.7—2013.3）
周　灏（2013.3—7）

党总支书记　孙洪波（2011.4—2012.2）
李兴华（2012.2—4）
仪忠建（2012.7—2013.3）
周　灏（2013.3—7）

党总支副书记　全志保（2011.4—2013.3）
仪忠建（2013.3—7）

工 会 主 席　孙洪波（2011.4—2012.2）
李兴华（2012.2—4）
仪忠建（2012.7—2013.3）
周　灏（2013.3—7）

（七）酸化压裂分公司—酸化压裂作业部（2009.10—2013.12）

2009 年 12 月，酸化压裂分公司更名为酸化压裂作业部，更名后机构规格、工作职责、领导职位名称不变。

经　　理 罗新辉（2009.10—2010.2）
安登洲（2010.2—2013.12）
副 经 理 曹素献（2009.10—2012.2）
安登洲（2009.10—2010.2）
刘玉峰（2009.10—2012.2）
刘兴浩（2010.9—2013.1）
任　严（2010.9—2013.2）
陈　清（2011.8—2012.3）
张进欣（2012.2—2013.12）
杨艳明（2012.3—2013.12）
唐　锋（2012.3—2013.12）
王文凯（2013.1—12）
崔海军（2013.2—12）
党总支书记 杜建檀（2009.10—2012.2）
刘兴浩（2012.2—2013.1）
王文凯（2013.1—12）
党总支副书记 罗新辉（2009.10—2010.4）
安登洲（2010.4—2013.12）
责任工程师 徐凤鸣（2012.10—2013.12）
工会主席 杜建檀（2009.10—2012.2）
刘兴浩（2012.2—2013.1）
王文凯（2013.1—12）

（八）射孔测试分公司—射孔测试作业部（2009.10—2013.12）

2009 年 12 月，射孔测试分公司更名为射孔测试作业部，更名后机构规格、工作职责、领导职位名称不变。

经　　理 陈凤军（2009.10—2011.5）
寇双悦（2011.5—2012.1）
付启龙（2012.1—2013.8）
罗新辉（2013.8—12）
副 经 理 李泽君（2009.10—2010.4）

付启龙（2009.10—2012.1）
王雅雄（2009.10—2013.12）
梁光磊（2009.10—2013.12）
曹克英（2010.4—2012.2）
樊永明（2011.8—2013.12）
张继勇（2012.2—2013.12）
冉令刚（2012.3—2013.12）

党总支书记　李泽君（2009.10—2010.4）
曹克英（2010.4—2012.2）
张继勇（2012.2—2013.12）

党总支副书记　陈凤军（2009.10—2011.5）
寇双悦（2011.5—2012.1）
付启龙（2012.1—2013.8）
罗新辉（2013.8—12）

工会主席　李泽君（2009.10—2010.4）
曹克英（2010.4—2012.2）
张继勇（2012.2—2013.12）

（九）二连分公司—二连项目部（2009.10—2013.12）

2009 年 12 月，二连分公司更名为二连项目部，更名后机构规格、工作职责、领导职位名称不变。

经　　理　曹云安（副处级，兼任，2009.10—2010.2）
盛江庆（2010.2—2013.1）
刘兴浩（2013.1—12）

副 经 理　杨宝忠（常务，2013.1—12）
王　桓（常务，2009.10—2010.4）
郑培峰（2009.10—2010.6；常务，2010.6—2012.11）
郝延良（2009.10—2010.4）
邢文华（2009.10—2012.2）
石建辉（2010.4—2013.12）
白田增（2011.4—8）

王立军（2011.4—2013.12）
刘江浩（2012.2—2013.12）
张江霞（女，2012.3—12）
陈艳辉（2012.3—2013.12）

党总支书记　曹云安（兼任，2009.10—2010.2）
石建辉（2010.4—2013.12）

党总支副书记　包耀宗（2009.10—2010.4）
盛江庆（2010.4—2013.1）
刘江浩（2011.8—2012.2）
刘兴浩（2013.1—12）

责任工程师　刘建中（2012.3—2013.12）

工会主席　包耀宗（2009.10—2010.4）
石建辉（2010.4—2013.12）

（十）新疆分公司—新疆项目部（2009.10—2013.12）

2009年12月，新疆分公司更名为新疆项目部，更名后机构规格、工作职责、领导职位名称不变。

经　　理　郭庆平（2009.10—2010.2）
王延勇（2010.2—2012.2）
江森林（2012.2—2013.1）
盛江庆（2013.1—12）

副 经 理　王延勇（常务，2009.10—2010.2）
杨振威（常务，2012.7—2013.12）
李俊启（2009.10—2010.2）
张　强（2009.10—2010.4）
崔世杰（2010.2—2011.5）
江森林（2010.4—2012.2）
徐克彬（2010.9—2012.2）
郑广宁（2010.9—2012.7）
孔得志（2011.4—2012.2）
张　军（2011.4—2013.12）

陈凤军（2012.2—2013.12）
黄崇辉（2012.3—2013.12）

党总支书记 郭庆平（2009.10—2010.2）
江森林（2010.4—2012.2）
陈凤军（2012.2—2013.12）

党总支副书记 张　强（2009.10—2010.4）
王延勇（2010.4—2012.2）
江森林（2012.2—2013.1）
盛江庆（2013.1—12）

责任工程师 刘首杰（2012.3—2013.12）
夏克文（2012.7—2013.12）
余志成（土家族，2012.7—2013.12）

工会主席 张　强（2009.10—2010.4）
江森林（2010.4—2012.2）
陈凤军（2012.2—2013.12）

（十一）长庆分公司—长庆项目部（2009.10—2013.12）

2009年12月，长庆分公司更名为长庆项目部，更名后机构规格、工作职责、领导职位名称不变。

2012年4月，长庆项目部机关定员增加至47人，并增设物资供应站，以加强长庆项目部物资供应工作。

经　　理 贾会存（副处级，兼任，2009.10—2010.2）
罗新辉（兼任，2010.2—2012.7）
寇双悦（副处级，兼任，2012.7—2013.12）

副 经 理 朱传宝（2009.10—2012.2；常务，2013.1—12）
孙　琦（常务，2009.10—2010.4）
王文凯（常务，2011.8—2013.1）
王国良（2009.10—2010.6）
王文凯（2009.10—2011.8）
孙　渤（2010.9—2013.12）
周　灏（2010.9—2013.3）

郭　强（2011.4—2013.5）
谷彦龙（2011.8—2013.12）
庞其民（2011.8—2013.10）
刘玉峰（2012.2—2013.12）
邢文华（2012.2—2013.12）
田金合（2013.5—12）
李　宁（2013.5—12）
苟志平（2013.10—12）

党总支书记　贾会存（2009.10—2010.2）
朱传宝（2010.4—2012.2）
刘玉峰（2012.2—2013.12）

党总支副书记　孙　琦（2009.4—2010.4）
罗新辉（2010.4—2012.7）

责任工程师　庞其民（2009.10—2011.8）
杨　永（2012.10—2013.12）

主任经济师　欧明军（2013.8—12）

工会主席　孙　琦（2009.10—2010.4）
朱传宝（2010.4—2012.2）
刘玉峰（2012.2—2013.12）

（十二）运输大队—运输中心—车辆服务中心（2009.10—2013.12）

2009年12月，运输大队更名为运输中心，更名后机构规格、工作职责不变。

2013年7月，行政服务中心所属车队业务、资产及人员划归运输中心。8月，分公司调整组织机构，运输中心更名为车辆服务中心。机关设3部1室（生产部、经营部、安全文化推进部、综合办公室），机关定员22人，其中科级职数5人。下设搬迁队、送班队、危货（罐车）队、小车队、维修队，总定员133人。主要负责本单位QHSE和应急管理工作，负责分公司领导、机关科室、后勤服务单位的工作用车，负责分公司施工队伍的搬迁、调运和生产值班工作任务，负责分公司各单位生产、生活用水和生产用油等的运输任务。

1. 运输大队（2009.10—12）

大　队　长　孙洪波（2009.10—12）
副大队长　孙来乐（2009.10—12）
　　　　　　王立军（2009.10—12）
　　　　　　李国胜（2009.10—12）
党总支书记　李国胜（2009.10—12）
责任工程师　夏克建（2009.10—12）
工会主席　李国胜（2009.10—12）

2. 运输中心—车辆服务中心（2009.12—2013.12）

主　　任　刘新山（2009.12—2011.12）
　　　　　　郝延良（2011.12—2013.1）
　　　　　　张亚红（2013.1—12）
副　主　任　孙来乐（2009.12—2013.12）
　　　　　　王立军（2009.12—2011.5）
　　　　　　李国胜（2009.12—2012.2）
　　　　　　郝延良（2010.4—2011.12）
　　　　　　申　琦（2011.5—2013.12）
　　　　　　丁勇军（2012.3—12）
　　　　　　刘国桥（2013.8—12）
党总支书记　李国胜（2009.12—2010.4）
　　　　　　郝延良（2010.4—2013.5）
　　　　　　申　琦（2013.5—12）
党总支副书记　刘新山（2010.4—2011.12）
　　　　　　张亚红（2013.1—12）
责任工程师　夏克建（2009.12—2013.12）
工会主席　李国胜（2009.12—2010.4）
　　　　　　郝延良（2010.4—2013.5）
　　　　　　申　琦（2013.5—12）

（十三）管具中心（2009.10—2013.12）

2012年4月，为了提高分公司地面计量作业水平，管具中心成立地面计量队，总定员 10 人。主要负责地面流程的设计、安装，设备的调试，地面流程管线的试压和对油、气进行分离，同时对其气体和液体的产量进行计量。

主　　任　岳汉青（2009.10—2010.2）
孙洪波（2010.2—2011.4）
杨宝忠（2011.4—2013.1）
江森林（2013.1—5）
郭瑞生（2013.5—12）
副 主 任　王长恩（2009.10—2013.12）
江森林（2009.10—2010.4）
韩　鹰（2010.4—2012.2）
陈　坤（2012.2—2013.12）
党总支书记　江森林（2009.10—2010.4）
韩　鹰（2010.4—2012.2）
陈　坤（2012.2—2013.12）
党总支副书记　岳汉青（2009.10—2010.4）
孙洪波（2010.4—2011.4）
杨宝忠（2011.4—2013.1）
江森林（2013.1—5）
郭瑞生（2013.5—12）
政治教导员　江森林（2009.10—2010.4）
责任工程师　韩春芳（2009.10—2011.7）
工会主席　江森林（2009.10—2010.4）
韩　鹰（2010.4—2012.2）
陈　坤（2012.2—2013.12）

（十四）地质研究所—工程地质研究所—工程地质研究所（2009.10—2013.12）

2009 年 12 月，地质研究所更名为工程地质研究所，更名后机构规格、工作职责、领导职位名称不变。

2012 年 4 月，分公司成立直属科级单位信息中心后，工程地质研究所的信息中心职责发生变化，经分公司研究决定将工程地质研究所信息中心更名为信息室。

2013 年 1 月，分公司成立酸化压裂技术中心，机构规格副科级，隶属工程地质研究所，中心下设酸化压裂措施室和酸化压裂实验室，总定员 18 人。主要负责调研国内外酸化压裂工艺、技术发展最新现状，结合分公司实际提出专业路发展建议，围绕现场施工需求，开展酸化压裂技术方案、液体配方、新技术、新工艺、配套专用工具的研发和推广，负责酸化压裂工程设计和施工设计以及现场技术指导，负责压裂过程监测及效果评估等技术的推广应用。

所　　长 王建国（2009.10—2013.12）
副 所 长 凌兴农（2009.10—2011.12）
孙　锐（2009.10—2010.12）
李民乐（2009.10—2013.12）
白田增（2010.3—2011.4）
仪忠建（2011.8—2012.3）
杨　昱（2011.8—2013.12）
陈　清（2012.3—2013.12）
杨春华（女，满族，2012.3—2013.12）
党总支书记 凌兴农（2010.4—2011.12）
李民乐（2011.12—2013.12）
党总支副书记 王建国（2010.4—2013.12）
责任工程师 杨永起（2010.3—2012.3）
夏克文（2012.3—12）
工会主席 凌兴农（2010.4—2011.12）
李民乐（2011.12—2013.12）

酸化压裂中心（2013.1—12）

主　　任 陈　清（2013.1—12）

（十五）综合服务大队—综合服务中心—行政服务中心（2009.10—2013.12）

2009 年 12 月，综合服务大队更名为综合服务中心，更名后机构规格、工作职责不变。

2011 年 5 月，招待所划归综合服务中心，综合服务中心更名行政服务中心，总定员124人，其中科级职数4人。

2013年7月，分公司将各基层单位（暂不含外围项目部）的门卫、清洁工、绿化花卉工、客房服务员、保安员等岗位人员及职责统一划归行政服务中心。行政服务中心所属车队业务、资产及人员划归运输中心。行政服务中心所属厂区管理队更名为厂区服务队，撤销综合服务队，成立综合服务一队、综合服务二队、综合服务三队。

1. 综合服务大队（2009.10—12）

大　队　长　刘新山（2009.10—12）
副 大 队 长　孙兴胜（2009.10—12）
政治教导员　杨建新（2009.10—12）
责任工程师　李　生（2009.10—12）
工 会 主 席　杨建新（2009.10—12）

2. 综合服务中心—行政服务中心（2009.12—2013.12）

主　　任　刘新山（2009.12—2010.2）
岳汉青（2010.2—2013.10）
张　强（2013.10—12）
副 主 任　张　强（2010.4—2013.10）
孙兴胜（2009.12—2013.12）
庞其民（2013.10—12）
党总支书记　张　强（2010.4—2013.10）
庞其民（2013.10—12）
党总支副书记　刘新山（2009.12—2010.4）
岳汉青（2010.4—2013.10）
张　强（2013.10—12）
责任工程师　李　生（2009.12—2012.3）
主任经济师　朱文芳（2012.3—2013.12）
工 会 主 席　张　强（2010.4—2013.10）
庞其民（2013.10—12）

第十二节　油气井测试分公司（2008.2—2013.12）

2009年10月23日，根据《关于大港油田、华北油田井下作业业务实施整合有关问题的通知》，将华北油田公司油气井测试公司划转到渤海钻探工程有限公司，更名为渤海钻探工程有限公司油气井测试分公司。划转在册员工594人，其中干部296人、工人298人。

截至2013年12月，分公司设机关科室7个：经理办公室、人事劳资科、计划财务科、工程技术与市场科、质量安全环保科、科技信息科、党群工作科。机关附属3个：安全监督站、财务结算中心、咨询中心。科大队级单位10个：新疆项目部、长庆项目部、二连项目部、冀中项目部、地面计量作业部、测试技术研究中心、综合服务中心、运输中心、评价解释中心、编辑部。直属中队级单位1个：机修车间。公司在册员工总数617人，其中干部360人，工人257人。

一、领导机构

（一）油气井测试公司行政领导名录（2009.10—2013.12）

经　　理　万之套（2009.10—2013.12）

副 经 理　杜成良（2009.10—2012.6）

陈小刚（2009.10—2013.3）

朱礼斌（2009.10—2013.12）

张胜利（2010.4—2013.12）

胡效青（2012.12—2013.12）

张其祥（2013.7—12）

总工程师　朱礼斌（2009.10—2013.12）

安全总监　朱礼斌（2009.10—2010.4）

张胜利（2010.4—2013.12）

安全副总监　陆新峰（2009.10—2013.12）

（二）油气井测试分公司党委领导名录（2009.10—2013.12）

书　　记　陈小刚（2009.10—2013.3）

张其祥（2013.7—12）

副 书 记　万之套（2009.10—2013.12）

委　　员　朱礼斌（2009.10—2013.12）

杜成良（2009.10—2012.6）

张胜利（2010.4—2013.12）

胡效青（2012.12—2013.12）

张其祥（2013.7—12）

（三）油气井测试分公司纪委领导名录（2009.10—2013.12）

书　　记　陈小刚（2009.10—2013.3）

张其祥（2013.7—12）

委　　员　祁连勇（2009.10—2011.7）

刘学甫（2009.10—2011.7）

陈小刚（2009.10—2013.3）

孙广星（2009.10—2013.12）

孙　栋（2011.7—2013.12）

胡效青（2011.7—2013.12）

陆新峰（2009.10—2013.12）

张其祥（2013.7—12）

（四）油气井测试分公司工会领导名录（2009.10—2013.12）

主　　席　陈小刚（2009.10—2013.3）

张其祥（2013.7—12）

（五）油气井测试分公司经理助理名录（2009.10—2013.12）

经理助理　李清旺（2011.9—2013.12）

刘学甫（2011.9—2013.12）

二、机关科室

（一）公司办公室—经理办公室（2009.10—2013.12）

2009 年 12 月 9 日，公司办公室更名为经理办公室。

1. 公司办公室（2009.10—12）

主　　任　张　涛（2009.10—12）

2. 经理办公室（2009.12—2013.12）

主　　任　张　涛（2009.12—2010.1）

副 主 任　肖江红（2011.12—2013.12）

（二）党群工作部—党群工作科（2009.10—2013.12）

2009 年 12 月 9 日，党群工作部更名为党群工作科。

1. 党群工作部（2009.10—12）

主　　任　孙广星（2009.10—12）

副 主 任　刘爱新（2009.10—12）

2. 党群工作科（2009.12—2013.12）

科　　长　孙广星（2009.12—2010.1）

孙　栋（2010.1—2013.1）

李孝胜（2013.1—2013.12）

副 科 长　刘爱新（2009.12—2010.1）

高社利（2013.1—2013.12）

（三）人事劳资部—人事劳资科（2009.10—2013.12）

2009 年 12 月 9 日，人事劳资部更名为人事劳资科。

1. 人事劳资部（2009.10—12）

主　　任　胡效青（2009.10—12）

2. 人事劳资科（2009.12—2013.12）

科　　长　胡效青（2009.12—2012.12）

（四）工程技术部—工程技术科（2009.10—2013.12）

2009 年 12 月 9 日，工程技术部更名为工程技术科。

1. 工程技术部（2009.10—12）

主　　任　解利军（2009.10—12）

主任工程师　任永宏（2009.10—12）

2. 工程技术科（2009.12—2011.11）

科　　长 解利军（2009.12—2010.1）

任永宏（2010.1—2011.11）

（五）工程技术与市场科（2011.11—2013.12）

2011 年 11 月 24 日，公司设置工程技术与市场科。

科　　长 任永宏（2011.11—2013.12）

副 科 长 李茂华（2011.12—2013.12）

（六）科技信息科（2011.11—2013.12）

2011 年 11 月 24 日，公司设置科技信息科。

科　　长 杨　皓（2011.12—2013.12）

（七）计划财务部—计划财务科（2009.10—2013.12）

2009 年 12 月 9 日，计划财务部更名为计划财务科。

1. 计划财务部（2009.10—12）

副 主 任 佟惠茹（女，2009.10—12）

2. 计划财务科（2009.12—2013.12）

科　　长 佟慧茹（女，2011.9—2013.12）

副 科 长 佟慧茹（2009.12—2011.9）

张　晖（女，2011.12—2013.12）

（八）质量安全环保部—质量安全环保科（2009.10—2013.12）

2009 年 12 月 9 日，质量安全环保部更名为质量安全环保科。

1. 质量安全环保部（2009.10—12）

主　　任 胡子安（2009.10—12）

2. 质量安全环保科（2009.12—2013.12）

科　　长 胡子安（2009.12—2010.1）

陆新峰（兼任，2010.1—2013.12）

副 科 长 于波涛（2011.12—2013.12）

三、附属单位

（一）安全监督站（2010.1—2013.12）

2010 年 1 月 15 日，成立安全监督站，其为公司机关质量安全环保科附属科级机构，定员 4 人。

站　　长　胡子安（2010.1—2011.12）

　　　　　　崔寅仲（2011.12—2013.12）

（二）咨询中心（2009.10—2013.12）

主　　任　胡效青（兼任，2009.10—2013.12）

（三）机修车间（2009.10—2013.12）

主　　任　杜云强（2009.10—2013.12）

书　　记　原立功（2009.10—2012.3）

（四）编辑部（2009.10—12）

主　　任　王　军（女，2009.10—12）

（五）会计管理中心—财务结算中心（2009.12—2013.12）

2009 年 12 月 9 日，会计管理中心更名为财务结算中心。

1. 会计管理中心（2009.10—12）

主　　任　佟惠茹（2009.10—12）

2. 财务结算中心（2009.12—2013.12）

主　　任　佟惠茹（2009.12—2013.12）

四、直属科级单位

（一）新技术开发服务公司—冀中项目部（2009.10—2013.12）

2009 年 12 月 9 日，新技术分公司更名为冀中项目部。

1. 新技术开发服务公司（2009.10—12）

经　　理　李清旺（2009.10—12）

副 经 理　刘士旺（2009.10—12）

　　　　　　王元龙（2009.10—12）

书　　记　刘士旺（2009.10—12）

2. 冀中项目部（2009.12—2013.12）

经　　理 李清旺（2009.12—2010.1）
田印忠（2010.1—2013.12）
副 经 理 刘士旺（2009.12—2010.1）
王元龙（2009.12—2013.12）
孙广星（2010.1—2013.1）
蔡　江（2011.12—2013.12）
孟广文（2011.12—2013.7）
孙　栋（2013.1—12）
何　宇（2013.7—12）
书　　记 刘士旺（2009.12—2010.1）
孙广星（2010.1—2013.1）
孙　栋（2013.1—12）

（二）新疆分公司—新疆项目部（2009.10—2013.12）

2009 年 12 月 9 日，新疆分公司更名为新疆项目部。

1. 新疆分公司（2009.10—12）

经　　理 陈俊昌（2009.10—12）
副 经 理 孟广文（2009.10—12）
邓国振（2009.10—12）
书　　记 祁连勇（2009.10—12）

2. 新疆项目部（2009.12—2013.12）

经　　理 陈俊昌（2009.12—2010.1）
李清旺（2010.1—2011.9）
李清旺（兼任，2011.9—2013.1）
张　涛（2013.1—9）
陆新峰（兼任，2013.9—12）
副 经 理 孟广文（2009.12—2011.12）
邓国振（2009.12—2011.12）
王平安（2010.1—2013.9）

祁连勇（2010.1—2013.1）
何　宇（2011.12—2013.7）
葛　君（2011.12—2013.12）
孟广文（2013.7—12）

书　　记　祁连勇（2009.12—2010.1）
王平安（2010.1—2013.9）
陆新峰（兼任，2013.9—12）

（三）长庆分公司—长庆项目部（2009.10—2013.12）

2009 年 12 月 9 日，长庆分公司更名为长庆项目部。

1. 长庆分公司（2009.10—12）

经　　理　刘学甫（2009.10—12）
副 经 理　王会杰（2009.10—12）
陈正果（2009.10—12）
崔寅仲（2009.10—12）
书　　记　刘学甫（2009.10—12）

2. 长庆项目部（2009.12—2013.12）

经　　理　刘学甫（2009.12—2011.9）
刘学甫（兼任，2011.9—2013.12）
副 经 理　王会杰（2009.12—2013.12）
陈正果（2009.12—2010.1）
崔寅仲（2009.12—2011.12）
李孝胜（2010.1—2013.1）
侯存建（2011.12—2013.12）
邓国振（2011.12—2013.12）
书　　记　刘学甫（2009.12—2010.1）
李孝胜（2010.1—2013.1）
王会杰（2013.1—12）

（四）二连分公司—二连项目部（2009.10—2013.12）

2009 年 12 月 9 日，二连分公司更名为二连项目部。

1. 二连分公司（2009.10—12）

经　　理　田印忠（2009.10—12）

副 经 理　王平安（2009.10—12）

书　　记　王平安（2009.10—12）

2. 二连项目部（2009.12—2013.12）

经　　理　田印忠（2009.12—2010.1）

蒋登高（2010.1—2013.12）

副 经 理　王平安（2009.12—2010.1）

张　涛（2010.1—2013.1）

杜　亮（2010.1—2013.12）

孙海洋（2011.12—2013.12）

刘士旺（2013.1—12）

书　　记　王平安（2009.12—2010.1）

张　涛（2010.1—2013.1）

刘士旺（2013.1—12）

（五）地面计量大队—地面计量作业部（2009.10—2013.12）

2009 年 12 月 9 日，地面计量大队更名为地面计量作业部。

1. 地面计量大队（2009.10—12）

队　　长　刘　平（2009.10—12）

书　　记　任鸿喜（2009.10—12）

2. 地面计量作业部（2009.12—2013.12）

经　　理　刘　平（2009.12—2013.12）

副 经 理　刘士旺（2010.1—2013.1）

孙广星（2013.1—12）

书　　记　任鸿喜（2009.12—2010.1）

刘士旺（2010.1—2013.1）

孙广星（2013.1—12）

（六）测试技术研究所—测试技术研究中心（2009.10—2013.12）

2009 年 12 月 9 日，测试技术研究所更名为测试技术研究中心。

1. 测试技术研究所（2009.10—12）

所　　长　蒋登高（2009.10—12）

副 所 长　李孝胜（2009.10—12）

书　　记　李孝胜（2009.10—12）

2. 测试技术研究中心（2009.12—2013.12）

主　　任　蒋登高（2009.12—2010.1）

靳云建（2010.1—2013.12）

副 主 任　李孝胜（2009.12—2010.1）

任鸿喜（2010.1—2011.12）

陈俊昌（2010.1—2013.12）

刘镇领（2010.1—2013.12）

书　　记　李孝胜（2009.12—2010.1）

任鸿喜（2010.1—2011.12）

陈俊昌（2011.12—2013.12）

副 书 记　高社利（2011.12—2013.1）

（七）综合服务大队—综合服务中心（2009.10—2013.12）

2009 年 12 月 9 日，综合服务大队更名为综合服务中心。

1. 综合服务大队（2009.10—12）

队　　长　靳云建（2009.10—12）

副 队 长　韩兴礼（2009.10—12）

书　　记　靳云建（2009.10—12）

2. 综合服务中心（2009.12—2013.12）

主　　任　靳云建（2009.12—2010.1）

解利军（2010.1—2013.1）

祁连勇（2013.1—12）

副 主 任　韩兴礼（2009.12—2012.10）

任鸿喜（2011.12—2013.4）

书　　记　靳云建（2009.12—2010.1）

解利军（2010.1—2011.12）

任鸿喜（2011.12—2013.4）
祁连勇（2013.4—12）
副　书　记　刘爱新（2010.1—2013.12）

（八）公司车队—运输中心（2009.10—2013.12）

2009年12月9日，公司车队更名为运输中心。

1. 公司车队（2009.10—12）
队　　长　周　茜（2009.10—12）
书　　记　周　茜（2009.10—12）

2. 运输中心（2009.12—2013.12）
主　　任　周　茜（2009.12—2013.12）
副　主　任　陈正果（2010.1—2013.12）
书　　记　周　茜（2009.12—2010.1）
陈正果（2010.1—2013.12）

（九）评价解释中心（2009.10—2013.12）
主　　任　杨　皓（2009.10—2011.12）
韩　斌（2013.1—12）
副　主　任　朱宝峰（2009.10—2013.1）
韩　斌（2009.10—2013.1）
书　　记　孙　栋（2009.10—2010.1）
杨　皓（2010.1—2011.12）
朱宝峰（2013.1—12）

（十）编辑部（2009.12—2013.12）
主　　任　王　军（女，2009.12—2013.12）

第十三节　第一定向井分公司（2008.2—2009.7）

2008年2月，中国石油天然气集团公司对钻探业务进行改革重组，成立了渤海钻探工程有限公司。2008年3月18日，大港油田集团定向井技术服务公司更名为渤海钻探大港定向井技术服务分公司。同年 8 月，更名为渤海钻探第一定向井分公司。党组织关系隶属于渤海钻探工程公司党委。公司办公地点设在天津市大港油田红旗路中段。公司下设机关职能科室 9 个，基层单位 5 个，项目部 4 个。主要从事各类定向井设计、技术咨询、现场施工、仪器工具维修、校验、租赁、研发制造等服务，形成了水平井、分支井、大位移井、丛式井、三维绕障井、套管开窗侧钻井、工程救险井、LWD 地质导向等特色技术。

分公司党委下设机关党支部、工程人员管理中心党支部、仪器作业部党支部、研究所党支部、工具装备中心党支部、综合车队党支部、冀东项目部党支部、西部项目部党支部和国际项目部党支部，共有党员 221 人。

2009 年 7 月，渤海钻探工程有限公司根据整体发展战略，对定向井技术服务业务进行整合，成立渤海钻探工程有限公司定向井技术服务分公司，将第一、第二定向井分公司所属的业务、资产、人员等整体纳入新单位管理。党组织关系隶属于渤海钻探工程公司党委。公司在天津经济技术开发区注册，公司办公地点设在天津市大港油田红旗路中段。公司下设机关职能科室 10 个，机关附属 7 个，直属单位 8 个，外部项目部 6 个。

自公司成立以来，始终坚持引进、消化、吸收和创新的发展道路，逐步形成了以水平井、大位移井、丛式井、三维绕障井、套管开窗侧钻井、工程救险井及专用仪器工具维修、校验、研发、定向井综合软件开发等定向井特色技术。能够为国内外用户提供陆地和海上定向井、水平井设计及技术服务，提供专用工具，仪器租赁、维修、校验制造等综合服务。先后为国内大港、大庆、塔里木、冀东等 20 个油田，及菲律宾、伊朗、印度尼西亚等 14 个国家 27 家外国公司提供了约 5500 口定向井和水平井技术服务。以优质的服务与用户建立了良好的合作伙伴关系。

二十多年来，公司立足于特色技术的研究、实践和推广应用，为石油工业的发展起到了强有力的技术支撑。自公司成立至今，共完成长、中、短半径水平井 463 余口；自 2003 年引进 LWD 仪器以来，应用 LWD 地质导向技术完成水平井 200 余口；应用大位移定向井技术完成位移超过 2000 米的井近 20 口，其中位移超过 3000 米的井 7 口，位移超过 4000 米的井 1 口，具备位移 5000 米井的服务能力，2006 年完成的张海 502FH 大位移水平井，井底水平位移4128.56米，2007年完成的庄海8NG-H3井，水垂比达到了2.6∶1，创中油集团公司新纪录；应用丛式井技术在国内外完成320组丛式井，密度最大的丛式井组一个平台21口井，最深的丛式井组平均井深5280.5米，最浅的丛式井组平均井深410米；应用套管开窗侧钻井技术完成开窗侧钻定向井、水平井100余口；应用三维绕障井、分支井技术完成三维绕障井和分支井200余口。

截至2008年年底，公司在册员工473人，拥有各类型LWD16套、MWD 50套，电子单多点73套，各种规格类型的螺杆钻具、无磁钻铤、扶正器及井下震击器共2500余根，具备同时施工65口井的能力。全年年完成各类定向井551口，累计服务进尺125万米，完成产值41279.5万元，利润总额2815万元，人均劳动生产率87万元。

机关职能科室9个：综合办公室、国内市场科、国际市场科、生产技术科、质量安全环保科、劳资经营科、财务资产科、物资装备科、工会，基层单位5个：工程人员管理中心（主要负责一线工程人员管理）、仪器作业部（主要负责一线仪器和人员管理）、研究所（主要负责仪器维修校验、研发制造）、工具装备中心（主要负责钻具管理和维护）、综合车队等，项目部4个：大港项目部、冀东项目部、西部项目部、国际项目部。

一、领导机构

（一）第一定向井分公司行政领导名录（2008.2—2009.7）

经　　理　唐卫国（2008.2—2009.7）
副 经 理　运志森（2008.2—2009.7）
　　　　　许凯泉（2008.2—2009.7）
　　　　　王秀亭（兼任，2008.2—2009.7）
安全总监　王秀亭（2008.2—2009.7）

（二）第一定向井分公司党委领导名录（2008.2—2009.7）

书　　记　唐卫国（2008.2—2009.7）
副 书 记　朱劲松（2008.2—2009.7）
委　　员　运志森（2008.2—2009.7）
　　　　　许凯泉（2008.2—2009.7）
　　　　　王秀亭（2008.2—2009.7）

（三）第一定向井分公司纪委领导名录（2008.2—2009.7）

书　　　　　记　朱劲松（2008.2—2009.7）

（四）第一定向井分公司工会领导名录（2008.2—2009.7）

主　　　　　席　朱劲松（2008.2—2009.7）

二、机关部门

（一）综合办公室（2008.2—2009.7）

主　　　　　任　窦洪雁（2008.2—2009.7）
副　　主　　任　李彬彬（2008.2—2009.7）
团 委 副 书 记　冀宇飞（2008.2—2009.7）
总　务　组　长　陈卫宁（2008.2—2009.7）

（二）国内市场科（2008.2—2009.7）

科　　　　　长　王红义（2008.2—2009.7）

（三）国际市场科（2008.2—2009.7）

科　　　　　长　杨长路（2008.2—2009.7）
副　　科　　长　刘志业（2008.2—2009.7）
　　　　　　　　付朝晖（2009.2—7）
　　　　　　　　金　萌（2009.2—7）

（四）生产技术科（2008.2—2009.7）

科　　　　　长　刘永利（2008.2—2009.7）
副　　科　　长　姚崇华（2008.2—2009.7）

（五）QHSE 管理办公室（2008.2—2009.7）

主　　　　　任　李川明（2008.2—2009.7）
副　　主　　任　雷　川（2008.2—12）
　　　　　　　　艾秋波（2009.2—7）
安全监督站站长　艾秋波（兼任，2009.2—7）

（六）劳资经营科（2008.2—2009.7）

科　　　　　长　唐玉强（2008.2—2009.7）

（七）财务资产科（2008.2—2009.7）

科　　　　　长　陈翠萍（2008.2—3）
　　　　　　　　陈金妹（2008.3—2009.7）

（八）物资装备科（2008.2—2009.7）

科　　　长　张海良（2008.2—2009.7）

（九）工会（2008.2—2009.7）

副　主　席　张相锋（2008.2—3）

黄　涛（女，2008.3—2009.7）

三、所属单位

（一）工程人员管理中心（2008.2—2009.7）

主　　　任　张所生（2008.3—2009.7）

副　主　任　梁志丰（2008.3—2009.7）

艾秋波（2008.3—2009.2）

党支部书记　张相锋（2008.3—2009.7）

（二）仪器作业部（2008.2—2009.7）

主　　　任　陈景旺（2008.2—2009.7）

副　主　任　金　萌（2008.2—2009.2）

崔　锦（2008.2—2009.7）

金　平（2008.2—3）

付朝晖（2008.2—2009.2）

任祥辉（2009.2—7）

黄范勇（2009.2—7）

蔡金龙（2009.2—7）

张庆斌（2009.2—7）

刘健壮（2009.2—7）

江旗洪（2009.2—7）

党支部书记　王　岗（2008.2—2009.7）

（三）研究所（2008.2—2009.7）

所　　　长　魏春明（2008.2—2009.7）

党支部书记　魏春明（2008.2—2009.7）

副　所　长　郭劲松（2008.2—2009.7）

副　书　记　郭劲松（2008.2—2009.7）

（四）工具装备中心（2008.2—2009.7）

主　　任　赵万良（2008.2—2009.7）

党支部书记　刘会增（2008.2—2009.7）

副 主 任　张宏光（2008.2—2009.7）

任　港（2008.2—2009.7）

（五）综合车队（2008.2—2009.7）

队　　长　赵　强（2008.2—2009.7）

党支部书记　赵　强（2008.2—2009.7）

副 队 长　王成才（2008.2—2009.7）

（六）大港项目部（2008.3—2009.7）

经　　理　孙海滨（2008.3—2009.7）

党支部书记　孙海滨（2008.3—2009.7）

副 经 理　钱建良（2008.3—2009.7）

金　平（2008.3—2009.7）

杨　龙（2008.3—2009.7）

刘顺东（2008.3—2009.7）

（七）冀东项目部（2008.2—2009.7）

经　　理　孙海滨（2008.2—3）

张爱兵（2008.3—2009.7）

党支部书记　孙海滨（2008.2—3）

张爱兵（2008.3—2009.7）

副 经 理　张爱兵（2008.2—3）

程　津（2008.3—2009.7）

王艮才（2008.3—2009.7）

（八）西部项目部（2008.2—2009.7）

经　　理　王长飚（2008.2—2009.5）

张爱兵（2009.5—7）

党支部书记　王长飚（2008.2—2009.2）

满拥军（2009.2—7）

副 经 理　满拥军（2008.2—2009.2）

王金肖（2008.2—2009.7）
边瑞超（2008.2—2009.7）

（九）国际项目部（2008.2—2009.7）

经　　理　杨长路（2009.2—7）
副 经 理　刘志业（2009.2—7）
付朝晖（2009.2—7）
金　萌（2009.2—7）

第十四节　第二定向井分公司（2008.2—2009.7）

2008年2月，渤海钻探工程有限公司成立，华北石油管理局钻井工程技术服务处更名为渤海钻探华北钻井技术服务分公司，后改为渤海钻探第二定向井分公司。

4月，将随钻车辆中队改名为综合车队，全面负责分公司所有车辆的管理、维护、安全等工作。

2009年6月，成立质量安全环保科（含安全监督站）、长庆项目部、塔里木项目部。分公司党总支下设工程技术中心党支部、定向井作业部党支部、冀东党支部、二连（蒙古国）项目部、西部（含塔里木）项目部党支部、长庆项目部党支部和处机关党支部，共有党员67人。

截至2008年年底，公司合同化用工178人，社会化用工46人。设备总资产1.22亿元，经营收入12194万元，人均劳动生产率68.5万元。施工区域涉及冀中、大港、冀东、二连、新疆、青海、吐哈、长庆、南海及菲律宾、蒙古国等国内外市场。

公司机关科室6个：综合办公室、人事劳资科、财务科、生产管理科、市场经营科和质量安全环保科。下属生产单位8个：定向井作业部、工程技术中心、长庆项目部、二连（蒙古国）项目部、西部项目部、冀东项目部、塔里木项目部和综合车队。

一、领导机构

（一）第二定向井分公司行政领导名录（2008.2—2009.7）

经　　理　王延恒（2008.2—2009.7）
副 经 理　张炳顺（2008.2—2009.7）
　　　　　刘月军（2008.2—2009.7）
总工程师　张炳顺（2008.2—2009.7）
安全总监　刘月军（兼任，2008.2—2009.7）

（二）第二定向井分公司党总支领导名录（2008.2—2009.7）

书　　记　王延恒（2008.2—2009.7）
委　　员　张炳顺（2008.2—2009.7）
　　　　　刘月军（2008.2—2009.7）

（三）第二定向井分公司工会领导名录（2008.2—2009.7）

主　　席　刘月军（2008.2—2009.7）

（四）第二定向井分公司经理助理及副总师名录（2008.2—2009.7）

经理助理　王峰敏（2008.2—2009.7）
副总会计师　安锡华（2008.2—2009.7）
副总工程师　邵利忠（2008.2—2009.7）
　　　　　吕志忠（2008.2—2009.7）

二、机关部门

（一）综合办公室（2008.2—2009.7）

主　　任　史建新（2008.2—2009.7）

（二）人事劳资科（2008.2—2009.7）

科　　长　李　军（2008.2—2009.7）

（三）财务科（2008.2—2009.7）

科　　长　安锡华（兼任，2008.2—2009.7）
副 科 长　赵朝阳（2008.2—2009.7）

（四）生产管理科（2008.2—2009.7）

科　　长　李振鹏（兼任，2009.5—7）
副 科 长　白旭东（2008.2—2009.6）

（五）市场经营科（2008.2—2009.7）

科　　长　王峰敏（兼任，2008.2—2009.7）

（六）质量安全环保科（2009.6—7）

科　　长　白旭东（2009.6—7）

副 科 长　王金城（2009.6—7）

三、所属单位

（一）定向井作业部（2008.2—2009.7）

主　　任　邵利忠（兼任，2008.2—2009.7）

副 主 任　任守明（2008.2—2009.7）

谭勇志（2008.2—2009.7）

党支部书记　邵利忠（2008.2—2009.7）

（二）工程技术中心（2008.2—2009.7）

主　　任　吕志忠（兼任，2008.2—2009.7）

副 主 任　宋　辉（2008.2—2009.7）

党支部书记　吕志忠（2008.2—2009.7）

（三）长庆项目部（2009.6—7）

经　　理　邵利忠（2009.6—7）

副 经 理　尤二锁（2009.6—7）

郑邦贤（2009.6—7）

雷永刚（2009.6—7）

（四）二连（蒙古国）项目部（2008.2—2009.7）

经　　理　李金明（2008.2—12）

谭勇志（2009.2—7）

（五）西部项目部（2008.2—2009.7）

经　　理　王中奇（2008.2—2009.7）

副 经 理　尤二锁（2008.2—2009.6）

（六）冀东项目部（2008.2—2009.7）

经　　理　李振鹏（2008.2—2009.7）

副 经 理　周保华（2008.2—2009.7）

李金明（2009.2—7）

（七）塔里木项目部（2009.2—7）

经　　理　黄恒彬（副科级，2009.2—7）

（八）综合车队（2008.4—2009.7）

队　　长　陈克民（2008.4—2009.7）

第十五节　定向井技术服务分公司（2009.7—2013.12）

2009年7月，渤海钻探工程有限公司根据整体发展战略，对定向井技术服务业务进行整合，成立中国石油集团渤海钻探工程有限公司定向井技术服务分公司，将第一、第二定向井分公司所属的业务、资产、人员等整体纳入新单位管理。党组织关系隶属于渤海钻探工程公司党委。公司在天津经济技术开发区注册，公司办公地点设在天津大港油田红旗路中段。公司下设机关职能科室10个，机关附属7个，直属单位8个，外部项目部6个。

2010年1月，为了适应国际市场的需要，充分发挥定向井公司整体资源优势，提高公司在国际市场的形象和经济效益成立定向井国际公司。

3月，高林亚任公司党委书记、副经理，刘光木任公司经理、党委副书记。

7月，中共钻探工程有限公司定向井技术服务分公司第一次代表大会召开，选举产生中共渤海钻探工程有限公司定向井技术服务分公司第一届委员会和纪律检查委员会，高林亚为党委书记，刘光木、朱劲松为党委副书记，朱劲松为纪委书记，窦洪雁为纪委副书记。所属1个党总支、15个党支部，共有党员291人。

9月，为进一步整合同类业务，优化机构设置，精干后勤机构编制，充实和加强生产作业职能和技术支持职能，不断提高运行效率，经公司经理办公会研究，决定合并仪器作业部和工程技术服务中心，组建新的仪器作业部。

12月，为了加强公司仪器研发制造力度，提升公司核心竞争力，撤销研究所、仪器研发制造中心。

2011年9月，刘光木任渤海钻探公司总经理助理，吴立新接任公司经理。

12 月，为进一步加强公司生产组织和工程技术管理，撤销生产技术科，成立生产协调科、工程技术科和生产服务保障中心。

2012 年 1 月，为适应公司快速发展的需要，进一步加强外部项目部的力量，理顺管理机构，分清管理职能，提升管理效益，决定成立煤层气项目部、海南项目部。

2013 年 1 月，为了推进东北市场的开发，决定成立吉林项目部。

截至 2013 年年底，公司在册员工 736 人，拥有各种类型 LWD 仪器 30 套，MWD 仪器 150 套，电子单多点仪器 200 余套，各种规格类型的螺杆钻具、无磁钻铤、稳定器及井下震击器共 6500 余根，具有同时施工 180 口井的作业能力。全年完成各类型定向井 1731 口，其中水平井 362 口，累计进尺 451 万米，同比分别增长 20.3%、22.2%、30.1%，完成产值 89531.4 万元，人均劳动生产率 121.6 万元。

机关职能科室 10 个：经理办公室、党委办公室、市场开发科（分设国内市场科和国际市场科）、生产协调科、工程技术科、质量安全环保科、计划经营科、物资装备科、劳动工资科、财务资产科，机关附属 7 个：物资管理站、调度室、安全监督站、培训鉴定站、信息管理中心、定额管理中心、档案室等，直属单位 8 个：华北事业部（综合办公室、生产办公室、经营办公室）、工程作业部、仪器作业部、定向井作业部、仪器研发制造中心、工具装备中心、综合车队、生产服务保障中心，外部项目部 9 个：国际公司、长庆项目部、塔里木项目部、冀东项目部、吐青玉项目部、二连项目部、煤层气项目部、海南项目部、吉林项目部。

党总支 1 个：华北事业部，党支部 15 个：工程作业部党支部、仪器作业部党支部、定向井作业部党支部、仪器研发制造中心党支部、工具装备中心党支部、综合车队党支部、生产服务保障中心党支部、国际项目经理部党支部、长庆项目部党支部、塔里木项目部党支部、冀东项目部党支部、吐青玉项目部党支部、华北事业部机关党支部、生产党支部、经营党支部，共有党员 341 人。

一、领导机构

（一）定向井技术服务分公司行政领导名录（2009.7—2013.12）

经　　理　刘光木（2009.7—2011.9）

吴立新（2011.9—2013.12）

副　经　理　运志森（2009.7—2013.12）

张炳顺（2009.7—2013.12）

许凯泉（2009.7—2011.9）

刘月军（2009.7—2013.12）

王秀亭（2009.7—2011.7）

高林亚（2010.3—2013.12）

龚雅明（2011.11—2013.12）

杨长路（2011.11—2013.12）

刘　明（2013.3—12）

总工程师　运志森（2009.7—2013.12）

安全总监　王秀亭（兼任，2009.7—2011.7）

刘月军（兼任，2011.7—2013.12）

（二）定向井技术服务分公司党委领导名录（2009.7—2013.12）

书　　记　刘光木（2009.7—2010.3）

高林亚（2010.3—2013.12）

副 书 记　朱劲松（2009.7—2013.12）

刘光木（2010.3—2011.9）

吴立新（2011.9—2013.12）

委　　员　运志森（2009.7—2013.12）

张炳顺（2009.7—2013.12）

许凯泉（2009.7—2011.9）

刘月军（2009.7—2013.12）

王秀亭（2009.7—2011.7）

龚雅明（2011.11—2013.12）

杨长路（2011.11—2013.12）

刘　明（2013.3—12）

（三）定向井技术服务分公司纪委领导名录（2009.7—2013.12）

书　　记　朱劲松（2009.7—2013.12）

（四）定向井技术服务公司工会领导名录（2009.7—2013.12）

主　　席 朱劲松（2009.7—2013.12）

（五）定向井技术服务公司经理助理、副总师名录（2009.7—2013.12）

经理助理 邱　林（2009.7—2012.12）
龚雅明（2009.7—2011.11）
谢继安（2009.7—2013.12）
李培佳（2009.7—2010.12）
王峰敏（2009.7—2013.12）

副总工程师 吕志忠（2009.7—2013.12）
邵利忠（2009.7—2013.12）
安锡华（2009.7—2011.12）
杨长路（2011.8—11）
张所生（2011.8—2013.12）
陈景旺（2011.8—2013.12）
魏春明（2012.4—2013.12）

安全副总监 瞿力军（2009.7—2013.12）

二、机关部门

（一）经理办公室（2009.7—2013.12）

主　　任 王红义（2009.7—2011.7）
金　萌（2013.1—12）

副 主 任 史建新（正科级，2009.7—2012.1）
金　萌（2011.7—2013.1）

华北事业部综合办公室

主　　任 史建新（2009.7—2012.1）

（二）党委办公室（2009.7—2013.12）

主　　任 窦洪雁（2009.7—2012.4）

副 主 任 黄　涛（女，正科级，2009.7—2013.12）
冀宇飞（2009.7—8）
陈　虎（2012.4—2013.12）

工会副主席 黄　涛（2009.7—2013.12）

团委副书记　冀宇飞（2009.7—8）

汤思琪（女，2012.4—2013.12）

党支部书记　窦洪雁（2009.8—2012.11）

（三）国内市场科（2009.7—2013.12）

科　　长　龚雅明（兼任，2009.7—2011.7）

孙海滨（2011.7—2013.12）

副 科 长　任守明（2009.7—2010.5）

钱建良（2009.7—2010.7）

华北事业部市场办公室

主　　任　任守明（2009.7—2010.5）

（四）国际市场科（2009.7—2010.1）

科　　长　唐玉强（2009.7—2010.1）

（五）生产技术科（2009.7—2011.12）

科　　长　刘永利（2009.7—2011.12）

副 科 长　李振鹏（正科级，2009.7—2011.12）

姚崇华（满族，2009.7—2011.12）

梁志丰（2009.7—2011.12）

党支部书记　刘永利（2012.11—2013.12）

华北事业部生产运行办公室

主　　任　李振鹏（2009.7—2011.12）

（六）质量安全环保科（2009.7—2013.12）

科　　长　李川明（2009.7—2010.7）

瞿力军（兼任，2010.7—2011.12）

满拥军（满族，2011.12—2013.12）

副 科 长　白旭东（正科级，2009.7—2011.12）

王金城（2009.7—2011.12）

刘会增（2010.7—2011.12）

1．安全监督站

站　　长　白旭东（2009.7—2011.12）

王金城（正科级，2011.12—2012.12）

2. 华北事业部质量安全环保办公室

主　　任　王金城（2009.7—2011.12）

（七）计划经营科（2009.7—2013.12）

科　　长　王峰敏（兼任，2009.7—2013.12）

党支部书记　王峰敏（2012.11—2013.12）

（八）物资装备科（2009.7—2013.12）

科　　长　张海良（2009.7—2010.7）

赵万良（2010.7—2013.12）

副 科 长　赵万良（2010.4—7）

（九）劳动工资科（2009.7—2013.12）

科　　长　李　军（2009.7—2011.7）

王红义（2011.7—2013.12）

副 科 长　马　梅（女，2011.8—2013.12）

（十）财务资产科（2009.7—2013.12）

科　　长　陈金妹（女，2009.7—2013.12）

副 科 长　赵朝阳（2009.7—2013.12）

（十一）生产协调科（2011.12—2013.12）

科　　长　刘永利（2011.12—2013.12）

副 科 长　李振鹏（正科级，2011.12—2012.4）

姚崇华（2011.12—2013.1）

华北事业部生产运行办公室

主　　任　李振鹏（2011.12—2012.4）

（十二）工程技术科（2011.12—2013.12）

科　　长　梁志丰（2011.12—2013.12）

副 科 长　宋　辉（2011.12—2013.12）

三、所属单位

（一）工程作业部（2009.7—2013.12）

主　　任　张所生（2009.7—2011.3）

张爱兵（2011.3—2013.12）

副　主　任　王艮才（2009.7—2010.12）

艾秋波（2009.7—2010.7）

刘顺东（2009.7—11）

杨　龙（2009.7—2013.12）

李盘宁（2012.4—2013.1）

王艮才（2013.1—12）

钱建良（2010.7—2013.12）

党支部书记　满拥军（2009.8—2010.7）

李川明（2010.7—2011.12）

杨　龙（2012.1—2013.12）

（二）仪器作业部（2009.7—2013.12）

主　　　任　陈景旺（2009.7—2011.8；兼任，2011.8—2013.12）

副　主　任　蔡金龙（2009.7—2012.11）

崔　锦（2009.7—2012.11）

江旗洪（2009.7—11）

金　平（2009.7—2013.12）

王金肖（2009.7—2013.12）

宋　辉（2010.7—2011.3）

李　猛（2011.8—2013.12）

王大宁（2011.8—2013.12）

杨国光（2011.8—2013.12）

穴　强（2012.4—2013.12）

党支部书记　王　岗（2009.8—2010.7）

张相锋（2010.7—2013.12）

（三）定向井作业部（2009.7—2013.12）

主　　　任　邵利忠（兼任，2009.7—11）

谭勇志（2009.11—2012.1；兼任，2012.1—2013.12）

副　主　任　谭勇志（2009.7—11）

周宝华（2009.7—12）

周宝华（2010.7—2012.1）
宋　辉（2009.12—2010.7）
尤二锁（2012.1—4）
徐红国（2012.4—2013.12）
党支部书记　邵利忠（2009.7—11）
谭勇志（2009.11—2011.7）
李　军（2011.7—2013.12）

（四）工程技术中心（2009.7—2010.7）

主　　任　吕志忠（兼任，2009.7—2010.7）
副 主 任　宋　辉（2009.7—2009.12）
周宝华（2009.12—2010.7）
党支部书记　吕志忠（2009.7—2010.7）

（五）研究所（2009.7—2010.12）

所　　长　魏春明（2009.7—2010.12）
副 所 长　郭劲松（2009.7—2010.12）
党支部书记　谢继安（2009.8—2010.12）

（六）仪器研发制造中心（2010.12—2013.12）

主　　任　魏春明（2010.12—2012.4；兼任，2012.4—2013.12）
副 主 任　郭劲松（2010.12—2013.12）
边瑞超（2010.12—2012.1）
张　晖（2011.8—2013.12）
赵小勇（2011.8—2013.12）
袁孟雷（2012.10—2013.12）
党支部书记　郭劲松（2010.12—2013.12）

（七）工具装备中心（2009.7—2013.12）

主　　任　赵万良（2009.7—2010.4）
程　津（2010.4—2013.12）
副 主 任　张宏光（2009.7—2011.10）
任　港（2009.7—2013.12）
党支部书记　刘会增（2009.8—2010.7）

张海良（2010.7—2011.8）

（八）综合车队（2009.7—2013.12）

队　　长　赵　强（2009.7—2013.12）

副 队 长　陈克民（2009.7—2011.2）

陈卫宁（2009.8—2013.12）

党支部书记　赵　强（2009.7—2012.4）

王成才（2012.4—2013.12）

（九）国际项目部（2009.7—2010.1）

经　　理　杨长路（2009.7—2010.1）

副 经 理　付朝晖（2009.7—2010.1）

刘志业（2009.7—2010.1）

黄范勇（2009.7—2010.1）

金　萌（2009.7—2010.1）

刘健壮（2009.7—2010.1）

任祥辉（2009.7—2010.1）

党支部书记　杨长路（2009.7—2010.1）

（十）国际公司（2010.1—2013.12）

经　　理　杨长路（2010.1—2011.8；兼任，2011.8—11）

唐玉强（2011.11—2013.12）

副 经 理　付朝晖（2010.1—2013.12）

黄范勇（2010.1—2013.12）

金　萌（2010.1—2011.7）

刘健壮（2010.1—2013.12）

任祥辉（2010.1—2013.12）

唐玉强（2010.1—2011.12）

王艮才（2010.12—2013.1）

李盘宁（2013.1—12）

宋　辉（2011.3—12）

赵　虎（2011.3—2013.12）

艾秋波（2011.12—2012.12）

吴传津（2012.1—2013.12）
刘小康（2012.10—2013.12）
党支部书记　唐玉强（2010.1—2011.12）
付朝晖（2011.12—2013.12）

（十一）塔里木项目部（2009.7—2013.12）

经　　理　张爱兵（2009.7—2011.3）
张所生（2011.3—8；兼任，2011.8—2013.1）
姚崇华（2013.1—12）
副 经 理　边瑞超（2009.7—2010.12）
黄恒彬（2009.7—2013.12）
张庆斌（2009.7—2013.12）
李彬彬（2010.7—2013.12）
党支部书记　张相锋（2009.8—2010.7）
满拥军（2010.7—2012.1）
蔡金龙（2012.1—2013.12）

（十二）冀东项目部（2009.7—2013.12）

经　　理　孙海滨（2009.7—2011.7）
李金明（2011.12—2013.12）
副 经 理　李金明（2009.7—11）
程　津（2009.7—2010.4）
王中奇（2009.11—2013.12）
田　戈（2010.7—2012.1）
崔　锦（2012.1—2013.12）
党支部书记　孙海滨（2009.7—2011.7）
李金明（2011.12—2012.1）
崔　锦（2012.1—2013.12）

（十三）吐青玉项目部（2009.7—2013.12）

经　　理　王中奇（2009.7—11）
姚崇华（2010.1—2011.12）
郑邦贤（2012.1—2013.12）

副　经　理　李彬彬（2009.7—2010.7）
尤二锁（2010.1—2012.1）
赵拥军（2012.1—2013.12）
党支部书记　尤二锁（2009.8—2012.1）
郑邦贤（2012.1—2013.12）

（十四）长庆项目部（2009.7—2013.12）

经　　　理　邵利忠（兼任，2009.7—2013.12）
副　经　理　郑邦贤（2009.7—2012.1）
尤二锁（2009.7—2010.1）
雷永刚（2009.7—2013.12）
江旗洪（2009.11—2013.12）
刘顺东（2009.11—2013.12）
杨国光（2012.1—2013.12）
党支部书记　郑邦贤（2009.8—2010.7）
王　岗（2010.7—2013.12）

（十五）二连项目部（2009.7—2013.12）

经　　　理　谭勇志（2009.7—11）
李金明（副科级，2009.11—2011.8）
李金明（科级，2011.8—12）
党支部书记　谭勇志（2009.7—11）
李金明（2009.11—2011.12）
副　经　理　陈爱庆（队级，2009.7—2011.8）
陈爱庆（副科级，2011.8—2013.12）

（十六）生产服务保障中心（2011.12—2013.12）

主　　　任　刘会增（2011.12—2013.12）
党支部书记　白旭东（2011.12—2013.12）

（十七）华北事业部（2011.12—2013.12）

副　经　理　吕志忠（兼任，2012.1—2013.12）
谭勇志（2012.1—2013.12）
李振鹏（2012.1—4）

综合办公室主任　史建新（2009.7—2013.12）
生产办公室主任　尤二锁（2012.1—4）
　　　　　　　　　宋　辉（2012.4—2013.12）
经营办公室主任　尤二锁（2012.4—2013.12）
生产运行办公室主任　李振鹏（2011.12—2012.1；兼任，2012.1—4）
党总支副书记　史建新（2009.7—2013.12）

（十八）海南项目部（2012.1—2013.12）

经　　理　田　戈（2012.1—2013.1）

（十九）吉林项目部（2013.1—12）

经　　理　田　戈（2013.1—12）

第十六节　测井分公司（2008.2—2013.12）

2008年2月25日，中油集团公司对大港油田集团公司和油田公司实施重组，测井公司整建制划归渤海钻探工程有限公司，更名为渤海钻探工程有限公司测井分公司（简称测井公司），仍延续原管理体制和机构设置。

7月，人才开发中心更名为职工培训鉴定中心（测井公司党校）；撤销东北测井项目部。

10月，康乐中心移交大港油田公司港中生活服务公司，划转员工16人。

11月，勘探开发测井分公司更名为勘探开发测井作业部；生产井测井分公司更名为生产井测井作业部；射孔分公司更名为射孔作业部；科瑞特石油机械加工厂更名为射孔器材加工厂；市场开发部更名为市场开发科。

2009年4月，撤销测井工艺研究所；测井资料评价中心更名为测井资料评价研究中心；科技科更名为科技开发科。

2010年2月，将苏里格测井项目部调整为长庆测井项目部和苏里格测井项目部两个机构，列所属科级单位。

10月，为进一步适应大港油田公司采油厂经营管理模式的转变，做好大港油区南部市场生产、安全环保工作，公司决定在南部油区基地的基础上成立南部油区测井项目部（简称南部测井项目部），列所属科级单位。

11月，党委书记韩文博因年龄原因退出领导岗位，李俊林任党委书记兼副经理，全面负责公司党委工作，负责公司党建、领导班子建设、精神文明、基层建设、企业文化、廉政建设和信访稳定工作，是公司党风廉政建设和信访稳定工作第一责任人；解聘韩成的副经理职务，任副书记、纪委书记、工会主席，负责党建、思想工作、统战、精神文明建设、企业文化建设和信访稳定工作，负责纪检监察、工会、共青团、武装保卫、消防等工作。

12月，刘晖任副经理，负责新疆市场的管理及市场开发、安全、质量、廉政等工作。

2011年9月26日，中共测井公司第六次代表大会召开，选举产生第六届委员会，选举李俊林、李连锁、柴细元、谢忠、贾任水、徐忠、韩成、刘晖为党委委员，李俊林为党委书记，李连锁、韩成为副书记。选举产生纪律检查委员会，韩成、蒋宏修、杨柳、苗如青、张学成为纪委委员，韩成为纪委书记。所属21个党支部、共有党员396人。

2012年2月，成立江浙测井项目部。

2012年5月30日，测井公司工会第八次代表大会召开，选举产生第八届工会委员会，委员由韩成、王文东、王立俊、王国娟、王福庆、刘传海、邢焕鹏、张学成、张宗国、陈德存、苗如青、郭金生、贺银国、高万新、谢希纳组成，韩成为工会主席。

12月，公司对部分机关科室和附属进行调整：设备资产科与物资供应站合并，成立设备物资管理中心，列所属科级单位；安全环保科与质量管理科合并，成立质量安全环保科，安全环保科附属安全监督站列所属科级单位；劳动工资科与党委组织科合并，成立人事劳资科；成立国际测井作业部（海上测井作业部）；成立安全监督站；武装保卫科撤并。

2013年6月，解聘谢忠的副经理职务。

7月，聘任魏兵为副经理，负责境内外市场开发及管理、劳务合同订立、协调各甲方单位关系等工作。

8月，王伟任测井公司经理，全面负责公司行政管理、生产经营工作，负责公司中层干部的提名、聘任等工作，是公司安全环保第一责任人；解聘李连锁的测井公司经理职务。

公司划归渤海钻探后，为赢得更大的市场空间，不断增加对测井装备和测井资料处理软、硬件的投入。2008 年，购进联想微机服务器、Ultra45 工作站和 SUN5320 存储系统。2011 年引进最新型微电阻率成像测井仪（XRMI）和解释软件 PEPROSITE。2012 年，CIFLOG 解释平台开始调试和推广应用。

公司一直实施走出去的经营战略，大力开拓国内外测井市场，国内市场目前有中海油天津分公司、中海油湛江分公司、新疆、冀东、长庆、苏里格、浙江、山西煤层气等市场。国外有印度尼西亚、苏丹和伊朗等市场，伊拉克米桑、委内瑞拉项目已准备就位。

公司在科研方面取得了丰硕的成果，如远探测声波反射波成像测井技术获得 5 项国家专利；多级脉冲深穿透射孔技术获得 3 项国家专利。2008 年至 2013 年，共获省部级及以上科研奖 6 项、获国家专利 12 项。自主研发的远探测声波反射波成像测井技术和资料处理技术，在国内测井行业中是一种创新，该技术自 2009 年 6 月开始推广应用至今已测井 62 口，主要分布在塔里木、大港、冀东、华北、大庆等油田，由于该测井技术的独特优势，在塔里木油田的轮东 2 井、轮南 171 井、大港油田的海古 1 井、王古 1 井等新区勘探中获得重大地质发现。

测井工艺与技术的进步使公司的服务水平和服务能力得到提升，独具特色的测井 - 射孔 - 评价配套技术，保持了复杂井工作量占比、作业一次成功率国内领先的地位。2011 年，在海上创造了射孔枪下井 185 小时、井温 178℃的超高温射孔国内记录。2012 年，在塔里木油田创造 7140 米超深最大曲率井、95 米内井斜变化 90 度等深井、复杂井施工新纪录；在大港油区创造新港 1 井井深 6716 米、井温 184℃，测井施工仅用 6 小时等多项高温井施工新纪录。

截至 2013 年 12 月，机关科室 10 个：经理办公室、生产技术科、市场开发科、质量安全环保科、科技开发科、人事劳资科、企管计划科、财务科、党委办公室、群众工作科，定员 80 人。机关附属班组 3 个：生产值班室、综合档案室、维护稳定办公室。所属单位 14 个：勘探开发测井作业部、射孔作业部、生产井测井作业部、国际测井作业部（海上测井作业部）、测井资料评价研究中心、设备物资管理中心、职工培训鉴定中心（测井公司党校）、综合管理中心、安全监督站、质量检测中心、射孔器材加工厂、汽车修理厂、危险品管理站、综合车队。外部测井项目部 6 个：新疆测井项目部、冀东测井项目部、长庆测井项目部、苏里格测井项目部、南部测井项目部、江浙测井项目部。测井小队38个（其中裸眼井测井队30个），15个射孔队。公司在册员工1265人，22个党支部，有党员435人。资产总值8.6亿元，其中固定资产原值4.5亿元、净值2.1亿元，全年完成产值6.8亿元。

一、领导机构

（一）测井分公司行政领导名录（2008.2—2013.12）

经　　理　李连锁（2008.2—2013.8）
王　伟（2013.8—12）

副 经 理　韩文博（2008.2—2010.11）
谢　忠（2008.2—2013.6）
柴细元（2008.2—2013.12）
徐　忠（2008.2—2013.12）
贾任水（2008.2—2013.12）
韩　成（2008.2—2010.11）
李俊林（2010.11—2013.12）
刘　晖（2010.12—2013.12）
魏　兵（2013.7—12）

安全总监　徐　忠（2008.2—2013.12）

总工程师　柴细元（2008.2—2013.12）

总会计师　贾任水（2008.2—2013.12）

退职干部　韩文博（2010.11—2013.12）
谢　忠（2013.6—12）

（二）测井分公司党委领导名录（2008.2—2013.12）

书　　记　韩文博（2008.2—2010.11）
李俊林（2010.11—2013.12）

副 书 记　李连锁（2008.2—2013.8）
李俊林（2008.2—2010.11）
韩　成（2010.11—2013.12）
王　伟（2013.8—12）

委　　员 柴细元（2008.2—2013.12）
谢　忠（2008.2—2013.6）
徐　忠（2008.2—2013.12）
贾任水（2008.2—2013.12）
刘　晖（2011.9—2013.12）
魏　兵（2013.7—12）

（三）测井公司纪委领导名录（2008.2—2013.12）

书　　记 李俊林（2008.2—2010.11）
韩　成（2010.11—2013.12）

（四）测井分公司工会领导名录（2008.2—2013.12）

主　　席 李俊林（2008.2—2010.11）
韩　成（2010.11—2013.12）

（五）测井分公司副总师、经理助理名录（2008.2—2013.12）

安全副总监 闻宝日（2008.2—2013.12）
副总工程师 刘德武（2008.2—2013.12）
朱振生（2008.2—2013.5）
王志勇（2008.2—2013.12）
陈继武（2011.3—2013.12）
经理助理 张文瑞（2008.2—2013.12）
张维山（2008.2—2013.12）
刘　晖（2008.2—2010.12）
魏　兵（2011.3—7）
赵乔波（2012.12—2013.12）
王正久（2013.5—12）

二、机关部门

（一）经理办公室（2008.2—2013.12）

2008 年 7 月，维护稳定办公室由职工培训鉴定中心划归经理办公室附属管理。2011 年 3 月，维护稳定办公室由经理办公室划归党委办公室附属管理。截至 2013 年 12 月，定员 5 人。

主　　任 张文瑞（兼维稳办主任，2008.2—2013.12）

副 主 任 魏光辉（2008.7—2013.12）
李保国（负责维稳办日常工作，2008.7—2011.3）

（二）生产技术科（2008.2—2013.12）

2012年12月，生产技术科附属班组生产值班室保留，危险品监控室划归安全监督站管理。截至2013年12月，定员4人。

科 长 陈继武（2008.2—2013.12）
窦如胜（负责南部油区日常工作，2008.6—2013.12）
副 科 长 王朝晖（2008.2—2009.4；2011.2—2013.12）
周祥俭（兼危险品监控室主任，2008.2—2010.1）
吴洪涛（兼危险品监控室主任，2010.1—2011.2）
李建明（兼危险品监控室主任，正科级，2012.3—2013.12）
杨 国（2012.12—2013.12）

（三）安全环保科—质量安全环保科（2008.2—2013.12）

2012年12月，安全环保科与质量管理科合并，成立质量安全环保科，主要负责QHSE管理体系运行的日常管理；负责生产、交通、质量等事故的调查处理和上报；负责放射性保健及放射性从业人员的体检；负责载运“三超”物资的手续办理和公司路障、交通标志、标线等设施的设置与管理；负责机动车年检和驾驶员审验等。截至2013年12月，定员10人。

科 长 闻宝日（2008.2—2013.12）[①]
副 科 长 石文忠（2008.2—2009.2）
贺银国（2009.3—2011.1）
窦如胜（兼安全监督站副站长，2008.2—6）
吴洪涛（2009.3—2010.1；兼任，2011.2—2012.12）
胡庆涛（正科级，2012.12—2013.12）
李玉泉（2012.12—2013.12）

（四）企管计划科（2008.2—2013.12）

2012年12月，对企管计划科职责进行调整，主要负责公司法律事务管理、合同管理、工商管理、生产经营考核管理；负责公司资金使用计划的收

① 闻宝日从2008年2月至2012年12月兼任安全监督站站长。

集、汇总、平衡；负责公司基本建设的规划，新增改扩建项目的立项报批、设计、风险评价；负责生产、经营管理动态的综合统计汇总；负责公司科职管理人员的绩效考核。截至 2013 年 12 月，定员 7 人。

科　　长　刘　晖（2008.2—3）

王正久（2008.3—2013.5）

陈家猛（2013.5—12）

副 科 长　裴　明（2008.2—2009.2）

孙克义（2008.2—2013.5）

金锡丽（女，2010.12—2013.12）

（五）劳动工资科—人事劳资科（2008.2—2013.12）

2012 年 12 月，劳动工资科与党委组织科合并，成立人事劳资科，主要负责劳动组织、人事档案管理；负责薪酬分配、职工培训和职业技能鉴定管理；负责社会保险、企业年金和家属医药费报销的审核；负责管理、专业技术、操作人员管理；负责基层行政班子建设和科职人员的管理；负责办理员工退休手续；劳动工资科在册离岗人员的人事关系调整到职工培训鉴定中心。截至 2013 年 12 月，定员 10 人。

科　　长　李云成（2008.2—2013.5）

王正久（兼任，2013.5—12）

副 科 长　荀双河（2008.2—2009.2）

李新源（2009.3—2013.12）

赵金河（2011.3—2012.12）

蒋宏修（正科级，2012.12—2013.12）

（六）财务科（2008.2—2013.12）

2012 年 12 月，对财务科职责进行调整，主要负责编制年度资金预算；负责债权、债务的清理；负责资金管理、成本管理、会计核算、公积金、税务管理；负责税赋、保险、结算方式的评审；负责公杂费、差旅费、职工福利费、低值易耗品以及财务费用的管理与控制；负责组织年度财务决算并提交年度财务报告。截至 2013 年 12 月，定员 8 人。

科　　长　朱　梅（女，代理，2008.2—3）

朱　梅（女，2008.3—2013.12）

副　科　长　黄　军（2008.3—2009.6）

李广燕（女，2011.2—2013.12）

（七）市场开发部—市场开发科（2008.2—2013.12）

2008 年 11 月，市场开发部更名为市场开发科。主要负责拟订公司产值分解计划指标；负责市场招投标、结算管理；负责协助各单位办理外部市场队伍资质认证和市场准入；负责公司外部市场项目部的管理；负责市场开发项目合同条款的初步审查把关和技术服务合同评审的统一管理。截至 2013 年 12 月，定员 6 人。

科　　长　张维山（2008.2—2013.12）

副　科　长　高　艺（女，正科，2008.2—2013.12）

王正久（2008.2—3）

郭俊海（2008.3—2012.12）

李　谦（2008.12—2012.12）

周祥俭（2010.1—2011.2）

赵金河（2010.1—2011.3）

胡津辉（2013.5—12）

（八）科技科—科技开发科（2008.2—2013.12）

2009 年 4 月，科技科更名为科技开发科。主要负责技术开发、交流、转让、咨询、技术服务合同的评审及资质审查；负责科技经费的管理；负责考核科研项目的进度、验收、申报和归档；负责微机、网络管理和维护，原测井工艺研究所的射孔展室管理工作划归科技开发科。截至 2013 年 12 月，定员 4 人。

科　　长　王志勇（2008.2—2013.12）

副　科　长　刘志云（女，2008.2—2013.12）

侯小军（2008.2—6）

（九）党委办公室（2008.2—2013.12）

2011 年 3 月，维护稳定办公室由经理办公室划归党委办公室管理，为党委办公室附属。2012 年 12 月，党委办公室的维护稳定办公室保留，机关附属宣传岗位、工会会计岗位人员的人事关系纳入维稳办公室管理。增加党建、统战和支部建设等职能。截至 2013 年 12 月，定员 5 人。

主　　任　杨　柳（代理，2008.2—3）
　　　　　杨　柳（2008.3—2013.12）
副 主 任　朱文平（女，2008.2—2013.12）
主　　任　杨　柳（兼任维稳办主任，2011.3—2013.12）
副 主 任　李保国（负责维稳办日常工作，2011.3—2012.12）

（十）群众工作科（2008.2—2013.12）

截至2013年12月，定员4人。

科　　长　苗如青（2008.2—2009.2）
　　　　　张学成（2009.2—2011.2）
　　　　　苗如青（2011.2—2012.12）
　　　　　赵金河（2012.12—2013.12）
副 科 长　金锡丽（女，2008.2—2010.12）
团 干 事　王国娟（女，2008.2—2013.12）

（十一）设备资产科（2008.2—2012.12）

2012年12月，设备资产科与物资供应站合并，成立设备物资管理中心，列所属基层单位管理。

科　　长　赵旭东（2008.2—7）
　　　　　郭　运（2011.2—2012.12）
副 科 长　郭　运（2008.7—2011.2）
　　　　　翟国忠（2008.2—2012.12）

（十二）武装保卫科（2008.2—2012.12）

2012年12月，武装保卫科撤并。消防、危险品管理等职能划归安全监督站；武装保卫、户籍管理等职能划归综合管理中心。

副 科 长　王　勇（2008.2—2012.12）
　　　　　徐多荣（2011.4—2012.12）
支部书记　王　勇（2008.2—2012.12）

（十三）党委组织科（2008.2—2012.12）

2012年12月，党委组织科与劳动工资科合并，成立人事劳资科。党务、统战等管理职能划归党委办公室；技术人员管理、干部管理等职能和人事档案管理划归人事劳资科。

科　　长　蒋宏修（2011.2—2012.12）

副 科 长　蒋宏修（2008.2—2011.2）

（十四）质量管理科（2008.2—2012.12）

2012 年 12 月，质量管理科与安全环保科合并，成立质量安全环保科。

科　　长　刘德武（2008.2—7）

赵旭东（2008.7—2009.3）

李庆合（2009.3—2012.12）

副 科 长　李玉泉（2008.2—7）

岂红军（2009.3—2010.11）

三、所属单位

（一）勘探开发测井分公司—勘探开发测井作业部（2008.2—2013.12）

2008 年 11 月，勘探开发测井分公司更名为勘探开发测井作业部。截至 2013 年 12 月，有职工 373 人，30 个测井队，年测井 2469 口（含井壁取芯 87 口）。

测井装备为进口和国产一体化地面和绞车系统、进口防爆撬装一体化地面和绞车系统；测井系列为 Eclips5700 成像系列、2530 快测系列、SDZ3000 快测系列、EXCELL2000P 型核磁共振测井系统、无电缆存储测井系统。

经　　理　魏　兵（2008.2—2012.12）

李庆合（2012.12—2013.12）

副 经 理　刘传海（2008.2—2013.12）

嵇成高（2008.2—2013.12）

胡庆涛（2008.2—7；正科级，2011.4—2012.12）

李庆合（2008.2—2009.2）

郭文元（2008.7—2013.12）[①]

王世海（2009.2—2013.12）

魏建宝（2010.4—2013.12）

张绍东（2009.4—2011.4）

曹学伟（2010.1—11）

① 郭文元，20213 年 3 月兼任伊朗项目部经理。

唐晓峰（2012.12—2013.12）
于之深（2012.12—2013.12）
首席责任工程师 嵇成高（正科级，2008.2—2013.12）
责 任 工 程 师 唐金波（2008.2—2013.12）
郭　运（2008.2—7）
于之深（2009.2—2010.4）
王世海（2008.7—2009.2）
书　　　　　记 刘传海（2008.2—2013.12）
副　　书　　记 魏　兵（2008.2—2012.12）
董占桥（2009.2—2010.1）
李庆合（2012.12—2013.12）

（二）生产井测井分公司—生产井测井作业部（2008.2—2013.12）

2008 年 11 月，生产井测井分公司更名为生产井测井作业部。截至 2013 年 12 月，有职工 126 人，8 个测井小队，年测井 639 口。

经　　　　　理 于克祥（2008.2—2011.1）
郑树立（2011.1—2013.12）
副　　经　　理 袁洪波（2008.2—2013.12）
郑树立（2008.2—2011.1）
石文忠（2009.2—2011.3）
贺银国（2008.2—7；2011.1—2013.12）
于学江（2008.2—2009.2）
吴洪涛（2008.2—2009.2）
郭　平（2011.3—2013.12）
主 任 工 程 师 刘印堂（2008.2—2012.12）
首 席 工 程 师 刘印堂（正科，2012.12—2013.12）
书　　　　　记 郑树立（2008.2—2011.1）
贺银国（2011.1—2013.12）
副　　书　　记 于克祥（2008.2—2011.1）
郑树立（2011.1—2013.12）

（三）射孔分公司—射孔作业部（2008.2—2013.12）

2008 年 11 月，射孔分公司更名为射孔作业部。2009 年 4 月，测井工艺研究所的射孔实验井管理业务划归射孔作业部。截至 2013 年 12 月，有职工 234 人，15 个射孔小队，年射孔 2601 口。

射孔工程技术人员经过多年刻苦钻研与不断创新，研制出了多级脉冲射孔、定方位射孔、多级起爆技术、跨隔射孔与测试器联作技术、超深穿透射孔等多项新工艺新技术，共获得 9 项国家专利，其中多级脉冲深穿透聚能射孔技术获得 3 项国家专利并获国家重点新产品。

经　　理　刘凤春（2008.2—2012.2）
　　　　　　董拥军（2012.2—2013.12）
副 经 理　陈德存（2008.2—2012.12）
　　　　　　杨　国（2008.2—2012.12）
　　　　　　张宗国（2008.2—7）
　　　　　　董拥军（2008.2—2012.2）
　　　　　　李国红（2008.7—2009.6）
　　　　　　邢焕鹏（2008.7—2011.12）
　　　　　　王朝晖（2009.4—2011.3）
　　　　　　王书华（2012.2—2013.12）
　　　　　　高文涛（2012.2—2013.12）
　　　　　　苗如青（2012.12—2013.12）
首席工程师　王朝晖（正科级，2012.12—2013.12）
责任工程师　李国红（2008.2—7）
　　　　　　王有猛（2008.7—2013.12）
书　　记　陈德存（2008.2—2012.12）
　　　　　　苗如青（2012.12—2013.12）
副 书 记　刘凤春（2008.2—2012.2）
　　　　　　董拥军（2012.2—2013.12）

（四）测井资料评价中心—测井资料评价研究中心（2008.2—2013.12）

2008 年，资料评价中心成立了歧口凹陷项目组，在低阻油气层、低孔、低渗储层、特殊岩性储层综合评价方面，形成了一套适合歧口凹陷复杂油气层综合评价配套技术系列。

同年，解释人员研制出了核磁共振测井资料定量评价软件，能进行储层物性参数计算、孔隙度结构定量评价和产能预测。在现场应用中取得了较好的效果，成像测井解释技术更加完善。

2009 年 4 月，测井资料评价中心更名为测井资料评价研究中心，其目的是以多年资料评价经验积累、科研成果和特色技术为基础，发挥测井资料评价的优势，围绕地质问题加大评价方法研究力度，不断提高评价与研究实力。

同年，解释人员研究出与远探测声波反射波成像测井配套的解释技术，使公司的远探测声波反射波成像测井技术形成生产能力，在市场开拓方面发挥了重要作用。截至 2013 年 12 月，有职工 139 人。

主　　任　王立俊（女，2008.2—2009.2）
刘俊东（代理，2009.2—2011.2）
刘俊东（2011.2—2013.12）

副 主 任　徐　明（2008.2—2013.12）
舒卫国（2008.2—2013.12）
张学成（2008.2—2009.2）
张士中（2008.2—2012.3）
王立俊（女，2009.2—2013.12）
桂林海（2012.12—2013.12）

首席工程师　徐　明（正科级，2012.12—2013.12）

责任工程师　邵维志（女，2008.2—2013.12）
刘俊东（2008.7—2009.2）
丁玉娇（女，2009.2—2013.12）

书　　记　张学成（2008.2—2009.2）
王立俊（女，2009.2—2013.12）

副 书 记　王立俊（女，2008.2—2009.2）
刘俊东（2011.2—2013.12）

（五）质量检测中心（2008.2—2013.12）

主要负责原材料检验、电缆维修、测井工程解卡；负责计量器具的审定、初检、建账、判废；负责放射性刻度工房及刻度装置的使用维护保养；负责建立测井仪器车间刻度、张力校准、电缆做记号计划并组织实施。截至 2013 年 12 月，有职工 39 人。

主　　任　郭金生（2008.2—2013.5）
　　　　　张士中（2013.5—12）
副 主 任　孙庆生（2008.7—2009.2）
　　　　　张振强（2009.2—2011.11）
　　　　　赵金河（2009.2—2010.1）
　　　　　李相立（2012.3—2013.12）
　　　　　张士中（2012.3—2013.5）
书　　记　郭金生（2008.2—2010.4；2012.2—2013.5）
　　　　　杜继利（2010.2—2012.2）
　　　　　张士中（2013.5—12）
副 书 记　赵金河（2009.2—2010.1）

（六）人才开发中心—职工培训鉴定中心（测井公司党校）（2008.2—2013.12）

2008 年 7 月，维护稳定职能划归经理办公室。人才开发中心更名为职工培训鉴定中心（测井公司党校），主要负责公司职工培训计划的组织实施；负责培训教材、试题库的编制开发；负责测井专业职业技能鉴定站工作；负责党校的日常管理工作。截至 2013 年 12 月，有职工 20 人。

主　　任　胡庆涛（兼任党校副校长，2008.7—2011.4）
副 主 任　李保国（2008.2—7）
　　　　　贺银国（2008.7—2009.2）
　　　　　刘家森（2008.7—2012.12）
　　　　　张绍东（2011.4—2013.12）
　　　　　康永固（兼任党校副校长，2012.12—2013.12）
书　　记　胡庆涛（2008.7—2011.4）
　　　　　刘家森（兼任党校副校长，2011.4—2012.12）
副 书 记　贺银国（2008.7—2009.2）
　　　　　康永固（2012.12—2013.12）

（七）综合管理中心（2008.2—2013.12）

主要负责基建工程、环卫绿化、水电、职工食堂、公寓、社会治安综合治理和武装保卫、户籍管理、民政、防汛应急抢险、消防等管理工作。截至2013年12月，有职工72人。

主　　任　李广起（2008.2—2009.2）
李　健（2009.2—2013.12）

副 主 任　谢希纳（2008.3—2010.1；2012.12—2013.12）
苟双河（正科级，2009.2—2010.4）
张宗国（2010.4—2013.5）
王　勇（2012.12—2013.5）
李先国（2013.5—12）

书　　记　谢希纳（2008.3—2010.1；2012.12—2013.12）

副 书 记　李　健（2009.2—2013.12）
张宗国（2010.2—2013.5）

（八）危险品管理站（2008.2—2013.12）

主要负责公司放射性物品、火工品的提领运输、储存发放、回收报废等管理。截至2013年12月，有职工38人。

站　　长　李保忠（2008.2—2010.1）
王文柱（2010.1—2012.12）
周祥俭（2012.12—2013.12）

副 站 长　王福庆（2008.2—2012.12）
王文柱（2008.2—2010.1）
陈国华（2012.12—2013.12）

书　　记　李保忠（2008.2—2009.4）
郑长江（2009.4—2013.12）

（九）综合车队（2008.2—2013.12）

主要负责本单位车辆的使用、维修保养等管理，合理调度公务用车和生产运输用车。截至2013年12月，有职工42人。

队　　长　刘　桐（2008.2—2011.11）
邢焕鹏（2011.11—2013.12）

副　队　长　陈洪全（2008.2—2013.12）
　　　　　　　丛英建（2009.2—2013.5）
书　　　记　刘　桐（2008.2—2011.11）
　　　　　　　邢焕鹏（2011.11—2013.12）
副　书　记　池树宝（2008.2—2009.2）

（十）汽车修理厂（2008.2—2013.12）

主要负责公司车辆的维修工作，按照公司整体安排和用户的需求，对车辆进行修理、改造与改进。截至 2013 年 12 月，有职工 22 人。

厂　　　长　杜继利（2008.2—2009.2）
　　　　　　　景洪奎（2009.2—2013.12）
副　厂　长　卢卫东（2008.2—2013.12）
　　　　　　　丛英键（2008.2—2009.2）
书　　　记　田广桐（副科级，2008.2—2010.4）
　　　　　　　景洪奎（2009.2—2013.12）

（十一）科瑞特石油机械加工厂—射孔器材加工厂（2008.2—2013.12）

2008 年 11 月，科瑞特石油机械加工厂更名为射孔器材加工厂。主要负责射孔器材加工生产及质量控制和管理。截至 2013 年 12 月，有职工 37 人。

厂　　　长　高兰峰（2008.2—2012.12）
　　　　　　　石文忠（2012.12—2013.12）
副　厂　长　李　港（2008.2—2013.12）
　　　　　　　刘家森（2008.2—7）
　　　　　　　韩桂霞（女，2008.7—2013.12）
　　　　　　　曹学伟（2009.4—2010.1）
书　　　记　高兰峰（2008.2—2012.12）
　　　　　　　石文忠（2012.12—2013.12）
副　书　记　王文东（女，2008.7—2013.12）

（十二）设备物资管理中心（2012.12—2013.12）

2012 年 12 月，设备资产科与物资供应站合并，成立设备物资管理中心，列所属科级单位，有职工 21 人。主要负责设备、物资采购计划的编制、选型、购置、维修、调拨等工作；负责组织设备事故的调查、原因分析及善后处理；负责设备外委修理和机械加工计划的编制和验收；负责车辆检查站（润滑组）的管理等工作。

主　　任　郭　运（2012.12—2013.12）
副 主 任　裴　明（2012.12—2013.12）
翟国忠（2012.12—2013.12）
书　　记　裴　明（2012.12—2013.12）
副 书 记　郭　运（2012.12—2013.12）

（十三）安全监督站（2012.12—2013.12）

2012年12月，安全监督站与安全环保科分离，成立安全监督站，列所属科级单位，有职工19人。主要负责作业现场的安全巡回检查、重点项目、重大危险场所的安全监督；负责建设项目施工过程的监督检查，负责办理消防“三同时”的审批手续；负责外部施工队伍出发前、返回后的检查验收；负责放射性物品、火工品的监督管理；负责危险品监控室的管理。

站　　长　吴洪涛（2012.12—2013.12）
副 站 长　徐多荣（2012.12—2013.5）
陈　军（2012.12—2013.12）
书　　记　吴洪涛（2012.12—2013.12）

（十四）国际测井作业部（海上测井作业部）（2012.12—2013.12）

2012年12月，成立国际测井作业部（海上测井作业部），列所属科级单位，有职工7人。主要负责国际、境内海上市场的招投标、合同签订、工程款结算等管理工作；负责公司国际、境内海上市场项目部的管理、考核工作；负责公司外事工作和国际市场防恐工作。

经　　理　魏　兵（2012.12—2013.7）
副 经 理　李　谦（2012.12—2013.3；正科级，兼任，2013.3—12）[①]
郭俊海（副科级，兼任印尼项目部经理，2012.12—2013.12）
谷学博（副科级，2012.12—2013.12）（2013年3月，兼任伊朗克米桑项目部经理）[②]

---

① 2013年3月，李谦兼任委内瑞拉项目部经理。
② 2013年3月，谷学博兼任伊朗克米桑项目部经理。

书　　记　魏　兵（2012.12—2013.7）

副 书 记　李　谦（2012.12—2013.3；正科级，2013.3—12）

（十五）物资供应站（2008.2—2012.12）

2012年12月，物资供应站并入设备物资管理中心。

站　　长　杜春福（2008.2—2012.12）

副 站 长　裴　明（2009.2—2012.12）

　　　　　徐多荣（2008.2—2011.4）

（十六）康乐中心（2008.2—10）

2008年10月，康乐中心移交大港油田公司港中生活服务公司。

主　　任　戴建刚（2008.2—10）

副 主 任　潘玉美（女，2008.2—10）

书　　记　徐兆清（2008.2—10）

（十七）测井工艺研究所（2008.2—2009.4）

2009年4月，撤销测井工艺研究所。工程事故（解卡、打捞等）的处理、电缆拉力和仪器高压实验等工作划归质量检测中心；射孔展室管理工作划归科技开发科；射孔实验井管理业务划归射孔作业部。

所　　长　陈家猛（2008.2—2009.4）

副 所 长　汪洪波（2008.2—6）

　　　　　曹学伟（2008.2—2009.4）

责任工程师　张绍东（2008.2—2009.4）

书　　记　陈家猛（2008.2—2009.4）

副 书 记　郑长江（2008.2—2009.4）

四、外部测井项目部

（一）新疆测井分公司—新疆测井项目部（2008.2—2013.12）

2008年11月，新疆测井分公司更名为新疆测井项目部，列所属正科级单位。截至2013年12月，有测井小队3支，射孔小队2支。

经　　理　李建明（2008.2—2012.3）

副 经 理　景洪奎（2008.2—2009.2）

　　　　　邢焕鹏（2008.2—7）

　　　　　唐晓峰（2008.2—2012.12）

苗如青（2009.2—2011.2）
李国红（2009.6—2013.12）
陈　军（2010.11—2012.5）
张学成（2011.2—2013.12）
李玉泉（2011.3—2012.12）
董占桥（2012.3—2013.12）
魏建宝（2012.12—2013.12）
赵海滨（2012.12—2013.12）

书　　记　景洪奎（2008.2—2009.2）
苗如青（2009.2—2011.2）
张学成（2011.2—2013.12）

（二）冀东测井分公司—冀东测井项目部（2008.2—2013.12）

2008 年 11 月，冀东测井分公司更名为冀东测井项目部，列所属正科级单位。截至 2013 年 12 月，有测井小队 5 支，射孔小队 1 支。

经　　理　赵乔波（2008.2—2013.12）

副 经 理　高万新（2008.2—2012.12）
董福印（2008.2—2009.2）
魏建宝（2009.4—2010.4）
李玉泉（2009.4—2011.3）
于之深（2010.4—2012.12）
周祥俭（2011.3—2012.12）
李宏岩（2012.12—2013.12）
赵忠强（2012.12—2013.12）

书　　记　高万新（2008.2—2012.12）

（三）长庆测井项目部（2010.2—2013.12）

长庆测井项目部主要负责长庆油田环江、镇北等地区测井市场的开发与管理，列所属正科级单位。截至 2013 年 12 月，有测井小队 4 支，射孔小队 3 支。

经　　理　陈家猛（2010.2—2013.5）
李宝忠（2013.5—12）

副 经 理　李宝忠（2010.2—2011.2）

董占桥（2010.2—2011.4）
李相立（2009.4—2010.2）
谢希纳（2012.2—12）

书　　记　谢希纳（2012.2—12）
李宝忠（2010.2—2011.2；2013.5—12）
董占桥（2010.2—2011.4）

副 书 记　陈家猛（2010.2—2013.5）

（四）苏里格测井项目部（2008.2—2013.12）

苏里格测井项目部主要负责苏里格地区测井市场的开发与管理，列所属正科级单位。截至 2013 年 12 月，有测井小队 2 支，射孔小队 1 支。

经　　理　于学江（2008.2—3）
杜继利（2009.2—2010.2）
李相立（2010.2—2011.3）
李宝忠（2011.2—2013.5）

副 经 理　张宗国（2009.2—2010.2）
谢希纳（2010.2—2012.2）
杜继利（2012.2—12）

书　　记　杜继利（2009.2—2010.2；2012.2—12）

副 书 记　张宗国（2009.2—2010.2）
谢希纳（2010.2—2012.2）

（五）南部测井项目部（2010.10—2013.12）

2010 年 10 月，成立南部测井项目部，列所属正科级单位。

经　　理　窦如胜（2010.11—2013.12）

副 经 理　岂红军（2010.11—2013.12）
窦树清（2010.11—2013.12）

书　　记　窦如胜（2010.11—2013.12）

（六）江浙测井项目部（2012.2—2013.12）

2013 年 2 月，成立江浙测井项目部，列所属副科级单位。截至 2013 年 12 月，有测井小队 2 支。

经　　理　李桂峰（2012.2—2013.12）

第十七节　第一固井分公司（2008.2—2013.12）

渤海钻探工程有限公司第一固井分公司（以下简称固井公司），是中国石油天然气集团公司旗下渤海钻探公司所属的专业化固井公司，组建于2001年10月，前身是华北石油管理局固井工程技术处。2008年按照集团公司的统一部署，重组更名为中国石油集团渤海钻探工程有限公司第一固井分公司。公司主要从事石油、天然气、煤层气及钻遇其他矿藏的固井技术研究、技术服务、技术咨询；固井方案制订；固井工程所需机械设备修理；固井工程用仪器仪表、工具、附件、添加剂材料销售；自有设备、器材租赁等业务。

公司在河北省注册，公司机关坐落于河北省任丘市。公司在册员工714人；其中，合同化用工685人，市场化用工17人，劳务用工12人；具有高级专业职称7人，中级133人，初级187人，其中渤海钻探技术专家3人；工人技师16人，高级工246人，中级工55人，初级工70人，其中渤海钻探技能专家4人。

公司市场主要分布在华北、冀东、长庆、塔里木、吐哈、青海、江苏等油田施工区域以及海外印度尼西亚、委内瑞拉等国家，曾在缅甸、蒙古国、古巴、哈萨克斯坦、尼日尔等国外市场取得良好业绩，并与西气东输、中联煤层气、德士古、美国BP-阿莫科、菲利普斯、道达尔等国内外知名公司进行了成功合作，赢得了高度赞誉。公司拥有固定资产4.57亿元，其中设备资产原值4.28亿元，净值2.13亿元，设备新度系数0.5。公司有6支甲级队，4支乙级队，全部通过集团公司固井队伍资质认证和QHSE体系认证。公司先后获河北省“先进企业”“文明单位”“理论教育先进单位”“安康杯竞赛优胜单位”“守合同，重信用企业”及“拓市场，增效益先进集体”和集团公司“十一五”培训先进集体等荣誉称号。

一、华北固井工程技术分公司（2008.2—8）[①]

2008 年 2 月，集团公司对华北石油管理局、大港油田钻探系统实施专业化重组，华北石油管理局 5 个钻井公司、固井处、录井处、管具处、钻井工程技术服务处、钻井工艺研究院等单位与大港油田钻探系统组建成立渤海钻探工程公司。2008 年 4 月 12 日，华北石油管理局固井工程技术处更名为渤海钻探华北固井工程技术分公司（简称华北固井公司）。

（一）领导机构

1. 华北固井分公司行政领导名录（2008.2—8）

经　　理　宋振泽（2008.2—8）

副 经 理　宋元洪（2008.2—8）

　　　　　吴洪波（2008.2—8）

安全总监　吴洪波（兼任，2008.2—8）

2. 华北固井工程技术分公司党委员领导名录（2008.2—8）

书　　记　宋振泽（兼任，2008.2—8）

副 书 记　甄　玉（2008.2—8）

委　　员　宋元洪（2008.2—8）

　　　　　吴洪波（2008.2—8）

　　　　　李建设（2008.2—8）

3. 华北固井工程技术分公司纪委领导名录（2008.2—8）

书　　记　甄　玉（兼任，2008.2—8）

委　　员　李兆贤（2008.2—8）

　　　　　杨永茂（2008.2—8）

4. 华北固井工程技术分公司工会领导名录（2008.2—8）

主　　席　甄　玉（兼任，2008.2—8）

委　　员　冯淑珍（2008.2—8）

　　　　　孙万兴（2008.2—8）

---

① 该机构起始时间以 2008 年 2 月成立渤海钻探工程公司时为基准。

刘海军（2008.2—8）
刘小利（2008.2—8）
李建设（2008.2—8）
陆兆裕（2008.2—8）
杨志斌（2008.2—8）
胡军德（2008.2—8）
谢立君（2008.2—8）
谢克珍（2008.2—8）

5. 华北固井工程技术分公司助理级领导名录（2008.2—8）

经理助理　孙万兴（2008.2—8）
技术副总监　钟福海（2008.2—8）

（二）机关部门

1. 党政办公室（2008.2—10）

主　　任　李建设（2008.2—10）
副 主 任　徐恩宏（内聘，2008.2—10）
杨永茂（内聘，2008.2—10）

2. 生产技术科（2008.2—10）

副 科 长　韩　杰（2008.2—10）

3. 资产设备安全管理科（2008.2—10）

科　　长　刘孝林（2008.2—10）
副 科 长　姚稳邦（2008.2—10）

安全监督站（2008.2—10）

副 站 长　刘　刚（内聘，2008.2—10）

4. 人事劳资科（2008.2—10）

职改办副主任　程　涛（内聘，2008.4—10）

5. 经营管理科（2008.2—10）

科　　长　杨声贵（2008.2—10）

6. 财务科（2008.2—10）

科　　长　吕宪民（2008.2—10）

（三）所属单位

1. 第一固井工程技术分处（2008.2—10）

处　　长　王维清（2008.2—10）

副 处 长　张金勇（2008.2—10）

张晓奎（2008.2—10）

王春隆（2008.2—10）

安贺武（2008.2—10）

党总支书记　王维清（兼任，2008.2—10）

工会主席　安贺武（兼任，2008.2—10）

团委书记　王　芳（2008.2—10）

2. 第二固井工程技术分处（2008.2—10）

处　　长　张海涛（2008.2—10）

党总支书记　谢立君（2008.2—10）

工会主席　谢立君（兼任，2008.2—10）

团委书记　黄　莉（2008.2—10）

3. 第三固井工程技术分处（2008.2—10）

处　　长　尹宝忠（2008.2—10）

副 处 长　张学领（2008.2—10）

李建成（2008.2—10）

冯淑珍（兼任，2008.2—10）

连进报（内聘，2008.2—10）

党总支书记　杨治斌（2008.2—10）

工会主席　李建成（兼任，2008.2—10）

团委书记　毛素梅（2008.2—10）

4. 第四固井工程技术分处（2008.2—10）

处　　长　何树华（2008.2—10）

副 处 长　冯淑珍（2008.2—10）

党总支书记　何树华（2008.2—10）
工会主席　冯淑珍（兼任，2008.2—10）
团委书记　姚　明（2008.2—10）

5. 第五固井工程技术分处（2008.2—10）

处长　王三喜（2008.2—10）
副处长　刘海军（2008.2—10）
　陈志宏（2008.2—10）
　张吉明（2008.2—10）
　蔡　斌（内聘，2008.2—10）
　李山秀（内聘，2008.2—10）
党支部书记　刘海军（2008.2—10）
工会主席　张吉明（2008.2—10）

6. 干混中心（2008.2—10）

副主任　张应波（2008.2—10）
党支部副书记　张应波（2008.2—10）
工会主席　王福新（2008.2—10）

7. 技术中心（2008.2—10）

主任　钟福海（2008.2—10）

8. 长庆项目部（2008.2—10）

经理　何树华（兼任，2008.2—10）
副经理　张学岭（兼任，2008.2—10）
副经理　张福娃（内聘，2008.1—2008.2）
庆阳项目组经理　周四兵（内聘，2008.2—10）
定边项目组经理　李文明（内聘，2008.2—10）
靖边项目组经理　李士增（内聘，2008.2—10）
乌审旗项目组经理　刘国庆（内聘，2008.2—10）
党总支书记　何树华（兼任，2008.2—10）
工会主席　何树华（兼任，2008.2—10）

9. 冀东项目部（2008.2—10）

副经理　刘书冬（内聘，2008.2—10）
　　　　刘红祥（内聘，2008.2—10）
　　　　和建勇（内聘，2008.2—10）
党支部书记　杨治斌（兼任，2008.2—10）

10. 二连项目部（2008.2—10）

经理　王春隆（兼任，2008.2—10）
副经理　吴小卫（内聘，2008.2—10）
　　　　蒋登昊（内聘，2008.2—10）
党支部书记　张金勇（兼任，2008.2—10）

11. 新疆项目部（2008.2—10）

经理　张晓奎（兼任，2008.2—10）
副经理　徐永波（内聘，2008.2—10）

12. 海外项目经理部（2008.2—10）

经理　刘志远（2008.1—10）
蒙古东胜项目部经理　章宪忠（内聘，2008.2—10）

二、渤海钻探工程有限公司第一固井分公司（2008.8—2013.12）

2008 年 8 月 22 日，中国石油天然气集团公司渤海钻探华北固井工程技术分公司更名为中国石油集团渤海钻探工程有限公司第一固井分公司，简称渤海钻探第一固井公司。

2008 年 10 月 21 日，第一固井分公司机构改革，实行扁平化管理。公司机关撤销党政办公室，成立经理办公室和党群工作科；撤销资产设备安全管理科，成立质量安全环保科和设备管理科。基层单位取消大队级机构，将冀中地区第一、第二、第三、第四固井工程技术分处合并为冀中项目部和后勤保障中心；撤销塔里木地区的第五固井工程技术分处，成立塔里木项目部；增设青海项目部；成立海外项目经理部，统管哈萨克斯坦、缅甸、尼日尔、古巴、蒙古国等 5 个境外项目。扁平化管理后，机关设经理办公室、党群工作科、生产技术科、质量安全环保科、设备管理科、经营计划科、人事劳资科（组织科）、财务科等 8 个机关科室，安全监督站、物资管理中心、生产调度室、财务结算中心、行政事务中心等5个机关附属单位，冀中项目部、长庆项目部、塔里木项目部、冀东项目部、二连项目部、吐哈项目部、青海项目部、海外项目经理部、技术中心、水泥混拌中心、后勤保障中心等11个直属单位。通过推行扁平化管理，公司机构设置更加合理，减少了管理层级，拓宽了管理幅度，各专业路业务分工更加细致，进一步提高了工作效率。

2013年1月，第一固井分公司召开中国共产党渤海钻探工程有限公司第一固井分公司第二次代表大会，选举产生第一固井分公司第二届党委、纪律检查委员会。第一固井分公司第二届党委由庄建山、吴洪波、宋元洪、宋振泽、杨贵盛等5人组成。宋振泽任党委书记，庄建山任党委副书记。第一固井分公司纪委由冯淑珍、李建设、宋振泽、彭琪、程涛等5人组成。宋振泽任纪委书记。

截至2013年12月，第一固井分公司在册员工714人，下设经理办公室、党群工作科、人事劳资科（组织部）、财务科、经营计划科、质量安全环保科、生产技术科、设备管理科8个职能科室，行政事务中心、生产调度中心、物资管理中心、财务结算中心、安全监督站5个机关附属单位，冀中项目部、长庆项目部、塔里木项目部、环庆项目部、冀东项目部、吐哈项目部、二连项目部、青海项目部、江苏项目部、海外项目部、后勤保障中心、水泥混拌中心、科技管理中心、车辆管理中心等14个直属单位。第一固井公司党委下设党支部21个，党员人数为292人。2013年完成固井工作量3531井次，其他辅助作业1688井次，固井合格率100%；营业收入6.7亿元，实现利润1635万元，超额完成渤海钻探公司下达的各项经营指标。

（一）领导机构

1. 第一固井分公司行政领导名录（2008.8—2013.12）

经　　理　宋振泽（2008.8—2012.7）

　　　　　　庄建山（2012.7—2013.12）

副 经 理　宋元洪（2008.8—2013.12）

　　　　　　吴洪波（2008.8—2013.12）

　　　　　　杨贵盛（2010.4—2013.12）

　　　　　　宋振泽（兼任，2012.7—2013.12）

党冬红（2013.3—12）

安全总监　吴洪波（兼任，2008.8—2013.12）

2. 第一固井分公司党委领导名录（2008.8—2013.12）

书　　记　宋振泽（兼任，2008.8—2013.12）

副 书 记　甄　玉（2008.8—2012.7）①

庄建山（兼任，2012.7—2013.12）

委　　员　宋元洪（2008.8—2013.12）

吴洪波（2008.8—2013.12）

李建设（2008.8—2013.1）

杨贵盛（2010.4—2013.12）

党冬红（2013.3—12）

3. 第一固井分公司纪委领导名录（2008.8—2013.12）

书　　记　甄　玉（兼任，2008.8—2012.7）

宋振泽（兼任，2012.7—2013.12）

委　　员　李兆贤（2008.8—2013.1）

杨永茂（2008.8—2013.1）

冯淑珍（2013.1—12）

李建设（2013.1—12）

彭　琪（2013.1—12）

程　涛（2013.1—12）

4. 第一固井分公司工会领导名录（2008.8—2013.12）

主　　席　甄　玉（兼任，2008.8—2012.7）

宋振泽（兼任，2012.7—2013.12）

副 主 席　冯淑珍（2010.2—2013.12）

委　　员　冯淑珍（2008.8—2010.2）

孙万兴（2008.8—2011.1）

刘海军（2008.8—2011.1）

① 2012年7月，甄玉调任渤海钻探第二录井公司党委书记。

刘小利（2008.8—2011.1）
李建设（2008.8—2011.1）
陆兆裕（2008.8—2011.1）
杨志斌（2008.8—2011.1）
胡军德（2008.8—2011.1）
谢立君（2008.8—2011.1）
谢克珍（2008.8—2011.1）
王维清（2011.1—2013.12）
刘小利（2011.1—2013.12）
刘红祥（2011.1—2013.12）
李士增（2011.1—2013.12）
张兰房（2011.1—2013.12）
张　伟（2011.1—2013.12）
陆安庆（2011.1—2013.12）
费中明（2011.1—2013.12）
彭　琪（2011.1—2013.12）

5. 第一固井分公司经理助理、副总师名录（2008.8—2013.12）

经理助理　孙万兴（2008.8—2012.3）
李建设（2009.1—2013.12）
何树华（2012.3—2013.12）

副总工程师　钟福海（2009.1—2013.12）
孙万兴（2012.3—2013.12）
张玉平（2013.2—12）
党冬红（2013.2—3）
和建勇（2013.2—12）

（二）机关部门

1. 经理办公室（2008.10—2013.12）

2008 年 10 月 21 日，公司机构改革，实行扁平化管理，撤销党政办公室，成立经理办公室。

主　　任　徐恩宏（2010.2—2012.5）
　　　　　杨永茂（2012.5—2013.12）
副 主 任　徐恩宏（2008.11—2010.2）
　　　　　黄　莉（2010.7—2013.5）

2. 党群工作科（2008.10—2013.12）

2008 年 10 月 21 日，公司机构改革，实行扁平化管理，撤销党政办公室，成立党群工作科。

科　　长　杨永茂（2010.2—2012.5）
　　　　　冯淑珍（2012.5—2013.12）
副 科 长　杨永茂（2008.11—2010.2）

3. 生产技术科（2008.10—2013.12）

科　　长　韩　杰（2009.1—2010.2）
　　　　　张玉平（2010.2—2013.12）
副 科 长　韩　杰（2008.10—2009.1）
　　　　　张玉平（2008.11—2010.2）
　　　　　连进报（2011.7—2012.1）
　　　　　费中明（2013.5—12）

4. 质量安全环保科（2008.10—2013.12）

2008 年 10 月 21 日，公司机构改革，实行扁平化管理，撤销资产设备安全管理科，成立质量安全环保科。

科　　长　刘孝林（2009.1—2010.2）
　　　　　姚稳邦（2010.2—2013.2）
　　　　　刘　刚（2013.2—12）
副 科 长　刘　刚（2008.11—2012.12）
　　　　　李卫民（2013.6—12）

5. 设备管理科（2008.10—2013.12）

2008 年 10 月 21 日，公司机构改革，实行扁平化管理，撤销资产设备安全管理科，成立设备管理科。

科　　长　姚稳邦（2009.1—2010.2）

韩　杰（2010.2—2013.12）

6. 人事劳资科（组织科）—人事劳资科（组织部）（2008.10—2013.12）

2008 年 10 月 21 日，公司机构改革，实行扁平化管理，将科级干部、党建和党员管理职责从党政办公室全部划归人事劳资科，成立人事劳资科（组织科）；2011 年 9 月 6 日更名为人事劳资科（组织部）。

科长(部长)　程　涛（2010.3—2013.12）

副 科 长　程　涛（2008.11—2010.3）

7. 经营计划科（2008.10—2013.12）

2008 年 10 月 21 日，公司机构改革，实行扁平化管理，经营管理科更名为经营计划科。

科　　长　杨声贵（2008.10—2010.2）

刘志远（2010.2—2013.12）

副 科 长　杨增民（2013.6—12）

8. 财务科（2008.10—2013.12）

科　　长　吕宪民（2008.10—2012.3）

杨建民（2012.3—2013.12）

副 科 长　杨建民（2008.11—2012.3）

布　波（2012.8—2013.12）

（三）所属单位

1. 安全监督站（2008.10—2013.12）

站　　长　刘　刚（兼任，2008.11—2013.12）

副 站 长　李卫民（兼任，2013.6—2013.12）

2. 物资管理中心（2008.10—2013.12）

副 主 任　杨增民（兼任，2013.6—12）

3. 生产调度室—生产调度中心（2008.10—2013.12）

2011 年 9 月 6 日更名为生产调度中心。

4. 财务结算中心（2008.10—2013.12）

主　　　任　杨建民（兼任，2008.11—2012.8）
　　　　　　　布　波（兼任，2012.8—2013.12）

5. 行政事务中心（2008.10—2013.12）

主　　　任　黄　莉（兼任，2010.7—2013.5）
小车队队长　辛志红（2010.7—2013.5）

6. 冀中项目部（2008.10—2013.12）

2008年10月21日，公司机构改革，实行扁平化管理，成立冀中项目部。负责华北油田冀中地区市场开发协调，成本控制、创收增效工作；负责冀中地区生产组织、方案设计、施工管理、质量控制、技术进步、安全设备管理、应急管理工作；负责项目部队伍、人员管理，党建、工团管理和基础资料管理工作。

经　　　理　尹宝忠（2008.11—2012.7）
　　　　　　　褚军杰（2012.7—2013.12）
副　经　理　张海涛（兼任，2008.11—2010.11）
　　　　　　　连进报（2009.1—2011.7；2013.2—12）
　　　　　　　褚军杰（2010.7—2012.1）
　　　　　　　刘孝林（兼任，2010.11—2012.12）
　　　　　　　张学领（2012.1—2013.12）
　　　　　　　蒋世伟（2013.2—12）
书　　　记　张海涛（2008.11—2010.11）
　　　　　　　刘孝林（2010.11—2013.12）
副　书　记　彭　琪（2009.11—2011.1）
工会主席　彭　琪（兼任，2009.11—2011.1）
　　　　　　　刘孝林（兼任，2011.1—2013.12）

7. 长庆项目部（2008.10—2013.12）

2008年10月21日，公司机构改革，实行扁平化管理，成立长庆项目部。负责长庆油气田市场乌审旗、靖边、定边3个地区的市场开发协调，成本控制、创收增效工作；负责长庆油气田市场生产组织、方案设计、施工管理、质量控制、技术进步、安全设备管理、应急管理工作；负责项目部队伍、人员管理，党建、工团管理和基础资料管理工作。

经　　理　何树华（2008.10—2013.12）
副 经 理　张福娃（2009.1—2013.12）
　　　　　刘国庆（2009.1—2013.12）
　　　　　李士增（2009.1—2013.12）
　　　　　陆安庆（兼任，2012.1—2013.12）
书　　记　何树华（兼任，2008.10—2012.1）
　　　　　陆安庆（2012.1—2013.12）
副 书 记　李士增（兼任，2009.1—2013.12）
工会主席　何树华（兼任，2008.10—2009.1）
　　　　　李士增（兼任，2009.1—2012.1）
　　　　　陆安庆（兼任，2012.1—2013.12）

8. 塔里木项目部（2008.10—2013.12）

2008 年 10 月 21 日，公司机构改革，实行扁平化管理，成立塔里木项目部。负责新疆塔里木地区油气田市场开发协调，成本控制、创收增效工作；负责新疆塔里木地区油气田市场生产组织、方案设计、施工管理、质量控制、技术进步、安全设备管理、应急管理工作；负责项目部队伍、人员管理，党建、工团和基础资料管理工作。

经　　理　孙万兴（兼任，2008.11—2010.11）
　　　　　张海涛（2010.11—2013.12）
副 经 理　张吉明（兼任，2009.1—2013.12）
　　　　　姚稳邦（2013.2—12）
　　　　　陈志宏（2009.1—2010.2）
　　　　　蔡　斌（2009.1—2013.12）
　　　　　张晓奎（2011.1—2012.1）
　　　　　褚军杰（2012.1—7）
　　　　　张小建（2013.2—12）
书　　记　张吉明（2009.1—2013.12）
副 书 记　张兰房（2009.11—2012.1）

主　　席　张兰房（兼任，2009.11—2012.1）
　　　　　张吉明（兼任，2012.1—2013.12）

9. 冀东项目部（2008.10—2013.12）

2008 年 10 月 21 日，公司机构改革，实行扁平化管理，成立冀东项目部。负责冀东油田市场开发协调，成本控制、创收增效工作；负责冀东油田市场生产组织、方案设计、施工管理、质量控制、技术进步、安全设备管理、应急管理工作；负责项目部队伍、人员管理，党建、工团管理和基础资料管理工作。

经　　理　王维清（2009.1—2010.2）
　　　　　李建成（2010.2—2013.2）
　　　　　张　伟（2013.2—12）
副 经 理　杨治斌（兼任，2009.1—2011.1）
　　　　　和建勇（2009.11—2013.2）
　　　　　张　伟（兼任，2011.1—2013.2）
书　　记　杨治斌（2008.10—2011.1）
　　　　　张　伟（2011.1—2013.2）
　　　　　李建成（2013.2—6）
　　　　　吴小卫（2013.6—12）
工会主席　杨治斌（兼任，2008.10—2011.1）
　　　　　张　伟（兼任，2011.1—2013.2）
　　　　　李建成（兼任，2013.2—6）
　　　　　吴小卫（兼任，2013.6—12）

10. 二连项目部（2008.10—2013.12）

2008 年 10 月 21 日，公司机构改革，实行扁平化管理，成立二连项目部。负责华北油田公司二连油田及蒙古国市场开发协调，成本控制、创收增效工作；负责二连油田及蒙古国市场生产组织、方案设计、施工管理、质量控制、技术进步、安全设备管理、应急管理工作；负责项目部队伍、人员管理，党建、工团管理和基础资料管理工作。

经　　理　王春隆（2008.10—2011.1）

王维清（2011.1—2013.12）
副　经　理　吴小卫（2009.11—2013.6）
党冬红（2009.1—2010.2）
张晓奎（2010.2—2011.1）
书　　　记　李建设（2009.1—2010.2）
张晓奎（2010.2—2011.1）
张兰房（2012.1—2013.12）
副　书　记　陆安庆（2009.11—2012.1）
工会主席　陆安庆（兼任，2009.11—2012.1）
张兰房（兼任，2012.1—2013.12）

11. 吐哈项目部（2008.10—2013.12）

2008年10月21日，公司机构改革，实行扁平化管理，成立吐哈项目部。负责新疆吐哈油田市场开发协调，成本控制、创收增效工作；负责新疆吐哈油田市场生产组织、方案设计、施工管理、质量控制、技术进步、安全设备管理、应急管理工作；负责项目部队伍、人员管理，党建、工团管理和基础资料管理工作。

经　　　理　张晓奎（2008.10—2010.2）
王春隆（2011.1—2012.1）
张晓奎（2012.1—2012.13）
书　　　记　张晓奎（2009.1—2010.2）
王春隆（2011.1—2012.1）
张晓奎（2012.1—2013.12）
工会主席　张晓奎（兼任，2009.1—2010.2）
王春隆（兼任，2011.1—2012.1）
张晓奎（兼任，2012.1—2013.12）

12. 青海项目部（2008.10—2013.12）

2008年10月21日，公司机构改革，实行扁平化管理，成立青海项目部。青海项目部主要负责青海油气田市场开发协调，成本控制、创收增效工作；负责青海油气田市场生产组织、方案设计、施工管理、质量控制、技术进步、安全设备管理、应急管理工作；负责项目部队伍、人员管理，党建、工团管理和基础资料管理工作。

经　　理　安贺武（2009.11—2012.1）

王春隆（2012.8—2013.12）

副 经 理　张　伟（2009.11—2011.1）

书　　记　安贺武（2011.1—2012.1）

王春隆（2012.8—2013.12）

副 书 记　张　伟（2009.11—2011.1）

工会主席　张　伟（兼任，2009.11—2011.1）

安贺武（兼任，2011.1—2012.1）

王春隆（兼任，2012.8—2013.12）

13. 海外项目经理部—海外项目部（2008.10—2013.12）

2008年10月21日，公司机构改革，实行扁平化管理，成立海外项目经理部，2011年9月6日更名为海外项目部。负责国际市场开发协调、招投标管理、成本控制、创收增效工作；负责国际市场生产运行、应急管理；负责项目部队伍人员管理、党建、工团管理、设备、安全防恐、基础资料管理、外事管理等工作。

经　　理　刘志远（2008.1—2010.2）

杨声贵（2010.2—2013.12）

副 经 理　吕国永（2009.11—2010.9）

章宪忠（2009.1—2013.12）

党冬红（兼任，2010.2—2013.3）

宋志强（2013.2—12）

书　　记　刘志远（兼任，2009.1—2010.2）

杨声贵（兼任，2010.2—2011.1）

党冬红（2011.1—2013.3）

章宪忠（2013.5—12）

工会主席　刘志远（兼任，2009.1—2010.2）

杨声贵（兼任，2010.2—2011.1）

党冬红（2011.1—2013.3）

章宪忠（2013.5—2013.12）

14. 水泥混拌中心（2008.10—2013.12）

2008 年 10 月 21 日，公司机构改革，实行扁平化管理，干混中心更名为水泥混拌中心。

主　　任　张应波（2009.1—2011.12）
　　　　　王永春（兼任，2012.1—2013.12）
副 主 任　王永春（兼任，2011.1—2012.1）
　　　　　安贺武（兼任，2012.1—2013.12）
书　　记　刘海军（2009.1—2010.2）
　　　　　张应波（兼任，2010.4—2011.1）
　　　　　王永春（2011.1—2012.1）
　　　　　安贺武（2012.1—2013.12）
副 书 记　张应波（2008.10—2010.2）
　　　　　王永春（2010.7—2011.1）
工会主席　刘海军（兼任，2009.1—2010.2）
　　　　　王永春（兼任，2011.1—2012.1）
　　　　　安贺武（兼任，2012.1—2013.12）

15. 科技管理中心（2008.10—2013.12）

2008 年 10 月 21 日，公司机构改革，实行扁平化管理，技术中心更名为科技管理中心。主要负责编制公司中长期科技发展规划和运行计划并组织实施，负责固井新工艺、新材料、新工具的推广应用，负责水泥浆体系应用研究，公司重点井固井方案制订、现场技术指导监督，公司科研项目的攻关与管理、知识产权和专有技术管理，是公司科委的日常办事机构等。

主　　任　钟福海（2008.10—2012.1）
　　　　　连进报（2012.1—2013.2）
　　　　　和建勇（2013.2—12）

16. 后勤保障中心（2008.10—2013.12）

2008 年 10 月 21 日，公司机构改革，实行扁平化管理，成立后勤保障中心。负责公司设备维修、机件加工、材料保管、稳定、计生、油田矿区综合事务管理、有偿解除劳动关系再就业人员管理、退岗劳动家属管理、生活基地及生活后勤管理等工作；负责本单位队伍、人员管理，行政、党建、安全、应急、工团管理和基础资料管理工作。

主　　任　谢立君（2008.11—2010.2）
王维清（2010.2—2011.1）
彭　琪（2012.1—2013.12）

副 主 任　冯淑珍（兼任，2008.11—2010.2）
张金勇（2008.11—2010.2）
彭　琪（兼任，2011.1—2012.1）

书　　记　冯淑珍（2008.11—2010.2）
王维清（2010.2—2011.1）
彭　琪（2011.1—2013.12）

副 书 记　彭　琪（2009.11—2011.1）

工会主席　冯淑珍（兼任，2008.11—2010.2）
王维清（兼任，2010.2—2011.1）
彭　琪（兼任，2011.1—2012.2）
蔡晓燕（内聘，2012.2—2013.12）

17. 环庆项目部（2009.2—2013.12）

2009 年 2 月，公司将环江油田地区有关业务从长庆项目部中分离出来，成立环庆项目部，列直属科级单位管理，暂定员 66 人。

经　　理　李建成（2009.1—2010.2）
张学领（2010.2—2011.11）
李建设（2011.11—2013.12）

副 经 理　张学领（兼任，2009.1—2010.2）
费中明（2010.7—2013.5）
刘红祥（2010.7—11）
姚　明（2012.7—2013.12）
朱　静（2013.2—12）

书　　记　张学领（2009.1—2011.11）
李建设（兼任，2011.11—2013.12）

副　书　记　费中明（兼任，2010.7—2013.5）
工会主席　刘红祥（兼任，2010.7—2010.11）
　　　　　费中明（兼任，2011.1—2013.5）
　　　　　姚　明（兼任，2013.5—12）

18. 江苏项目部（2010.2—2013.12）

2010年2月9日，公司成立江苏项目部。负责江苏油田市场开发协调，成本控制、创收增效工作；负责江苏油田市场生产组织、方案设计、施工管理、质量控制、技术进步、安全设备管理、应急管理工作；负责项目部队伍、人员管理，党建、工团管理和基础资料管理工作。

经　　　理　刘孝林（2010.2—11）
　　　　　　刘红祥（2010.11—2013.12）
副　经　理　王春隆（2012.1—8）
　　　　　　王福新（2012.7—2013.12）
书　　　记　刘孝林（2010.2—11）
　　　　　　刘红祥（2010.11—2012.1；2012.8—2013.12）
　　　　　　王春隆（2012.1—8）
副　书　记　刘宁泽（2012.8—2013.12）
工会主席　刘红祥（兼任，2011.9—2012.1）
　　　　　王春隆（兼任，2012.1—8）
　　　　　刘宁泽（兼任，2012.8—2013.12）

19. 车辆管理中心（2012.8—2013.12）

2012年8月8日，为加强公司车辆管理，防范安全风险，经公司研究决定成立车辆管理中心，负责公司机关、内外部市场公务用车管理和公司所有车辆年审、落户等工作。

主　　　任　辛志军（2013.5—12）
书　　　记　黄　莉（2013.5—12）
工会主席　黄　莉（兼任，2013.5—12）

第十八节　第二固井分公司（2008.2—2013.12）

2008 年 2 月，渤海钻探工程有限公司成立，本公司更名为渤海钻探工程有限公司大港固井技术服务分公司。党组织关系隶属于渤海钻探工程有限公司党委。

8 月，更名为渤海钻探工程有限公司第二固井分公司。

从 2008 年 8 月至 2013 年 12 月，第二固井分公司围绕打造优势突出的国际化固井技术服务公司，加大国内与国际市场开发，产值收入逐年提高。

2008 年 9 月，成立新疆项目部。

11 月，公司进行机构调整，设经理办公室、党群工作科、市场与生产协调科、工程技术科、质量安全环保科、计划经营科、财务资产科、劳动工资科 8 个科室；安全监督站、生产调度室、物资管理组 3 个附属单位；完井工艺研究所、固井作业一队、固井作业二队、冀东项目部、苏里格项目部、海工项目部、新疆项目部、生产保障中心、行政事务中心 9 个直属单位。

2009 年 7 月，渤海钻探公司党委决定唐卫国任公司党委书记、经理，尤军调任渤海钻探第三钻井公司经理。

2010 年 2 月，成立长庆项目部，将原苏里格项目部中有关合水市场的业务和管理职能划归长庆项目部。

3 月，公司进行组织机构调整，设有市场与生产协调科、质量安全环保科、工程技术科、计划财务科、物资装备科、劳动工资科、党群工作科和经理办公室等 8 个科室；安全监督站、生产调度室、物资管理中心 3 个附属单位；完井工艺研究所、国际项目经理部、固井作业一队、固井作业二队、冀东项目部、苏里格项目部、长庆项目部、新疆项目部、生产保障中心、行政事务中心 10 个单位。

7 月，为提高海南市场项目运行和管理效率，成立海南项目部。

2011 年 2 月，随市场形势变化，撤销长庆项目部，将长庆项目部人员设备划归苏里格项目部。

6 月，中国共产党渤海钻探第二固井分公司第二次代表大会召开，选举产生第二届委员会和纪律检查委员会，唐卫国为党委书记，郭如峰为党委副书记、纪委书记。所属9个党支部，共有党员210人。

7月，公司成立大港项目部，将原固井作业一队、固井作业二队的管理职能和设备、人员整理划归大港项目部，并撤销固井作业一队、固井作业二队。

2012年10月，按照渤海钻探公司市场布局调整，公司撤销新疆项目部。

2013年2月，撤销市场与生产协调科、工程技术科和计划财务科，将职责进行划分，成立市场经营科、生产技术科、财务资产科。

截至2013年12月，公司在册员工480人，其中合同化员工371人，市场化用工109人。下设9个党支部党员201人。实现营业收入4.2亿元，资产总额4.45亿元。设经理办公室、党群工作科、市场经营科、质量安全环保科、生产技术科、劳动工资科、财务资产科、物资装备科8个科室；安全监督站、生产调度室、物资管理中心3个附属单位；完井工艺研究所、国际项目经理部、大港项目部、冀东项目部、长庆项目部5个科级单位和海南项目部、生产保障中心、行政事务中心3个队级单位。

一、领导机构

（一）第二固井分公司行政领导名录（2008.2—2013.12）

经　　理　尤　军（2008.2—2009.7）[①]

唐卫国（2009.7—2013.12）

副 经 理　郭如峰（2008.2—2013.12）

徐胜本（2008.2—2013.12）

李雅锴（2008.2—2013.12）

孙勤亮（2008.2—2013.12）

总工程师　孙勤亮（兼任，2008.2—2013.12）

安全总监　徐胜本（兼任，2008.2—2013.12）

（二）第二固井分公司党委领导名录（2008.2—2013.12）

书　　记　尤　军（2008.2—2009.7）

唐卫国（2009.7—2013.12）

---

① 2009年2月，尤军调任第三钻井公司经理。

副　书　记　郭如峰（2008.2—2013.12）
委　　　员　尤　军（2008.2—2009.7）
唐卫国（2009.7—2013.12）
郭如峰（2008.2—2013.12）
徐胜本（2008.2—2013.12）
李雅铛（2008.2—2013.12）
孙勤亮（2008.2—2013.12）

（三）第二固井分公司纪委领导名录（2008.2—2013.12）

书　　　记　郭如峰（2008.2—2013.12）
委　　　员　高海丽（2008.2—2013.12）
王　芳（2008.2—2011.6）
马江云（女，2011.6—2013.12）
贾　勇（2011.6—2013.12）
丁锐毅（2011.6—2013.12）

（四）第二固井分公司工会领导名录（2008.2—2013.12）

主　　　席　郭如峰（2008.2—2013.12）
副　主　席　高海丽（2008.2—2013.12）

（五）第二固井分公司助理、副总师名录（2008.2—2013.12）

助　　　理　赵成恩（2008.2—2011.7）
林志辉（2008.2—2013.12）
安全副总监　徐锡远（2008.2—2013.12）
副总工程师　付家文（2011.7—2013.12）
岳新庆（2013.2—12）

二、机关部门

（一）经理办公室（2008.2—2013.12）

主　　　任　马　勇（2008.11—2013.12）
副　主　任　马　勇（主持工作，2008.2—11）

（二）党群工作部—党群工作科（2008.2—2013.12）

1. 党群工作部（2008.2—11）

主　　　任　高海丽（2008.2—11）
　　　　　　　王　芳（2008.2—11）
　　　　　　　贾　勇（2008.2—11）
团委副书记　贾　勇（2008.2—11）

2. 党群工作科（2008.11—2013.12）

科　　　长　高海丽（2008.11—2013.12）
副　科　长　王　芳（2008.11—2011.7）
　　　　　　　贾　勇（2008.11—2013.12）
　　　　　　　马江云（2011.7—2013.12）
团委副书记　贾　勇（2008.11—2013.12）

（三）市场经营部、市场与生产协调科—市场经营科（2008.2—2013.12）

1. 市场经营部（2008.2—11）

主　　　任　赵成恩（2008.2—11）
　　　　　　　刘春江（2008.2—11）
　　　　　　　杨盛文（2008.2—11）
　　　　　　　闫振峰（2008.8—11）

2. 市场与生产协调科（2008.11—2013.2）

科　　　长　林志辉（兼任，2008.11—2013.2）
副　科　长　刘春江（2008.11—2013.2）
　　　　　　　何　刚（2008.11—2013.2）
　　　　　　　马津海（2010.3—2013.2）
　　　　　　　王凤喜（2012.10—2013.2）

3. 计划经营科（2008.11—2010.3）

科　　　长　赵成恩（兼任，2008.11—2010.3）
副　科　长　杨盛文（2008.11—2010.3）
　　　　　　　闫振峰（2008.11—2010.3）

4. 市场经营科（2013.2—12）

科　　长　刘春江（主持工作，2013.2—12）

　　　　　杨盛文（2013.2—12）

副 科 长　王凤喜（2013.2—12）

（四）质量安全环保部—质量安全环保科（2008.2—2013.12）

1. 质量安全环保部（2008.2—11）

主　　任　徐锡远（兼任，2008.2—11）

副 主 任　刘　炳（2008.2—11）

2. 质量安全环保科（2008.11—2013.12）

科　　长　徐锡远（兼任，2008.11—2012.12）

副 科 长　刘　炳（2008.11—2013.12）

　　　　　张国强（兼任，2013.3—12）

（五）生产技术部、工程技术科—生产技术科（2008.2—2013.12）

1. 生产技术部（2008.2—11）

主　　任　林志辉（兼任，2008.2—11）

　　　　　胡智勇（2008.2—11）

2. 工程技术科（2008.11—2013.2）

科　　长　付家文（2008.11—2011.7；兼任，2011.7—2013.2）

副 科 长　胡智勇（2008.11—2010.3）

　　　　　马作朋（2010.3—2013.2）

3. 生产技术科（2013.2—12）

科　　长　林志辉（主持工作，兼任，2013.2—12）

　　　　　王贵富（2013.2—12）

　　　　　何　刚（2013.2—12）

（六）劳动工资部—劳动工资科（2008.2—2013.12）

1. 劳动工资部（2008.2—11）

副 主 任　刘金荣（主持工作，2008.2—11）

2. 劳动工资科（2008.11—2013.12）

科　　长　刘金荣（2008.11—2013.12）

副 科 长　李　哲（2011.7—2013.12）

（七）财务资产部—财务资产科—计划财务科—财务资产科（2008.2—2013.12）

1. 财务资产部（2008.2—11）

副 主 任　丁锐毅（主持工作，2008.2—11）

孙　贤（女，2008.2—11）

2. 财务资产科（2008.11—2010.3）

副 科 长　丁锐毅（主持工作，2008.11—2010.3）

孙　贤（2008.11—2010.3）

3. 计划财务科（2010.3—2012.12）

科　　长　杨盛文（2010.3—2013.2）

副 科 长　丁锐毅（2010.3—2013.2）

孙　贤（2010.3—2013.2）

4. 财务资产科（2013.3—12）

副 科 长　丁锐毅（主持工作，2010.3—2013.12）

孙　贤（2013.2—12）

（八）物资装备科（2010.3—2012.12）

科　　长　胡智勇（2010.3—2013.12）

副 科 长　闫振峰（2010.3—2013.3）

段云刚（2013.3—12）

三、附属单位

（一）安全监督站（2008.2—2013.12）

站　　长　徐锡远（兼任，2008.2—2011.7）

张国强（回族，2011.7—2013.12）

副 站 长　张国强（2008.2—2011.7）

（二）生产调度室（2008.2—2013.12）

调　度　长　梁有强（2008.2—2010.3）

马津海（兼任，2010.3—2013.3）

何　刚（兼任，2013.3—12）

（三）物资管理中心（2010.3—2012.12）

主　　　任　闫振峰（兼任，2010.3—2013.3）

段云刚（兼任，2013.3—12）

四、所属单位

（一）完井工艺研究所（2008.2—2013.12）

所　　　长　付家文（2008.2—2010.3；2013.3—12）

王贵富（2010.3—2013.3）

副　所　长　付家文（2008.2—11）

王贵宏（2008.2—2009.12）

王贵富（2008.8—2010.3）

尹　伟（2008.2—2013.12）

岳新庆（2008.2—11）

闫振峰（2008.2—8）

侯占东（2008.11—2013.12）

书　　　记　岳新庆（2008.2—11）

王贵富（2008.11—2010.3）

杨志民（2010.3—2011.2）①

王　芳（2011.7—2013.12）

副　书　记　付家文（2008.2—2010.3）

王贵富（2010.3—2013.3）

（二）海工项目部—国际项目经理部（2008.2—2013.12）

1. 海工项目部（2008.2—2010.3）

经　　　理　岳新庆（2008.11—2010.3）

书　　　记　侯占东（2008.2—11）

① 2011年2月，杨志民调往天津市天房集团。

岳新庆（2008.11—2010.3）
副　经　理　马作朋（2008.2—2010.3）
杨洪海（2009.1—2010.3）
王贵宏（2009.12—2010.3）
房捍民（2009.4—2010.3）
副　书　记　房捍民（2009.4—2010.3）

2. 国际项目经理部（2010.3—2013.12）

经　　　理　岳新庆（2010.3—2013.2；兼任，2013.2—12）
副　经　理　王贵宏（2010.3—9）
李　强（2010.9—2013.12）
夏　斌（2010.9—2013.12）
康洪长（2010.9—2013.12）
张永晖（2010.9—2013.12）
朱　军（2012.4—2013.12）
房捍民（2012.10—12）
罗礼奎（2012.10—2013.2）
孙家唯（2012.10—2013.2）
王圣明（2013.3—12）
王　浪（2013.3—12）
闫振峰（2013.3—12）
书　　　记　岳新庆（2010.3—9）
王贵宏（2010.9—2013.12）
副　书　记　房捍民（2012.10—12）

（三）固井作业一队、固井作业二队—大港项目部（2008.2—2013.12）

1. 作业一队（2008.2—2011.7）

队　　　长　马津海（2008.2—2010.3）
杨洪滨（2010.3—2011.7）
副　队　长　王卫东（2008.2—2010.7）
周青江（2008.2—2011.7）

周奖生（2008.2—10）
朱　军（2008.11—2011.7）
罗红兵（2011.2—7）
段云刚（兼任，2008.11—2011.7）
书　　记　段云刚（2008.2—2011.7）
副 书 记　马津海（兼任，2008.11—2010.3）
杨洪滨（兼任，2010.3—2011.7）

2. 固井作业二队（2008.2—2011.7）

队　　长　杨洪滨（2008.2—2010.3）
梁有强（2010.3—2011.7）
副 队 长　贾　刚（2008.2—2011.7）
黄孝滨（兼任，2008.11—2011.7）
书　　记　黄孝滨（2008.2—2011.7）
副 书 记　杨洪滨（兼任，2008.3—2010.3）
梁有强（兼任，2010.3—2011.7）

3. 大港项目部（2011.7—2013.12）

经　　理　杨洪滨（2011.7—2013.12）
副 经 理　张家庆（兼任，2011.7—2013.12）
马作朋（2013.3—12）
江　涛（2013.3—12）
周青江（2011.7—2013.12）
朱　军（2011.7—2012.4）
贾　刚（2011.7—2013.3）
罗红兵（2011.7—2013.12）
时　健（2011.7—2013.12）
周奖生（2012.3—2013.12）
书　　记　张家庆（2011.7—2013.12）
副 书 记　杨洪滨（2011.7—2013.12）

（四）冀东项目部（2008.2—2013.12）

经　　理　王贵富（2008.2—11）
　　　　　薛立明（2008.11—2013.12）
副 经 理　康洪长（2008.2—2010.9）
　　　　　罗红兵（2008.2—2009.5）
　　　　　韩先昌（2008.2—2010.3）
　　　　　罗礼奎（2011.7—2012.10；2013.3—12）
　　　　　薛立明（2008.2—11）
　　　　　万世庚（2008.2—2009.1）
　　　　　王瑞和（2008.2—3）
　　　　　杨洪海（2010.3—2013.2）
　　　　　江　涛（2012.3—2013.2）
　　　　　白凤祥（2008.2—11）
　　　　　贾　刚（2013.3—12）
书　　记　王贵富（2008.2—11）
　　　　　张家庆（2008.11—2011.7）
　　　　　段云刚（2011.7—2013.2）
　　　　　薛立明（兼任，2013.2—12）
副 书 记　薛立明（兼任，2008.11—2011.7）
　　　　　孙　鹏（2013.3—12）

（五）苏里格项目部—长庆项目部（2006.8—2013.12）

1. 苏里格项目部（2008.2—2013.2）

经　　理　何　刚（2008.2—11；2010.2—2011.2）
　　　　　孙　鹏（2008.11—2010.2；2011.2—2013.2）
副 经 理　白凤祥（2008.2—2010.2）
　　　　　曹迎春（2008.2—2011.2）
　　　　　龙世军（2008.2—2009.1）
　　　　　时　健（2009.3—2010.2）
　　　　　赵常松（2009.6—2010.2；2011.2—2013.2）
　　　　　罗红兵（2010.2—2011.2）

王其可（2010.2—2013.2）
书　　记　白凤祥（2008.2—2010.2）
何　刚（兼任，2010.2—2011.2）
孙　鹏（兼任，2011.2—2013.2）
副 书 记　罗红兵（2010.2—2011.2）

2. 长庆项目部（2010.2—2011.2）

经　　理　孙　鹏（2010.2—2011.2）
副 经 理　李剑华（2010.2—2011.2）
赵常松（2010.2—2011.2）

3. 长庆项目部（2013.2—12）

经　　理　马津海（2013.2—12）
副 经 理　王其可（2013.2—12）
赵常松（2013.2—12）
赵殊勋（2013.2—12）
杨洪海（2013.2—12）
孙家唯（2013.2—12）
书　　记　马津海（兼任，2013.2—12）
副 书 记　赵常松（2013.3—12）

（六）海南项目部（2010.7—2013.12）

经　　理　王卫东（2010.7—2012.3）
杜　斌（2012.3—2013.12）
副 经 理　徐仕高（2011.7—2013.12）
书　　记　王卫东（2011.5—2012.3）
杜　斌（2012.3—2013.12）

（七）生产保障中心（2008.2—2013.12）

主　　任　庞国玺（2008.2—12）
李明革（2008.12—2013.12）
副 主 任　王凤喜（2008.2—9）
王贵起（2008.2—2012.12）

李明革（兼任，2008.11—12）
张　杰（2008.12—2010.9）
杜　斌（2008.12—2012.3）
王卫东（2012.3—2013.2）
曹迎春（2013.2—12）
书　　记　李明革（2008.2—2011.7）
黄孝滨（2011.7—2013.12）
副 书 记　庞国玺（兼任，2008.2—12）
王贵起（兼任，2008.12—2011.7）
李明革（兼任，2011.7—2013.12 ）

（八）行政管理中心—行政事务中心（2008.2—2013.12）

1. 行政管理中心（2008.2—11）

主　　任　杨志民（2008.2—11）
副 主 任　赵新建（2008.2—11）
书　　记　杨志民（兼任，2008.2—11）
副 书 记　牛　忠（2008.2—11）

2. 行政事务中心（2008.11—2013.12）

主　　任　杨志民（2008.11—2010.3）
赵新建（2010.3—2011.7）
梁有强（2011.7—2013.12）
副 主 任　赵新建（2008.1—2010.3）
孙延华（2010.3—2012.12）
牛　忠（2011.7—2012.12）
书　　记　杨志民（兼任，2008.11—2010.3）
赵新建（兼任，2010.3—2012.12）
梁有强（兼任，2012.12—2013.12）
副 书 记　牛　忠（2008.11—2011.7）
梁有强（2011.7—2012.12）

（九）新疆项目部（2008.7—2012.10）

经　　理　王凤喜（2008.9—2012.10）
副 经 理　江　涛（2008.9—2012.3）
孙家唯（2012.3—10）
罗礼奎（2012.3—10）
周奖生（2008.11—2012.3）
书　　记　王凤喜（2008.11—2012.10）
副 书 记　房捍民（2010.3—2012.10）

第十九节　第一录井分公司（2008.2—2013.12）

2008 年 2 月，中国石油天然气集团公司整合华北石油管理局、大港油田集团有限责任公司的钻井、测井、地质录井，成立中国石油天然气集团公司渤海钻探工程分公司（简称渤海钻探工程公司），直属集团公司管理。大港油田集团地质录井公司更名为渤海钻探工程公司大港录井分公司，列处级单位管理，大港录井分公司党委隶属于渤海钻探工程公司党委。石丰甫任经理、党委书记。重组渤海钻探工程公司时，离退休人员及其管理服务机构和人员留在油田企业，由矿区服务部门统一管理；多种经营业务不纳入钻探工程公司组建范围，由油田企业按照市场和效益情况有进有退。8 月，中国石油天然气集团公司渤海钻探大港录井分公司更名为中国石油集团渤海钻探工程有限公司第一录井分公司。党政领导班子由石丰甫、陈绍军、张儒勋、熊正祥、邓建华、赵斌等 6 人组成。石丰甫任公司党委书记、经理；陈绍军任公司党委副书记、纪委书记、工会主席。

在册员工 1381 人。机关科室 10 个：生产协调科、经理办公室、技术管理科、党委办公室（团委）、劳动工资科、群众工作科、质量安全环保科、经营计划科、财务资产科、市场开发科。机关附属单位 1 个：安全监督站。直属单位 2 个：教育培训中心、离退休管理办公室。所属单位 9 个：资料解释评价中心、德玛制造分公司（计量检测中心）、地质研究所、后勤保障中心、测绘中心、车务中心、作业人员管理中心、维护稳定办公室（劳动服务站）、信息服务中心。项目部6个：西北项目部、长庆项目部、冀东项目部、大港项目部、油气评价项目部、国际项目部。独立法人单位2个：《录井工程》杂志社、天津市昆亚科工贸有限公司。办公地点设在大港油田三号院团结东路。

10月，公司德玛制造分公司（计量检测中心）更名德玛仪器制造中心（计量检测中心）；信息服务中心更名信息中心；车务中心更名车辆服务中心；国际项目部更名国际项目经理部；离退休管理办公室划归第一矿区管理服务公司。11月，渤海钻探工程有限公司成为《录井工程》杂志社的主办单位。邓建华担任《录井工程》期刊的主编。12月，撤销昆亚科工贸有限公司。

2010年3月，撤销生产协调科和市场开发科，成立市场与生产协调科；撤销国际项目经理部，成立国际工程科；撤销劳动服务站，后勤保障中心和维护稳定办公室合并，成立后勤保障中心（维护稳定办公室），一个机构两个牌子，行使后勤保障中心和维护稳定办公室职能。合并大港项目部与油气评价项目部，成立新的大港项目部。成立南方项目部、印度尼西亚项目部、伊朗项目部、伊拉克项目部、国际境内项目部。

2011年4月，渤海钻探工程公司任命邓建华为工程技术研究院副院长、总地质师兼地质研究分院院长，解聘其第一录井分公司副经理兼总地质师职务。7月，中共渤海钻探工程公司第一录井公司第五次代表大会召开，选举产生第五届委员会、纪律检查委员会，石丰甫任党委书记，陈绍军任纪律检查委员会书记。所属党总支2个，党支部16个，共有党员310人。同月，渤海钻探工程公司任命刘明为第一录井分公司副经理，陶青龙为第一录井分公司副经理兼总工程师。9月，劳动工资科更名人事科，经营计划科更名为计划经营科，群众工作科更名党群工作科。同月，渤海钻探公司党委决定，任命石丰甫为渤海钻探市场与生产协调处处长；任命许凯泉为第一录井公司经理、党委书记。

2012年1月，公司召开机构和干部调整大会，旨在加速科技振兴规划的实施，加强公司机构专业化服务，加快公司人才培养，实现公司机构和人员的科学合理配置。2月，撤销市场与生产协调科，成立生产协调科、市场开发科；合并经理办公室和党委办公室，成立办公室（党委办公室）；撤销国际工程科、成立国际事业部；人事科更名劳动工资科；计划经营科更名经营计划科；党群工作科更名群众工作科；成立设备物资管理中心；合并地质研究所和资料解释评价中心，成立地质研究评价中心。德玛仪器制造中心（计量检测中心）更名德玛仪器制造中心（计量监督站）。撤销印尼项目部、伊朗项目部、伊拉克项目部、国际境内项目部，职能归国际事业部。6月，公司召开2012年科委会，审议确立公司科技振兴规划。

2013年2月，为了加强物资采购管理，强化过程控制与制约监督，保障生产经营管理的顺畅，经公司办公会研究决定成立物资采购站，列机关附属管理，定员4人，其中科级职数1人。同时设备物质管理中心更名为设备管理中心（物资供应站）。

3月，渤海钻探工程公司党委、渤海钻探工程公司聘任刘明为定向井分公司党委委员、副经理，免去其第一录井分公司党委委员职务，解聘其第一录井分公司副经理职务；任韩永祥为第一录井分公司党委委员、党委书记、纪委委员、纪委书记、工会主席，副经理，免去其公司纪委委员、党委组织部副部长职务，解聘其公司人事处副处长职务；聘任陈绍军为第一录井分公司副经理，免去其第一录井分公司党委副书记、纪委书记、纪委委员、工会主席职务；任许凯泉第一录井分公司党委副书记，免去其第一录井分公司党委书记职务。

截至2013年12月，公司党政领导班子由许凯泉、韩永祥、陈绍军、熊正祥、张儒勋、赵斌、陶青龙等7人组成。许凯泉任公司经理、党委副书记，韩永祥任公司党委书记、纪委书记、工会主席、副经理。机关设9个科室：办公室（党委办公室）、生产协调科、市场开发科、科技开发科、质量安全环保科、经营计划科、劳动工资科、财务资产科、群众工作科；2个机关附属单位：安全监督站，物资采购站；11个直属单位：设备管理中心（物资供应站）、地质研究评价中心、国际事业部、德玛仪器制造中心（计量监督站）、信息中心、测绘中心、作业人员管理中心、教育培训中心、后勤保障中心（维护稳定办公室）、车辆服务中心、《录井工程》杂志社。5个项目部：大港项目部、冀东项目部、长庆项目部、西北项目部、南方项目部。公司在册员工1271人。其中一线691人，二线580人。所属党总支2个，党支部16个，共有党员318名。

一、领导机构

（一）第一录井分公司行政领导名录（2008.2—2013.12）

经　　理　石丰甫（2008.4—2011.9）
　　　　　许凯泉（2011.9—2013.12）
副 经 理　张儒勋（2008.4—2013.12）
　　　　　邓建华（2008.4—2011.4）
　　　　　熊正祥（2008.4—2013.12）
　　　　　赵　斌（2008.4—2013.12）
　　　　　刘　明（2011.7—2013.3）
　　　　　陶青龙（2011.6—2013.12）
　　　　　韩永祥（2013.3—12）
总工程师　陶青龙（2011.12—2013.12）
总地质师　邓建华（2008.4—2011.4）
　　　　　陶青龙（2011.3—12）
　　　　　熊正祥（2011.12—2013.12）
安全总监　张儒勋（兼任，2008.4—2013.12）

（二）第一录井分公司党委领导名录（2008.2—2013.12）

书　　记　石丰甫（2008.4—2011.9）
　　　　　许凯泉（2011.9—2013.3）
　　　　　韩永祥（2013.3—12）
副 书 记　陈绍军（2008.4—2013.3）
　　　　　许凯泉（2013.3—12）
委　　员　石丰甫（2008.4—2011.9）
　　　　　许凯泉（2011.9—2013.3）
　　　　　韩永祥（2013.3—12）
　　　　　陈绍军（2008.4—2013.12）
　　　　　张儒勋（2008.4—2013.12）
　　　　　熊正祥（2008.4—2013.12）
　　　　　邓建华（2008.4—2011.4）
　　　　　赵　斌（2008.4—2013.12）

刘　明（2011.6—2013.3）

陶青龙（2011.6—2013.12）

（三）第一录井分公司纪委领导名录（2008.2—2013.12）

书　　记　陈绍军（2008.4—2013.3）

韩永祥（2013.3—12）

委　　员　何天清（2011.7—2013.12）

严国利（2011.7—2013.12）

袁保清（2010.4—2012.10）

张俊彩（2011.7—2013.12）

高瑞贤（2012.10—2013.12）

（四）第一录井分公司工会领导名录（2008.2—2013.12）

主　　席　陈绍军（2008.4—2013.3）

韩永祥（2013.3—12）

（五）第一录井分公司共青团领导名录（2008.2—2013.12）

书　　记　刘晓晨（2009.2—2012.9）

（六）第一录井分公司经理助理、副总师名录（2008.2—2013.12）

经理助理　严国利（2008.2—2013.12）

刘　明（2008.2—2011.7）

赵　斌（2008.2—8）

何天清（2009.3—2012.2）

王旭波（2013.9—12）

副总工程师　陶青龙（2009.3—2011.7）

宋庆彬（2009.3—2013.12）

李文玉（2013.9—12）

副总地质师　姬月凤（女，2008.2—2011.3）

程昌茹（女，2008.2—2012.2）

副总经济师　何天清（2012.2—2013.12）

安全副总监　杜国永（2008.2—2013.12）

二、机关部门

（一）经理办公室（2008.2—2012.2）

2012 年 2 月，经理办公室与党委办公室合并为办公室（党委办公室）。

主　　任　袁保清（2008.2—2009.3）
　　　　　　甄　建（2009.3—2010.4）
副 主 任　刘东国（2008.2—2012.2）

（二）党委办公室（2008.2—2012.2）

2012 年 2 月，经理办公室与党委办公室合并为办公室（党委办公室）

主　　任　袁保清（2009.3—2012.2）
副 主 任　高瑞贤（2008.2—2012.2）

（三）办公室（党委办公室）（2012.2—2013.12）

2012 年 2 月，经理办公室与党委办公室合并为办公室（党委办公室），定员 11 人，设科级职数 3 人，文书保密 1 人，秘书 1 人，武装保卫 1 人，宣传管理 1 人，房管户籍管理 1 人，组织（统战）干部管理 1 人，纪检监察管理 1 人，计划生育、总务管理 1 人。主要负责办公室管理、党务管理等工作。

主　　任　袁保清（2012.2—9）
　　　　　　高瑞贤（2012.9—2013.12）
副 主 任　高瑞贤（正科级，2012.2—9）
　　　　　　赵聪会（2012.2—2013.12）
　　　　　　陈晓云（2012.9—2013.12）
书　　记　高瑞贤（2008.2—2013.12）
委　　员　刘永泉（2010.4—2013.12）
　　　　　　黄国芳（2008.2—2013.12）
　　　　　　梅　萍（2008.2—2013.12）

（四）市场与生产协调科—生产协调科（2008.2—2010.3；2012.2—2013.12）

2010 年 4 月，生产协调科与市场开发科合并为市场与生产协调科，2012 年 2 月，撤销市场与生产协调科，成立生产协调科和市场开发科。生产协调科定员 11 人，设科级职数 2 人，调度长 1 人，值班调度 4 人，综合统计 1 人，应急体系管理 1 人，技术（井控）管理 1 人，质量管理 1 人。主要负责生产协调管理、公司应急管理、公司井控管理、公司技术管理、公司录井质量管理等工作。

1. 市场与生产协调科（2008.2—2010.3）

科　　长　刘　明（2009.3—2010.4）

副 科 长　杜东莘（正科级，2008.2—2010.4）

　　　　　王　巍（2008.2—2010.4）

2. 生产协调科（2012.2—2013.12）

科　　长　王　松（2012.2—2013.12）

副 科 长　王　新（2012.2—2013.12）

（五）市场开发科（2008.2—2010.3；2012.2—2013.12）

2010 年 4 月，生产协调科与市场开发科合并为市场与生产协调科，2012 年 2 月，撤销市场与生产协调科，成立生产协调科和市场开发科。市场开发科定员 4 人，设科级职数 1 人，市场开发 1 人，综合节能管理 1 人，定额统计管理 1 人。主要职责：负责市场开发管理、节能管理、录井定额统计管理等工作。

1. 市场开发科（2008.2—2012.2）

主　　任　刘　明（2008.2—2009.3）

　　　　　杨拥民（2009.3—2010.4）

副 主 任　杨拥民（2008.2—2009.3）

2. 市场开发科（2012.2—2013.12）

主　　任　王　巍（2012.2—2013.12）

副 主 任　王　巍（2010.4—2012.2）

　　　　　杨拥民（2008.2—2009.3）

（六）市场与生产协调科（2010.4—2012.2）

2010 年 4 月，生产协调科与市场开发科合并为市场与生产协调科，定员 17 人，设科级职数 4 人。主要负责公司生产运行的指挥协调及相关信息的收集、整理和反馈、物资装备管理、应急管理、录井资料年报、月报的编写和上报、整体市场信息管理、国内市场开发与管理、国内市场经营考核管理等工作。2012 年 2 月，撤销市场与生产协调科，成立生产协调科和市场开发科。

科　　长　刘　明（2010.4—2011.7）
王　巍（2011.7—2012.2）
副 科 长　杜东莘（正科级，2010.4—2012.2）
王旭波（正科级，2010.4—2012.2）
王　巍（2010.4—2011.7）
王昌金（2011.7—2012.2）

（七）质量安全环保科（2008.2—2013.12）

质量安全环保科定员 9 人，设科级职数 3 人（兼任安全监督站站长 1 人），交通安全、设备设施、ERP 系统管理 1 人，工业安全、涉海作业、特种设备及培训、危险化学品等方面管理 1 人，质量、标准化管理 1 人，QHSE 体系运行、队伍资质管理 1 人，消防安全、职业健康安全管理 1 人，环境保护、信息、培训管理 1 人。主要负责 QHSE 管理、安全检查等工作。

科　　长　杜国永（兼任，2008.2—2013.12）
副 科 长　郑界勇（2008.2—2009.3）
王小成（2008.2—2011.3）
赵文栋（2009.3—2010.3）
胡秀军（兼任，2011.3—2013.8）
胡秀军（兼任，正科级，2013.8—12）
李鹏年（2011.3—2013.12）

（八）技术管理科—科技开发科（2008.2—2013.12）

2012 年 2 月，技术管理科更名为科级开发科。科技开发科定员 4 人，设科级职数 1 人，科研开发 1 人，新技术推广 1 人，综合管理 1 人。主要负责科研管理工作、新技术管理工作、科技经费管理、信息化建设管理等工作。

1. 技术管理科（2008.2—2012.2）

科　　长　李文玉（2008.2—2010.4）
副 科 长　张洪秀（2009.3—2012.2）

2. 科技开发科（2012.2—2013.12）

科　　长　刘永泉（2010.4—2013.12）

3. 机关第一党支部（2010.4—2013.12）

书　　记 刘永泉（2010.4—2013.12）

委　　员 李　艳（2010.4—2013.12）

徐丽娟（2010.4—2013.12）

（九）财务资产科（2008.2—2013.12）

财务资产科定员 7 人，设科级职数 1 人，材料核算、成本费用核算、稽核岗 1 人，资金管理、资金预算、材料核算、成本费用核算、投资核算、会计档案管理岗 1 人，投资核算、资产核算、成本费用核算、成本管理、稽核岗 1 人，利润核算、结算管理、总账会计、税务管理、税务核算、薪酬核算岗 1 人，薪酬核算、结算管理岗 1 人，出纳、往来管理、资金预算岗 1 人。主要负责财务管理、资产管理、专业路培训和管理等工作。

科　　长 曹志峰（2008.2—2009.3）

张俊彩（2009.3—2013.12）

副 科 长 张俊彩（2008.2—2009.3）

（十）劳动工资科（2008.2—2013.12）

劳动工资科定员 7 人，设科级职数 2 人，薪酬、统计管理 1 人，保险统筹、年金、绩效考核、ERP 系统管理 1 人，培训、鉴定、专业技术人员管理 1 人，劳动组织、员工管理 1 人，劳务用工、人事档案、员工调配管理 1 人。主要负责公司人力资源开发与管理、员工薪酬、社会保险、企业年金及员工档案管理、劳动用工、劳动合同、劳动鉴定、员工请销假管理等工作。

1. 劳动工资科（2008.2—2013.12）

科　　长 黄国芳（2008.2—2013.12）

副 科 长 王柏平（2010.4—2013.3）

张　阳（2013.6—12）

2. 机关第二党支部（2008.2—2013.12）

书　　记 黄国芳（2008.2—2013.12）

委　　员 王培勇（2008.2—2013.12）

高传华（2008.2—2012.2）

任金花（2012.2—2013.12）

（十一）经营计划科（2008.2—2013.12）

经营计划科定员3人，设科级职数1人，经营内控管理1人，计划合同管理1人。主要负责牵头组织公司管理强基战略的有效实施、规划计划管理、经营管理、合同管理、企业资质年检及法律事务工作、内控体系运行、规章制度制修订的牵头组织、沟通协调和归口管理、本科室归口费用的管理和控制等工作。

科　　长　何天清（2008.2—2013.12）

（十二）群众工作科（2008.2—2013.12）

群众工作科定员4人，设科级职数2人，生活保障管理1人，文体管理1人。主要负责工会管理工作、共青团管理、专业路培训和管理等工作。

1. 群众工作科（2008.2—2013.12）

科　　长　梅　萍（2008.2—2013.12）

副 科 长　刘晓晨（2012.2—9）

2. 机关第三党支部（2008.2—2013.12）

书　　记　梅　萍（2011.4—2013.12）

委　　员　刘晓晨（2011.4—2012.9）

韩　伟（女，2011.4—2013.12）

（十三）国际工程科（2010.3—2013.2）

2010年3月，撤销国际项目经理部，成立国际工程科。定员5人，设科级职数2人。主要职能：负责公司国际市场和反承包市场的开发与管理；负责国际项目部建设；负责公司外事业务、防恐培训管理；负责国际市场和反承包市场的经营管理。2011年9月，撤销国际工程科，成立国际事业部。

科　　长　李文玉（2010.4—2012.2）

副 科 长　张凤平（正科级，2010.4—2012.2）

（十四）安全监督站（2008.2—2013.12）

安全监督站定员7人，设综合管理2人，安全监督5人。主要负责安全监督各项工作。

站　　长　胡秀军（2011.3—2013.12）

（十五）物资采购站（2008.2—2013.12）

物资采购站定员4人。主要负责拟订公司设备物资采购管理的规章制度和管理办法，并监督检查实施、物资采购指导计划的报批、设备购置及物资采购的招标采购、购置设备物资的汇总核销、质量验收及退货、采购合同签订、新购置设备及材料的存储防护监督检查、公司报废设备处置等。

站　　长　王昌金（副科级，2013.2—7）
杜东莘（2013.10—12）
杨拥民（2013.7—10）

三、所属单位

（一）离退休办公室（2008.2—10）

重组渤海钻探工程公司时，离退休人员及其管理服务机构和人员留在油田企业，由矿区服务部门统一管理。2008年10月，离退休管理办公室划归第一矿区管理服务公司。

主　　任　李敏晰（2008.2—10）
党支部书记　李敏晰（2008.2—10）

（二）天津市昆亚科工贸有限公司（2008.2—12）

2001年8月，成立天津市昆亚科工贸有限公司。成立渤海钻探工程公司后，多种经营业务不纳入钻探工程公司组建范围，由油田企业按照市场和效益情况有进有退。2008年12月撤销天津市昆亚科工贸有限公司。

董 事 长　严国利（2008.2—12）
副 经 理　王恩德（2008.2—12）
林永平（2008.2—12）

（三）教育培训中心（2008.2—2013.12）

教育培训中心管理岗位定员6人。设科级职数1人，教学管理2人，教务管理2人，综合管理1人。负责公司QHSE方针、目标和承诺在本部门的贯彻实施，公司内部员工培训的组织、实施及教学管理工作，教学管理和教务管理、教师的聘请、培训教材的管理等。

主　　任　孙丛博（2008.2—2012.2）
赵香忠（副科级，2012.2—2013.12）

（四）地质研究所（2008.2—2012.2）

地质研究所共有员工73人，设科级职数3人。所长兼党支部书记1人，副所长2人。管理岗位定员6人。负责科研服务市场的开发和科研项目的运行及经营管理，文件资料的归档管理及资料收发借阅等。2012年2月，合并地质研究所与资料解释评价中心，成立地质研究评价中心。

所　　长　程昌茹（2008.2—2009.3）
　　　　　　齐振勤（2009.3—2012.2）
副 所 长　赵廷生（2008.2—2012.2）
　　　　　　齐振勤（2008.2—2009.3）
　　　　　　管　震（2008.2—2012.2）
党支部书记　程昌茹（2008.2—2009.2）
　　　　　　齐振勤（2009.3—2012.2）
副 书 记　管　震（2009.2—2012.2）
工会主席　赵廷生（2008.2—2012.2）

（五）资料解释评价中心（2008.2—2012.2）

资料解释评价中心共有员工35人。管理岗位暂定员4人，科级职数2人。设主任1人，副主任1人。负责公司录井解释技术的技术支持，录井资料的出图晒图工作等。2012年2月，合并地质研究所与资料解释评价中心，成立地质研究评价中心。

主　　任　马　红（2008.2—2012.2）
副 主 任　李兴杰（2009.3—2011.2）
党支部书记　马　红（2008.2—2012.2）
委　　员　马　红（2011.4—2012.2）
　　　　　　王洪军（2011.4—2012.2）
工会主席　马　红（2008.2—2012.2）

（六）地质研究评价中心（2012.2—2013.12）

2012年2月，合并地质研究所与资料解释评价中心，成立地质研究评价中心。管理岗位定员7人，设科级职数3人，综合管理3人，安全管理1人。负责公司QHSE方针、目标、承诺和管理体系在本中心的贯彻与实施，本中心QHSE职责的履行，各市场单井资料的解释评价工作。

主　　任　马　红（2012.2—2013.12）
副 主 任　齐振勤（2012.2—2013.12）
　　　　　管　震（2012.2—2013.12）
　　　　　何月慧（女，2013.5—12）
　　　　　王　刚（2013.5—12）
党支部书记　齐振勤（2012.2—2013.12）
副 书 记　马　红（2012.2—2013.12）
委　　员　蒋素霞（女，2012.2—2013.12）
　　　　　何月慧（2012.2—2013.12）
　　　　　管　震（2012.2—2013.12）
　　　　　程汝德（2012.2—2013.12）
　　　　　王洪军（2012.2—2013.12）
　　　　　王　刚（2013.5—12）

（七）德玛制造分公司（计量检测中心）—德玛仪器制造中心（计量监督站）（2008.2—2013.12）

2008 年 10 月，德玛制造分公司（计量检测中心）更名德玛仪器制造中心（计量检测中心）。“经理、副经理”职务名称统一规范为“主任、副主任”。2012 年 2 月，德玛仪器制造中心（计量检测中心）更名德玛仪器制造中心（计量监督站）。管理岗位定员 6 人，设科级职数 3 人，综合管理 2 人，安全管理 1 人。负责德玛设备的研发制造，录井设备、野营房及专用料（荧光、地化设备除外）的日常管理、野营房和公共电器设施的修护等工作。

2008 年 2 月至 2008 年 11 月：

经　　理　陶青龙（2008.2—11）
　　　　　宋庆彬（2013.9—12）
副 经 理　孙继森（兼任计量检测中心主任，2008.2—11）
　　　　　甄　建（2008.2—11）
　　　　　吴志超（2008.2—11）

2008 年 11 月至 2013 年 12 月：

主　　任　陶青龙（2008.11—2011.6）
　　　　　甄　建（2012.2—2013.9）

副　主　任　孙继森（兼任计量检测中心主任，2008.11—2009.3）
甄　建（正科级，兼任计量检测中心主任，2008.11—2009.3；2010.4—2012.2）
吴志超（2008.11—2013.12）
刘永泉（2009.3—2010.4）
袁保清（2012.9—2013.12）
王昌金（2013.7—12）

主任工程师　王建社（2008.2—2012.2；兼任计量检测中心副主任，2009.3—2012.2）

党支部书记　孙继森（2008.2—2009.2）
陶青龙（2009.2—2010.3）
甄　建（2010.3—2012.9）
袁保清（2012.9—2013.12）

副　书　记　陶青龙（2008.2—2011.6）
刘永泉（2009.2—2010.3）
陈晓云（2010.3—2012.9）
甄　建（2012.9—2013.9）
宋庆彬（2013.9—12）

委　　　员　季海林（2012.9—2013.3）
袁保清（2012.9—2013.12）
陈　东（2012.9—2013.12）
吴志超（2012.9—2013.12）
黄汉军（2013.3—12）
余　浩（2013.3—12）
李怀玉（2013.3—12）

（八）信息服务中心—信息中心（2008.2—2013.12）

2008年11月，信息服务中心更名信息中心。管理岗位定员10人，设科级职数2人，综合管理2人，安全管理1人，井场信息监控管理5人。负责公司网络系统管理、现场录井信息远程传输工作、录井数据库管理等。

主　　　任　宋庆彬（2008.2—2012.2）

严国利（兼任，2012.2—2013.12）

副　主　任　陈中普（2006.2—2010.4；正科级，2010.4—2013.12）

郭怀玉（2012.9—2013.12）

刘晓晨（2012.9—2013.12）

党支部书记　宋庆彬（2008.2—2010.3）

严国利（2010.3—2013.12）

委　　　员　孙洪娟（2012.10—2013.12）

陈中普（2012.10—2013.12）

刘晓晨（2012.10—2013.12）

郭怀玉（2012.10—2013.12）

（九）车辆服务中心（2008.2—2013.12）

车辆服务中心管理岗位定员 7 人，设科级职数 4 人（其中安全监督 1 人），综合管理 1 人，车辆调配 1 人，资产材料管理 1 人。负责中心生产经营，保障公司生产、生活用车，中心设备管理工作、车辆人员的年检年审工作等。

主　　　任　茅和军（2008.2—2011.3）

王小成（2011.3—2013.12）

副　主　任　陈国军（2008.2—2013.1）

贾立起（2008.2—2013.12）

安全监督　王　健（2008.2—2013.12）

工会主席　贾立起（2008.2—2013.12）

（十）维护稳定办公室（劳动服务站）（2008.2—2010.3）

2010 年 3 月，撤销劳动服务站，合并后勤保障中心和维护稳定办公室，成立后勤保障中心（维护稳定办公室），一个机构两个牌子，行使后勤保障中心和维护稳定办公室职能。

主　　　任　刘洪铁（2008.2—2010.4）

党支部书记　刘洪铁（2008.2—2010.3）

（十一）后勤保障中心—后勤保障中心（维护稳定办公室）（2008.2—2013.12）

2008 年 11 月，职工活动中心划归后勤保障中心。2010 年 3 月，撤销劳动服务站，合并后勤保障中心和维护稳定办公室，成立后勤保障中心（维护稳定办公室），一个机构两个牌子，行使后勤保障中心和维护稳定办公室职能。管理岗位定员 11 人，设科级职数 2 人，综合管理 4 人，安全管理 1 人，物业管理 1 人，门卫管理 1 人，维护稳定管理 1 人，有偿解除人员管理 1 人。主要职责：负责公司作业小队仪器（值班）房的搬迁工作；负责公司材料管理、物业管理、打字复印等工，有偿解除劳动人员的服务及再就业工作，公司维护稳定管理工作，家属工管理工作。

1. 后勤保障中心（2008.2—2010.3）

主　　任　晏　辉（2008.2—2009.3）
王　松（2009.3—2010.3）
副 主 任　张绍明（2008.2—2010.3）
晏　辉（2009.3—2010.4）
党支部书记　晏　辉（2008.2—2010.3）

2. 后勤保障中心（维护稳定办公室）（2010.3—2013.12）

主　　任　王　松（2010.3—2012.2）
刘洪铁（2012.2—2013.12）
副 主 任　张绍明（2010.3—2013.12）
刘洪铁（2010.4—2012.2）
党支部书记　刘洪铁（2010.4—2013.12）
副 书 记　王　松（2010.4—2012.2）
委　　员　张绍明（2012.2—2013.12）
吕银江（2012.2—2013.12）
薛艳华（2012.2—2013.12）

（十二）测绘中心（2008.2—2013.12）

测绘中心管理岗位定员 4 人，设科级职数 1 人，党支部书记 1 人，综合管理 2 人。负责测绘生产管理工作，测绘生产设备使用、维护保养的监督检查工作，测绘实物资产的管理，所辖市场开发、管理及结算工作，公司下达经营承包指标的完成及具体实施工作等。

主　　任　闫树军（2008.2—2013.12）
党支部书记　闫树军（2008.2—2013.12）

（十三）作业人员管理中心（2008.2—2013.12）

作业人员管理中心管理岗位定员 12 人，设科职职数 3 人，安全管理 1 人，培训管理 1 人，薪酬管理 1 人，成本管理 1 人，调配管理 3 人，综合管理 2 人。负责作业人员的日常管理和人员配置，作业人员的能力评价、业绩考核、考勤管理、工资发放等工作。

主　　任　梁占良（2008.2—2011.3）
　　　　　　牛如意（2011.3—2012.12）
副 主 任　王　松（2008.2—2009.3）
　　　　　　牛如意（2008.2—2011.3）
　　　　　　张学军（2012.2—2013.12）
　　　　　　刘其坤（2012.2—2013.10）
党总支书记　梁占良（2008.2—2011.3）
　　　　　　牛如意（2011.3—2013.12）
副 书 记　赵香忠（2008.2—2012.2）
委　　员　于　旺（2011.4—2013.12）
　　　　　　王旭波（2011.4—2013.12）
　　　　　　梁占良（2011.4—2012.2）
　　　　　　许士华（2011.4—2012.2）
　　　　　　唐艳军（2011.4—2013.2）
　　　　　　张凤平（2011.4—2013.2）
　　　　　　陈　霞（女，2011.4—2012.2）
　　　　　　张学军（2012.4—2013.12）
　　　　　　刘其坤（2013.4—12）
　　　　　　梁彦法（2013.4—12）

（十四）《录井工程》杂志社（2008.2—2013.12）

杂志社管理岗定员 3 人，设科级职数 1 人，综合管理 1 人，安全管理 1 人。负责公司 QHSE 方针、目标等和管理体系在杂志社的贯彻实施；《录井工程》期刊来稿、编辑等工作。

社　　长　耿子友（2008.2—2009.3）
　　　　　　孙继森（2009.3—2012.2）

王丽娟（女，2012.2—2013.12）

副　社　长　刘树坤（2008.2—2012.2）

王丽娟（2011.3—2012.2）

（十五）设备物资管理中心—设备管理中心（物资供应站）（2012.2—2013.12）

1. 设备物资管理中心（2012.2—2013.2）

2012 年 2 月，成立设备物资管理中心，管理岗位定员 7 人，设科级职数 3 人，综合管理 1 人，安全管理 1 人，物资管理 1 人，设备管理 1 人。主要职能：负责生产设备搬迁、物资设备管理、编制公司设备配置计划及设备改造建议、参与物资装备采购计划管理、参与物资采购招标申办、物资采购合同谈判及履行、设备实物管理、设施维修、材料管理等。

主　　　任　王昌金（副科级，2012.2—2013.2）

副　主　任　杜东莘（正科级，2012.2—2013.2）

王建社（2012.2—2013.2）

党支部书记　杜东莘（2012.2—2013.2）

委　　　员　赵　毅（2012.2—2013.2）

王昌金（2012.2—2013.2）

王建社（2012.2—2013.2）

孙玉海（2012.2—2013.2）

边志勇（2012.2—2013.2）

2. 设备管理中心（物资供应站）（2013.2—12）

2013 年 2 月，设备物资管理中心更名为设备管理中心（物资供应站），管理岗位定员 7 人，设科级职数 3 人，综合管理 1 人，安全管理 1 人，物资管理 1 人，设备管理 1 人。主要负责生产设备搬迁、物资设备管理、设备实物管理、设施维修与管理、物资管理等工作。

主　　　任　宋庆彬（2013.2—9）

甄　建（2013.9—12）

副　主　任　杜东莘（2013.2—10）

王建社（2013.2—12）

党支部书记　杜东莘（2013.2—10）

甄　建（2013.10—12）

副　书　记　宋庆彬（2013.2—9）

甄　建（2013.9—10）

（十六）油气评价项目部（2008.2—2010.3）

2010年3月，合并大港项目部与油气评价项目部，成立大港项目部。

经　　　理　王旭波（2008.2—2010.4）

副　经　理　孟昭亮（2008.2—2010.3）

张　杰（2008.2—2010.3）

党支部书记　王旭波（2008.2—2010.3）

（十七）大港项目部（2008.2—2013.12）

2010年3月，合并大港项目部与油气评价项目部，成立大港项目部，管理岗位定员9人，设经理1人，副经理3人。负责大港油区市场的开发、管理等工作，油气评价技术的推广与应用。

2008年2月至2010年3月：

经　　　理　许士华（2008.2—2010.4）

副　经　理　赵文栋（2008.2—2010.3）

张会民（2009.2—2010.3）

党支部书记　许士华（2008.2—2010.3）

2010年3月至2013年12月：

经　　　理　王旭波（兼任，2010.4—2013.12）

副　经　理　张会民（2010.3—2013.12）

孟昭亮（2010.3—2013.12）

陈开发（2011.3—2013.12）

赵聪会（2011.3—2012.2）

许继策（2013.2—10）

胡丰波（2013.2—12）

党支部书记　王旭波（2010.3—2013.12）

委　　　员　赵聪会（2011.4—2012.2）

张会民（2011.4—2013.12）

孟昭亮（2011.4—2013.12）

张小培（女，2011.4—2012.2）
葛懂信（2011.4—2013.10）
瞿小荣（2011.4—2013.12）

（十八）西北项目部（2008.2—2013.12）

经　　理　唐艳军（2009.3—2012.2；正科级，2012.2—2013.12）
副 经 理　唐艳军（2008.2—2009.3）
杨国和（2008.2—2013.12）
张有为（2009.2—2010.3）
张　杰（2010.3—2013.12）
郑春生（2011.3—2013.12）
袁　凯（2013.2—12）
谭　超（2013.2—12）
党支部书记　刘　明（兼任，2008.2—2009.2）
唐艳军（2009.2—2013.12）

（十九）长庆项目部（2008.2—2013.12）

经　　理　梁彦法（副科级，2008.2—2011.3）
梁占良（2011.3—2013.2）
孙伟勇（副科级，2013.2—12）
副 经 理　陈开发（2008.2—2011.3）
李鹏年（2010.3—2011.3）
孙伟勇（2011.3—2013.2）
曾学志（2011.3—2013.12）
桂传松（2011.3—2013.12）
梁彦法（副科级，2011.3—2012.6）
万　康（2013.2—12）
张国兵（2013.2—12）
党支部书记　梁彦法（2008.2—2011.3）
梁占良（2011.4—2013.2）
孙伟勇（副科级，2013.2—12）
委　　员　孙伟勇（2011.4—2013.2）

张刚伟（2011.4—2013.12）
李兆泽（2011.4—2013.2）

（二十）冀东项目部（2008.2—2013.12）

经　　理 于　旺（2008.2—2013.12）
副 经 理 胡春文（2008.2—2013.12）
刘永泉（2008.2—2009.3）
曾祥文（2013.2—12）
郭青松（2013.2—10）
党支部书记 于　旺（2008.2—2013.12）
副 书 记 胡春文（2011.4—2013.3）
委　　员 宫建平（2011.4—2013.12）
刘永国（2011.4—2013.12）
苟　刚（2011.4—2013.12）
郭青松（2013.3—12）
胡春文（2013.3—12）

（二十一）南方项目部（2010.3—2013.12）

2010 年 3 月，成立南方项目部。管理岗位定员 3 人，设经理 1 人，副经理 1 人，综合管理 1 人。负责浙江、海南、四川等零散市场和储气库的市场开发、管理等工作。

经　　理 许士华（2010.4—2012.2）
邓甫清（副科级，2012.2—3）
梁彦法（副科级，2012.6—2013.12）
副 经 理 张学军（2010.3—2013.12）
邓甫清（2010.3—2012.2）
崔洪升（2013.2—12）
孙勇超（2013.2—12）
党支部书记 许士华（2010.3—2012.2）
梁彦法（2012.6—2013.12）
邓甫清（副科级，2012.2—3）

（二十二）国际项目部—国际项目经理部—国际事业部（2008.2—2010.3；2012.2—2013.12）

2008年12月，国际项目部更名国际项目经理部；2010年3月，撤销国际项目经理部，成立国际工程科。2011年9月，撤销国际工程科，成立国际事业部。管理岗位定员14人，设科级职数6人，综合管理2人，外事培训管理1人，安全管理1人，区域项目管理5人（其中印尼项目1人，伊朗项目1人，伊拉克项目1人，国际（境内）项目1人，委内瑞拉项目1人）。负责所辖市场的开发、生产运行经营管理和QHSE指标，公司国际市场和反承包市场的开发管理，国际市场的经营管理等。

1. 国际项目部—国际项目经理部（2008.2—2012.2）

经　　理　张凤平（2008.2—2010.4）
　　　　　　宋庆彬（兼任，2011.3—2012.2）
副 经 理　张景刚（2008.2—2010.4）
　　　　　　邓甫清（2008.2—2010.3）
党支部书记　张凤平（2008.2—2010.3）
　　　　　　赵香忠（女，2010.3—2011.3）
　　　　　　张凤平（2011.4—2012.2）
副 书 记　李文玉（2010.3—2012.2）
委　　员　郭怀玉（2011.4—2012.2）
　　　　　　宋庆彬（2011.4—2012.2）
　　　　　　张景刚（2011.4—2012.2）
　　　　　　李荣贵（2011.4—2012.2）
　　　　　　张和平（2011.4—2012.2）

2. 国际事业部（2012.2—2013.12）

经　　理　李文玉（2012.2—2013.9）
　　　　　　张凤平（2013.9—12）
副 经 理　张凤平（正科级，2012.2—2013.9）
　　　　　　杨拥民（正科级，2012.2—2013.7）
　　　　　　张景刚（正科级，2012.2—2013.12）

李荣贵（2012.2—2013.12）
张有为（2012.2—2013.10）
张有为（2013.10—12）
高羽丰（2013.2—12）
田素合（2013.2—12）
杨　钰（2013.2—12）
刘其坤（2013.10—12）
许继策（2013.10—12）
郭青松（2013.10—12）

党支部书记 张凤平（2012.2—2013.12）
副　书　记 李文玉（2012.2—2013.9）
委　　　员 李　梅（女，2012.3—2013.12）
田素合（2012.3—2013.12）
杨拥民（2012.3—2013.12）
张景刚（2013.3—12）
李荣贵（2013.3—12）

（二十三）国际（境内）项目部（2010.3—2012.2）

2010 年 3 月，成立国际（境内）项目部，2012 年 2 月划归国际事业部。

经　　　理 宋庆彬（兼任，2011.3—2012.2）
副　经　理 郭怀玉（2011.3—2012.2）

（二十四）印尼项目部（2010.3—2012.2）

2010 年 3 月，成立印尼项目部。管理岗位定员 3 人，设经理 1 人，副经理 1 人，综合管理 1 人。负责印度尼西亚市场的开发、管理等工作。2012 年 2 月划归国际事业部。

经　　　理 宋庆彬（兼任，2010.4—2011.3）
李荣贵（2011.3—2012.2）
副　经　理 李荣贵（2010.3—2012.2）
柴晓武（2011.3—2012.2）

（二十五）伊朗项目部（2008.2—2012.2）

2010 年 3 月，成立伊朗项目部。管理岗位定员 3 人，设经理 1 人，副经理1人，综合管理1人。负责伊朗市场的开发、管理等工作。2012年2月划归国际事业部。

经　　理 陶青龙（兼任，2010.4—2011.6）
宋庆彬（兼任，2010.4—2011.3）
张景刚（副科级，2010.4—2012.2）

副 经 理 杨拥民（正科级，2010.4—2012.2）
张有为（2011.3—2012.2）
王　新（2011.3—2012.2）

（二十六）伊拉克项目部（2008.2—2012.2）

2010年3月，成立伊拉克项目部。负责伊拉克市场的开发、管理等工作。2012年2月划归国际事业部。

经　　理 张景刚（副科级，2010.4—2012.2）
吴东伟（2011.3—2012.2）

第二十节　第二录井分公司（2008.2—2013.12）

2008年2月，按照集团公司专业化重组的要求，第二录井分公司划转到新成立的渤海钻探工程公司，4月12日，将华北石油管理局录井处更名为渤海钻探华北录井分公司（简称华北录井公司）。8月22日，将渤海钻探华北录井分公司更名为中国石油集团渤海钻探工程有限公司第二录井分公司（简称第二录井公司）。正处级单位。党组织关系隶属于渤海钻探工程公司党委。公司在天津经济技术开发区注册，办公地点设在河北省任丘市渤海路。

机关职能科室7个：综合办公室、财务计划科、人事劳资科、市场管理科、生产管理科、质量安全环保科、工会办公室。附属单位2个：技能鉴定站、安全监督站。直属单位1个：科技信息中心。所属单位6个：地质录井作业一、二、三部，综合录井作业部、技术服务中心、研究所。临时外派机构7个：冀中项目部、二连项目部、长庆项目部、冀东项目部、塔里木项目部、西北项目部、委内瑞拉项目部。

主要从事石油天然气勘探与开发工程中的地质录井、综合录井、气测录井、岩石热解录井、定量荧光录井、水平井录井综合导向、井位测量、解释评价、分析化验、地质设计、综合研究、远程传输、录井数据中心等技术服务。作业区域分布于冀中、冀东、二连、塔里木、青海、玉门、长庆、山西煤层气、委内瑞拉等市场。

2011 年 12 月，中共渤海钻探第二录井公司第三次代表大会召开，选举产生了中共渤海钻探第二录井公司第三届委员会委员和中共渤海钻探第二录井公司第三届纪律检查委员会委员；徐军为党委书记和纪委书记。所属 7 个党总支、18 个党支部，共有党员 264 人。

截至 2013 年 12 月，公司在册员工 944 人。拥有地质录井队 240 支，综合录井队 108 支。资产总额 1.52 亿元，资产净值 0.6 亿元。2013 年年底，录井 1338 口，录井进尺 401 万米，年创收 3.603 亿元。

一、领导机构

（一）华北录井公司—第二录井公司行政领导名录（2008.1—2013.12）

经　　理　纪　伟（2008.2—2013.12）

副 经 理　杨国奇（2008.2—2013.12）

吴章武（2008.2—2013.12）

陈亚西（2008.2—2013.12）

安全总监　吴章武（兼任，2008.2—2013.12）

总工程师　纪　伟（兼任，2008.2—2010.8）

吴章武（兼任，2010.8—2013.12）

（二）渤海钻探工程公司第二录井公司党委领导名录（2008.1—2013.12）

书　　记　徐　军（2008.2—2012.5）

甄　玉（2012.7—2013.12）

委　　员　纪　伟（2008.2—2013.12）

杨国奇（2008.2—2013.12）

吴章武（2008.2—2013.12）

陈亚西（2008.2—2013.12）

（三）渤海钻探工程公司第二录井公司纪委领导名录（2008.1—2013.12）

书　　记　徐　军（2008.2—2012.5）

甄　玉（2012.7—2013.12）

副　书　记　赵振宇（2011.12—2013.12）

（四）渤海钻探工程公司第二录井公司工会领导名录（2008.1—2013.12）

主　　　席　徐　军（2008.2—2012.4）

甄　玉（2012.7—2013.12）

黎　红（2012.1—2013.12）

（五）渤海钻探工程公司第二录井公司助理、副总师名录（2008.1—2013.12）

副总地质师　吴纯光（2008.2—2008.12）

胡金堂（2008.2—2013.12）

陈联学（2008.2—2009.3）

李毅逵（2008.2—2013.12）

郑　铂（2008.2—2013.12）

副总会计师　赵拴武（2013.7—12）

安全副总监　陈联学（2008.2—2009.7）

张兴伟（2010.4—2013.12）

技术副总监　李金顺（2009.3—2013.12）

二、机关科室

（一）综合办公室（2008.2—2013.12）

2008 年 8 月，因隶属关系改变更名为第二录井综合办公室，为公司机关科室。

设主任 1 人，科员 9 人。负责组织起草党委、行政工作计划、总结、报告、领导讲话、汇报，负责公文收发、电子公文传输系统的管理和印章管理，负责业务招待办公耗材和材料印刷管理，负责日常思想政治工作、理论教育、新闻宣传，政研究日常工作管理、统战侨务管理；负责纪检监察、维稳、信访、综合治理、武装保卫工作；负责信息、网络系统建设和管理；负责科技管理和计划生育管理。

2009 年 3 月 25 日，聘任雷淑娟为综合办公室主任；雷淑娟任党委办公室主任；赵振宇任正科级纪检监察员。

2010 年 3 月 25 日，卢根华为公司综合治理、维护稳定专职负责人（享受公司副科级待遇）。

2011 年 4 月 19 日，解聘雷淑娟的综合办公室主任职务。

2011 年 6 月 3 日，聘穆昭平为公司综合办公室主任，聘期从 2011 年 4 月 19 日起开始计算。免去其人事劳资科副科长职务。

主　　任　雷淑娟（2008.2—2011.4）
雷淑娟（兼党委办公室主任，2009.3—2011.4）
穆昭平（2011.4—2013.12）

纪检监督员　赵振宇（正科级，2008.2—2011.12）

综治、维稳专职负责人　卢根华（2010.3—2013.12）

书　　记　满爱民（2008.2—2013.12）

副 书 记　白生溪（2008.2—2013.12）

（二）工会办公室（2008.2—2013.12）

2008 年 8 月，因隶属关系改变更名第二录井分公司工会办公室，为公司机关科室。

设科长 1 人，科员 1 人。负责工会日常事务管理；负责做好职代会、会员代表大会、工会各类会议的筹备和会务工作；负责工会劳动保护、女工工作和宣传、组织、工会经费、工会财务及日常管理工作；负责牵头组织本单位先进人物、先进集体的评选、表彰；负责会员会籍管理及“职工之家”建设。

2009 年 3 月 25 日，刘治国任工会副主席兼工会办公室主任。

主　　任　刘治国（1999.3—2013.03）

（三）生产管理部—生产管理科（2008.2—2013.12）

2008 年 8 月，渤海钻探工程有限公司成立，因隶属关系改变更名为第二录井分公司生产管理部，2009 年 2 月，根据渤海钻探工程有限公司编委办文件要求，更名为第二录井分公司生产管理科。

为公司机关科室。设科长 1 人，副科长 1 人，科员 7 人。负责日常生产管理，组织录井作业施工方案的制定、评审、确认与管理；负责井位测量、分析化验、录井过程的生产组织；负责组织生产及相关信息的收集、整理与反馈、录井资料质量验收，负责运输费用的审核、结算和控制；组织建立、完善开发井和探井数据库以及科技档案库；负责公司应急管理，行使应急办公室职责。负责录井项目的技术、质量管理，负责现场录井系统技术支持。负责分公司新技术、新方法的开发、引进、推广应用工作。负责公司设备资源管理。组织设备升级改造工作的策划与实施。

科　　　长 盛振法（2009.3—2013.12）
副　科　长 李金顺（兼任，2009.3—2010.7）
白生平（2010.5—2013.12）

（四）财务计划部—财务计划科（2008.2—2013.12）

2008 年 8 月，渤海钻探工程有限公司成立，因隶属关系改变更名为第二录井分公司财务计划部，2009 年 2 月，根据渤海钻探工程有限公司编委办文件要求，更名为第二录井分公司财务计划科。

为公司机关科室。设科长 1 人，科员 9 人。负责年度财务预算、投资计划管理，监督资金预算的执行；负责经济业务往来结算，成本核算和成本控制；负责固定资产管理、物资采购、材料管理、票据管理；负责住房公积金管理；负责工会会计预算；参与分公司经济合同的谈判，进行合同的审批。

科　　　长 赵拴武（兼任，2009.3—2013.12）
副　科　长 文健波（2011.3—2013.12）
黄雁屏（2013.12）
财务会计总监督 王跃青（2009.3—2013.12）

（五）市场管理部—市场管理科（2008.2—2013.12）

2008 年 8 月，渤海钻探工程有限公司成立，因隶属关系改变更名为第二录井分公司市场管理部，2009 年 2 月，根据渤海钻探工程有限公司编委办文件要求，更名为第二录井分公司市场管理科。

为公司机关科室。设科长 1 人，科员 1 人。负责做好市场开发指标的分解和施工队伍配置的策划工作，及时调整市场开发格局，协调解决市场开发过程中遇到的问题，对各单位经营情况进行考核，确保市场开发任务的完成；负责国内外工程项目的投标工作，协助各单位办理外部市场队伍资质认证，负责公司企业管理、工商管理、重大经营决策法律论证工作、规章制度合法性审查工作；负责组织合同评审及合同审查。

科　　　长 吴青松（2009.3—2013.12）
副　科　长 白生平（正科级，2009.3—2010.5）
寇红艳（2011.10—2013.12）
机关党支部书记 吴青松（2009.3—2013.12）

（六）质量与安全环保管理部—质量安全环保科（2008.2—2013.12）

2008 年 8 月，渤海钻探工程有限公司成立，因隶属关系改变更名为第二录井分公司质量与安全环保管理部，2009 年 2 月，根据渤海钻探工程有限公司编委办文件要求，更名为第二录井分公司质量安全环保科。

为公司机关科室。设科长 1 人，副科长 1 人，科员 2 人。对外行使安全管理科、消防安全办公室职能。负责公司 QHSE 体系运行管理，组织开展基层 HSE 建设、基层“达标创优”和“三标”班组建设等相关工作，负责交通消防安全、职业健康管理、环境保护和节能节水管理工作、QC 课题管理、录井队资质认证、职工工伤及有关事宜的管理，对安全监督站的业务管理。

2009 年 4 月 1 日，安全监督站成立，附属公司质量安全环保科，公司所属单位的 6 名安全员转入机关，实行派驻、矩阵式管理。2010 年 12 月，按照华北油田消防安全委员会的要求，成立消防安全办公室，设在质量安全环保科。2011 年 6 月，根据中共河北省委办公厅、河北省人民政府办公厅关于进一步加强企业安全生产工作的意见，成立安全管理科，设科长 1 人，副科长 1 人。

科　　　　　长　张兴伟（2009.3—2013.12）
副　　科　　长　班晓维（2010.3—2013.12）
安全监督站站长　班晓维（2010.3—2013.12）
安全管理科科长　张兴伟（兼任，2011.6—2013.12）
消防安全办公室主任　张兴伟（2010.12—2013.12）

（七）人事培训部—人事劳资科（2008.2—2012.12）

2008 年 8 月，渤海钻探工程有限公司成立，因隶属关系改变更名为第二录井分公司人事培训部，2009 年 2 月，更名为人事劳资科。

为公司机关科室。设科长 1 人，副科长 2 人，科员 6 人。主要负责分公司组织机构设置、工作职责和岗位责任制编制并组织实施。负责分公司人力资源配置及管理、基层领导班子建设、干部管理工作；负责薪酬管理、员工培训工、织员工技能考试和竞赛、专业技术职务任职资格的考试与评聘、技能专家、高级技师和技师的管理工作；负责社会保险费用的缴纳工作；负责劳务工的管理；负责基层党组织建设、党员发展工作、党员培训教育；负责分公司外事管理工作。

2008年11月13日，渤海钻探成立职业技能鉴定机构，将中国石油渤海钻探录井职业技能鉴定站（简称录井鉴定站）列入第二录井分公司人事劳资科附属科级单位，定员3人，其中科级职数1人。负责编制年度鉴定计划、制定鉴定管理工作制度；负责鉴定题库建设、鉴定经费管理、鉴定工作考评员和督导员队伍建设；负责鉴定站业务管理，负责组织公司技能竞赛，负责公司录井等专业工种职业技能鉴定组织工作。

1. 人事劳资科（2008.2—2013.12）

科　　长　金成杰（2009.3—2013.3）
　　　　　郭　华（2013.3—12）
副 科 长　郭　华（正科级，2009.3—2013.3）
　　　　　穆昭平（2009.1—2011.4）
　　　　　刘　超（2011.12—2013.12）

2. 勘探专业技能鉴定站（2008.11—2013.12）

站　　长　金成杰　（兼任，2009.3—2013.3）
　　　　　　　（2013.3—12）

3. 党委组织部（2009.3—2013.12）

科　　长　金成杰（兼任，2009.3—2013.3 ）
　　　　　郭　华（2013.3—12）

（八）科技信息中心（2010.7—2013.12）

2010年7月1日，根据工作需要，经公司领导班子研究，并报请渤海钻探工程公司劳动工资处批准，成立科技信息中心。

为公司直属科级单位，定员6人，其中设主任1人，副主任1人。负责组织科研、新技术推广成果的编写、审查、上报，组织科研成果的鉴定、验收、申报、奖励和归档工作；组织新技术和成果的交流及推广应用，负责计算机、信息网络、传输系统的运行、维护工作，确保运行畅通；负责公司门户网站的设计与管理工作；负责公司静态数据库、完井电子资料的保存、上交与维护；负责网络的安全管理，指导公司各部门和单位的信息化及培训考核工作。

信息中心成立以来，组织完成科研课题50项。先后参加渤海钻探公司专业、第十六届环渤海浅（滩）海油气勘探开发和首届中国石油工业录井技术交流 4 次，发布论文 14 篇，其中获二等奖 1 篇，三等奖 2 篇。收集优秀技术论文在2011年中外能源增刊上发表30篇。积极完善井场远程传输工作，确保了公司 OA、ERP、A7 系统的有效运行。

主　　　　任　李金顺（2010.7—2013.12）
副　主　任　黎　红（2010.7—2013.12）

三、所属单位

（一）地质录井一大队—地质录井作业一部（2008.2—2013.12）

2008 年 2 月，公司因隶属关系改变，随录井处划归渤海钻探工程有限公司，更名为第二录井分公司地质录井一大队。2009 年 2 月，更名为渤海钻探工程有限公司第二录井分公司地质录井作业一部，为公司所属科级单位。定员 148 人，机关设综合办公室；下设录井中队。

2009 年 4 月，车辆划归技术服务中心，实行统一管理。2011 年 1 月，测量人员和设备统一划归技术服务中心测量队。

2013 年年底，在册员工总 84 人，各类专业技术人员 57 人，其中高级职称 3 人，中级职称 31 人，初级职称 23 人。施工作业区域主要在华北油田的冀中、新疆吐哈油田、玉门油田。完成地质录井 65 口，实现经营收入 1214.25 万元。

大队长（主任）　胡金堂（兼任，2008.2—2013.12）
副大队长（副主任）　胡春光（2008.2—2013.12）
王金友（2008.2—2013.12）
杨长江（2008.2—2013.12）
党总支书记　胡金堂（兼任，2008.2—2012.12）
工会主席　胡春光（兼任，2008.3—2012.12）

（二）地质录井三大队—地质录井作业二部（2008.2—2013.12）

2008 年 2 月，公司因隶属关系改变，随录井处划归渤海钻探工程有限公司。2009 年 2 月，更名为渤海钻探工程有限公司第二录井分公司地质录井作业二部，为公司所属科级单位。设经理 1 人、副经理 1 人，总支书记兼工会主席 1 人。机关设综合办公室；下设调度室、生产管理组、技术服务组、资料整理组、12 支录井队、1 支定量荧光录井队。办公地点在河北省河间市华北油田华苑服务处矿区。

2013年年底，在册员工97人，其中高工3人，工程师27人，助理工程师22人，技术员2人。施工作业区域主要在冀中地区、冀东油田、山西煤层气、长庆油田。共完成各类录井673口，完成产值8865万元。

大队长（主任）　王树强（2008.2—2013.12）
副大队长（副主任）　张玉才（2008.2—2013.12）
马金生（2008.2—2010.11）
魏志东（2010.11—2013.12）
党总支书记　马金生（2008.2—2010.11）
张玉才（2010.11—2013.12）
党总支委员　王树强（2008.2~2013.12）
张玉才（2008.2~2010.10）
魏志东（2010.10~2013.12）
工会主席　马金生（兼任，2008.2—2010.11）
张玉才（兼任，2010.11—2013.12）
工会委员　魏志东（2008.2—2011.11）
孔德山（2008.2—2011.11）
张秉谦（2008.2—2013.12）
顾海霞（2008.2—2013.12）
张金利（2011.11—2013.12）
王建芳（2011.11—2013.12）
余建林（2011.11—2013.12）

（三）地质录井四大队—地质录井作业三部（2008.2—2013.12）

2008年2月，渤海钻探工程公司成立，录井处划归渤海钻探工程公司，4月，华北石油管理局录井处地质录井四大队更名为渤海钻探华北录井分公司地质录井四大队，8月，更名为中国石油集团渤海钻探工程有限公司第二录井分公司地质录井四大队。2009年2月，更名为渤海钻探第二录井分公司作业三部。作业部下设综合组、生产组、技术服务组、测量组（2010年10月划归技术服务中心）、调度组、资料整理组。办公地点在河北省深泽县华丽矿区。

2011 年 1 月，测量人员和设备划归技术服务中心。

2013 年年底，地质录井四大队员工总数 41 人，各类专业技术人员 33 人，其中中级职称 12 人，初级职称 18 人员，技术员 3 人，工人技师 1 人。主要承担天然气勘探与开发工程中的地质录井、H2S 监测等技术服务。作业区域分布于冀中市场，完成地质录井 87 口，实现经营收入 1185 万元。

大队长（主任） 曹忠礼（2008.2—2013.12）
副大队长（副主任） 李洪明（2008.2—2013.11）
杨海泉（2008.2—2013.12）
党总支书记 李洪明（2008.2—2013.11）
党总支委员 曹忠礼（2008.2—2012.12）
邢立军（2008.4—2010.3）
吴金瑛（2008.2—2013.12）
李文红（2008.4—2013.12）
杨海泉（2010.3—12）
工会主席 李洪明（兼任，2008.2—2013.11）
团委书记 蒋建萍（2008.2—2013.12）

（四）综合录井大队—综合录井作业部（2008.2—2013.12）

2008 年 2 月，公司因隶属关系改变，随录井处划归渤海钻探工程有限公司。2009 年 2 月，更名为渤海钻探工程有限公司第二录井分公司综合录井作业部，为公司所属科级单位。定员 111 人，机关设综合办公室，下设地质录井中队、综合录井中队、仪修室。

2010 年 1 月，L 10534 录井队被授予“中国石油天然气集团公司工程技术金牌队”；L 10546、L 10665 录井队，被授予“中国石油天然气集团公司工程技术银牌队”；L 10565、L 10548、L 10658、L 10657、L 20552 录井队，被授予“中国石油天然气集团公司工程技术铜牌队”。4 月，综合录井中队获中国石油天然气集团公司“中国石油先进集体”荣誉称号。2012 年 2 月，L 10655 录井队被授予“中国石油天然气集团公司工程技术金牌队”；L 10539、L 10538、L 10528、L 10534、L 10536、L 10670、L 10545、L 20565 录井队被授予“中国石油天然气集团公司工程技术铜牌队”。2012 年 2 月，孟庆峰、包磊、李伯东、朱林勇、孙辉、范里程、贾雷军、王伟荣获中国石油天然气集团公司工程技术“百队千人”先进个人荣誉称号；L 10534 录井队被中国石油天然气集团公司工程技术分公司评为“2010 年至 2011 年度工程技术服务企业设备管理优秀基层队”。12 月，孟庆峰荣获中国石油天然气集团公司“优秀队长”荣誉称号。

2013 年年底，在册员工总数 236 人，各类专业技术人员 178 人，其中高级职称 4 人，中级职称 76 人，初级职称 98 人。作业区域分布于冀中、冀东、二连、新疆、长庆、玉门、山西、缅甸、伊拉克、委内瑞拉等市场，2008 年至 2013 年（含 2013 年）共完成地质录井、综合录井、气测录井 2084 口，实现经营收入 49654 万元。其中：2013 年，动用 46 支录井队，共完成地质、综合、气测录井 273 口，实现经营收入 8277 万元（含 2013 年新疆塔里木项目 5 支综合性录井队，完成地质和综合录井 14 口，录井收入 853 万元）。

大 队 长（主　任）　王秋成（2008.2—2013.12）
副大队长（副主任）　魏仁忠（2008.2—2011.12）
张　君（2008.2—2011.11）
张国芳（2008.2—2013.12）
穆昭平（2008.2—2009.1）
姜　勇（2011.1—2013.12）
于海军（2011.12—2013.12）
党 总 支 书 记　张　君（2008.2—2010.11）
张国芳（2010.11—2013.12）
党 总 支 委 员　王秋成（2008.2—2013.12）
魏仁忠（2009.2—2011.12）
张国芳（2008.2—2013.11）
穆昭平（2008.2—2009.1）
于海军（2012.3—2013.12）
鱼兆云（2012.3—2013.12）
王秀梅（2012.3—2013.12）
工 会 主 席　张　君（2008.2—2010.11）
张国芳（2010.11—2013.12）

团总支书记　刘　超（2008.2—2010.5）

　　　　　　鞠　波（2010.5—2013.12）

（五）技术服务大队—技术服务中心（2008.2—2013.12）

2008年2月，因隶属关系改变，随录井处划归渤海钻探工程有限公司。2009年2月，更名为渤海钻探工程有限公司第二录井分公司技术服务中心，为公司所属科级单位。机关设综合组；下设车队、测量队、实验一室、实验二室、微机室、地化组、物业组、仪器研发室，拥有一线地化录井队8个，荧光队5个；党总支下设3个支部，（生产党支部、综合党支部、车队党支部）。

技术服务中心拥有自主创新的系统解释评价录井技术（荧光薄片、地化、色谱、定量荧光、核磁、轻烃、岩屑荧光显微图像等），承担冀中、二连、长庆地区分析化验以及外部地化录井任务；承担公司的生产和经营用车、测量、资料处理、档案管理、仪器研发和任丘地区环境卫生、绿化、治安及职工内部住宿等任务。

2009年3月30日，将属于录井作业一部、二部、三部的车辆划归技术服务中心，成立技术服务中心车队，实行统一管理，车队为中队级编制，设队长1人。

2009年8月，新方法研究室研制的砂样烘干箱、电动脱气器、防撞泵冲传感器、液压岩心切开器、录井仪绞车传感器、防水型双芯光电绞车传感器、无线防爆电脱控制箱七项产品获国家实用新型专利。

2011年1月，根据专业化管理的要求，成立技术服务中心测量队。将属于地质录井作业一部、地质录井作业三部所管理的测量人员和设备统一划归技术服务中心，由测量队统一管理和调配。

2013年年底，在册员工总数137人，各类专业技术人员77人，其中高级职称7人，中级职称41人，初级职称29人。完成各类分析化验87口井，井位初（复）测1535口次，地化录井、定量荧光（二维、三维）、X射线衍射录井23口，完成录井资料处理240口井，出车3764车次，长途出车182车次，累计安全行驶227万多千米。实现账面收入811.07万元。

1. 技术服务大队—技术服务中心（2008.2—2013.12）

大　队　长　马友生（2008.2—2009.2）

副大队长　潘西生（2008.2—2009.2）
刘文利（2008.2—2009.2）
主　　任　马友生（2009.2—2013.12）
副 主 任　潘西生（2009.2—2010.11）
刘文利（2009.2—2013.12）
张　君（2010.11—2013.12）
书　　记　潘西生（2009.2—2010.11）
张　君（2010.11—2013.12）
委　　员　马友生（2008.2—2013.12）
刘文利（2008.4—2013.12）
冯曰全（2008.2—2013.12）
陈　勇（2008.2—2013.12）
工会主席　潘西生（兼任，2008.2—2010.11）
张　君（兼任，2010.11—2013.12）

2. 实验中心行政（2008.2—2013.12）

主　　任　马友生（兼任，2008.2—2013.12）
副 主 任　刘文利（兼任，2009.4—2013.12）
冯曰全（2009.4—2013.12）
吴凤林（2009.4—2013.12）
梁洪儒（2009.4—2012.12）
胡桂琴（2012.12—2013.12）

3. 下设机构

（1）车队（2011.1—2013.12）

队　　长　陈　勇（副科级，2011.1—2013.12）

（2）测量队（2011.1—2013.12）

队　　长　冯全宝（副科级，2011.1—2013.12）

（六）研究所（2008.2—2013.12）

2008 年 2 月，因隶属关系改变，随录井处划归渤海钻探工程有限公司。2009 年 2 月，更名为渤海钻探工程有限公司第二录井分公司研究所。为公司所属科级单位。党支部为公司直属支部。设所长 1 人，副所长 1 人，设机关综合组，下设解释评价组、饶阳综合研究组、万庄综合研究组、微机组。

研究所主要承担华北油田公司下达的地质综合研究及其他科研专题项目，积极参与渤海钻探工程公司组织的横向联合攻关课题的研究；负责冀中地区老井复查工作，向有关部门提出试油建议；负责组织完成各类井的综合解释评价工作；编制冀中地区各类探井地质设计；负责勘探开发钻井地质、气测、综合录井数据库的建立、维护和管理；负责远程传输工作。2010 年 7 月，微机组划归公司科技信息科管理。

2013 年年底，在册员工 37 人，其中高级职称 3 人，中级职称 29 人，初级职称 5 人。主要从事解释评价、综合研究、地质设计、水平井地质导向技术服务。完成解释评价 104 口，设计 36 口，科研课题 8 项，实现经营收入 419 万元。

所　　长　李毅逵（兼任，2008.2—2013.12）
副 所 长　姜维寨（2008.2—2013.12）
书　　记　李毅逵（2000.8—2011.12）
　　　　　　姜维寨（2011.12—2013.12）
委　　员　姚忠东（2008.2—2010.12）
　　　　　　姜维寨（2010.12—2013.12）
　　　　　　赵宏新（2008.2—2010.7）
　　　　　　郝　丽（2010.8—2013.12）
工会主席　李毅逵（2008.2—2011.12）
　　　　　　姜维寨（2011.12—2013.12）

四、公司外派机构

2009 年至 2013 年，根据区域工作量分布，主要设立了冀中项目部、二连项目部、长庆项目部、塔里木项目部、西北项目部、青海项目部和冀东项目部，属公司外派临时机构，项目经理由公司聘用，任期一年。全面负责项目的经营效益，成本（或经费指标）控制在公司下达的指标范围内；负责整个项目的生产组织协调、生产管理、质量管理 HSE 管理；负责组织口井结算，保证完成本项目的营业收入现金流入率指标。公司统一管理的项目部，有专人负责本项目部的合同管理、内控管理、ERP 以及 A7 系统管理工作。外围各项目部全面负责所辖项目 QHSE 管理工作，项目经理为 QHSE 管理第一责任人。

2008 年 5 月，按照渤海钻探工程公司工作部署，成立了青海涩北气田协调领导小组和青海项目部，为公司外派机构，调集了 6 支录井队伍和 3 台综合录井仪，负责涩北地区的录井任务。2011 年年底，青海涩北气田会战结束，项目部撤销。

2011 年 9 月 30 日，公司两支录井队首次进入委内瑞拉市场。

（一）二连项目部（2008.2—2013.12）

项目部为公司外派机构，设经理 1 人，副经理 5 人，下设综合办公室、地质室、化验室、技术服务室、司机班。主要负责二连东部、中部、西部的录井工作。

2013 年年底，项目部在册员工 70 人，完成录井 113 口，录井总进尺 18.925 万米，实现收入 2853 万元。

经　　理　郑　铂（兼任，2009—2011）
副 经 理　胡春光（2009）
杨长江（2009—2010）
李蕴和（2009—2012）
宋益群（2009—2013）
杜保国（2009—2013）
苏同印（2009—2013）
陈永康（2010—2013）
孟凡东（2013）
书　　记　郑　铂（兼任，2008—2009）
胡金堂（兼任，2010—2012）
王金友（2013）

（二）冀东项目部（2008.2—2013.12）

2008 年 2 月至 2013 年 12 月，项目部属公司派出临时机构。负责冀东南堡、柳赞、高尚堡作业区域的录井工作，设经理 1 人、副经理 1 人，生产管理岗 3 人（含调度、安全、资料验收）。

2013 年年底，项目部动用常规录井队、综合录井队各 3 支，定量荧光队 2 支；2013 年完成录井 13 口，进尺 58246 米，实现收入 560 万元。

经　　理　白生平（2009）
　　　　　张玉才（2010—2011.10）
　　　　　魏志东（2011.10—2013.12）
副 经 理　李胜利（2008.2—2013.12）
书　　记　张玉才（兼任，2010—2011.10）
　　　　　魏志东（兼任，2011.10—2013.12）

（三）塔里木项目部（2008.2—2013.12）

2009 年至 2013 年，项目部隶属综合录井作业部管理，经理由作业部提名，公司聘任，每年聘任一次。设经理 1 人，生产管理 3 人。全面负责塔里木区域的录井工作。

2012 年年底，动用录井队伍 4 支，完成地质、综合录井 14 口，录井进尺 4.8 万米，实现收入 740 万元。

经　　理　李志民（2009—2012）
副 经 理　关　生（2009）

（四）青海项目部（2008.2—2013.12）

2008 年 5 月，按照渤海钻探工程公司工作部署，成立了青海涩北气田协调领导小组和青海项目部，为公司外派机构，调集了 6 支录井队伍和 3 台综合录井仪，负责涩北地区的录井任务。2011 年年底，青海涩北气田会战结束，项目部撤销。

为了给甲方提供更优质的服务，在卡着陆点和水平段地质导向两大关键环节上，形成了一套针对台南气田水平井施工的成功经验。7 月 24 日，《综合录井资料在台南气田的应用》在青海油田天然气公司组织的"涩北气田 2008 年开发技术交流、技术服务讲评会"上荣获三等奖。

经　　理　穆昭平（2008.5—2009）
　　　　　赵书斌（2009—2011）

（五）西北项目部（2008.11—2013.12）

项目部隶属地质录井作业一部管理，经理由作业部提名，公司聘任，每年聘任一次。设经理 1 人，生产管理 2 人。全面负责玉门油田的录井工作。

2012 年年底，动用录井队伍 4 支，完成地质、综合录井 10 口，录井进尺 15022 米，实现收入 363.10 万元。

经　　理　孟凡东（2009—2012）
　　　　　郝富军（2012—2013）

（六）山西水平井地质导向项目（煤层气项目）（2011.2—2012.12）

2011 年年初，成立水平井地质导向项目，由研究所负责管理，设项目经理 1 人，技术人员 6 人，负责水平井录井导向技术推广。全年完成导向施工任务 8 口，实现收入 150 万元。

2012 年年初，成立山西煤层气项目，设经理 1 人，副经理 1 人。动用地质录井、综合录井队各 5 支，组建“地综合一、录导一体”煤层气录井队伍，全年完成 15 口井施工任务，实现收入 678 万元。2013 年水平井导向实现收入 222 万元。

经　　理　姜维寨（2011—2012）
　　　　　王红旗（2013）
副 经 理　于海军（2012）

（七）冀中项目部（2008.11—2013.12）

冀中项目部为公司临时组织机构。设经理 1 人，副经理 8 人。下设调度室、北部组、南部组、中部组和综合组。负责冀中地区的生产组织协调和生产管理；负责日常生产汇报；负责组织和监督相关单位完成井位踏勘和复测工作；定期组织检查录井队伍的录井现场基础工作和录井质量；处理和解决生产中遇到的技术难题；负责组织完井资料的综合解释评价、完井汇报和试油讨论；负责组织甲方的录井资料验审工作；负责协调与各甲方及作业部的关系，处理和解决存在的问题，负责冀中录井队伍的井控工作。办公地点在河北省任丘市渤海路。

2013 年年底，项目部动用地质录井队 33 支，综合录井队 13 支，气测录井 5 支，完成录井 296 口，实现收入 10019 万元。

经　　理　李毅逵（2009—2013）
副 经 理　盛振法（2009—2013）
　　　　　李金顺（2009—2011）
　　　　　文自力（2009—2013）
　　　　　王宝军（2009—2013）

郝富军（2009—2011）
倪卫平（2009—2013）
余建林（2009—2013）
翁国辉（2009—2013）

（八）长庆项目部（2008.11—2013.12）

长庆项目部设经理 1 人，总支书记 1 人，副经理（2009 至 2012 年）9 人:（2012 至 2013 年)12 人。机关设综合办公室，结算办公室。项目部下设：靖边项目组、苏里格项目组、庆阳项目组、环江项目组、综合项目组、化验室、司机班。主要作业区域为陕西靖边、吴起、定边等，宁夏盐池、甘肃庆阳、环江，内蒙古乌审旗。项目部办公地点在陕西省靖边县滨河路 90 号。

2013 年年底，长庆项目部 项目部共有员工 640 人，其中职工 209 人，外雇工 380 人（含划转 43 人），实习生 51 人。全年动用队伍 127 支，录井 518 口，累计完成录井进尺 138.88 万米。分析化验 97364 块样品，制作地质设计 1893 口。实现收入 1.25 亿元。

经　　理　吴纯光（2009—2012.12）
曹忠礼（2013.2—12）
副 经 理　邱　钢（2009—2013.12）
张大红（2009—2013.12）
陈文彦（2009—2011）
庞继良（2009—2013.12）
魏志东（2009—2010）
董圣宇（2009—2010）
赵海英（2009—2013.12）
王福联（2010—2013.12）
王金友（2011—2012）
邢立军（2011—2013.12）
刘治国（2012—2013.12）
赵书斌（2012—2013 .12）
秦　平（2012—2013.12 ）
牛吉华（2013.1—12）

陈东庆（2013.1—12）
李甲滨（2013.1—12）
书　　记 吴纯光（兼任，2008.2—2010.12）
曹忠礼（2010.2—2012.12）
胡金堂（2013.2—12）
工会主席 曹忠礼（2010.2—2012.12）
胡金堂（2013.2—12）

（九）委内瑞拉项目部（2011.9—2013.12）

2011 年 9 月 30 日，两支录井队抵达委内瑞拉巴里那斯（Barinas）市，分别于 10 月 12 日和 19 日正式录井，标志公司首次井入该市场。

2012 年 1 月 20 日，公司决定成立委内瑞拉项目部。设经理 1 人，副经理 1 人。为公司临时外派机构。主要作业区域为东部的 DIGRE、西部的 OJEDA、南部的 BARINAS。

2013 年年底，动用综合录井 13 支，完成录井 24 口，总进尺 5.9 万米，实现收入 9479 万元。

经　　理 邓　杰（2012—2013）
副 经 理 马英杰（2012—2013）

第二十一节　钻井技术服务分公司（2008.2—2013.12）

2008 年 2 月，按照中国石油天然气集团公司专业化重组的要求，钻井技术服务公司划归新成立的渤海钻探工程公司，命名为大港钻井技术服务公司。6 月，更名为钻井技术服务分公司。闫永起任经理，种建春任党委书记。党组织关系隶属于渤海钻探工程公司党委。公司在天津经济技术开发区注册，办公地点仍在天津市大港区大港油田红旗路 1130 号。从 2008 年 2 月至 2013 年 12 月，钻井技术服务分公司瞄准建设优势突出的国际化石油工程技术服务公司的目标，紧密围绕“提供一流钻井技术服务”这一核心任务，生产经营与党的建设相互促进，综合服务实力不断提升，形成了“技术领先、服务至上、创新争优、和谐共赢”的特色文化，企业实力和品牌影响力逐步提升。

2008 年 2 月，公司设机关职能科室 11 个，机关附属单位 3 个、直属单位 5 个、所属单位 5 个。服务区域主要分布在大港、冀东、新疆、玉门、苏里格等市场，可承接泥浆、管具、井控、钻前工程、欠平衡钻井、打捞、员工培训等服务业务。

2 月，欠平衡钻井打捞技术服务公司直属党支部改建为欠平衡钻井打捞技术服务公司党总支。

2009 年 3 月，离退休职工管理中心划归大港油田集团公司第二矿区管理中心，人员和职责全部划出；由于冀东市场萎缩，撤销了冀东项目部，人员全部撤回；渤海钻探公司成立第一职业技能鉴定站，列人事劳资科附属科级单位管理，业务上服从渤海钻探公司职业技能鉴定中心管理，为鉴定组织一科。

2010 年 7 月，公司所属管子工具服务公司、钻前服务公司、欠平衡钻井打捞技术服务公司机构名称分别变更为管具井控技术服务中心、钻前工程技术服务中心、欠平衡钻井打捞技术服务中心。更名后业务定位、服务范围、经营性质不变。

2011 年 4 月，公司成立苏里格项目部。

2011 年，公司党委被评为集团公司先进基层党组织。

2012 年 1 月，中共钻井技术服务分公司第二次党员代表大会召开，选举产生第二届委员会和纪律检查委员会，吕宝军为党委书记，闫永起为党委副书记，吕宝军为纪委书记。所属 5 个党总支、28 个党支部，共有党员 419 人。

2013 年 4 月，公司所属职工培训管理中心上划，成立中国石油集团渤海钻探工程有限公司职工教育培训中心，原有业务、资质、资产、设备设施、场地、人员等全部划出。

截至 2013 年 12 月，公司下设机关职能科室 9 个：经理办公室、市场与生产协调科、工程技术科、质量安全环保科、物资装备科、计划财务科、人事劳动科、党委办公室、群众工作科。直属单位 4 个：安全监督站、信息管理中心、维护稳定办公室和苏里格项目部。机关附属单位 3 个：行政管理中心、小车队和档案室。所属科级单位 4 个：管具井控技术服务中心、钻前工程技术服务中心、欠平衡钻井打捞技术服务中心和下套管技术服务中心。

一、领导机构

（一）钻井技术服务分公司行政领导名录（2008.2—2013.12）

经　　理　闫永起（2008.2—2013.12）
副 经 理　种建春（兼任，2008.2—2009.3）①
　　　　　吕宝军（2008.2—2009.2；兼任，2009.3—2013.12）
　　　　　陶瑞东（2008.2—2011.11）②
　　　　　朱吉林（2008.2—2013.12）
　　　　　杨书礼（2008.2—2013.12）
　　　　　马金山（2011.11—2013.12）
　　　　　张映辉（2013.6—12）
总工程师　陶瑞东（2008.2—2011.11）
　　　　　马金山（2011.11—2013.12）
总会计师　杨书礼（兼任，2008.2—2013.12）
安全总监　吕宝军（兼任，2008.2—2009.3）
　　　　　朱吉林（兼任，2009.3—2013.12）

（二）钻井技术服务分公司党委领导名录（2008.2—2013.12）

书　　记　种建春（2008.2—2009.3）
　　　　　吕宝军（2009.3—2013.12）
副 书 记　谢秀纯（2008.2—2009.3）
　　　　　闫永起（兼任，2008.2—2013.12）
委　　员　种建春（2008.2—2009.3）
　　　　　谢秀纯（2008.2—2009.3）
　　　　　吕宝军（2008.2—2013.12）
　　　　　闫永起（2008.2—2013.12）
　　　　　陶瑞东（2008.2—2011.11）
　　　　　朱吉林（2008.2—2013.12）

---

① 种建春2009年3月调任第一钻井公司经理。
② 陶瑞东2011年11月调往第三钻井公司。

杨书礼（2008.2—2013.12）
马金山（2011.11—2013.12）
张映辉（2013.6—12）

（三）钻井技术服务分公司纪委领导名录（2008.2—2013.12）

书　　记　谢秀纯（2008.2—2009.3）
吕宝军（2009.3—2013.12）

副 书 记　窦连群（2008.2—2009.5）
王书侠（女，满族，2009.5—2013.1）
高丽娟（女，2013.1—12）

委　　员　王书侠（2008.2—2009.5）
李淑敏（女，2008.2—2009.5）[①]
黄树明（2008.2—2009.5）[②]
蒋大歧（2009.5—2013.1）
邹希和（2012.1—2013.12）
李　频（女，2012.1—2013.12）
李学军（2009.5—2013.12）

（四）钻井技术服务分公司工会领导名录（2008.2—2013.12）

主　　席　谢秀纯（2008.2—2009.3）
吕宝军（2009.3—2013.12）

副 主 席　李淑敏（2008.2—2009.3）
李学军（2009.3—2013.12）

（五）钻井技术服务分公司助理级、副总师名录（2008.2—2013.12）

经理助理　付晓冰（2008.2—2013.12）
李学忠（2009.3—2013.12）
邹希和（2009.3—2013.12）
张映辉（2010.8—2013.6）
张立芬（女，2013.1—4）

安全副总监　赵福优（2008.2—2013.12）

① 李淑敏 2009 年 5 月调往第一钻井公司。
② 黄树明 2009 年 5 月调往泥浆技术服务公司。

二、机关部门

（一）经理办公室（2008.2—2013.12）

主　　任　王治霞（女，2008.2—2013.12）
副 主 任　石丽芳（女，2009.3—2013.12）

（二）市场开发科—市场与生产协调科（2008.2—2013.12）

1. 市场开发科（2008.2—2009.3）

科　　长　许绍营（2008.2—2009.3）①
副 科 长　于水生（2008.2—2009.3）②
　　　　　徐学兵（2008.2—2009.3）
　　　　　刘　震（2008.11—2009.3）

2. 市场与生产协调科（2009.3—2013.12）

科　　长　徐学兵（2009.3—2013.7）
副 科 长　刘　震（2009.3—2013.12）

（三）生产技术科—工程技术科（2008.2—2013.12）

1. 生产技术科（2008.2—2009.3）

科　　长　王　强（2008.2—2009.3）③
副 科 长　刘　刚（2008.11—2009.3）

2. 工程技术科（2009.3—2013.12）

科　　长　齐金涛（2009.3—2013.12）
副 科 长　刘　刚（2009.3—2013.12）

（四）质量安全环保科（2008.2—2013.12）

科　　长　胡玉宗（2008.2—2013.12）
副 科 长　郭立明（2008.11—2013.12）

（五）物资装备科（2008.2—2013.12）

科　　长　付晓冰（兼任，2008.2—2013.12）
副 科 长　熊江华（2008.2—2013.12）

---

① 2009 年 3 月，许绍营调往泥浆技术服务公司。
② 2009 年 3 月，于水生调往泥浆技术服务公司。
③ 2009 年 3 月，王强调往泥浆技术服务公司。

张兰芝（女，2009.3—2013.12）

（六）财务资产科（计划经营科）—计划财务科（2008.2—2013.12）

1. 财务资产科（2008.2—2009.3）

副　科　长　郭淑萍（女，2008.2—2009.3）

2. 计划经营科（2008.2—2009.3）

科　　　长　邓　建（2008.2—2009.3）

副　科　长　陈向君（女，2008.11—2009.3）

3. 计划财务科（2009.3—2013.12）

科　　　长　郭淑萍（2009.3—2013.12）

副　科　长　陈向君（2009.3—2013.12）

谢俊玲（女，2009.3—2013.4）[①]

陶　旭（2009.3—2013.12）

张小冬（女，2013.1—12）

（七）劳动工资科—人事劳资科（2008.2—2013.12）

1. 劳动工资科（2008.2—2009.3）

科　　　长　邹希和（2008.2—2009.3）

副　科　长　宋丙朝（2008.11—2009.3）

2. 人事劳资科（2009.3—2013.12）

科　　　长　邹希和（兼任，2009.3—2013.12）

副　科　长　宋丙朝（2009.3—2013.1）

解代起（2013.1—12）

（八）党委办公室、监察审计科—党委办公室（2008.2—2013.12）

1. 党委办公室（2008.2—2009.3）

主　　　任　王书侠（2008.2—2009.3）

副　主　任　高丽娟（2008.11—2009.3）

---

① 2013年4月，谢俊玲调往职工教育培训中心。

2. 监察审计科（2008.2—2009.3）

科　　长　窦连群（2008.2—2009.3）

3. 党委办公室（2009.3—2013.12）

主　　任　王书侠（2009.3—2013.1）[①]

　　　　　高丽娟（2013.1—12）

副 主 任　高丽娟（2009.3—2013.1）

　　　　　刘金宝（2013.1—12）

（九）群众工作科（2008.2—2013.12）

科　　长　李淑敏（2008.2—2009.3）

　　　　　李学军（2009.3—2013.12）

副 科 长　杨子森（2008.2—2013.1）

　　　　　赵义荣（女，2013.1—12）

团委副书记　杨子森（2008.2—2013.1）

三、直属、附属单位

（一）信息管理中心（2008.2—2013.12）

主　　任　王书侠（2008.2—2013.1）

　　　　　高丽娟（2013.1—12）

副 主 任　王晓霞（女，2013.1—12）

（二）安全监督站（2008.2—2013.12）

站　　长　刘金峰（2008.2—2013.12）

副 站 长　周　滨（2009.2—2013.12）

　　　　　周树新（2009.3—2013.1）[②]

　　　　　赵振林（2013.1—12）

（三）离退休职工管理中心（2008.2—2009.3）

主　　任　李　频（2008.2—2009.3）[③]

---

① 2013 年 1 月，王书侠调往职工教育培训中心。

② 2013 年 1 月，周树新调往职工培训管理中心。

③ 2009 年 3 月，李频调往大港油田集团公司第二矿区管理中心。

（四）维护稳定办公室（2008.2—2013.12）

主　　任　李学军（2008.2—2009.3）

　　　　　李　频（2010.5—2013.12）

副 主 任　张树峰（2009.3—2013.12）

（五）冀东项目部（2008.2—2009.3）

经　　理　于水生（兼任，2008.2—2009.3）

副 经 理　周　滨（2008.2—2009.2）

（六）苏里格项目部（2011.4—2013.12）

经　　理　周树新（兼任，2011.4—2013.1）

副 经 理　魏红印（兼任，2011.4—2013.12）

　　　　　王　虎（兼任，2011.4—2013.12）

　　　　　欧阳斌（兼任，2011.4—2013.12）

（七）行政管理站—行政管理中心（2008.2—2013.12）

2009 年 3 月，更名为行政管理中心。

（八）第一钻井职业技能鉴定站（2008.12—2013.4）

站　　长　田春雨（2008.12—2009.3）[①]

　　　　　窦连群（2009.3—2013.1）[②]

　　　　　宋丙朝（2013.1—4）

四、所属单位

（一）泥浆技术服务公司（2008.2—2009.3）

截至 2009 年 3 月，泥浆技术服务公司党总支下属综合党支部、生产党支部、车队党支部、综合服务队党支部、人力资源党支部、第一作业部党支部、第二作业部党支部、第三作业部党支部、研究所党支部等 9 个党支部，有党员 125 人。

经　　理　赵　冲（2008.2—2009.3）

副 经 理　黄树明（兼任，2008.2—2009.3）

　　　　　田春雨（2008.2—12）[③]

---

① 2009 年 3 月，田春雨调往泥浆技术服务公司。

② 2013 年 1 月，窦连群调往欠平衡打捞公司。

③ 2008 年 12 月，田春雨调任第一技能鉴定站站长。

　　　　　　庞永海（2008.2—2009.3）
　　　　　　王伟忠（2008.2—2009.3）
　　　　　　董殿彬（2008.2—2009.3）
　　　　　　吴　强（2008.11—2009.3）
书　　记　黄树明（2008.2—2009.3）
副 书 记　赵　冲（兼任，2008.2—2009.3）

（二）管子工具服务公司—管具井控技术服务中心（2008.2—2013.12）

截至2013年12月，管具工具服务公司党总支下属机关党支部、钻具车间党支部、工具车间党支部、井控车间党支部、综合服务队党支部、车队党支部等6个党支部，有党员109人。

经　　理　李兴文（2008.2—2013.12）
副 经 理　蒋大歧（兼任，2008.2—2013.1）
　　　　　　魏红印（2008.2—2012.12；兼任，2013.1—12）
　　　　　　申太平（2008.2—2013.12）
　　　　　　魏立明（2008.2—2013.12）
　　　　　　边建杰（2008.2—2013.12）
　　　　　　袁文飞（2013.1—12）
书　　记　蒋大歧（2008.2—2013.1）
　　　　　　魏红印（2013.1—12）
副 书 记　李兴文（兼任，2008.2—2013.12）
总工程师　魏立明（2008.2—2013.12）
安全主管　申太平（兼任，2013.1—12）

（三）钻前服务公司—钻前工程技术服务中心（2008.2—2013.12）

截至2013年12月，钻前服务公司党总支下属机关党支部、车队党支部、锅炉队党支部、拖拉机队党支部、井场清污队党支部、工程队党支部、综合修造厂党支部、VOLVO服务中心党支部、综合队党支部等9个党支部，有党员146人。

经　　理　李学忠（2008.2—2013.1；兼任，2009.3—2013.1）
　　　　　　王　虎（代理，2013.1—12）
副 经 理　娄俊宇（兼任，2008.2—2013.12）

张玉忠（2008.2—2013.12）
张首振（2008.2—2013.1）
王　虎（2008.2—2013.1）
田　刚（土家族，2008.2—2013.1）[①]
陈广东（2008.2—2013.12）
张士龙（2013.1—12）
周佰刚（2013.1—12）

书　　记　娄俊宇（2008.2—2013.12）
副 书 记　李学忠（兼任，2008.2—2013.1）
安全主管　张首振（兼任，2008.2—2013.1）
张士龙（2013.1—12）

（四）欠平衡钻井打捞技术服务公司—欠平衡钻井打捞技术服务中心（2008.2—2013.12）

2008 年 2 月，欠平衡钻井打捞技术服务公司党总支下属欠平衡作业部党支部和机关党支部，2010 年 5 月，成立了打捞作业部党支部，截至 2013 年 12 月，欠平衡钻井打捞技术服务中心党总支下属 3 个党支部，有党员 40 人。

经　　理　王殿云（2008.2—2013.12）
副 经 理　徐军献（兼任，2008.2—2013.1）
窦连群（兼任，2013.1—12）
孔凡忠（2008.2—2013.12）
王守歧（2008.2—2013.12）
齐金涛（2008.2—2009.3）[②]
黄　强（2013.1—12）
书　　记　徐军献（2008.2—2013.1）
窦连群（2013.1—12）
副 书 记　王殿云（兼任，2008.2—2013.12）
总工程师　齐金涛（2008.2—2009.3）
安全主管　孔凡忠（2013.1—12）

① 2013 年 1 月，田刚调任下套管中心主任。
② 2009 年 3 月，齐金涛调任钻井技术服务公司工程技术科科长。

（五）职工培训管理中心（2008.2—2013.4）

截至2013年12月，职工培训管理中心党总支下属机关党支部、培训党支部、住宿服务部党支部、大学生管理服务部党支部等4个党支部，有党员43人。

主　　任　张立芬（2008.2—2013.1）①
　　　　　　王书侠（2013.1—4）
副 主 任　马葆东（兼任，2008.2—2013.4）
　　　　　　郝建新（2008.2—2013.1）
　　　　　　周树新（2008.2—2009.3；2013.1—4）②
　　　　　　徐世珍（女，2008.11—2013.4）
　　　　　　吕　辉（2013.1—4）
书　　记　马葆东（2008.2—2013.4）
副 书 记　张立芬（兼任，2008.2—2013.1）
　　　　　　王书侠（兼任，2013.1—4）

（六）下套管技术服务中心（2010.7—2013.12）

截至2013年12月，下套管技术服务为直属党支部，有党员18人。

经　　理　张映辉（兼任，2010.8—2013.1）
　　　　　　田　刚（代理，2013.1—12）
副 经 理　郭松林（2010.8—2013.1）
　　　　　　欧阳滨（2010.8—2013.12）
　　　　　　赵义荣（2010.8—2013.1）③
　　　　　　杨子森（2013.1—12）
　　　　　　贺彦亮（2013.1—12）
书　　记　张映辉（兼任，2010.8—2013.1）
　　　　　　杨子森（2013.1—12）
安全主管　贺彦亮（2013.1—12）

---

① 2013年11月，张立芬调任公司经理助理。
② 2009年3月，周树新调往安全监督站。
③ 2013年1月，赵义荣调往公司群众工作科。

（七）机关党总支（2008.3—2013.12）

截至 2013 年 12 月，机关党总支下属第一党支部、第二党支部、第三党支部、第四党支部和小车队党支部等 5 个党支部，有党员 83 人。

书　　记　王书侠（兼任，2008.3—2013.1）

　　　　　　高丽娟（兼任，2013.1—12）

副 书 记　王治霞（兼任，2008.3—2013.12）

第二十二节　管具技术服务分公司（2008.2—2013.12）

2008 年 2 月，集团公司决定由华北、大港钻井施工及相关辅助单位组建成立渤海钻探工程有限公司，将华北石油管理局管具工程技术处更名为“渤海钻探华北管具工程技术分公司”。8 月，渤海钻探公司研究决定，将渤海钻探华北管具工程技术分公司更名为“中国石油集团渤海钻探工程有限公司管具技术服务分公司”，简称“渤海钻探管具公司”。党组织关系隶属于渤海钻探工程公司党委。分公司在河北省任丘市注册，办公地点设在河北省任丘市。

重组后，管具分公司共有在册职工 717 人，设有机关科室 5 个，大队级单位 7 个，党员 206 人；拥有主要设备 477 台套，固定资产净值 3604 万元，递延资产 13578 万元，年服务进尺 2275507 米（服务进尺为 2008 年年底数据）；主营业务是为石油地质勘探、水文、地质等钻井钻探行业提供各种钻具、钻井工具、井控设备租赁及其配套、技术服务；钻井工具加工、制造、修理及钻井液管汇和套管头制作、服务。

一、领导机构

（一）管具技术服务分公司行政领导名录（2008.2—2013.12）

经　　理　高明山（2008.2—2010.4）①

　　　　　　翟仲成（2010.4—2013.12）

副 经 理　王趁强（2008.2—2013.12）

① 2010 年 4 月，高明山调任第五钻井工程分公司党委书记。

蔡廷祥（2008.2—2013.12）
杜　平（2011.11—2013.12）

总工程师　杜　平（兼任，2011.11—2013.12）

安全总监　王趁强（兼任，2008.2—2009.6）
蔡廷祥（兼任，2009.6—2013.12）

（二）管具技术服务分公司党委领导名录（2008.2—2013.12）

书　记　高明山（2008.2—2010.4）
翟仲成（2010.4—2013.12）

副书记　陈敏乾（2008.2—2011.11）[①]
刘小锋（2011.11—2013.12）

委　员　王趁强（2008.2—2013.12）
蔡廷祥（2008.2—2013.12）
杜　平（2011.11—2013.12）

（三）管具技术服务分公司纪委领导名录（2008.2—2013.12）

书　记　陈敏乾（2008.2—2011.11）
刘小锋（2011.11—2013.12）

委　员　李保海（2012.10—2013.12）
谷永利（2012.10—2013.12）
王洪升（2012.10—2013.12）
楼剑波（2012.10—2013.12）

（四）管具技术服务分公司工会领导名录（2008.2—2010.3）

主　席　陈敏乾（2008.2—2011.11）
刘小锋（2011.11—2013.12）

（五）管具技术服务分公司经理助理、副总师名录（2008.2—2013.12）

副总会计师　刘忠华（2008.2—2013.12）

安全副总监　魏洪生（2008.2—2010.1）
李保海（2010.7—2011.12）
李东林（2012.8—2013.12）

---

① 2011年11月，陈敏乾退职。

副 总 工 程 师 杜　平（2009.9—2011.11）
周文华（2013.2—12）
经　理　助　理 李保海（2011.12—2013.12）
崔　波（2013.2—12）

二、机关部门

（一）综合办公室（2008.2—2009.2）

主　　　　任 楼剑波（2008.2—2009.2）
副　主　任 邹晓红（2008.2—2009.2）
正科级纪检监察员 邹晓红（2008.2—2009.2）

（二）经理办公室—办公室（党委办公室）（2009.2—2013.12）

2009 年 2 月，分公司将机关科室由 5 个调整为 7 个，综合办公室划分为经理办公室和党群工作科。

主　　　　任 楼剑波（2009.2—2010.7）
谷永利（2010.7—2013.12）
副　主　任 李东林（2009.8—2010.7）
王洪升（2010.7—2011.7）
王　文（2011.7—2013.9）
崔文魁（2013.9—12）

（三）党群工作科（2009.2—2013.12）

2009 年 2 月，分公司将机关科室由 5 个调整为 7 个，综合办公室划分为经理办公室和党群工作科。

科　　　　长 邹晓红（2009.3—2011.7）
王洪升（2011.7—2013.12）
副　科　长 李忠海（2009.3—2011.7）
崔文魁（2011.7—2013.9）
丰学军（2013.9—12）

（四）人事劳资科（组织科）—人事科（党委组织部）（2008.2—2013.12）

2009 年 2 月，分公司将机关科室由 5 个调整为 7 个，人事科（组织部）更名为人事劳资科（组织科）。2011 年 7 月，人事劳资科（组织科）更名为人事科（党委组织部）。

1. 人事劳资科—人事科（2008.2—2013.12）

科　　　长　刘小锋（2008.2—2011.11）
　　　　　　　李保海（2011.11—2013.12）
副　科　长　张培峰（2010.7—2012.5）
　　　　　　　王　斌（2013.4—12）

2. 组织科—党委组织部（2008.2—2013.12）

组 织 部 长　刘小锋（2008.2—2011.11）
　　　　　　　李保海（2011.11—2013.12）
副科级组织员　张培峰（2009.3—2012.5）
　　　　　　　王　斌（2013.3—12）

（五）经营财务科（2008.2—2013.12）

科　　　长　刘忠华（2008.2—2013.12）
副　科　长　卢艳霞（2008.9—2013.12）
　　　　　　　柳　波（2011.7—2013.12）

（六）安全管理科（2008.2—2009.2）

科　　　长　魏洪生（2008.2—2009.2）
副　科　长　朱立国（2008.9—2009.2）

（七）质量安全环保科（安全监督站）（2009.2—2013.12）

2009 年 2 月，分公司将机关科室由 5 个调整为 7 个，安全管理科划分为质量安全环保科和生产协调科。

科　　　长　魏洪生（2009.3—2010.1）
　　　　　　　陈占春（2010.2—2010.7）
　　　　　　　李保海（2010.7—2011.11）
　　　　　　　李东林（2011.11—2013.12）
副　科　长　陈占春（2009.5—2010.2）
　　　　　　　孙长春（2010.2—2012.5）
　　　　　　　陈德芳（2012.5—2013.12）
安全监督站站长　陈占春（兼任，2009.5—2010.2）
　　　　　　　孙长春（兼任，2010.2—2012.5）
　　　　　　　陈德芳（兼任，2012.12—2013.9）

潘起勇（2013.9—12）

（八）生产协调科（2009.2—2013.12）

2009 年 2 月，分公司将机关科室由 5 个调整为 7 个，安全管理科划分为质量安全环保科和生产协调科。

科　　长 聂长久（2009.3—2010.7）
崔　波（2010.7—2013.12）

副 科 长 朱立国（2009.3—2010）
陈玉海（2010.7—2012.5）
孙长春（2012.5—2013.12）

（九）技术设备科（2008.2—2013.12）

科　　长 杜　平（2008.2—2011.11）
左运峰（2011.11—2013.12）

副 科 长 左运峰（2008.2—2011.11）
向　东（2012.2—2013.12）

三、所属单位

（一）万庄项目部（2008.2—2013.12）

2008 年 11 月，将原管具工程技术处第一管具分处更名为万庄项目部。

经　　理 陆振海（2008.2—2013.9）[①]
魏洪生（2013.9—2013.12）

副 经 理 魏洪生（2010.1—2013.12）
王东旭（2008.2—2013.9）[②]
孔连成（2008.2—2011.1）
崔　波（2008.2—2010.7）
赵　栋（2010.1—2013.12）
李　彬（2012.5—2013.12）
冯松波（2013.9—12）

党总支书记 孙连弟（2008.2—2010.4）[③]

① 2013 年 9 月，陆振海退职。
② 2013 年 9 月，王东旭退职。
③ 2010 年 4 月，孙连弟退职。

魏洪生（2010.1—2013.9）
孔连成（2013.9—12）
党总支副书记 陆振海（2010.1—2013.9）
魏洪生（2013.9—12）
工 会 主 席 孙连弟（2008.2—2010.4）
魏洪生（2010.1—2013.9）
孔连成（2013.9—12）

（二）任丘项目部（2008.2—2013.12）

2008 年 11 月，将管具工程技术处第二管具分处更名为任丘项目部。

经　　理 孙　鹏（2008.2—2010.7）①
檀惊涛（2010.7—2012.6）
董立国（2012.6—2013.12）
副 经 理 王建中（2008.2—9）②
刘玉华（2008.9—2011.7）
李东林（2010.7—2011.11）
文耀恒（2011.7—2013.2）
楼剑波（2011.1—2013.12）
闫　华（2013.3—12）
党总支书记 谷永利（2008.2—2010.7）
楼剑波（2010.7—2013.12）
党总支副书记 檀惊涛（2011.1—2012.6）
董立国（2012.3—2013.12）
工 会 主 席 谷永利（2008.2—2010.7）
楼剑波（2011.1—2013.12）

（三）河间项目部（2008.2—2013.12）

2008 年 11 月，将管具工程技术处第三管具分处更名为河间项目部。

经　　理 王文斌（2008.2—11）
董立国（2010.1—2012.3）

① 2010 年 7 月，孙鹏退职。
② 2008 年 9 月，王建中退职。

王小林（2012.3—2013.12）

副　经　理　王艳群（2008.2—2010.1）[①]

时胜奇（2008.2—11）

郭新龙（2010.1—2011.1）[②]

王文斌（2008.11—2010.1）

王小林（2011.1—2012.3）

丰学军（2012.3—2013.9）

张宝起（2013.9—12）

党总支书记　王文斌（2008.2—2008.11；2010.1—2011.1）[③]

董立国（2011.1—2012.3）

李忠海（2012.3—2013.12）

党总支副书记　王文斌（2008.11—2010.1）

王　文（2011.1—7）

丰学军（2011.7—2012.3）

王小林（2012.3—2013.12）

工会主席　郭新龙（2008.2—2010.1）

王文斌（2010.1—2011.1）

王　文（2011.1—7）

丰学军（2011.7—2012.3）

李忠海（2012.3—2013.12）

（四）晋州项目部—长晋项目部（2008.2—2013.12）

2008 年 11 月，将管具工程技术处第四管具分处更名为晋州项目部。

经　　理　赵秋明（2008.2—2013.12）

副　经　理　肖建方（2008.12—2010.3）

刘申来（2008.2—2011.1）

张文宇（2010.1—2013.2）

时胜奇（2011.1—2013.12）

---

① 2010 年 1 月，王艳群退职。

② 2011 年 1 月，郭新龙退职。

③ 2011 年 1 月，王文斌退职。

文耀恒（2013.2—12）
党总支书记　霍天亮（2008.2—12）[①]
刘申来（2009.8—2011.1）
时胜奇（2011.1—2013.12）
党总支副书记　赵秋明（2008.2—2013.12）
工会主席　霍天亮（2008.2—12）
刘申来（2009.8—2011.1）
时胜奇（2011.1—2013.12）

（五）长庆项目部（2008.2—2010.1）

经理　董立国（2008.2—2010.1）
副经理　肖建方（2008.12—2010.1）
张文宇（2008.2—2010.1）
党支部书记　董立国（2008.2—2010.1）
工会主席　董立国（2008.2—2010.1）

（六）冀东项目部领导名录（2008.2—2013.12）

经理　刘愉平（2008.2—2010.1）
肖建方（2010.3—2012.5）
陈玉海（2012.5—2013.12）
副经理　陈占春（2008.2—2009.5）
魏　刚（2009.5—2011.1；2012.5—2013.12）
时胜奇（2010.3—2011.1）
袁景辉（2011.1—2012.6）
张润川（2012.12—2013.12）
党总支书记　陈占春（2008.2—2009.5）
刘愉平（2009.5—2010.1）
肖建方（2011.1—2012.5）
魏　刚（2012.5—2013.12）
党总支副书记　袁景辉（2011.1—2012.6）

① 霍天亮 2008 年 12 月退职。

陈玉海（2012.5—2013.12）

工 会 主 席　陈占春（2008.2—2009.5）

刘愉平（2009.5—2010.1）

肖建方（2011.1—2012.5）

魏　刚（2012.5—2013.12）

（七）钻具钻井工具服务中心（2008.2—2013.12）

主　　　任　檀惊涛（2008.2—2010.7）

聂长久（2010.7—2013.12）

副　主　任　陈玉海（2008.2—2010.7）

周文华（2009.5—2011.7）

孙　鹏（2011.1—7）

刘玉华（2011.7—2013.2）

张文宇（2013.2—12）

孙　鹏（2010.7—2011.7）

陈占春（2011.7—2012.5）

肖建方（2012.5—2013.2）

刘申来（2013.2—12）

党支部书记　檀惊涛（2008.2—2010.7）

孙　鹏（2010.7—2011.7）

陈占春（2011.7—2012.5）

肖建方（2012.5—2013.2）

刘申来（2013.2—12）

工 会 主 席　陈玉海（2009.5—2010.7）

孙　鹏（2010.7—2011.7）

陈占春（2011.7—2012.5）

肖建方（2012.5—2013.2）

刘申来（2013.2—12）

（八）车辆管理中心（2010.7—2013.12）

2010 年 7 月，分公司成立车辆管理中心。

主　　　任　徐立斌（2010.7—2013.12）

副　主　任　赵　栋（兼任，2010.7—2011.1）
王龙渤（2010.7—2013.12）
陈占春（2010.7—2011.7）
李忠海（2011.7—2012.5）
张培峰（2012.5—2013.12）

党总支书记　陈占春（2010.7—2011.7）
李忠海（2011.7—2012.5）
张培峰（2012.5—2013.12）

党总支副书记　徐立斌（2010.7—2013.12）

工 会 主 席　陈占春（2010.7—2011.7）
李忠海（2011.7—2012.5）
张培峰（2012.5—2013.12）

（九）新青项目部（2011.1—2013.12）

2011年1月，分公司成立新青项目部。

经　　理　孔连成（2011.1—2013.9）
刘玉华（2013.9—12）

副　经　理　夏兴玉（2011.1—2013.12）
刘申来（2011.1—2013.2）
刘玉华（2013.2—9）
王　文（2013.9—12）

党支部书记　刘申来（2011.1—2013.2）
刘玉华（2013.2—9）
王　文（2013.9—12）

党支部副书记　孔连成（2011.1—2013.9）
刘玉华（2013.9—12）

工 会 主 席　刘申来（2011.1—2013.2）
刘玉华（2013.9—12）
王　文（2013.9—12）

（十）塔里木项目部（2012.6—2013.12）

2012年6月，分公司成立塔里木项目部。

经　　　理　檀惊涛（2012.7—2013.12）
副　经　理　乔军平（2012.9—2013.12）
书　　　记　袁景辉（2012.7—2013.12）
工会主席　袁景辉（2012.7—2013.12）

（十一）伊拉克项目部（2011.7—2013.12）

经　　　理　周文华（2011.7—2013.12）
副　经　理　樊　斌（2013.9—12）

第二十三节　泥浆技术服务分公司（2009.3—2013.12）

2009 年 3 月 3 日，为适应渤海钻探公司“16246”发展战略需求，做优做强工程技术服务优势业务，培育具有竞争实力的专业化服务公司，经渤海钻探工程有限公司（简称渤海钻探工程公司）研究决定，将泥浆技术服务公司（正科级单位）从渤海钻探工程公司钻井技术服务分公司中分离出来，成立渤海钻探工程公司泥浆技术服务分公司（简称泥浆公司），为正处级单位，列渤海钻探工程公司所属二级单位管理。党政领导班子由张松杰、王景洲、赵冲、张民立、黄达全 5 人组成，张松杰任公司党委书记、经理。下设 7 个职能科室：经理办公室、党群工作科、市场与生产协调科、工程技术科、质量安全环保科、人事劳资科、计划财务科；8 个直属单位：国际项目经理部、安全监督站、技术服务中心、钻井液研发中心、物资装备保障中心、人力资源服务中心、信息管理中心、产品制造中心，其中技术服务中心下设：第一作业部、第二作业部、第三作业部、第四作业部、新疆作业部；2 个附属单位包括：行政服务中心、车辆服务中心。共有在册员工 526 人，党组织关系隶属于渤海钻探工程公司党委，在天津经济技术开发区注册，办公地点设在天津市滨海新区大港油田红旗路东段。

2009 年 5 月，将市场与生产协调科的生产组织与协调和生产调度职能及相关人员划归工程技术科管理。

2010 年 3 月，为进一步加强市场开发工作，提高管理效率和服务保障能力，将第一、第二作业部大港油区人员及市场整合成立大港项目经理部，将新疆作业部更名为新疆项目经理部，将第三作业部更名为冀东项目经理部，单独成立长庆项目部、海南作业部、玉门作业部，撤销第四作业部。

5月，将隶属市场与生产协调科的车辆服务中心列为工程技术科附属单位管理；将由计划财务科管理的基建维修业务划归行政服务中心管理，将经营考核业务及人员划归市场与生产协调科管理。

2010年6月，中共渤海钻探工程有限公司泥浆技术服务分公司第一次代表大会召开，大会选举产生中共渤海钻探工程有限公司泥浆技术服务分公司第一届委员会，张松杰为党委书记，王景洲为纪委书记。下设10个党支部，有党员173人。

2010年9月，为适应国家级高新技术企业认定需求，增强科研管理力量，成立了科技管理科。

2011年7月，经渤海钻探公司总经理办公会研究决定，将由泥浆公司管理的一线泥浆工划归一、三钻井公司管理；成立塔里木四勘泥浆技术服务中心，将塔里木钻井公司、第四钻井公司、泥浆公司在塔里木施工的现场工程师，纳入塔里木四勘泥浆技术服务中心管理，并成立四勘泥浆中心党支部。

11月，为加强国际市场管理需要，许绍营任公司副经理。

2012年3月，将工程技术科的生产组织与协调和生产调度职能及相关人员划归市场与生产协调科管理；将车辆服务中心划归市场与生产协调科列其附属单位管理。

2013年3月，王景洲调任渤海钻探公司纪委委员，党委组织部副部长。

4月，马翠雪任泥浆公司党委副书记、纪委书记、工会主席。

6月，张松杰调任国际工程分公司任经理、党委副书记，王灿任泥浆公司党委书记、经理。

2013年8月，为进一步理顺分公司机关业务职能，提升管理水平，成立纪检监察科；并将市场与生产协调科更名为市场经营科、物资装备管理中心更名为物资管理中心；同时为加强国际市场党建工作，成立国际项目经理部党支部。

12月，撤销玉门作业部，相关业务、职能和人员划归塔里木四勘泥浆中心，并将海南作业部更名为海南项目经理部。

泥浆公司成立以来，坚持“12344”发展战略，践行“我们能做得更好”的服务承诺，围绕“站高端、拓国际、创品牌”的工作目标，打造出了发展势头强劲、经营成效明显、科技进步显著、服务保障提升、安全形势稳定、企业管理全面的国际化泥浆技术服务公司。2013 年公司领导层英明决策，提出“12345”发展战略和“161025”发展思路，通过渤钻泥浆人的不懈奋斗，全年收入突破 10 亿元大关，保持了自 2009 年成立以来产值连年更换亿元字头的强劲发展态势。

泥浆公司主要业务范围涵盖提供钻完井液相关技术服务，海洋及陆地超深井、水平井、大位移井、复杂地质条件井等现场服务，拥有钻完井液技术服务、钻井液体系研发、钻井液设计咨询、产品研发制造销售、产品检测、固控技术服务、完井过滤服务、无害化处理服务、堵漏技术服务组成的完整产业链。主要市场分布在大港、冀东、塔里木、玉门、长庆、海南区域以及印度尼西亚、伊拉克、委内瑞拉等国家。截至 2013 年 12 月，公司服务钻井队 121 支，累计服务进尺 902 万米。

泥浆公司为国内首家通过泥浆服务资质认证的专业化公司，培育形成了十大钻井液体系六大特色技术，其中 BH-WEI 钻井液技术于 2011 年通过中油集团公司科技部鉴定并发布，被评为中油集团公司 2012 年度工程技术支撑十大科技进展之一。BH-OBM 油基钻井液技术 2013 年 4 月顺利通过中石油集团公司科技部鉴定。科研基础雄厚，拥有本科以上学历员工 313 人，其中局级技术专家 6 人、中油集团级技能专家 1 人，博士（后）5 人，硕士研究生 23 人。

2012 年建成并投入专用钻井液科技研发大楼，配备了安东帕高级流变仪、傅里叶转换红外光谱仪、高温高压反应釜、激光粒度仪等高端技术实验研发设备 20 余台套。建立了博士后工作站泥浆分站和研究生工作室，内设三大高端体系实验室、产品合成实验室、油层保护实验室、无害化处理实验室、质检室等 14 个大型实验室。与中国石油大学建立了联合实验室，实现资源共享。先后承担省部级以上课题 15 项，渤海钻探公司级课题 30 余项，共获中国国家级科技进步奖 1 项，省部级科技进步奖 12 项，局级科技创新奖 14 项、创业奖 1 项。共申报国家发明专利 19 项，实用新型专利 5 项。

截至 2013 年 12 月，泥浆公司在册员工 613 人，其中合同化员工 445 人。

下设9个职能科室：经理办公室、党群工作科、市场经营科、工程技术科、质量安全环保科、人事劳资科、计划财务科、科技管理科、纪检监察科。13个直属单位：技术服务中心、钻井液研发中心、产品制造中心、物资管理中心、安全监督站、信息管理中心人力资源服务中心国际项目经理部、塔里木四勘泥浆技术服务中心、大港项目经理部、冀东项目经理部、长庆项目经理部、海南项目经理部。2个附属单位：行政服务中心、车辆服务中心。分公司共有党员225人，下设机关第一、第二、第三,四勘泥浆中心、国际项目经理部、大港项目经理部、长庆项目经理部、冀东项目经理部、钻井液研发中心、产品制造中心、行政服务中心、车辆服务中心12个党支部。其中，机关第一党支部由党群工作科、人事劳资科及附属单位人力资源服务中心组成，党群工作科科长安英俊任党支部书记；机关第二党支部由质量安全环保科及安全监督站、市场经营科、计划财务科组成，质量安全环保科副科长杨型文任支部书记；机关第三党支部由工程技术科及其附属单位技术服务中心组成，公司经理助理、副总工程师、工程技术科科长王伟忠任支部书记。

一、领导机构

（一）泥浆技术服务分公司行政领导名录（2009.3—2013.12）

经　　理　张松杰（2009.3—2013.6）[①]
　　　　　王　灿（2013.6—12）
副 经 理　赵　冲（2009.3—2012.12）
　　　　　张民立（2009.3—2013.12）
　　　　　黄达全（2009.3—2013.12）
　　　　　许绍营（2011.11—2013.12）
总工程师　黄达全（2009.3—2013.12）
　　　　　张民立（2011.11—2013.12）
安全总监　赵　冲（兼任，2009.3—2013.12）

（二）泥浆技术服务分公司党委领导名录（2009.3—2013.12）

书　　记　张松杰（2009.3—2013.6）
　　　　　王　灿（2013.6—12）

① 张松杰2013年6月调任渤海钻探国际工程公司经理、党委副书记。

副　书　记　王景洲（2009.3—2013.3）[①]

马翠雪（女，2013.3—12）

委　　　员　张松杰（2009.3—2013.6）

王　灿（2013.6—12）

王景洲（2009.3—2013.3）

马翠雪（2013.3—12）

赵　冲（2009.3—2013.12）

张民立（2009.3—2013.12）

黄达全（2009.3—2013.12）

许绍营（2011.11—2013.12）

（三）泥浆技术服务分公司纪委领导名录（2009.3—2013.12）

书　　　记　王景洲（2009.3—2013.3）

马翠雪（2013.3—12）

副　书　记　刘俊杰（2010.6—2013.12）

庞永海（2013.12）

委　　　员　马翠雪（2010.6—2013.4）

冯洪全（2010.6—2013.12）

庞永海（2010.6—2013.12）

刘俊杰（2013.12）

（四）泥浆技术服务分公司工会领导名录（2009.3—2013.12）

主　　　席　王景洲（2009.3—2013.3）

马翠雪（2013.3—12）

副　主　席　刘俊杰（2009.5—2013.12）

委　　　员　王　强（2009.5—2013.12）

刘　霞（女，2009.5—2013.6）

吴　强（2009.5—2013.12）

（五）泥浆技术服务分公司经理助理、副总师名录（2009.3—2013.12）

经 理 助 理　许绍营（2009.3—2011.11）

① 王景洲 2013 年 3 月调任渤海钻探公司党委组织部副部长。

邓　建（2011.11—2013.12）

副总工程师　王伟忠（2009.6—2013.12）

董殿彬（2010.4—2013.12）

张明海（2010.4—2013.12）

张家义（2010.4—2013.12）

吴廷银（2013.4—12）

安全副总监　黄树明（2009.3—2013.12）

二、机关科室

（一）经理办公室（2009.3—2013.12）

经理办公室定员 3 人，其中科级职数 1 人，科员 2 人。主要职责是负责公司领导、机关科室及所属单位有关业务工作协调；起草公司重要文件、工作总结、报告和领导会议讲话；公司会议通知及管理，组织安排大型会议会务；会议决定事项、领导交办事项的督办督查、协调与进度审查；公文管理系统账号及使用和印信管理；公司业务招待的管理及机关业务招待费的使用与控制；公共关系及与业务往来的联系工作；计划生育管理、职工健康管理及民事调解工作等。

主　　任　冯洪全（2009.3—2012.10）

刘俊杰（2013.1—12）

副 主 任　王　敏（女，2012.10—2013.12；主持工作，2013.12）

（二）党群工作科（2009.3—2013.12）

党群工作科定员 6 人，其中科级职数 1 人，科员 5 人。主要职责是负责在党委领导下组织拟订党群工作制度和年度、阶段计划；对落实上级党群组织和公司党委决议、计划及重点工作情况进行督促、检查协调及信息搜集、反馈、调研工作；公司保密、专业路会务等的日常管理；公司内外宣传和思想政治工作；基层建设、精神文明建设和企业文化建设；公司科队级干部管理，协助上级主管部门做好公司领导班子、处职干部的管理工作；公司党建、党的统一战线、信访、维护稳定工作；公司工会、共青团工作等。

科　　长　刘俊杰（2009.3—2013.12）

副 科 长　刘　霞（女，2010.4—2012.10）

安英俊（女，2012.10—2013.12；主持工作，2013.12）

（三）市场经营科（2009.3—2013.12）

市场经营科定员 9 人，其中科级职数 2 人，科员 7 人。主要职责是负责制定公司市场开发战略、目标和年度市场开发计划；组织完成公司下达的年度市场开发任务；公司生产运行、生产值班及重点工程协调；公司的应急管理、基建维修、合同管理、工商管理；公司法律事务及法律风险防控工作；公司经营考核指标的分析、测算，经营考核政策的制订，经营数据的统计、分析与上报等。

科　　长　邓　建（兼任，2009.3—2013.12）
副 科 长　曹卫强（2009.9—2011.4）
张贺生（2011.12—2013.1）
凌红军（2013.12）

（四）质量安全环保科（2009.3—2013.12）

质量安全环保科定员 5 人，其中科级职数 2 人，科员 3 人。主要职责是负责公司标准管理、QHSE 体系管理、HSE 管理及规章制度管理；公司年度 HSE 工作计划的编制实施；组织召开公司 QHSE 会议；制订公司 HSE 教育培训计划，特种设备和特殊工种管理，公司的月度和季度 HSE 检查、考核，负责组织开展安全环保健康事故的调查、分析、处理、统计和上报等。

科　　长　冯玉云（2012.10—2013.12）
副 科 长　吴　强（主持工作，2009.3—2010.5）
杨庆国（主持工作，2010.5—2011.3）
冯玉云（2010.5—2011.3；主持工作，2011.3—2012.10）
杨型文（2011.3—2013.12；主持工作，2013.12）
阴淑华（女，2013.12）

（五）工程技术科（2009.3—2013.12）

工程技术科定员 5 人，其中科级职数 2 人，科员 3 人。主要职责是负责公司井控管理、技术管理、综合统计工作，负责公司生产技术汇报材料的编写与上报，组织召开公司季度技术例会、年度技术研讨会及复杂、事故和电测遇阻分析会等。

科　　长　王伟忠（兼任，2009.3—2013.12）
副 科 长　穆剑雷（2010.5—2013.12）

（六）人事劳资科（2009.3—2013.12）

人事劳资科定员 5 人，其中科级职数 2 人，科员 3 人。主要职责是负责编制公司人力资源开发与管理规划，公司劳动组织管理，员工劳动合同管理，员工劳动纪律等；公司年度工资总额计划、劳务费计划的控制与使用；公司绩效考核工作的管理；公司人才开发与管理工作；组织开展员工能力评价等工作。

科　　长　田春雨（2009.3—2013.12）

副 科 长　徐化智（2010.5—2013.12）

（七）计划财务科（2009.3—2013.12）

计划财务科定员 8 人，其中科级职数 2 人，科员 6 人。主要职责：负责公司战略研究及管理、企业管理、品牌建设、资产管理；市场收入的资金结算工作，工资、奖金的发放，住房公积金的缴纳，公司税收核算和纳税管理等。

科　　长　丁　波（女，2012.10—2013.12）
　　　　　　刘俊杰（2013.12）

副 科 长　董殿彬（主持工作，2009.3—11）
　　　　　　丁　波（主持工作，2009.11—2012.10）
　　　　　　陈小如（2012.10—2013.12）

（八）科技管理科（2010.9—2013.12）

科技管理科定员 3 人，其中科级职数职数 1 人，科员 2 人。主要职责是负责组织制订并落实公司科技工作发展规划、年度计划；公司知识产权、专有技术、科技保密和科技信息的管理；组织开展科技项目立项、开题、过程控制、项目验收、技术研发、技术推广等工作；科研经费使用与管理等工作。

科　　长　马翠雪（兼任，2010.10—2013.12）
　　　　　　田增艳（女，2013.12）

副 科 长　田增艳（2010.11—2013.12）

（九）纪检监察科（2013.8—12）

纪检监察科定员 3 人，其中科级职数 1 人，科员 2 人。主要职责是负责公司惩治预防腐败体系建设、党风廉政建设、廉洁文化建设、违纪案件查处、效能监察、治安保卫、人民武装、员工户籍管理工作。

科　　长　庞永海（2013.8—12）

三、直属单位

（一）技术服务中心（2009.3—2013.12）

技术服务中心设科级职数1人。2009年3月成立之初，下设第一作业部、第二作业部、第三作业部、第四作业部和新疆作业部。主要负责5个作业部各个市场的施工服务、项目管理、生产组织、技术和井控管理，负责新技术新体系推广，负责重点项目（井）、复杂井、特殊工艺井钻井液施工方案的制订、实施，现场技术指导。

2010年3月，技术服务中心机构设置进行调整，成立大港项目经理部，原第一、第二作业部以大港油区市场为主的人员和业务纳入管理；新疆作业部更名为新疆项目经理部，职责不变；第三作业部更名为冀东项目经理部；成立长庆作业部，第一、第二作业部在苏里格、延长、安塞、合水等市场的人员和业务纳入管理，后于5月更名长庆项目经理部；成立海南作业部，第一作业部海南市场的人员和业务纳入管理；成立玉门作业部，第二作业部玉门市场的人员和业务纳入管理；撤销第四作业部，相关国际市场、国内单独服务市场技术服务职能分别由国际项目经理部、技术服务中心承担。主要职责是负责各项目经理部管理人员以及技术人员的技术培训；重点井施工方案的编写、技术交底和技术指导工作；各市场钻井施工过程的过程控制；协助工程技术科做好国内各市场井控管理工作；各市场钻井液新技术的推广应用，完善钻井液施工技术规范协助相关科室完成工作量的统计工作等。

主　　任　王伟忠（兼任，2009.3—2013.12）
　　　　　王　强（兼任，2009.8—2011.12）
副 主 任　穆剑雷（兼任，2009.8—2013.12）
　　　　　杨俊良（2009.8—2010.5）
　　　　　张贺生（2009.8—2011.12）
　　　　　杨庆国（2009.8—2011.3）
　　　　　李树峰（2009.8—2011.12）
　　　　　霍仰春（2010.12—2013.12）

张　琦（2010.5—2012.6）
王思友（2010.5—2013.12）

（二）国际项目经理部（2010.3—2013.12）

2009 年 3 月，国际项目经理部与公司同时成立，设科级职数 9 人。主要负责公司国际市场的开发和国际项目管理，制订公司国际市场管理办法和国际市场开发规划计划，负责国际市场项目生产运行管理，国际市场业务结算，人员因公出入境管理，协助新技术在海外市场的推广和应用等。现有服务于印度尼西亚、伊拉克、委内瑞拉市场的项目部共 5 个，分别是印尼项目部、哈法亚项目部、鲁克项目部、米桑项目部、委内项目部，服务队伍达 48 人，2013 年产值 7893 万元。该项目经理部于 2013 年 8 月成立党支部，董殿彬任党支部书记，吴强、窦莹玉任委员。

经　　理　许绍营（2009.3—11）
董殿彬（2009.11—2013.12）
宁军明（2012.10—2013.12）
副 经 理　吴　强（2012.10—2013.12）
宁军明（2009.8—2012.10）
于水生（2009.3—2011.3）
凌红军（2010.12—2013.12）
杨庆国（2011.3—2013.12）
项目经理　宁军明（正科级，2013.12）
周剑东（副科级，2013.12）
杨庆国（副科级，2013.12）
梁成祥（副科级，2013.12）
文　飞（副科级，2013.12）
明洪涛（副科级，2013.12）
书　　记　董殿彬（2013.8—12）
委　　员　吴　强（2013.8—12）
窦莹玉（2013.8—12）

（三）钻井液研发中心（2009.3—2013.12）

钻井液研发中心是钻井液专业化服务公司的研发基地，实验楼占地 737

平方米，建筑面积3500平方米，于2011年4月25日开工建设，2012年9月3日通过竣工验收，历时17个月。研发中心列泥浆公司直属科级单位管理。下设科研室、检测室、研发室。主要承担公司科研项目的研究与应用，新产品的研发及标准的起草、评价，现场钻井液性能检测、开钻前钻井液生产用水的分析化验及钻井液处理剂的质量检测工作，负责本单位计量器具的管理和维修，危险化学品的管理及公司图书管理等工作。有职工38人，其中：女职工26人；党员19人；高级职称6人，中级职称15人，初级职称8人；专家4人。

钻井液研发中心具备1998年首次通过天津市技术监督局计量认证的资质，并于2003年12月、2009年5月两次顺利通过换证复审。钻井液研发中心拥有JHPZ-Ⅱ型高温高压页岩膨胀仪、OFITE 900型数显全自动流变仪、智能型流动梯度仪等各类先进仪器200台套。承担局级以上科研项目46项，获国家级科技进步二等奖3项、三等奖1项；获CNPC级科技创新一等奖1项、二等奖2项；获天津市技术创新二等奖2项、三等奖1项；获局级科技进步一等奖13项、二等奖19项、三等奖7项。在国家及省部级刊物发表论文60余篇，其中20余篇在中国石油学会钻井液完井液及钻井承包商学术研讨会上被评为优秀论文。获局级以上荣誉10项。其中，2010年被评为天津市职工书屋；2011年被确定为集团公司千队示范岗创建单位，2013年被评为渤海钻探公司科技工作先进单位。

1. 钻井液研发中心行政领导名录（2009.3—2013.12）

主　　任　王　强（2009.3—8）
马翠雪（2009.8—2013.12）
王伟忠（兼任，2013.12）

副 主 任　马运庆（2010.11—2013.12）

主任助理　杨俊贞（女，2012.3—2013.12）
郭剑梅（女，2012.3—2013.12）

综合室主任　田增艳（2009.8—2010.11）

科研室主任　马运庆（2009.8—2010.11）

检测室主任　杨俊贞（2009.8—2011.3）

科研室副主任　郭剑梅（2009.8—2011.3）

检测室副主任　朱玉文（女，2009.8—2011.3）

2. 钻井液研发中心党支部领导名录（2009.3—2013.12）

书　　　记　王　强（2009.3—2009.8）
　　　　　　马翠雪（2009.8—2013.4）

3. 钻井液研发中心工会领导名录（2009.3—2013.12）

主　　　席　杨　丽（女，2009.3—2012.12）
　　　　　　郭剑梅（2012.12—2013.12）
委　　　员　郭文君（女，2010.6—2013.12）
　　　　　　陈蕾旭（女，2010.6—2013.12）
　　　　　　龙　涛（女，2013.12）

4. 钻井液研发中心共青团领导名录（2009.3—2013.12）

书　　　记　郭文君（2009.3—2012.12）
　　　　　　龙　涛（2013.1—12）
委　　　员　朱　莉（女，2009.3—2012.12）
　　　　　　苏　君（女，2009.3—2012.12）
　　　　　　冯　超（2013.1—12）
　　　　　　薛洪静（女，2013.1—12）

（四）产品制造中心（2009.3—2013.12）

产品制造中心科级1人。主要负责普通泥浆和重泥浆以及其他泥浆的生产、储存、维护与发放；回收泥浆的储存、维护与发放；生产所需原油的入库、储存与发放；完井后重晶石粉和土粉回收、倒运；原油仓储保管；公司研发产品的制造，建立健全各类资料及台账及本单位生产设备的使用、维修与保养。

1. 产品制造中心行政领导名录（2009.3—2013.12）

主　　　任　瞿晓东（队级，2009.5—8）
　　　　　　刘海青（队级，2009.8—2012.10；正科级，
　　　　　　　　2012.10—2013.12）
副　主　任　陈文贞（队级，2009.5—2010.5）
　　　　　　杨型文（副科级，2010.5—2011.3）

刘　霞（科级，2012.10—2013.6）

技术负责人 朱玉文（队级，2012.3—2013.12）

主任助理 崔　华（队级，2012.3—2013.12）

罗　钢（队级，2012.3—2013.12）

2. 产品制造中心党支部领导名录（2009.9—2013.12）

书　　记 陈文贞（2009.3—2010.5）

杨型文（2010.5—2011.3）

刘海青（2011.3—2012.10；正科级，2013.12）

刘　霞（2012.10—2013.6）

副 书 记 瞿小东（2009.3—8）

刘海青（2009.8—2011.3；副科级，2012.10—2013.12）

3. 产品制造中心工会领导名录（2009.3—2013.12）

主　　席 陈文贞（2009.3—2010.12）

崔　华（2010.12—2012.11）

刘　霞（2012.11—2013.6）

崔　华（2013.8—12）

委　　员 罗　钢（2012.11—2013.12）

冯洪全（2012.11—2013.12）

兰　静（女，2012.11—2013.12）

王　萍（女，2012.11—2013.12）

崔　华（2012.11—2013.8）

黄学玲（女，2012.11—2013.12）

杨　越（女，2013.9—12）

（五）物资管理中心（2009.3—2013.12）

物资管理中心科级职数2人。主要负责公司物资需求计划管理；公司物资仓储、采购及运营工作；年度、月度采购资金计划的编制、审核、报批；公司物资管理以及物资结算单据的整理、审核、汇总；组织公司购置、更新改造设备的安装与验收管理；公司物资运输监控的管理及监控信息收集等工作。

主　　任　吴　强（2010.5—2012.10）
　　　　　　冯洪全（2012.10—2013.12）
副 主 任　庞永海（主持工作，2009.3—2010.5）
　　　　　　王德昌（2010.5—2013.12）

四、附属单位

（一）安全监督站（2009.3—2013.12）

安全监督站主要职责是负责制定安全监督工作计划，并组织实施；对公司各单位贯彻落实 HSE 责任制、安全规章制度和操作规程等情况进行监督检查；参与 QHSE 体系内审，督促责任单位整改审核中发现的问题；监督重大隐患和问题的整改落实；对违章行为予以制止、纠正和处罚，制订预防措施。建立并完善公司安全监督体系网络；建立健全基层各队种安全监督检查标准；基层 HSE 建设的推动工作。定期组织安全监督工作交流及收集、汇总、分析安全监督信息，向公司相关科室提出措施建议等。

站　　长　冯玉云（兼任，2012.10—2013.12）
副 站 长　吴　强（兼任，主持工作，2009.3—2010.5）
　　　　　　杨庆国（兼任，主持工作，2010.5—2011.3）
　　　　　　冯玉云（兼任，2010.5—2011.3；主持工作，2011.3—2012.10）
　　　　　　杨型文（兼任，2011.3—2013.12；主持工作，2013.12）
　　　　　　阴淑华（兼任，2013.12）

（二）信息管理中心（2009.3—2013.12）

信息管理中心主要职责是负责门户网站建设与管理，公司内部网络 IP 地址管理与分配，各应用系统账号申请与管理，公司新建应用系统维护管理，公司计算机及网络设备的日常维护与管理，公司通信费、网络费、软件开发费用的管理工作等。

主　　任　冯洪全（兼任，2009.3—2012.10）
副 主 任　王　敏（兼任，2012.10—2013.12；主持工作，2013.12）

（三）人力资源服务中心（2009.3—2013.12）

人力资源服务中心主要职责是负责各项目经理部等一线人员的后勤保障工作；公司直、附属单位员工考勤的审核、汇总、上报；员工工资、奖金、各项补助及福利的制作和发放；公司直属单位、附属单位、项目经理部劳动保护用品、福利用品的领取与发放等。

主　　任　田春雨（兼任，2009.3—2013.12）

副 主 任　徐化智（兼任，2010.5—2013.12）

（四）行政服务中心（2009.3—2013.12）

行政服务中心列经理办公室附属队级单位管理，主要职责是负责公司后勤保障、员工住房统计管理、档案管理、食堂管理、办公楼卫生清洁、报纸杂志收发、接待、维稳管理等工作。

副 主 任　王祖林（主持工作，2009.3—8）

主　　任　冯洪全（兼任，2009.8—2012.10）

王　敏（兼任，2012.10—2013.12）

副 主 任　王祖林（2009.8—2012.3）

王金光（2009.8—2010.1）

马恭喜（2009.8—2013.11）

赵海滨（2010.4—2013.12）

陈文贞（女，2010.5—2013.12）

书　　记　冯洪全（兼任，2009.8—2012.10）

王　敏（兼任，2012.10—2013.12）

副 书 记　王祖林（2009.8—2010.5）

陈文贞（2010.5—2012.3）

赵海滨（2012.3—2013.12）

（五）车辆服务中心（2009.3—2013.12）

车辆服务中心列市场经营科附属队级单位管理，主要职责是负责公司领导、机关科室公务用车和所属各单位生产用车，车辆管理及维护保养，本单位油料、消耗材料的管理和控制工作。

主　　任　王金光（2009.3—2010.1）

赵海滨（2010.4—2012.3）

吕　勇（2012.3—2013.12）

副 主 任 马恭喜（2009.3—8）

王祖林（主持工作，2010.1—4）

书　　记 马恭喜（2009.3—8）

王祖林（2009.8—2010.4）

陈文贞（2010.4—2012.3）

王祖林（2012.3—2013.12）

吕　勇（2013.12）

副 书 记 王金光（2009.3—2010.1）

（六）塔里木四勘泥浆技术服务中心（2011.11—2013.12）

2011年7月，为进一步加强塔里木市场泥浆业务专业化、一体化工作，根据渤海钻探公司《关于调整塔里木市场泥浆业务管理体制的通知》（渤钻总发〔2011〕108号）文件精神及成立“塔里木第四勘探公司泥浆技术服务中心”的要求，泥浆公司将原有的新疆项目经理部重组整合，成立塔里木第四勘探公司泥浆技术服务中心（以下简称泥浆中心），泥浆中心设科级10人。下设生产技术部，主要负责钻井液施工方案制订、日常生产组织、科技攻关、质量安全环保管理、物资管理等工作；市场经营部定员，主要负责市场开发、经营管理、财务管理等工作；综合部，主要负责行政事务、党群、人事劳资、生活后勤等日常工作；专家组，主要负责开钻验收、技术交底，关键工序驻井，钻井液施工方案的制订、监督落实等。

为进一步理顺机构职能，提升管理效率和服务保障能力，2013年12月，塔里木四勘泥浆中心增设财务劳资办，综合部更名为综合管理办，生产技术部更名为生产技术办，市场经营部更名为市场经营办。主要职责是负责新疆市场开拓、生产运行管理，新疆市场的钻井液技术服务和过程监控，协助新技术推广和应用，负责新疆市场业务结算，经营指标的分解和考核，单井泥浆资料数据库的统计管理，现场物资使用管理，人才培养等工作。截至2013年年底，塔里木四勘泥浆中心员工总数为114人，目前服务区块主要有库车、塔北、山前、土哈，现场服务泥浆组36个，全年产值达4.58亿元。

1. 塔里木四勘泥浆技术服务中心行政领导名录（2011.11—2013.12）

经　　理 张民立（兼任，2011.11—2012.12）

副　　经　　理　于进海（2011.11—2013.12）
何勇波（2011.11—2013.12）
肖占峰（2011.11—2013.12）
王　强（2011.11—2013.12）
张明海（兼任，2013.12）
总　工　程　师　于进海（兼任，2011.11—2013.12）
生产技术办主任　肖占峰（兼任，2011.11—2013.12）
曹志远（2013.12）
生产技术办副主任　曹志远（2011.11—2013.12）
常　锋（2013.12）
毕井龙（队级，2013.12）
市场经营办主任　王　强（兼任，2011.11—2013.12）
市场经营办副主任　左　滨（队级，2013.12）
财务劳资办主任　薛羽飞（副科级，2013.12）
综合管理办主任　李树峰（2011.11—2013.12）

2. 塔里木四勘泥浆技术服务中心党支部领导名录（2011.11—2013.12）

书　　　　记　张民立（2011.11—2013.12）
副　　书　　记　李树峰（2011.11—2013.12）
委　　　　员　于进海（2011.11—2013.12）
王　强（2011.11—2013.12）
肖占峰（2011.11—2013.12）

3. 塔里木四勘泥浆技术服务中心工会领导名录（2011.11—2013.12）

主　　　　席　张民立（2011.11—2013.12）
李树峰（2013.1—12）
副　　主　　席　李树峰（2011.11—2012.12）
委　　　　员　王　强（2011.11—2013.12）
于进海（2011.11—2013.12）
肖占峰（2011.11—2013.12）
刘　薇（女，2011.11—2012.12）

王孟华（女，2013.1—12）

4. 塔里木四勘泥浆技术服务中心共青团领导名录（2011.11—2013.12）

书　　记 刘　薇（2011.11—2012.12）

王孟华（2013.1—12）

委　　员 乔慕春（2011.11—2013.12）

葛佳明（2011.11—2013.12）

（七）大港项目经理部（2010.3—2013.12）

2010 年 3 月成立大港项目经理部，将第一、第二作业部以大港油区市场为主的人员和业务纳入管理，设科级职数 4 人。主要负责所服务市场的钻井液现场技术服务，钻井施工过程中的钻井液准备、过程控制，检查、督促钻井队对钻井液技术指令的执行情况，统计管理单井泥浆数据资料，核对确认工作量及收入，验收井上处理剂外观、数量，上报处理剂在生产施工现场使用过程中出现的质量问题等。大港项目经理部服务的区块包括枣园、南排河、孔店、港西、埕海人工岛、范华、北京储气等，共有现场服务泥浆组 44 个，其中包含 6 个侧钻队，2013 年产值达 2.08 亿元。

1. 大港项目经理部行政领导名录（2010.3—2013.12）

经　　理 王伟忠（2010.3—5）

杨俊良（2010.5—2013.12）

副 经 理 杨俊良（2010.3—5）

庞永海（2010.5—2013.8）

张贺生（2010.3—2011.12）

王　禹（2010.3—2013.12）

王思友（2013.12）

2. 大港项目经理部党支部领导名录（2010.3—2013.12）

书　　记 王伟忠（2010.3—5）

庞永海（2010.5—2013.8）

杨俊良（2013.12）

副 书 记 杨型文（2010.3—5）

杨俊良（2010.5—2013.12）

王思友（2013.12）

委　　员　王　禹（2010.3—2013.12）

瞿小东（2010.3—2013.12）

何　胜（2010.3—2013.12）

3. 大港项目经理部工会领导名录（2010.3—2013.12）

主　　席　王伟忠（2010.3—5）

庞永海（2010.5—2013.8）

王　禹（2013.8—12）

王思友（2013.12）

委　　员　何　胜（2012.2—2013.12）

瞿小东（2010.4—2013.12）

张洪波（女，2010.4—2013.12）

张晓娟（女，2010.4—2013.12）

4. 大港项目经理部共青团领导名录（2010.3—2013.12）

书　　记　张晓娟（2010.3—2013.12）

委　　员　马莹莹（女，2010.3—2013.12）

吕梦涵（女，2010.3—2013.12）

（八）冀东项目经理部（2010.3—2013.12）

2010 年 3 月，将第三作业部更名为冀东项目经理部，设科级职数 1 人。主要负责所服务市场的钻井液现场技术服务，钻井施工过程中的钻井液准备、过程控制，检查、督促钻井队对钻井液技术指令的执行情况，统计管理单井泥浆数据资料，核对确认工作量及收入，验收井上处理剂外观、数量，上报处理剂在生产施工现场使用过程中出现的质量问题等。冀东项目部有现场服务泥浆组 7 个，2013 年产值达 3680 万元。

1. 冀东项目经理部行政领导名录（2010.3—2013.12）

经　　理　杨庆国（2010.3—5）

凌红军（2010.5—12）

张家义（兼任，2010.12—2013.12）

副 经 理　凌红军（2010.3—5）

2. 冀东项目经理部党支部领导名录（2010.3—2013.12）

书　　记　凌红军（2010.3—12）
　　　　　张家义（2010.12—2013.12）
委　　员　陈　俊（队级，2010.5—2011.4）
　　　　　李　栓（队级，2011.4—2013.12）
　　　　　张　刚（队级，2011.4—2013.12）
　　　　　许　根（队级，2013.12）

3. 冀东项目经理部工会领导名录（2010.3—2013.12）

主　　席　杨庆国（2009.3—2010.5）
　　　　　陈　俊（2010.6—2012.3）
　　　　　张　刚（2012.3—2013.12）
　　　　　许　根（2013.12）
委　　员　李　栓（2011.4—2013.12）
　　　　　冯　丹（女，2011.11—2012.12）
　　　　　郭立华（女，2011.8—2013.12）
　　　　　王小芳（女，2010.6—2012.12）
　　　　　黄　蕊（女，2013.1—12）
　　　　　杨　玥（女，2013.1—12）

4. 冀东项目经理部共青团领导名录（2010.3—2013.12）

书　　记　许　莉（女，2010.3—2011.6）
　　　　　冯　丹（2011.6—2012.12）
　　　　　宋玉洁（女，2013.1—12）
委　　员　王小芳（2010.3—2012.12）
　　　　　张景彬（2010.3—2013.12）
　　　　　周宏宇（2013.1—12）

（九）长庆作业部长庆项目经理部（2010.3—2013.12）

2010年3月，成立长庆作业部，将原第一、第二作业部在苏里格、延长、安塞、合水等市场的人员和业务纳入管理。设科级职数2人。主要负责所服务市场的钻井液现场技术服务，钻井施工过程中的钻井液准备、过程控制，检查、督促钻井队对钻井液技术指令的执行情况，统计管理单井泥浆数据资料，核对确认工作量及收入，验收井上处理剂外观、数量，上报处理剂在生产施工现场使用过程中出现的质量问题等。2010 年 5 月，更名为长庆项目经理部，该项目经理部有现场服务泥浆组 11 个，2013 年产值达 1.99 亿元。

1. 长庆项目经理部行政领导名录（2010.3—2013.12）

经　　理 王思友（2010.3—2011.4）
曹卫强（2011.4—2012.12）
张贺生（2013.1—12）

副 经 理 霍仰春（2010.3—12）
张　琦（2012.6—2013.12）

2. 长庆项目经理部党支部领导名录（2010.3—2013.12）

书　　记 霍仰春（2010.3—12）
王思友（2010.12—2011.4）
曹卫强（2011.4—2012.6）
张　琦（2012.6—2013.12）
张贺生（2013.12）

副 书 记 王思友（2010.3—2011.4）
王鲁坤（队级，2012.3—6）
曹卫强（2012.6—2013.1）

委　　员 王鲁坤（2010.3—2013.12）
高元臣（2010.3—2013.12）

3. 长庆项目经理部工会领导名录（2010.3—2013.12）

主　　席 霍仰春（2010.3—12）
王思友（2010.12—2011.4）
曹卫强（2011.4—2012.6）
张　琦（2012.6—2013.12）

委　　员 高元臣（2010.3—2013.12）
马　莹（女，2010.3—2012.12）
韩贞贞（女，2011.9—2012.12）

李欣桐（女，2013.2—12）
赵兵洁（女，2013.2—12）

4. 长庆项目经理部共青团领导名录（2010.3—2013.12）

书　　记　王　皓（女，2010.3—2011.9）
韩贞贞（2011.9—2012.12）
李欣桐（2013.1—12）
委　　员　马　莹（2010.3—2012.12）
栗江伟（2010.3—2011.9）
念飞龙（2011.9—2013.12）
唐　晨（女，2013.1—12）

（十）海南作业部—海南项目经理部（2010.3—2013.12）

2010年3月，成立海南作业部，原第一作业部海南市场的人员和业务纳入管理，设科级1人。主要负责所服务市场的钻井液现场技术服务，钻井施工过程中的钻井液准备、过程控制，检查、督促钻井队对钻井液技术指令的执行情况，统计管理单井泥浆数据资料，核对确认工作量及收入，验收井上处理剂外观、数量，上报处理剂在生产施工现场使用过程中出现的质量问题等。2013年12月更名为海南项目经理部，目前服务泥浆组3个，2013年产值1252万元。

经　　理　赵　飞（2010.3—2013.12；副科级，2013.12）

（十一）玉门作业部（2010.3—2013.12）

2010年3月，成立玉门作业部，第二作业部玉门市场的人员和业务纳入管理，设队级1名。主要负责所服务市场的钻井液现场技术服务，钻井施工过程中的钻井液准备、过程控制，检查、督促钻井队对钻井液技术指令的执行情况，统计管理单井泥浆数据资料，核对确认工作量及收入，验收井上处理剂外观、数量，上报处理剂在生产施工现场使用过程中出现的质量问题等。为进一步理顺机构职能，提升管理效率和服务保障能力，2013年12月撤销玉门作业部，相关业务、职能和人员划归塔里木四勘泥浆技术服务中心。

经　　理　毕井龙（队级，2010.3—2013.12）

第二十四节 油气合作开发分公司（2008.2—2013.12）

油气合作开发分公司的前身是由大港油田集团公司难采储量开发事业部演变而来，经历了大港油田集团有限公司时期、华北石油管理局和渤海钻探工程有限公司3个时期。

2008年2月，渤海钻探工程有限公司组建，成立渤海钻探大港油气合作开发公司（以下简称油气合作开发分公司），列公司所属二级单位管理。所属苏里格气田合作区块划归渤海钻探工程公司，原舍女寺合作区块、长芦区块等原油合作区块划归大港油田公司。原大港油田集团公司油气合作开发公司管理的业务、人员、资产划归油气合作开发公司。原长庆油田分公司第四项目经理部的牌子保留，实行一套机构两个牌子。

2008年8月，为形成规模优势，开拓长庆石油工程市场，渤海钻探工程公司整合了在长庆市场油气合作开发业务。成立油气合作开发分公司，成立长庆石油工程项目部，与油气合作开发公司合署办公，实行一套机构两块牌子运作。将大港油气合作开发公司和华北油气合作开发公司的有关业务、人员、资产等整体纳入油气合作开发公司（长庆石油工程项目部）管理。长庆油田分公司第四项目经理部的牌子继续保留在油气合作开发公司。

2009年1月，随着石油工程承包业务的发展，直属单位新增环江项目部和苏里格项目部，撤销了石油工程管理部。

3月，为加快推进区块EPC总承包业务迅速发展，扩大长庆工程技术服务市场，渤海钻探工程公司将长庆石油工程项目部从油气合作开发公司分离，组建长庆石油事业部，长庆石油工程项目部撤销，长庆油田分公司第四项目经理部的牌子继续保留在油气合作开发公司，隶属于渤海钻探工程有限公司党委。办公地点在幸福道新滨海法院前楼。机关设综合办公室、党群工作科、市场与生产协调科、工程技术科、质量安全环保科、人事劳资科、计划财务科等7个科室；机关附属设小车队、安全监督站、采气综合管理部等3个单位；直属单位设产能建设部、地质研究所；所属单位设苏20采气作业区、苏25采气作业区、苏76采气作业区。油气合作开发公司主要业务范围是承担油气合作开发相关业务，重点是苏里格地区各区块的采气研究、设计、产能建设、采气作业、现场管理与安全管理等；在公司自营区块，负责进入队伍的市场准入审核把关，负责工程技术服务队伍的协调管理。

9月，为适应苏里格气田开发的新形式，进一步提高气田合作开发生产经营水平，中国石油天然气集团公司制定《苏里格气田合作开发生产经营指导意见》。根据指导意见精神，长庆油田收回苏20采气作业区和苏25采气作业区的经营管理权。

12月，为加强与苏20、苏25作业区管理方的业务对接，油气公司决定撤销采气综合管理室，成立采气综合管理部。

2010年10月，由于苏里格气田开发一期合作已建区块生产作业权移交长庆油田公司，油气合作开发公司110人委托长庆油田公司管理，苏20采气作业区、苏25采气作业区两单位撤销，成立人力资源中心，调整后科级职数和管理人员总量保持不变，配合托管单位对委托管理进行日常管理，对原区块未托管人员进行管理。

12月，托管人员托管协议到期，由于人工成本的原因，托管人员从苏20采气作业区、苏25采气作业区撤回，其中76人划转渤海钻探第一录井公司。

2011年3月5日，中共油气合作开发分公司第一次党员大会召开，大会选举产生了第一届委员会和纪律检查委员会。王泽明为党委书记、纪委书记，魏宝明为党委副书记。所属5个党支部，共有党员76人。

7月，油气合作开发公司决定撤销人力资源中心，成立职工培训鉴定中心，负责公司培训中长期规划和年度培训计划的组织实施；负责职工培训管理政策及制度调研论证；负责各类内、外培训班的审核与人员选送工作；负责培训工作的跟踪调查，会同有关部门开展培训效果的评价工作；接受公司人事劳资科委托，检查督促各单位（部门）的培训等工作。

12月，成立企地关系办公室，列市场与生产协调科附属单位管理，主要负责施工现场的道路及井场周边土地关系协调工作，负责地方政府的土地费用结算工作。

2012年1月，成立井下作业工程部，与工程技术科属一个机构两个牌子；成立钻前与钻井工程部，与产能建设部属一个机构两个牌子。采取项目制形式运行，参照公司直属单位管理，所属业务及人员按专业分工划分。

12 月，油气合作开发公司代表渤海钻探工程公司中标大港油田滨海一区、滨深 24 井区两个合作区块，并顺利签下合作协议。

2013 年 1 月，公司成立了大港产能建设项目部和大港采油作业区，同时将原产能建设部更名为苏里格产能建设项目部。

5 月，启用大港油田风险作业服务第一项目部名称，与油气合作开发公司实行一套机构两块牌子运作。

根据工作需要公司党政领导分工如下：

2009 年 9 月，经理、党委书记王泽明全面负责公司行政管理、生产经营工作，组织制定公司发展战略、规划、年度总体工作部署。负责投资计划的总体控制，负责公司中层干部的提名、聘任（解聘）工作，负责主持经理办公会、党政联席会、HSE 委员会等会议，是公司安全环保第一责任人。全面负责公司党委工作，负责党建、领导班子建设、精神文明、基层建设、企业文化、廉政建设和信访稳定工作，负责主持公司党委会，是公司党风廉政建设和信访稳定工作第一责任人。

副书记、工会主席、纪委书记魏宝明协助党委书记负责公司党委日常工作，负责组织管理、统战管理、企业文化、廉政建设和信访稳定工作；负责公司纪检监察工作；协助经理负责干部管理；协助经理负责合同管理；负责工会及共青团工作。

副经理、总地质师张宗达协助经理负责合作区块地质研究及开发方案的编制工作；负责合作区块的生产跟踪与评价及气藏动态监测管理工作；负责科技管理工作；负责市场开发工作。

副经理、总会计师刘永德协助经理负责公司财务管理、计划管理、投资管理、劳动工资管理、信息化管理、战略管理。

副经理、安全总监李义富协助经理负责天然气日常生产管理及产能建设；协助经理负责工程技术管理，作为井控第一责任人，全面负责井控工作；协助经理负责生产协调、物资管理、应急管理、安全管理、环境保护、质量管理、节能降耗、设备管理、地方关系等工作，作为 QHSE 管理者代表，负责 QHSE 体系建设和运行，对安全环保负主管责任。

2010 年 4 月，副经理、安全总监张领臣协助经理负责安全管理、环境保护、质量管理工作，作为QHSE管理者代表，负责QHSE体系建设和运行，对安全环保负主管责任。

副经理李义富协助经理负责天然气日常生产管理及产能建设管理，负责生产协调、物资管理、应急管理、节能降耗、设备管理、地方关系等工作；协助经理负责工程技术管理，作为井控第一责任人，全面负责井控工作。

2011年6月，副经理、安全总监、总工程师张永青协助经理负责安全管理、环境保护、质量管理工作，作为QHSE管理者代表，负责QHSE体系建设和运行，对安全环保负主管责任；协助经理负责工程技术（钻井工程）工作，作为井控第一责任人，全面负责井控工作；配合张宗达副经理抓好科技管理工作（工程）。

副经理李义富协助经理负责天然气日常生产管理及产能建设管理，负责生产协调、物资管理、应急管理、节能降耗、设备管理、企地关系管理等工作；协助经理负责除钻井工程以外工程技术管理（暂时）。

9月，经理、党委书记于长录全面负责公司行政管理、生产经营工作，负责组织制订公司发展战略、规划及年度总体部署工作，负责投资计划的总体控制，负责公司中层干部的提名、聘任（解聘）工作，负责主持经理办公会、党政联席会、HSE委员会等会议，是公司安全环保第一责任人。全面负责公司党委工作，负责党建、领导班子建设、精神文明、基层建设、企业文化、廉政建设和信访稳定工作，负责主持公司党委会，是公司党风廉政建设和信访稳定工作第一责任人。

副经理李义富协助经理负责天然气日常生产及产能建设管理；负责生产协调、物资、应急、节能降耗、设备、企地关系等管理工作；负责完井、压裂、试气、采气等工程技术管理及技术创新工作。

2012年1月，副经理、总地质师张宗达协助经理负责合作区块的地质研究及开发方案编制工作，负责合作区块的生产跟踪与评价及气藏动态监测管理工作，负责科技管理工作，负责新合作区块市场开发工作。

副经理、总会计师刘永德协助经理负责公司财务管理、规划计划管理、投资管理、定额管理、劳动工资管理、信息化管理、战略管理、内控管理等工作；负责天然气及凝析油结算工作。

7月，经理、党委副书记于长录全面负责公司行政管理、生产经营工作。负责组织制定公司发展战略、规划及年度总体工作部署；负责投资计划的总体控制；负责公司行政系统中层干部的提名、聘任（解聘）工作；负责主持经理办公会、党政联席会、HSE 委员会等会议，是公司安全环保第一责任人。

党委书记、纪委书记、工会主席、副经理王立中全面负责公司党委、纪委及工会工作。负责党建、领导班子建设、精神文明建设、基层建设、企业文化建设、廉政建设、信访稳定和统战工作；负责纪检监察工作；负责工会及共青团工作；负责党群系统中层干部的提名、聘任（解聘）工作，负责主持公司党委会，是公司党风廉政建设和信访稳定工作第一责任人。

副经理魏宝明协助经理、党委书记负责干部管理工作；协助经理负责劳动工资管理；协助经理负责投资管理和合同管理。

副经理、安全总监、总工程师崔朝晖协助经理负责健康、安全、环境保护及质量管理工作，作为 QHSE 管理者代表，负责 QHSE 体系建设和运行，对安全环保负主管责任；负责钻井工程技术管理及技术创新工作；作为井控第一责任人，全面负责井控工作；配合张宗达副经理抓好工程技术科技管理工作。

2013 年 3 月，副经理魏宝明协助经理、党委书记负责干部管理工作；协助经理负责劳动工资管理工作；协助经理负责投资管理和合同管理工作；协助主要领导抓好基层建设工作。

副经理、总地质师张宗达协助经理负责合作区块的地质研究及开发方案编制工作，负责合作区块的生产跟踪与评价及气藏动态监测管理工作，负责科技管理工作，负责新合作区块市场开发工作。

副经理李义富协助经理负责大港风险合作区块日常产能建设、企地关系管理及采油生产管理等工作。在公司专业分工、纵向管理的基础上对大港风险合作区块内涉及的规划计划、投资控制、QHSE 管理（安全及井控）、生产协调、物资装备、应急、节能降耗、企地关系、工程技术及技术创新等工作统一进行横向管理。

副经理刘海滨协助经理负责生产管理，物资装备管理及产能建设管理。侧重苏里格地区日常生产协调、应急、节能降耗、企地关系等管理工作；负责苏里格地区完井、压裂、试气等工程技术管理及技术创新工作。

5月，副经理、总工程师张永忠协助经理负责钻井工程技术管理及技术创新工作；负责公司科技管理工作；作为井控第一责任人，全面负责井控工作。

副经理、总地质师张宗达协助经理负责合作区块的地质研究及开发方案编制工作，负责合作区块的生产跟踪与评价及气藏动态监测管理工作，负责新合作区块市场开发工作，配合副经理、总工程师张永忠抓好科技管理工作（地质）。

副经理、安全总监刘海滨协助经理负责健康、安全、环境保护及质量管理工作，作为公司QHSE管理者代表，负责QHSE体系建设和运行，对安全环保负主管责任；协助经理负责生产管理，物资装备管理及产能建设管理，侧重苏里格地区日常生产协调、应急、节能降耗、企地关系等管理工作；负责苏里格地区完井、压裂、试气等工程技术管理及技术创新工作。

9月，副经理、总工程师张永忠协助经理负责公司工程技术管理（钻井、完井、压裂、试气、采气、地面建设工艺等）、科技及技术创新管理工作；作为井控第一责任人，全面负责井控工作。

副经理、安全总监刘海滨协助经理负责健康、安全、环境保护及质量管理工作，作为公司QHSE管理者代表，负责QHSE体系建设和运行，对安全环保负主管责任；协助经理负责天然气及产能建设生产管理，物资装备管理，侧重苏里格地区日常生产协调、应急、节能降耗、企地关系等管理工作。

所属党支部情况，机关党支部许忠革任党支部书记，由机关领导、综合办公室、党群工作科、市场与生产协调科党员组成；大港党支部于文艳任党支部书记，由大港采油作业区及大港产能建设项目部全体党员和地质研究所在港内工作的党员组成；职工培训鉴定中心党支部书记王新三任支部书记，由质量安全环保科、计划财务科、人事劳资科的党员组成；产能建设部党支部何卫滨任党支部书记，由产能建设部、采气综合管理室的党员组成。

截至2013年12月，在册员工169人，公司机关科室7个：综合办公室、党群工作科、计划财务科、市场与生产协调科、质量安全环保科、人事劳资科、工程技术科；机关附属单位2个：安全监督站、企地关系办公室；直属单位8个：苏里格产能建设项目部、地质研究所、采气综合管理部、职工培训鉴定中心、小车队（队级）、苏76采气作业区、大港产能建设项目部、大港采油作业区。下属党支部6个，共有党员79人。

一、领导机构（2009.3—2013.12）

（一）油气合作开发公司公司行政领导名录（2009.3—2013.12）

经　　理　王泽明（2009.3—2011.9）
于长录（2011.9—2013.12）

副 经 理　张宗达（2009.3—2013.12）
李义富（2009.3—2013.12）
刘永德（2009.3—2013.12）
张领臣（2010.4—2011.6）
张永青（2011.6—2012.7）
王立中（2012.7—2013.12）
魏宝明（2012.7—2013.12）
崔朝晖（2012.7—2013.4）
刘海滨（2013.3—12）
张永忠（2013.4—12）

总工程师　张永青（2011.6—2012.7）
崔朝晖（2012.7—2013.4）
张永忠（2013.4—12）

总地质师　张宗达（2009.3—2013.12）

总会计师　刘永德（2010.4—12）

安全总监　李义富（兼任，2009.5—2010.4）
张领臣（兼任，2010.4—2011.6）
张永青（兼任，2011.6—2012.7）
崔朝晖（兼任，2012.7—2013.4）
刘海滨（兼任，2013.4—12）

（二）油气合作开发分公司党委领导名录（2009.3—2013.12）

书　　记　王泽明（2009.3—2011.9）
于长录（2011.9—2012.7）
王立中（2012.7—2013.12）

副　书　记　魏宝明（2009.3—2012.7）

于长录（2012.7—2013.12）

委　　　员　王泽明（2009.3—2011.9）

李义富（2009.3—2013.12）

魏宝明（2009.3—2013.12）

张宗达（2009.3—2013.12）

刘永德（2009.3—2013.12）

张领臣（2010.4—2011.6）

张永青（2011.6—2012.7）

于长录（2011.9—2013.12）

王立中（2012.7—2013.12）

崔朝晖（2012.7—2013.4）

刘海滨（2013.3—12）

张永忠（2013.4—12）

（三）油气合作开发分公司纪委领导名录（2009.3—2013.12）

书　　　记　魏宝明（2009.3—2012.7）

王立中（2012.7—2013.12）

委　　　员　魏宝明（2009.3—2013.12）

王立中（2012.7—2013.12）

于文艳（2011.3—2012.7）

王作新（2011.3—2012.7）

王新三（2011.3—2012.7）

许忠革（2011.3—2012.7）

（四）油气田合作开发分公司工会领导名录（2009.3—2013.12）

主　　　席　魏宝明（2009.3—2012.7）

王立中（2012.7—2013.12）

（五）油气田合作开发分公司经理助理、副总师名录（2009.3—2013.12）

经 理 助 理　于文艳（2009.3—2012.12）

副总工程师　王治华（2013.4—12）

副总地质师　鲁宝菊（2013.1—12）

安全副总监　刘海滨（2009.3—2013.3）
肖身刚（2013.9—12）

二、机关科室（2009.3—2013.12）

（一）综合办公室（2009.3—2013.12）

主　　任　王作新（2009.3—12）
许忠革（2009.12—2012.7）
副 主 任　吴　浩（2009.3—12）
李　俭（2009.12—2013.6）
刘学敏（2013.6—12）

（二）党群工作科（2009.3—2013.12）

科　　长　许忠革（2009.12—2013.12）
副 科 长　许忠革（2009.3—12）

（三）市场与生产协调科（2009.3—2013.12）

科　　长　刘海滨（兼任，2009.3—2013.3）
副 科 长　曹炳起（2009.3—2011.12）
于相东（2009.3—12）
冯殿伟（2011.2—2013.12）
高　鹏（2012.1—2013.12）
于相东（2012.1—2013.3）

（四）工程技术科（2009.3—2013.12）

科　　长　何卫滨（2009.3—2011.2）
王治华（2011.2—2013.12）
副 科 长　戴万海（2009.3—2013.12）
龚大生（2009.3—2011.2）

（五）质量安全环保科（2009.3—2013.12）

科　　长　吴胜英（2009.3—2013.3）
郑建武（2013.3—12）
副 科 长　吴　浩（2012.2—2013.12）

（六）人事劳资科（2009.3—2013.12）

科　　长　王新三（2009.3—2013.12）

（七）计划财务科（2009.3—2013.12）

科　　长 高　蕤（2009.3—2013.12）

副 科 长 张文会（2009.3—2013.12）

高　鹏（2009.12—2012.1）

三、机关附属单位（2009.3—2013.12）

（一）小车队（2009.3—2013.12）

队　　长 田传坤（不详）

副 队 长 吴宏伟（不详）

（二）安全监督站（2009.3—2013.12）

站　　长 郑建武（2013.3—12）

副 站 长 吴　浩（2013.3—12）

（三）人力资源中心—职工培训鉴定中心（2010.11—2013.12）

主　　任 裴浩友（2010.11—2013.2）

王新三（2013.3—12）

副 主 任 张春海（2010.11—2012.1）

（四）企地关系办公室（2011.12—2013.12）

主　　任 曹炳起（2011.12—2013.12）

副 主 任 李　俭（2013.6—12）

（五）采气综合管理室—采气综合管理部（2009.3—2013.12）

经　　理 肖身刚（2009.12—2013.9）

副 经 理 王作新（2009.12—2010.6）

于相东（2009.12—2012.1）

杨明亮（2010.3—2013.3）

耿厚忠（2012.1—2013.12）

四、直属单位（2009.3—2013.12）

（一）产能建设部—苏里格产能建设项目部（2009.3—2013.12）

经　　理 何卫滨（2009.3—2013.12）

副 经 理 戴万海（2009.3—2011.2）

耿厚忠（2009.3—2012.1）

王治华（2010.11—2011.2）
龚大生（2011.2—2013.12）
夏　林（2011.2—2013.2）
党支部书记　何卫滨（2010.7—2013.12）

（二）地质研究所（2009.3—2013.12）

所　　长　鲁宝菊（2009.3—2013.12）
副 所 长　张振宇（2009.3—2013.12）
赵利英（2009.3—2013.12）
党支部书记　张振宇（2010.7—2013.12）

（三）大港产能建设项目部（2013.1—12）

经　　理　裴浩友（2013.2—12）
副 经 理　夏　林（2013.2—12）
李世恒（2013.2—12）

（四）大港采油作业区（2013.2—12）

经　　理　裴浩友（2013.2—12）
副 经 理　刘瀚宇（2013.2—12）

五、所属单位（2009.3—2013.12）

（一）苏 20 采气作业区（2008.8—2010.11）

经　　理　王治华（2009.3—2010.11）
副 经 理　裴浩友（2009.3—2010.11）
李增魁（2009.3—2010.11）
吴　浩（2009.12—2010.6）
党支部书记　裴浩友（2010.7—11）

（二）苏 25 采气作业区（2008.8—2010.11）

经　　理　肖身刚（2009.3—2009.12）
副 经 理　张克杨（2010.6—2012.12）
张春海（2009.3—2010.11）
郑建武（2009.3—2010.6）
杨明亮（2009.3—2010.6）
党支部书记　张春海（2010.7—11）

（三）苏 76 采气作业区（2010.6—2013.12）

经　　理　郑建武（2010.6—2012.12）
　　　　　于相东（2013.3—12）
副 经 理　王作新（2010.6—2013.3）
　　　　　吴　浩（2010.6—2012.2）
　　　　　李增魁（2010.11—2013.12）
　　　　　张克杨（2010.11—2013.12）
　　　　　杨明亮（2013.3—12）
书　　记　王作新（2010.6—2013.3）
　　　　　杨明亮（2013.3—12）

第二十五节　工程技术研究院（2010.3—2013.12）

一、工程技术研究院（2010.3—2013.12）

2010 年 3 月，渤海钻探工程有限公司工程技术研究院和钻井工艺研究院整体合并，组建新的工程技术研究院，列公司二级单位管理，处级单位，在天津经济技术开发区注册，院机关、直属单位在天津经济技术开发区办公。新工程技术研究院党政领导班子由郑武、张健庚、顾晓贤、王益山、何志勇、张文华等 6 人组成。郑武任院党委书记，张健庚任院长。

新工程院成立之初，院机关职能科室设：院长办公室、党委办公室、科技开发科、人事劳资科、计划经营科、质量安全环保科、财务资产科等 7 个科室。院所属单位设：大港分院、华北分院 2 个副处级单位；直属单位设：海外工程技术中心、重大项目研究中心、工程技术战略发展研究室、博士工作站；基层单位设：大港分院钻井工程技术中心、大港分院完井工程技术中心、大港分院石油机具研发中心、大港分院油田化学研发中心、大港分院西部工程技术中心、大港分院油藏工程技术中心、大港分院下套管技术服务中心、大港分院冀东分院、大港分院综合服务中心、华北分院钻井工程研究室、华北分院油田化学研究室、华北分院石油机械研究室、华北分院固井技术研究室、华北分院测控技术研究室、华北分院固井技术服务中心、华北分院打捞技术服务中心、华北分院欠平衡技术服务中心、华北分院智能钻井服务中心、华北分院井下工具质量监督检验中心、华北分院钻井液及材料监督检验站、华北分院石油工程施工监理中心、华北分院技术推广部、华北分院《钻井液与完井液》编辑部、华北分院物资管理中心、华北分院新疆项目部、华北分院油田化学品中试车间、华北分院综合服务中心。

7月，为进一步优化业务结构和组织机构，公司决定将工程技术研究院下套管技术服务业务、资产、人员整体划入钻井技术服务公司管理。

2011年1月，为合理配置、优化技术资源，更好地发挥专业技术优势，提升油气增产措施专业研发、技术服务能力，经公司批复，工程技术研究院组建成立油气增产措施中心，增产措施中心的人员由大港分院西部工程技术中心、冀东分院和海外工程技术中心具有较丰富的油气增产措施专业和采油采气专业人员抽调组成，定员30人。同时撤销西部工程技术中心，成立苏里格项目部；冀东分院更名为冀东项目部（对外仍沿用冀东分院）。

4月，为进一步理顺公司苏里格地区地质研究管理体制，不断提高该地区油气开发速度和效益，公司决定成立工程技术研究院地质研究分院，列工程技术研究院所属副处级单位管理，地质研究分院在天津经济技术开发区办公，同时将工程技术研究院油藏工程技术中心的业务、人员纳入地质研究分院管理，定员暂定45人。

5月，为吸引更多优秀博士来渤海钻探工程有限公司工作，提高自主创新能力，公司决定组建渤海钻探工程有限公司博士后科研工作站，列公司所属处级单位管理，博士后科研工作站与工程技术研究院实行一个机构两块牌子运作，设站长1人、副站长2人。博士后科研工作站下设博士后管理办公室，原工程技术研究院博士工作站业务、人员等统一纳入博士后管理办公室，同时撤销博士工作站。

2012年12月4日，为进一步整合研发力量，经公司批复，工程技术研究院成立智能钻井中心，撤销华北分院智能钻井服务中心，同时调整重大项目研究中心职责，将重大项目研究中心的垂直钻井和旋转导向业务划归智能钻井中心，将博士后科研工作站管理的公司签约博士业务划归重大项目研究中心，智能钻井中心列院直属单位管理，办公地点设在开发区。

2013年7月，按公司扁平化管理要求，撤销大港、华北2个分院。撤销博士后管理办公室。院机关增设工程技术科（市场与生产协调科）。在开发区成立井筒工具研究所、油田化学研究所、油气储层改造研究所，将智能钻井中心更名为智能钻井研究所、海外工程中心更名为海外工程研究所。华北片区成立华北协调组、钻井工程设计中心（分院钻井工程研究室、石油工程施工监理中心合并）、油田化学技术中心（分院油田化学研究室、固井技术研究室、油田化学品中试车间、钻井液及材料质量监督检验站和《钻井液与完井液》编辑部合并）、非常规油气工具技术中心（华北分院石油机械室、测控技术研究室合并）、欠平衡技术中心（原华北分院欠平衡技术服务中心、打捞技术服务中心合并）、华北综合服务中心（华北分院物资管理中心和综合服务中心合并），华北分院固井技术服务中心更名为固井技术服务中心，华北分院井下工具质量监督检验中心更名为井下工具质量监督检验中心，撤销华北分院技术推广部。大港片区成立大港协调组、成立压裂技术中心同时撤销大港分院油气增产措施中心、成立酸化技术中心同时撤销大港分院油田化学研发中心，将大港分院钻井工程技术中心更名为钻井技术研究中心、大港分院石油机具研发中心更名为石油机具技术中心、大港分院完井工程技术中心更名为完井工程技术中心、大港分院综合服务中心更名为大港综合服务中心。成立苏里格项目部、冀东项目部、新疆项目部。

截至2013年年底，工程院在册员工592人（其中合同化员工564人、市场化员工28人）。2013年，完成营业总收入4.34亿元，实现考核利润2461万元。

（一）领导机构

1. 工程技术研究院行政领导名录（2010.3—2013.12）

院　　长　张健庚（2010.3—2013.12）

副 院 长　郑　武（2010.3—2013.12）

王益山（2010.3—2013.12）

何志勇（2010.3—2013.12）

付胜利（2010.3—2013.12）

张文华（2010.3—2013.12）

邓建华（2011.4—2013.12）

何选蓬（2011.4—2013.8）

顾晓贤（2011.7—2013.12）
李立昌（2012.4—2013.12）
张永忠（2012.4—2013.4）
胡海燕（2011.12—2013.12）
总工程师 王益山（2010.3—2012.12）
何选蓬（2011.4—2013.8）
何志勇（2011.7—2012.4）
总地质师 邓建华（2011.4—2013.12）
总会计师 胡海燕（2011.12—2013.12）
安全总监 何志勇（兼任，2010.3—2011.7）
顾晓贤（兼任，2011.7—2013.12）

2. 工程技术研究院党委领导名录（2010.3—2013.12）

书　　记 郑　武（2010.3—2013.12）
副 书 记 张健庚（2010.3—2013.12）
顾晓贤（2010.3—2011.7）
委　　员 王益山（2010.3—2013.12）
何志勇（2010.3—2013.12）
张文华（2010.3—2013.12）
邓建华（2011.4—2013.12）
何选蓬（2011.4—2013.8）
顾晓贤（2011.7—2013.12）
李立昌（2012.4—2013.12）
张永忠（2012.4—2013.4）
胡海燕（2011.12—2013.12）

3. 工程技术研究院纪委领导名录（2010.3—2013.12）

书　　记 顾晓贤（2010.3—2011.7）
郑　武（2011.7—2013.12）

4. 工程技术研究院工会领导名录（2010.3—2013.12）

主　　席 顾晓贤（2010.3—2011.7）

郑　武（2011.7—2013.12）

5. 工程技术研究院院长助理、副总师名录（2010.3—2013.12）

院长助理　高志起（2010.5—2013.12）
魏群涛（2010.5—2013.12）
刘建东（2013.7—12）
刘永峰（2013.7—12）
刘　河（2013.7—12）
左凤江（2013.7—12）

副总工程师　赵福祥（2010.5—2013.4）
李洪俊（2010.5—2013.8）
汝大军（2013.4—12）

（二）机关部门

1. 院长办公室（2010.3—2013.12）

主　任　马志雄（2010.4—2013.12）

2. 党委办公室（2010.3—2013.12）

主　任　郝锦彤（2010.4—2013.12）

副主任　舒卫平（2010.4—2013.12）

3. 科技开发科（2010.3—2013.12）

主　任　党　伟（2010.4—2011.1）
于凤梅（2011.1—2013.7）
刘永峰（兼任，2013.7—12）

副主任　刘　龙（2010.4—2013.10）

4. 工程技术科（市场与生产协调科）（2013.7—12）

科　长　于凤梅（2013.7—12）

5. 计划经营科（2010.3—2013.12）

科　长　邹　颖（2010.4—2011.5）
徐　徉（2011.5—2013.12）

副科长　田晓艳（2010.4—2011.5）

6. 质量安全环保科（2010.3—2013.12）

科　　长 马建平（2010.4—2013.12）

副 科 长 商利军（2010.4—2012.12）

田　野（2013.7—12）

7. 人事劳资科（2010.3—2013.12）

科　　长 尹东海（2010.4—2013.12）

副 科 长 易海军（2010.4—2013.12）

8. 财务资产科（2010.3—2013.12）

科　　长 陶　欣（2010.4—2013.12）

副 科 长 白淑英（2010.4—2013.12）

9. 总院（机关）一支部（2010.3—2013.12）

由院长办公室、党委办公室、财务资产科、人事劳资科党员及张健庚、郑武、顾晓贤、胡海燕组成。

书　　记 尹东海（2010.3—2013.12）

10. 总院（机关）二支部（2010.3—2013.12）

由计划经营科、质量安全环保科、科技开发科党员及王益山、何志勇、张文华、赵福祥、高志起、魏群涛、刘永峰、刘建东组成。

书　　记 邹　颖（2010.4—2011.5）

徐　祥（2011.5—2013.7）

刘永峰（2013.7—12）

（三）所属单位

1. 海外工程技术中心—海外工程研究所（2010.3—2013.12）

主要职责：海外市场技术推介、信息收集、整理和分析，为公司开拓国际石油工程技术服务市场提供技术支持，海外市场开发管理、招投标和外事管理等。

（1）海外工程技术中心（2010.3—2013.7）

主　　任 路　政（2010.4—2013.7）

副 主 任 王　雷（正科级，2010.4—2013.7）

庞广春（2010.4—2011.5）
牛增前（2010.4—2011.1）
张立军（2010.4—2011.1）
周凤翔（正科级，2011.5—2013.7）
张洪秀（2012.3—2013.7）

（2）海外工程研究所（2013.7—12）

所　　长　王　雷（2013.7—12）
副 所 长　张洪秀（2013.7—12）
书　　记　路　政（2010.4—2013.7）
　　　　　王　雷（2013.7—12）

2. 重大项目研究中心（2010.3—2013.7）

2010 年 3 月作为工程院科级单位，职责主要是承担垂直钻井系统相关技术的研究与推广应用，垂直钻井市场的开发及管理，现场技术服务方案论证及服务工作等。2012 年 12 月，中心职能调整，将重大项目中心业务划归智能钻井中心，新的重大项目中心职责主要是根据技术需求开展科研项目立项顶层设计，新技术、新产品、新工具的研发，科研成果转化过程中技术支持及市场推广过程中技术指导，签约博士管理等。

主　　任　汝大军（2010.4—2012.12）
　　　　　周振良（2012.12—2013.7）
副 主 任　虞海法（2010.4—2013.7）
　　　　　周振良（正科级，2012.2—12）
　　　　　王海岩（2012.7—12）

3. 智能钻井中心—智能钻井研究所（2012.12—2013.12）

2012 年 12 月成立智能钻井中心，列院直属科级单位管理，办公地点设在开发区，同时撤销华北分院智能钻井服务中心。

（1）智能钻井中心（2012.12—2013.7）

主　　任　汝大军（2012.12— 2013.4）
副 主 任　王海岩（2012.12— 2013.12）

（2）智能钻井研究所（2013.7—12）

所　　长　魏群涛（兼任，2013.10—12）

副 所 长　王海岩（2012.12—2013.12）

党支部书记　王海岩（2012.12—2013.12）

4. 井筒工具研究所（2013.7—12）

所　　长　周俊然（2013.7—12）

5. 油田化学研究所（2013.7—12）

所　　长　周振良（2013.7—12）

副 所 长　虞海法（2013.7—12）

6. 油气储层改造研究所（2013.7—12）

所　　长　（空缺，2013.7—12）

7. 工程技术战略发展研究室（2010.3—2013.12）

主　　任　周凤翔（2010.4—2011.5）

郝锦彤（兼任，2011.5—2013.4）

副 主 任　郭志勤（2010.4—2013.12）

8. 博士工作站—博士后科研工作站（2010.3—2013.7）

2010 年 3 月，博士工作站列院直属单位管理（科级），2011 年 5 月，组建渤海钻探工程有限公司博士后科研工作站，列公司所属处级单位管理，同时撤销博士工作站。博士后科研工作站与工程院实行一个机构两块牌子运作。博士后科研工作站下设博士管理办公室，工程院博士工作站的业务、人员等统一纳入博士后管理办公室。博士后科研工作站主要负责进站博士后和引进博士的管理，组织博士后和博士研究生的课题立项、技术研究、支持协助等工作。

站　　长　张健庚（兼任，2011.4—2013.8）

副 站 长　李振兴（兼任，2011.4—2013.7）

付胜利（兼任，2011.4—2013.8）

办公室主任　李洪俊（兼任，2010.4—2013.7）

9. 华北协调组（2013.7—12）

组　　长　左凤江（兼任，2013.7—12）

副 组 长　周玉海（正科级，2013.7—12）

　　　　　　席　莹（正科级，兼任，2013.7—12）①

书　　记　左凤江（2013.7—12）

10. 钻井工程设计中心（2013.7—12）

主　　任　张洪华（2013.7—12）

副 主 任　奚国银（2013.7—12）

党支部书记　张洪华（2013.7—12）

11. 油田化学技术中心（2013.7—12）

主　　任　王　野（2013.7—12）

副 主 任　汪桂娟（正科级，兼任，2013.7—12）

　　　　　　张国星（兼任，2013.7—12）②

　　　　　　贾东民（2013.7—12）

　　　　　　张恩平（兼任，2013.7—12）③

　　　　　　郝惠军（2013.7—12）

党支部书记　王　野（2013.7—12）

12. 非常规油气工具技术中心（2013.7—12）

主　　任　蒋海涛（2013.7—12）

副 主 任　蒲玲霞（2013.7—12）

党支部书记　蒋海涛（2013.7—12）

13. 固井技术服务中心（2013.7—12）

主　　任　韩振强（2013.7—12）

党支部书记　韩振强（2013.7—12）

---

① 2013 年 7 月至 12 月，席莹兼任财务科副科长。

② 2013 年 7 月至 12 月，张国星兼任质检站站长。

③ 2013 年 7 月至 12 月，张恩平兼任中试车间副主任。

14. 欠平衡技术中心（2013.7—12）

主　　任　闫加益（2013.7—12）
副 主 任　顾永峰（2013.7—12）
党支部书记　闫加益（2013.7—12）

15. 井下工具质量监督检验中心（2013.7—12）

主　　任　田晓艳（2013.7—12）
副 主 任　王晗阳（2013.7—12）
党支部书记　田晓艳（2013.7—12）

16. 华北综合服务中心（2013.7—12）

主　　任　韩利如（2013.7—12）
副 主 任　黎晓平（2013.7—12）
党支部书记　韩利如（2013.7—12）

17. 大港协调组（2013.7—12）

组　　长　刘　河（兼任，2013.7—12）
副 组 长　商立军（2013.7—12）
　　　　　沈恩江（兼任，2013.7—12）①
党支部书记　刘　河（2013.7—12）

18. 钻井技术研究中心（2013.7—12）

主　　任　秦建民（2013.7—12）
副 主 任　肖松平（2013.7—12）
　　　　　李瑞明（2013.7—12）
党支部书记　秦建民（2013.7—12）

19. 压裂技术中心（2013.7—12）

主　　任　党　伟（2013.7—12）
副 主 任　马洪芬（2013.7—12）
　　　　　李青一（2013.7—12）
　　　　　吴广海（2013.7—12）

① 2013年7月至12月，沈恩江兼任财务科副科长。

党支部书记　牛增前（2013.7—12）

20. 酸化技术中心（2013.7—12）

主　　任　贾红战（2013.7—12）

副 主 任　苏秀纯（2013.7—12）

张立军（2013.7—12）

党支部书记　贾红战（2013.7—12）

21. 石油机具技术中心（2013.7—12）

主　　任　程智远（2013.7—12）

副 主 任　刘志斌（2013.7—12）

党支部书记　程智远（2013.7—12）

22. 完井工程技术中心（2013.7—12）

主　　任　张荣文（2013.7—12）

副 主 任　张　恒（2013.7—12）

党支部书记　张荣文（2013.7—12）

23. 大港综合服务中心（2013.7—12）

主　　任　刘宝光（2013.7—12）

副 主 任　贾志强（2013.7—12）

党支部书记　刘宝光（2013.7—12）

24. 苏里格项目部（2013.7—12）

主　　任　左庆新（2013.7—12）

副 主 任　陈冀尧（2013.7—12）

党支部书记　左庆新（2013.7—12）

25. 冀东项目部（2013.7—12）

副 主 任　姬　智（2013.7—12）

梅　雷（2013.7—12）

党支部书记　姬　智（2013.7—12）

26. 新疆项目部（2013.7—12）

副 主 任　吴思琼（2013.7—12）

马卫民（2013.12）

党小组组长　魏群涛（2013.7—12）

二、华北分院（2008.2—2013.7）

（一）钻井工艺研究院（2008.2—2010.3）

2008 年 2 月，中国石油天然气集团公司专业化重组，华北石油管理局钻井工艺研究院整体划归渤海钻探工程有限公司。华北石油管理局钻井工艺研究院更名为渤海钻探工程有限公司钻井工艺研究院。院机关设院长办公室、党委办公室、科技管理科、经营管理科、质量安全环保科、人事劳资科、财务科等 7 个科室；附属单位设综合档案室、后勤服务组；所属单位设钻井工程研究室、油田化学研究室、石油机械研究室、固井技术研究室、测控技术研究室、固井技术服务中心、打捞技术服务中心、欠平衡技术服务中心、智能钻井服务中心、石油工程施工监理中心、井下工具质量监督检验中心、钻井液及材料质量监督检验站、技术推广部、新疆项目部、《钻井液与完井液》编辑部、物资管理中心、油田化学品中试车间、车队等 18 个单位。

1. 领导机构

（1）钻井工艺研究院行政领导名录（2008.2—2010.3）

院　　长　张健庚（2008.2—2010.3）

副 院 长　王益山（2008.2—2010.3）

李立昌（2009.6—2010.3）

安全总监　王益山（2008.2—2009.6）

李立昌（2009.7—2010.3）

总工程师　王益山（2008.2—2010.3）

（2）钻井工艺研究院党委领导名录（2008.2—2010.3）

书　　记　高林亚（2008.2—2010.3）

委　　员　张健庚（2008.2—2010.3）

王益山（2008.2—2010.3）

李立昌（2009.6—2010.3）

（3）钻井工艺研究院纪委领导名录（2008.2—2010.3）

书　　记　高林亚（2008.2—2010.3）

（4）钻井工艺研究院工会领导名录（2008.2—2010.3）

主　　席 高林亚（2008.2—2010.3）

（5）钻井工艺研究院副总师、助理级名录（2008.2—2010.3）

副总工程师 赵福祥（2008.2—2010.3）

院长助理 魏群涛（2008.2—2010.3）

2. 机关部门

（1）院办公室（2008.3—2010.3）

负责起草各种行政文件、材料，安排各种行政会议，对内行政工作督办，对外公务联系、接待，来信来访以及计划生育等。

主　　任 张胜利（2008.3—2010.3）

副 主 任 舒卫平（2008.3—2010.3）

（2）党委办公室（2008.3—2010.3）

负责党委日常工作和职能管理，业务范围为文秘、组织、宣传、纪委监察、武装保卫、综合治理、保密、工会、共青团等职能工作。

主　　任 王立新（2008.3—2010.3）

（3）科研管理科（2008.3—2010.3）

负责全所科研生产日常工作，包括科研、生产、HSE、标准化、节能管理等。

科　　长 刘永峰（2008.8—2010.3）

（4）财务科（2008.3—2010.3）

负责预算管理、资金管理、会计核算、成本管理和资产管理等方面工作。

科　　长 李素香（2008.3—2010.1）

（5）经营科（2008.3—2010.3）

主要负责市场运行、合同管理等工作。

科　　长 尹东海（2008.3—2009.3）

徐　祥（2009.3—2010.3）

（6）人事教育科（2008.3—2010.3）

主要负责劳动工资管理、人力资源管理、职工培训和职工职称评定等工作。

科　　长 徐　祥（2008.3—2009.3）

尹东海（2009.3—2010.3）

3. 基层单位

（1）钻井工程研究室（2008.3—2010.3）

正科级专业技术科研科室。主要进行钻井工艺技术研究和推广，并承担钻井工程设计工作。

主　　任　汝大军（2008.3—2009.11）

（2）油田化学研究室（2008.3—2010.3）

正科级专业技术科研科室。主要开展钻井液研究、技术推广及现场服务。

主　　任　左凤江（2008.3—2010.3）

副 主 任　虞海法（2008.3—2010.3）

（3）固井技术研究室（2008.3—2010.3）

正科级专业技术科研科室。主要开展固井水泥浆研究、技术推广及现场服务。

主　　任　王　野（2008.8—2010.3）

副 主 任　王　野（2008.3—8）

（4）石油机械研究室（2008.3—2010.3）

正科级专业技术科研科室。主要开展石油矿场机械研究进而技术推广。

主　　任　蒋海涛（2008.3—2010.3）

（5）钻井智能研究室（2008.3—2010.3）

正科级科研科室。主要从事钻井液专用仪器仪表研制生产销售和煤层气钻井现场技术服务。

主　　任　袁孟雷（2008.3—2010.3）

（6）欠平衡服务中心（2008.3—2010.3）

正科级专业技术服务单位。主要进行欠平衡钻井的现场技术服务。

主　　任　闫加益（2008.8—2010.3）

副 主 任　闫加益（2008.3—8）

（7）固井服务技术中心（2008.3—2010.3）

正科级专业技术服务单位。主要进行固井工具的设计、生产销售和复杂井的固井工具现场使用技术服务。

主　　任　韩振强（2008.3—2010.2）

（8）打捞技术服务中心（2008.3—2010.3）

正科级专业技术服务单位，主要进行钻井井下事故测卡打捞处理。

副 经 理　吴思琼（2008.3—2010.3）

（9）石油工业井下工具质量检测中心（2008.3—2010.3）

正科级技术服务单位。主要进行检测评价、标准制修订、技术开发服务，具有独立法人资格。

主　　任　张健庚（2008.3—2010.3）

副 主 任　张虎林（正科级，2008.3—8）

任军廷（2008.3—2010.3）

（10）钻井液及材料质监站（2008.3—2010.3）

正科级技术服务单位。主要从事现场钻井液及钻井液用处理剂、油井水泥和外加剂的质量监督检验工作。

主　　任　张健庚（兼任，2008.3—2010.3）

副 主 任　张国兴（2008.3—2010.3）

（11）石油工程施工监理中心（2008.3—2010.3）

正科级单位。主要为塔里木、青海等油田，派出有现场经验的工程监督。

主　　任　周玉海（2004.7—2007.6）

（12）《钻井液与完井液》编辑部（2008.3—2010.3）

正科级技术服务单位，主要进行《钻井液与完井液》编辑出版和发行工作。

主　　任　汪桂娟（2008.8—2010.3）

副 主 任　汪桂娟（2008.3—8）

（13）物资管理中心（2008.3—2010.3）

正科级直属单位，进入渤海钻探工程有限公司后改名为物资管理中心。主要负责物资设备采购，以及全院水、暖、电、信管理。

主　　任　韩利如（2008.3—2010.3）

（14）油田化学品中试车间（2008.3—2010.3）

院中队级生产单位，主要进行油化类科研成果中试生产和油田化学品生产销售。

主　　任　张恩平（2008.3—2010.3）

（15）车队（2008.3—2010.3）

为院直属后勤中队级单位，负责全院交通运输服务和车辆管理。

队　　长　吴伯章（2008.3—2010.3）

（16）新疆分院（2008.3—2010.3）

为院直属正科级单位。主要进行新疆市场业务协调和人员管理。

经　　理　魏群涛（2008.3—2010.3）

（二）工程技术研究院华北分院（2010.3—2013.7）

2010 年 3 月渤海钻探公司将钻井工艺研究院与工程技术研究院整合，成立新的工程技术研究院，原钻井工艺研究院机关等部分人员抽调工程院机关和直属单位工作，工程技术研究院下设华北分院，副处级单位。华北分院机关设：综合办公室、生产技术与质量安全办公室、经营计划办公室、财务资产办公室等 4 个办公室。基层单位设：钻井工程研究室、油田化学研究室、石油机械研究室、固井技术研究室、测控技术研究室、固井技术服务中心、打捞技术服务中心、欠平衡技术服务中心、智能钻井服务中心、石油工程施工监理中心、井下工具质量监督检验中心、钻井液及材料质量监督检验站、技术推广部、新疆项目部、《钻井液与完井液》编辑部、物资管理中心、油田化学品中试车间、综合服务中心等 18 个单位。

1. 领导机构

华北分院行政领导名录（2010.3—2013.7）

院　　长　李立昌（2010.3—2012.4；兼任，2012.4—2013.7）

副 院 长　左凤江（2010.5—2013.7）

　　　　　刘永峰（2010.5—2013.7）

2. 机关部门

（1）综合办公室（2010.3—2013.7）

分院机关科室之一，将钻井工艺研究院院长办公室、党委办公室和人事教育科工作职能合并，负责分院行政事务、党群工作和劳资、人力资源管理等工作。

主　　任　张胜利（2010.3—2012.2）
　　　　　王立新（2012.3—2013.4）
副 主 任　王立新（2010.3—2012.3）
　　　　　黎晓平（2012.2—2013.7）
　　　　　吴思琼（2011.5—2013.7）

（2）经营计划办公室（2010.3—2012.12）

分院机关科室之一，主要负责分院市场运行、经营合同、计划和设备管理。

主　　任　徐　徉（2010.3—2011.5）
　　　　　左凤江（兼任，2011.5—2013.7）

（3）财务资产办公室（2010.3—2013.7）

分院机关科室之一，主要负责分院财务和资产管理。

主　　任　席　莹（2012.7—2013.7）
副 主 任　席　莹（2010.3—2012.7）

（4）生产技术与质量安全办公室（2010.3—2013.7）

分院机关科室之一，主要负责分院科研管理、生产、安全、信息化等管理工作。

主　　任　刘永峰（兼任，2010.3—2013.7）
副 主 任　蒲玲霞（2011.5—2013.7）

3. 分院基层单位

（1）钻井工程研究室（2010.3—2013.7）

分院正科级基层单位，主要进行钻井设计和钻井工艺技术研究和推广工作。

主　　任　张洪华（2012.7—2013.7）
副 主 任　张洪华（2010.3—2012.7）
　　　　　奚国银（2011.5—2013.7）

（2）油田化学研究室（2010.3—2013.7）

分院正科级基层科研科室，主要进行钻井液技术研究和特殊井现场技术服务。

副 主 任　田　野（2011.5—2013.7）

副 主 任 贾东民（2011.5—2013.7）

（3）固井技术研究室（2010.3—2013.7）

分院正科级基层科研科室，主要进行固井工艺技术以及添加剂研究、特殊井现场技术服务和现场水泥浆检测。

主 任 王 野（2010.3—2013.7）

副 主 任 郝惠军（2012.7—2013.7）

（4）石油机械研究室（2010.3—2013.7）

分院正科级基层科研科室，主要进行石油矿场机械研究和现场技术服务。

主 任 蒋海涛（2010.3—2013.7）

副 主 任 周俊然（2011.6—2013.7）

（5）测控技术研究室（2010.3—2013.7）

分院正科级基层科研科室，主要进行钻井液和固井液专用仪器仪表研究和煤层气现场连通技术服务。

主 任 袁孟雷（2010.3—2012.2）

（6）固井技术服务中心（2010.3—2013.7）

分院正科级基层单位，主要进行固井工具设计生产销售和现场服务。

主 任 韩振强（2010.3—2013.7）

（7）打捞技术服务中心（2010.3—2013.7）

分院正科级基层单位，主要进行钻井事故测卡打捞处理服务。

副 主 任 吴思琼（2010.3—2011.5）

顾永峰（2011.5—2013.7）

（8）欠平衡技术服务中心（2010.3—2013.7）

分院正科级基层单位，主要进行欠平衡钻井现场技术服务。

主 任 闫加益（2010.3—2013.7）

（9）技术推广部（2010.3—2013.7）

分院基层单位，主要负责分院新技术推广。

主 任 周玉海（2010.3—2013.7）

（10）石油工程施工监理中心（2010.3—2013.7）

分院基层单位，主要负责钻井、试油等现场生产工程监督管理。

主　　任　周玉海（兼任，2010.3—2013.7）

（11）井下工具质量监督检验中心（2010.3—2013.7）

分院基层单位，主要进行石油井下工具、螺纹量规检测和钻修井设备质量评估检测。

主　　任　田晓艳（2011.6—2013.7）

副 主 任　任军廷（2010.3—2012.7）

王晗阳（2012.07—2013.7）

（12）钻井液及材料质量监督检验站（2010.3—2013.7）

分院基层单位，主要进行钻井液及材料质量检测。

主　　任　张国兴（2010.3—2013.7）

（13）油田化学品中试车间（2010.3—2013.7）

分院基层单位，主要进行油田化学品生产销售。

主　　任　张恩平（2010.3—2013.7）

（14）《钻井液与完井液》编辑部（2010.3—2013.7）

分院基层单位，主要负责编辑出版和发行《钻井液与完井液》杂志。

主　　任　汪桂娟（2010.3—2013.7）

（15）综合服务中心（2010.3—2013.7）

分院基层单位，主要负责车辆交通、档案、图书阅览、复印、公务接待等工作。

主　　任　王立新（兼任，2010.3—2013.4）

车队队长　吴伯章（2010.3—2013.7）

（16）物资管理中心（2010.3—2013.7）

分院基层单位，主要负责分院物资设备采购和水电暖信及基建管理。

主　　任　韩利如（2010.3—2013.7）

（17）新疆项目部（2010.3—2012.12）

副 经 理　陈冀尧（2011.1—2012.2）

4. 下属党支部

（1）机关党支部

机关党支部，由分院机关党员组成。

书　　记　张胜利（2010.3—2013.7）

（2）钻井工程党支部

钻井工程党支部，由钻井工程研究室党员组成。

书　　记　张洪华（2010.3—2013.7）

（3）钻井服务党支部（2010.3—2013.7）

钻井服务党支部，由欠平衡技术服务中心、石油工程监理中心党员组成。

书　　记　周玉海（2010.3—2011.11）

（4）欠平衡技术中心党支部

书　　记　闫加益（2011.11—2013.7）

（5）石油监理与编辑部党支部

书　　记　周玉海（2011.11—2013.7）

（6）油田化学党支部（2010.3—2013.7）

油田化学党支部，由油田化学研究室党员组成。

书　　记　左凤江（2010.3—2011.11）

田　野（2011.11—2013.7）

（7）固井研究党支部

固井研究党支部，由固井技术研究室、油田化学品中试车间党员组成。

书　　记　王　野（2010.3—2013.7）

（8）油田化学品中试车间党支部（2011.11—2013.7）

书　　记　张恩平（2011.11—2013.7）

（9）石油机械党支部（2010.3—2013.7）

石油机械党支部，由石油机械研究室、固井技术服务中心党员组成。

书　　记　韩振强（2010.3—2011.11）

蒋海涛（2011.11—2013.7）

（10）固井技术服务中心党支部（2011.11—2013.7）

书　　记　韩振强（2011.11—2013.7）

（11）打捞中心党支部（2010.3—2013.7）

打捞中心党支部，由打捞技术服务中心党员组成。

书　　记　吴思琼（2010.3—2011.05）

顾永峰（2011.11—2013.7）

（12）工具检测党支部（2010.3—2013.7）

工具检测党支部，由井下工具质量监督检验中心党员组成。

书　　记　蒲玲霞（2010.3—2011.11）
　　　　　任军廷（2011.11—2012.8）
　　　　　王晗阳（2012.08—2013.7）

（13）质检测控党支部（2010.3—2013.7）

质检测控党支部，由钻井液及材料质量监督检验站、测控技术研究室、钻井液与完井液编辑部党员组成。

书　　记　张国兴（2010.3—2013.7）

（14）后勤党支部（2010.3—2013.7）

后勤党支部，由物资管理中心、综合服务中心党员组成。

书　　记　韩利如（2010.3—2013.7）

三、大港分院（2008.4—2013.7）

2008 年 4 月，大港油田集团钻采工艺研究院部分业务划归渤海钻探工程有限公司，4 月 12 日，渤海钻探工程有限公司成立工程技术研究院，列公司所属二级单位管理。大港油田集团钻采工艺研究院划归渤钻公司的业务、人员及资产整体纳入工程技术研究院管理，院办公地点在大港。工程技术研究院成立时，设 8 个机关职能科室：院长办公室、党群办公室、市场开发与生产协调科、质量安全环保科、科技开发科、人事劳资科、企业管理科、财务资产科；所属单位设：冀东分院、钻井工程技术中心、完井工程技术中心、石油机具研发中心、油藏工程技术中心、西部工程技术中心、下套管技术服务中心、国际工程技术中心、综合服务中心等 9 个单位。

2009 年 8 月，根据渤海钻探公司要求，工程技术研究院在天津经济技术开发区注册，院机关及直属单位迁往开发区办公，工程院在大港油区设协调办公室，所属单位仍在大港办公。同时对部分机构重新设置，院机关设：党政办公室、市场与工程技术科、质量安全环保科、企业管理科、人事劳资科、财务资产科等 6 个科室。撤销国际工程中心，组建 3 个直属单位：海外工程技术中心、工程技术战略发展研究室、博士工作站，所属基层单位机构、职责不变。

2010 年 3 月 16 日，渤海钻探工程有限公司工程技术研究院和钻井工艺研究院整体合并，组建新的工程技术研究院，列公司二级单位管理。工程院在大港油区设大港分院，为副处级单位，所属单位仍在原址办公。

（一）工程技术研究院（2008.4—2010.3）

2008 年 4 月 23 日，公司任命院领导班子成员及委员会、纪律检查委员会组成人员。工程技术研究院党政领导班子由王绍刚、顾晓贤、何志勇、王眉山、葛贵付等 5 人组成。王绍刚任院党委书记、院长，顾晓贤任党委副书记、纪委书记、工会主席。

1. 领导机构

（1）工程技术研究院行政领导名录（2008.4—2010.3）

院　　长　王绍刚（2008.4—2010.3）

副 院 长　顾晓贤（2008.4—2010.3）

何志勇（2008.4—2010.3）

王眉山（2008.4—2010.3）

葛贵付（2008.4—2009.6）

付胜利（2009.6—2010.3）

张文华（2009.7—2010.3）

总工程师　王眉山（2008.4—2010.3）

安全总监　何志勇（兼任，2008.4—2010.3）

（2）中共工程技术研究院党领导名录（2008.4—2010.3）

书　　记　王绍刚（2008.4—2010.3）

副 书 记　顾晓贤（2008.4—2010.3）

委　　员　何志勇（2008.4—2010.3）

王眉山（2008.4—2010.3）

葛贵付（2008.4—2010.3）

张文华（2009.7—2010.3）

（3）工程技术研究院纪委领导名录（2008.4—2010.3）

书　　记　顾晓贤（2008.4—2010.3）

（4）工程技术研究院工会领导名录（2008.4—2010.3）

主　　席　顾晓贤（2008.4—2010.3）

（5）工程技术研究院副总师、院长助理名录（2008.4—2010.3）

副总工程师　李洪俊（2008.4—2010.3）

张永忠（2008.4—2010.3）

张文华（2008.5—2009.6）

院 长 助 理　高志起（2008.4—2010.3）

刘建东（2009.8—2010.3）

2. 机关部门

（1）院长办公室（2008.3—2009.7）

主要职责：文秘工作，综合企划，企业形象，计划生育，档案管理，门户网络及通信等管理工作。

主　　　任　邹　颖（2008.4—2009.3）

马志雄（2009.4—7）

（2）党群办公室（2008.3—2009.7）

主要职责：党组织管理、统战管理、纪检监察、内部审计、内外宣传、工会、共青团、维稳（信访）、武装保卫、保密事务、基层建设和企业文化建设等管理工作。

主　　　任　郝锦彤（2008.4—2009.7）

（3）市场开发与生产协调科（2008.3—2009.7）

主要职能：市场营销、生产协调、生产经营信息管理，电子商务管理，队伍资质认证及市场准入管理，技术服务、销售合同履行及过程控制、客户信息分析，生产应急管理及处置。

科　　　长　高志起（兼任，2008.4—2009.7）

副　科　长　商利军（2008.4—2009.7）

（4）质量安全环保科（2008.3—2010.3）

主要职责：QHSE 体系管理、技安环保管理、消防安全管理、交通安全管理、质量、计量、标准化管理、队伍及人员安全资质取证认证、职工健康、安全监督等管理工作。

科　　　长　马建平（2008.4—2009.7）

副　科　长　左庆新（2008.4—2009.7）

（5）科技开发科（2008.3—2009.7）

主要职责：科技发展中长期规划及年度计划的编制、科研课题的立项和验收、科研课题过程管理、科研经费管理、知识产权、专利管理、科委会日常管理、重点工程方案设计管理、井控管理、现场工程技术监控及工程事故调查处理、新技术引进和科技成果转化等管理工作。

科　　长　周凤翔（2008.4—2009.7）

副 科 长　刘　龙（2008.4—2009.7）

（6）人事劳资科（2008.3—2010.3）

主要职责：人事管理、处科级干部管理、管理人员及技术干部管理、劳动组织、用工和工资管理、社会保险和住房公积金管理、职工培训考核、技术能级评价管理、待岗管理与再就业、有偿解除劳动合同人员服务等管理工作。

科　　长　靳卫国（2008.4—2009.3）

邹　颖（2009.4—2010.3）

副 科 长　易海军（2009.8—2010.3）

（7）企业管理科（2008.4—2010.3）

主要职责：经营管理及经济考核、企业发展规划、计划及统计、资产设备管理、物资采购、合同审查、履约及管理、工商事务、法律事务管理、节能减排管理。

科　　长　马志雄（2008.4—2009.3）

党　伟（2009.4—2010.3）

（8）财务资产科（2008.3—2010.3）

主要职责：财务管理、综合预算、决算和资金计划的编制和监控、固定资产账目管理、各类税务事项、内部监察、经济分析与成本控制，以及日常财务工作。

科　　长　陶　欣（2008.4—2010.3）

副 科 长　白淑英（2009.8—2010.3）

（9）党政办公室（2009.8—2010.3）

2009 年 8 月，院长办公室与党群办公室合并成立党政办公室。

主要职能：文秘工作、综合企划、企业形象、保密事务、计划生育、网络通信、党组织管理、统战管理、纪检监察、文化宣传、工会、共青团、维稳（信访）、思想政治工作和精神文明建设实施等。

主　　任 马志雄（2009.7—2010.3）

副 主 任 郝锦彤（2009.7—2010.3）

（10）市场与工程技术科（2009.8—2010.3）

2009 年 8 月，市场开发与生产协调科与科技开发科合并，组建市场与工程技术科。

主要职能：负责市场、科研、工程技术、生产协调与应急等。

科　　长 张永忠（兼任，2009.7—2010.3）

副 科 长 商利军（2009.7—2010.3）

刘　龙（2009.7—2010.3

3. 直属单位

（1）海外工程技术中心（2009.8—2010.3）

主要职责：钻采新技术、新工艺研究与推广应用；为公司开拓国际石油工程技术服务市场提供技术支持；开展试油、试采、测试、酸化压裂等工程技术研究和产业化建设；负责院国际市场的开发管理工作，承担国际市场生产经营指标等。

主　　任 路　正（2009.8—2010.3）

副 主 任 王　雷（2009.8—2010.3）

庞广春（2009.8—2010.3）

牛增前（2009.8—2010.3）

张立军（2009.8—2010.3）

（2）工程技术战略发展研究室（2009.8—2010.3）

主要职责：开展石油工程技术发展战略研究，为公司工程技术发展方针目标提供依据；收集跟踪国内外石油工程新工艺、新技术发展动态，提出公司石油工程技术重点研究方向；收集跟踪国内外石油工程知名企业管理模式、经济技术指标、技术市场创收创效指标，开展对标分析等。

主　　任 周凤翔（2009.8—2010.3）

副 主 任 郭志勤（2009.8—2010.3）

（3）博士工作站（2009.8—2010.3）

主要职责：负责组织博士研究生的科研立项工作，协调推动科技研发工作的有效运行；负责协调协助科研成果现场应用、试验及科研成果的转化推广工作；负责博士的管理与服务。

主　　任　李洪俊（兼任，2009.8—2010.3）

（4）大港协调办公室（2009.8—2010.3）

主要职责：负责大港油区市场和行业市场的开发管理工作；负责日常生产组织与协调、生产经营成果统计与分析，组织每周大港片区生产经营例会；负责院安全监督站工作责任；负责大港片区应急办公室工作；负责大港片区设备物资的日常管理工作；负责大港片区的治安防范工作；负责技术档案资料的管理工作；负责大港片区的日常财务管理等。

主　　任　高志起（兼任，2009.8—2010.3）

副 主 任　陈冀尧（2009.8—2010.3）

梅　雷（2009.8—2010.3）

4. 基层单位

（1）冀东分院（2008.4—2010.3）

主要职责：承担冀东油田安排的钻采技术攻关及先导试验项目研究；根据冀东油田安排，提供钻采技术现场服务；负责区块钻采工程方案编制；负责单井钻井、完井、侧钻及采油工程（工艺）设计编制；负责大型增产措施（压裂、酸化、防砂）工程（工艺）设计和编制；负责钻井数据库的加载工作，勘探开发重点区块压力预测；根据甲方要求参加生产技术专业会议和科技交流研讨会议；负责完成冀东油田交办的其他工作。

院　　长　葛贵付（兼任，2008.4—2009.7）

张映辉（2009.8—2010.3）

副 院 长　张文华（常务，兼任，2008.5—2009.6）

张映辉（2008.4—2009.3）

党　伟（2008.4—2009.3）

王　雷（2008.4—2009.3）

贾红战（2009.8—2010.3）

李瑞明（2009.8—2010.3）

（2）钻井工程技术中心（2008.4—2010.3）

主要职责：从事钻井（侧钻）工程设计，钻井新工艺、新技术的研究和现场技术服务；负责所有钻井、油层保护及油水井措施过程中入井液与化学添加剂的研发、配置、加工、销售和现场技术服务工作；所有石油集输、储运系统、化学添加剂的研发、配置、加工、销售和现场技术服务。

主　　任　秦建民（2008.4—2010.3）

副 主 任　肖松平（2008.4—2010.3）

（3）完井工程技术中心（2008.4—2010.3）

主要职责：从事完井工程设计、完井新工艺、新技术的研究和现场技术服务；完井过程中入井液与化学添加剂的研发、配置、加工、销售和现场技术服务。

主　　任　李洪俊（兼任，2008.4—2010.3）

副 主 任　张　恒（2008.4—2010.3）

庞广春（2008.4—2010.3）

（4）下套管技术服务中心（2008.4—2010.3）

主要职责：从事专业化下套管技术服务、套管钻井技术服务以及下套管工艺技术、钻采仪器仪表等相关技术产品的研究开发与技术服务工作。

主　　任　刘　河（2008.4—2010.3）

副 主 任　郭松林（2008.4—2010.3）

赵义荣（2008.4—2010.3）

欧阳斌（2008.4—2010.3）

（5）石油机具研发中心（2008.4—2010.3）

主要职责：从事钻井、采油采气、井下作业机具及仪器仪表的研发和相关新工艺、新技术的引进、推广、生产和技术服务工作。

主　　任　程智远（2008.4—2010.3）

副 主 任　郭志勤（2008.4—2010.3）

（6）国际工程技术中心（2008.4—2009.8）

主要职责：从事国际项目开发与管理、国际市场工作计划、实施方案、国际市场信息及投标管理、国际项目日常管理、出国手续及护照管理、出国人员教育、组织现场作业指导书和专项技术培训等工作。

主　　任　路　正（2008.4—2009.8）
副 主 任　廉树明（2008.4—2009.8）
张立军（2008.4—2009.8）

（7）西部工程技术中心（2008.4—2010.3）

主要职责：从事为西部各油田提供项目开发方案及采气方案的编制科学指导，负责单井地质、钻井、压裂、采气工艺设计工作。

主　　任　刘建东（2008.4—2010.3）
副 主 任　张荣文（2008.4—2010.3）
陈冀尧（2008.4—2010.3）
左庆新（2008.4—2010.3）
马洪芬（2008.4—2010.3）
吴广海（2008.4—2010.3）

（8）油藏工程技术中心（2008.4—2010.3）

主要职责：从事油气藏开发方案编制，测井、录井工程技术研发及成果应用，配合做好钻采等方案研究编制工作。

主　　任　于凤梅（2008.4—2010.3）

（10）综合服务中心（2008.4—2010.3）

主要职责：负责行政后勤服务和管理工作；负责本单位大小客车、各种运输车辆的派遣、雇用、出租等管理和服务工作；负责车辆保养和职业驾驶员的安全教育工作。

主　　任　刘宝光（2008.4 —2010.3）
副 主 任　贾志强（2008.4 —2010.3）

（二）工程技术研究院大港分院（2010.3—2013.7）

2010 年 3 月 16 日，渤海钻探工程有限公司工程技术研究院和钻井工艺研究院整体合并，组建新的工程技术研究院，列公司二级单位管理。工程院在天津经济技术开发区注册。工程院在大港油区设大港分院，为副处级单位，所属单位仍在原址办公。大港分院机关设：综合办公室、生产技术与质量安全办公室、经营计划办公室、财务资产办公室等 4 个办公室。基层单位设：钻井工程技术中心、完井工程技术中心、石油机具研发中心、油田化学研发中心、西部工程技术中心、油藏工程技术中心、下套管技术服务中心、冀东分院、综合服务中心等 9 个单位。

2010 年 7 月，公司下套管业务整合，下套管技术服务中心业务及人员整体划归渤钻钻井技术服务公司。

2011 年 1 月，工程技术研究院根据专业归口整合，组建油气增产措施中心，列为大港分院基层单位管理，工作地点设在大港油区。同月，成立苏里格项目部，撤销西部工程技术中心，列大港分院基层单位管理。

2011 年 4 月，为理顺公司苏里格地区地质研究管理体制，不断提高该地区油气开发速度和效益，在工程技术研究院成立地质研究分院，工程技术研究院根据专业归口，将油藏工程技术中心业务及人员整体划归地质分院，办公地点调至塘沽经济开发区。

1. 领导机构

院　　长　张文华（2010.3—2010.4）
　　　　　　张永忠（2010.4—2012.4）
　　　　　　何志勇（兼任，2012.4—2013.7）
副 院 长　刘建东（2010.5—2013.7）
　　　　　　刘　河（2010.5—2013.7）

2. 机关部门

（1）综合办公室（2010.3—2013.7）

主要职责：分院机关科室之一，将工程技术研究院院长办公室、党委办公室和人事劳资科工作职能合并，负责分院行政事务、党群工作和劳资、人力资源管理等工作。

主　　任　刘　河（兼任，2010.3—2013.7）

（2）经营计划办公室（2010.3—2013.7）

主要职责：分院机关科室之一，主要负责分院市场运行、经营合同、计划和设备管理。

主　　任　刘建东（兼任，2012.7—2013.7）
副 主 任　梅　雷（2012.3—2013.7）

（3）生产技术与质量安全办公室（2010.3—2013.7）

主要职责：分院机关科室之一，主要负责分院科研管理、生产、安全、信息化等管理工作。

主　　任　贾红战（2012.2—7）

　　　　　　刘　河（兼任，2012.7—2013.7）

副 主 任　陈冀尧（2010.3—2011.1）

　　　　　　张荣文（2011.1—2012.2）

　　　　　　苏秀纯（2011.7—2013.7）

　　　　　　商立军（2013.4—7）

（4）财务资产办公室（2010.3—2013.7）

主要职责：分院机关科室之一，主要负责分院财务和资产管理。

副 主 任　沈恩江（2011.7—2013.7）

（5）机关党支部（2010.3—2013.7）

机关党支部，由机关各办公室党员组成。

党支部书记　刘　河（2010.3—2013.7）

3. 基层单位

（1）钻井工程技术中心（2010.3—2013.7）

主要职责：负责钻井工程、钻井液等科研立项及相关的前沿技术的设计、方案编制、现场跟踪服务。同时就中心的技术做对外技术交流合作、科技宣传、产品开发、市场开发工作；负责钻井工程技术的新工艺、新技术的技术服务和市场开发。

主　　任　秦建民（2010.3—2013.7）

副 主 任　肖松平（2010.3—2013.7）

　　　　　　李瑞明（2011.1—2013.7）

党支部书记　秦建民（2010.3—2013.7）

（2）完井工程技术中心（2010.3—2013.7）

主要职责：组织完井工程等专业课题的科研立项、科研项目的运行管理；负责完井工程等专业的技术服务、技术创新、产品开发、市场开发工作。

主　　任　张　恒（2010.3—2012.2）

　　　　　　张荣文（2012.2—2013.7）

副 主 任　张立娜（2010.3—2013.4）

张　恒（2012.2—2013.7）

党支部书记　张　恒（2010.3—2013.7）

（3）石油机具研发中心（2010.3—2013.7）

主要职责：负责钻井、采油采气、井下作业机具及仪器仪表专业课题的科研立项、科研项目的运行并对相关新工艺、新技术的引进、推广、生产和技术服务工作。

主　　任　程智远（2010.3—2013.7）

副 主 任　刘志斌（2010.3—2013.7）

党支部书记　程智远（2010.3—2013.7）

（4）油藏工程技术中心（2010.3—2011.4）

主要职责：从事油气藏开发方案编制，测井、录井工程技术研发及成果应用，配合做好钻采等方案研究编制工作。

主　　任　于凤梅（2010.3—2011.4）

党支部书记　于凤梅（2010.3—2011.4）

（5）下套管技术服务中心（2010.3—7）

主要职责：从事专业化下套管技术服务、套管钻井技术服务以及下套管工艺技术、钻采仪器仪表等相关技术产品的研究开发与技术服务工作。

主　　任　张映辉（2010.4—7）

副 主 任　郭松林（2010.4—7）

赵义荣（2010.3—7）

欧阳斌（2010.3—7）

党支部书记　张映辉（2010.4—7）

（6）油田化学研发中心（2010.3—2013.7）

主要职责：负责钻井、固井入井液，采油措施、油层保护等专业相关新工艺、新技术、新产品、新材料的研发、引进、推广以及生产和销售工作；负责钻井、固井入井液，采油措施、油层保护等方案设计、现场施工和技术服务工作。

主　　任　贾红战（2012.7—2013.7）

副 主 任　苏秀纯（2010.3—2012.7）

李青一（2012.7—2013.4）

张立军（2013.4—7）

党支部书记　苏秀纯（2010.3—2012.7）

李青一（2012.8—2013.7）

（7）西部工程技术中心（2010.3—2011.1）

主要职责：负责组织苏里格气田压裂、采气等专业课题的科研立项、科研项目的运行管理等工作；负责代表院从事苏里格气田的市场策划、市场开发、合同签订、合同履行、合同结算。

主　　任　刘建东（2010.3—2011.1）

副 主 任　张荣文（2010.3—2011.1）

左庆新（2010.3—2011.1）

吴广海（2010.3—2011.1）

马洪芬（2010.3—2011.1）

党支部书记　刘建东（2010.3—2011.1）

（8）冀东分院—冀东项目部（2010.3—2013.7）

主要职责：为冀东油田勘探开发提供钻采一体化方案和承担钻井、完井、侧钻井工程设计及方案编制；负责冀东油田复杂结构井举升、增产措施及油层改造方案设计；负责冀东滩海地区技术研究和技术准备。

经　　理　贾红战（2010.3—2012.2）

副 经 理　李瑞明（2010.3—2011.1）

姬　智（2012.7—2013.7）

党支部书记　李瑞明（2010.3—2011.1）

（9）综合服务中心（2010.3—2013.7）

主要职责：负责组织物业工作和车辆的运行管理等工作；负责全院房、水、电的管理、组织、实施工作；负责院里的基建申报和组织实施工作。

主　　任　刘宝光（2010.3—2013.7）

副 主 任　贾志强（2010.3—2013.7）

党支部书记　刘宝光（2010.3—2013.7）

（10）油气增产措施中心（2011.1—2013.7）

主要职责：负责为公司增产措施和采油采气技术服务提供技术支撑；负责组织增产措施和采油采气专业课题的科研立项、科研项目的运行管理等工作；负责增产措施和采油采气专业的前沿技术的调研、产品开发、市场开发工作；负责增产措施和采油采气方案设计、现场施工和技术服务工作等。

主　　任　党　伟（2011.1—2013.7）
副 主 任　牛增前（2011.1—2013.7）
　　　　　　张立军（2011.1—2013.4）
　　　　　　吴广海（2011.1—2013.7）
　　　　　　马洪芬（2011.1—2013.7）
　　　　　　李青一（2013.4—7）

（11）苏里格项目部（2011.1—2013.7）

主要职责：负责苏里格市场开发、协调，负责院在苏里格技术服务队伍的生产、QHSE 管理、生活后勤管理和协调，负责苏里格市场的经营管理和财务结算工作。

经　　理　刘建东（兼任，2011.1—2012.7）
　　　　　　左庆新（2012.7—2013.7）
副 经 理　左庆新（2011.1—2012.7）
　　　　　　陈冀尧（2012.1—2013.7）
党支部书记　左庆新（2012.8—2013.7）

四、地质研究分院（2011.4—2013.12）

2011 年 4 月 11 日，成立地质研究分院，列工程技术研究院所属副处级单位管理，办公地点在开发区。同时将工程院油藏工程技术中心的业务及人员纳入地质分院管理。地质分院设地质研究室、油藏研究室、方案设计室、油藏工程技术中心、生产协调室 5 个科室。

（一）领导机构

院　　长　邓建华（兼任，2011.4—2013.12）
副 院 长　王玉善（2013.4—12）
　　　　　　王任一（2013.4—12）
党支部书记　邓建华（2011.4—2013.12）
副 书 记　邹　颖（2011.5—2013.12）

（二）基层单位

1. 地质研究室（2011.4—2013.12）

主　　任　王玉善（2012.2—2013.12）

副 主 任　李国良（2013.4—12）

2. 油藏研究室（2011.4—12）

主　　任　王任一（2011.5—2013.12）

3. 方案设计室（2011.4—2013.12）

主　　任　庞广春（2011.5—2013.12）

4. 油藏工程技术中心（2011.4—2013.12）

主　　任　江　波（2012.2—2012.10）

5. 生产协调室（2011.4—2013.12）

主　　任　邹　颖（2011.5—2013.12）

第二十六节　国际钻采物资供应分公司（2010.3—2013.12）

2009 年 4 月 14 日，成立渤海钻探工程有限公司国际钻采物资供应分公司（简称国际物资公司），暂列物资管理中心所属副处级单位管理。国际物资公司定员 35 人，其中经理 1 人（按副处级配备，由物资管理中心 1 名副主任兼任，专职负责国际物资公司工作）、科级职数 14 人（含副经理 1 人）。下设综合办公室、财务经营部、物资采购部、物流业务部、进口业务部、塔里木项目部等 6 个部室。

2010 年 3 月 16 日，将国际物资公司列公司二级单位管理（正处级）。

2009 年 3 月 27 日，经渤海钻探工程公司总经理办公会研究，决定成立国际钻采物资供应分公司，2009 年 5 月 21 日，完成在开发区的注册登记，2009 年 10 月 4 日，正式启动运行，为物资管理中心附属单位。2010 年 3 月 15 日，国际钻采物资供应分公司被列为渤海钻探工程公司二级单位。国际钻采物资供应分公司主要负责公司物资供销的外经外贸管理和公司设备物资的进出口业务管理；负责公司相关单位海外物资需求的收集与分析，并根据需求编制国内采购计划，组织开展国内采购、验收和供应保障等工作；负责根据国际市场需要，自主开拓中石油其他单位海外物资供应市场；负责自主开拓海外产品销售市场；负责协助公司所属单位自营产品的外销；根据市场需要，适时开展国内市场的物资供销工作。2011 年 5 月 3 日，新增报废资产处置业务。

截止 2013 年 12 月 31 日国际钻采物资供应分公司有合同化员工 65 人。其中：男员工 37 人，女员工 28 人；党员 34 人，团员 2 人；具有中级职称 28 人，高级职称 13 人；公司有处级管理人员 4 人，科级管理人员 19 人，一般管理人员 46 人，另有劳务工 23 人。公司下设 10 个科室（9 个业务科室和 3 个职能科室）4 个项目部（2 个国内项目部和 2 个国际项目部）和 1 个子公司，分别是市场开发科、物资采购科、进出口业务科、物流业务科、设备采购科、报废资产管理科、西部物资管理科、财务经营科、生产安全科、综合管理科；长庆项目部、油料项目部、东南亚项目部、中东项目部；ETN（伊特恩）公司。

一、领导机构

（一）国际钻采物资供应分公司行政领导名录（2010.3—2013.12）

经　　理　李江新（2010.3—2013.12）
副 经 理　吕彦敏（2010.3—2013.12）
　　　　　张玉清（2011.3—2013.12）
　　　　　陈宏标（2013.3—12）

（二）国际钻采物资供应分公司党总支领导名录（2010.3—2013.12）

书　　记　吕彦敏（2010.3—2013.12）
副 书 记　李江新（2010.3—2013.12）
委　　员　张玉清（2011.3—2013.12）
　　　　　陈宏标（2013.3—12）

（三）国际钻采物资供应分公司工会领导名录（2010.3—2013.12）

主　　席　吕彦敏（2010.6—2013.12）

二、机关部门

（一）财务经营科（2010.3—2013.12）

财务经营科有员工 7 人。主要负责财务管理、财务结算、外汇业务等管理工作。

科　　长 黄　军（2009.5—2013.12）

（二）生产安全科

生产安全科有员工 5 人。主要负责安全管理、体系运行、质量计量标准、健康环保、节能、交通、消防、海外 HSE 管理、应急管理、安全监督、企业管理、合同管理、法律事务、科技管理、项目管理、设备管理、统计、物资采购管理、供应商管理、ERP 运行维护、招投标管理、生产例会。

科　　长 陈宏标（兼任，2013.1—12）

（三）综合管理科（2010.9—2013.12）

综合管理科有员工 7 人。主要负责秘书、文书、督办、网络新闻、计划生育、公务接待、收发、文印、宣传、维稳、干部管理、党员管理、统战、纪检监察、劳动组织、员工管理、工资管理、绩效考核、培训管理、职称管理、社会统筹、人事档案、人才交流、民主管理、工会组织、女工、团组织、经济保护、新闻宣传、文体活动、境外管理、出入境管理、综合档案管理、通信、后勤服务、门户网站建设与维护等工作。

科　　长 张宝玉（2010.9—2013.12）

副 科 长 尹东宝（2009.5—2010.9）

（四）市场开发科（（2010.3—2013.12）

市场开发科有员工 4 人，主要职责是全面负责国内国际贸易市场开发及渤海钻探公司海外物资采购供应业务。中东项目部、东南亚项目部和驻迪拜伊特恩贸易公司（ETN）业务隶属市场开发科管理。

科　　长 李新强（2010.2—2013.12）

副 科 长 陈　楠（2012.6—2013.12）

（五）物资采购科（2010.3—2013.12）

物资采购科有员工 8 人，主要负责公司非关联交易市场所需国内物资材料的采购、组织货源、签订合同等工作，协助财务经营科办理对内收款、对外付款工作。

科　　长 刘建强（2010.2—2013.12）

（六）进出口业务科（2010.3—2013.12）

进出口业务科有员工6人。主要负责进口产品的国际运输、保险、港口报关接运、商检、验收、索赔等工作。

科　　长 平海波（2009.5—2013.12）

（七）物流业务科（2010.3—2013.12）

负责办理出口产品的租船、订舱、报关、集港、发运、保险等出口手续，负责公司仓储物资的验收、保管、储存发放。

科　　长 杨立冬（2009.5—2013.12）

（八）设备采购科（2010.3—2013.12）

设备采购科有员工5人。主要负责渤海钻探公司各类投资设备的采购、组织货源、签订合同等工作。

科　　长 蒋品凡（2013.1—12）

（九）报废资产管理科（2012.1—2013.12）

报废资产管理科有员工2人。主要负责渤海钻探公司内部报废资产的处置工作。

副 科 长 李万红（2012.1—2013.12）

（十）西部物资管理科（2012.8—2013.12）

西部物资管理科有员工3人，与长庆石油工程事业部物资供应科实行一个机构两块牌子运作。主要负责总包公司物资供应管理工作。

科　　长 赵　飞（2012.8—2013.12）

三、所属三级单位

（一）长庆项目部（2010.9—2013.12）

长庆项目部有员工3人。主要为油气合作开发公司的苏里格和大港区域提供生产物资保障，以及为相关施工作业队伍提供物资保障。

经　　理 聂海峰（2010.9—2013.12）

副 经 理 张满义（2012.1—2013.12）

（二）油料项目部（2011.3—2013.12）

油料项目部有员工7人。主要为石油工程总承包分公司和长庆沿线市场的生产作业提供生产用油料保障。

经　　理　张　琳（2011.3—2013.12）

副 经 理　程大伟（2012.6—2013.12）

（三）东南亚项目部（2010.9—2011.8）

东南亚项目部主要负责开拓印度尼西亚和缅甸的石油物资保障市场。

经　　理　尹东宝（2010.9—2011.8）

（四）中东项目部（2013.8—12）

中东项目部主要负责伊拉克现场相关施工单位采购信息的收集；现场零星物资的采购；伊拉克进口物资的清关；伊拉克进口物资免税手续的办理；伊拉克到货物资的内陆运输；伊拉克仓储基地的整体管理；库存物资的统计；伊拉克各项目间物资的调运等。

经　　理　李新强（兼任，2013.8—12）

（五）ETN（伊特恩）公司（2013.8—12）

主要负责迪拜库房的管理；利用迪拜是中东地区贸易中心的有利条件，为渤海钻探中东地区施工单位进行境外物资集中采购；利用迪拜自由贸易区零税收的优惠政策，发挥ETN公司价格调节杠杆作用，配合财务部门做好海外项目的税收筹划工作；利用各石油公司在迪拜均设立有办事机构的契机，依托CNPC、渤海钻探的品牌优势，积极开展国际贸易活动。

经　　理　李新强（兼任，2013.8—12）

四、国际钻采物资供应分公司党总支所属各党支部（2010.3—2013.12）

（一）第一党支部（2010.3—2013.12）

第一党支部成立于2010年3月，有党员9人。

书　　记　刘建强（2010.3—2013.12）

委　　员　张宝玉（2010.3—2013.12）

　　　　　　靳　然（2010.3—2013.12）

（二）第二党支部（2010.3—2013.12）

第二党支部成立于2010年3月，有党员14人。

书　　记　杨立冬（2010.3—2013.12）

委　　员　徐厚荣（2010.3—2013.12）

　　　　　　尹东宝（2010.3—2013.12）

（三）第三党支部（2010.3—2013.12）

第三党支部成立于 2012 年 6 月，有党员 10 人。

书　　记　聂海峰（2012.6—2013.12）

委　　员　张　琳（2012.6—2013.12）

赵　飞（2012.6—2013.12）

第二十七节　职工教育培训中心（2013.4—12）

为进一步加强公司培训管理工作，提高整体培训质量和培训效率，经 2013 年公司第十一次总经理办公会议研究，整合原钻井技术服务公司所属职工培训管理中心（中国石油大港钻井技术培训中心）、井下作业公司人力资源培训中心（技能鉴定站）的业务、资质、资产、设备设施、场地、人员，成立中国石油集团渤海钻探工程有限公司职工教育培训中心（中国石油大港钻井技术培训中心，以下简称培训中心），列公司直属处级单位管理。王建新任主任、党总支书记。党组织关系隶属于渤海钻探公司机关党委。注册和办公地点在天津市大港区大港油田。

培训中心是以企业员工培训为主的职工教育培训机构，主要承担公司所属单位员工培训；集团公司指令性培训任务和技能大赛；公司指令性技能竞赛以及参加集团公司钻井、井下等工种技能竞赛选手集训任务等业务。在册员工为 161 人。设机关科室 5 个：综合管理科（人事劳资科）、财务科、安全监督科、培训项目管理科、教务管理科；所属单位 4 个：培训教学部、钻井实训基地、井下实训基地、后勤服务保障部；挂靠单位 1 个：鉴定组织一科（第一钻井鉴定站）。

2013 年 6 月，经渤海钻探公司机关党委会议研究决定，成立中共渤海钻探工程有限公司职工教育培训中心总支部委员会，王建新担任党总支书记。所属党支部 4 个，共有党员 62 人。

2013 年 4 月至 12 月，培训中心实现了整合后的平稳过渡，组织机构健全，管理运行顺畅，职工队伍和谐稳定。

一、领导机构

（一）职工教育培训中心行政领导名录（2013.4—12）

主　　任　王建新（2013.4—12）
副 主 任　王书侠（女，满族，2013.4—12）
　　　　　高志和（2013.4—12）
安全总监　高志和（兼任，2013.4—12）

（二）职工教育培训中心党总支领导名录（2013.4—12）

书　　记　王建新（2013.4—12）
副 书 记　王书侠（2013.4—12）
委　　员　高志和（2013.6—12）

（三）职工教育培训中心工会领导名录（2013.4—12）

主　　席　王书侠（2013.6—12）

（四）职工教育培训中心主任助理名录

主任助理　马葆东（2013.6—12）
　　　　　张丽芬（女，2013.6—12）

二、机关部门

（一）综合管理科（人事劳资科）（2013.4—12）

负 责 人　刘莹莹（女，2013.4—12）
　　　　　李　兵（2013.4—12）

（二）财务科（2013.4—12）

科　　长　谢俊玲（2013.6—12）
副 科 长　逄金玉（2013.6—12）

（三）安全监督科（2013.4—12）

科　　长　闫金杰（2013.6—12）

（四）培训项目管理科（2013.4—12）

科　　长　徐世珍（2013.6—12）

（五）教务管理科（2013.4—12）

副 科 长　刘　智（2013.6—12）

三、所属单位

（一）培训教学部（2013.4—12）

培训教学部是职工教育培训中心成立时新划分单位，主要负责教科研、教学课件开发、开发管理题库等工作。隶属教务管理科管理。

负 责 人　刘　智（兼任，2013.6—12）

（二）钻井实训基地（2013.4—12）

钻井实训基地的前身是钻井技术服务公司职工培训管理中心培训部。2013 年 4 月，职工教育培训中心成立时，更名为钻井实训基地。

主　　任　张　勇（2013.8—12）

党支部书记　刘　智（2013.6—12）

（三）井下实训基地（2013.4—12）

井下实训基地的前身是井下作业公司人力资源培训中心（技能鉴定站）。2013 年 4 月，职工教育培训中心成立时，更名为井下实训基地。

主　　任　孙延罡（2013.6—12）

党支部书记　王　桓（2013.6—12）

（四）后勤服务保障部（2013.4—12）

后勤服务保障部的前身是钻井技术服务公司职工培训管理中心的餐饮部和住宿部。2013 年 4 月，职工教育培训中心成立时，合并原部门后增加采购物资等业务，更名为后勤服务保障部。

副 主 任　吕　辉（2013.6—12）

党支部书记　吕　辉（2013.6—12）

四、挂靠在职业教育培训中心的鉴定组织一科（第一钻井鉴定站）（2013.4—12）

鉴定组织一科（第一钻井鉴定站）前身是钻井技术服务公司职业技能鉴定中心下设单位，2013 年 4 月，转移挂靠至职业教育培训中心，继续开展有关技能鉴定工作。

站长（科长）　宋丙朝（2013.6—12）

第五章　附　录

第一节　组织机构名录及沿革图

一、2008年渤海钻探工程有限公司组织机构名录

单　位		地　址
一、渤海钻探工程有限公司机关职能部门（15个）		
1	总经理办公室	天津经济技术开发区
2	党委办公室（维稳办、宣传部、武装保卫处）	天津经济技术开发区
3	市场与生产协调处	天津经济技术开发区
4	质量安全环保处	天津经济技术开发区
5	工程技术处	天津经济技术开发区
6	科技开发处	天津经济技术开发区
7	企管法规处	天津经济技术开发区
8	规划计划处	天津经济技术开发区
9	劳动工资处	天津经济技术开发区
10	财务资产处	天津经济技术开发区
11	人事处（组织部）	天津经济技术开发区
12	纪检监察处	天津经济技术开发区
13	群众工作处	天津经济技术开发区
14	审计处	天津经济技术开发区
15	装备处	天津经济技术开发区
二、西部钻探工程有限公司附属单位（4个）		
1	新闻文体中心	天津经济技术开发区
2	安全监督总站	天津经济技术开发区

续表

单　位		地　址
3	井控管理中心	天津经济技术开发区
4	人事服务中心	天津经济技术开发区
三、渤海钻探工程有限公司直属单位（8 个）		
1	机关事务中心	天津经济技术开发区
2	华北石油工程事业部	天津经济技术开发区
3	大港石油工程事业部	天津经济技术开发区
4	冀东石油工程事业部	天津经济技术开发区
5	物资管理中心	天津经济技术开发区
6	信息中心	天津经济技术开发区
7	财务结算中心	天津经济技术开发区
8	国际工程公司（国际合作部）	天津经济技术开发区
四、渤海钻探工程有限公司所属二级单位（16 个）		
1	塔里木钻井分公司	新疆库尔勒市
2	石油工程总承包分公司	陕西省西安市
3	第一钻井工程分公司	天津市滨海新区大港油田
4	第二钻井工程分公司	河北省廊坊市
5	第三钻井工程分公司	天津市滨海新区大港油田
6	第四钻井工程分公司	河北省任丘市
7	第五钻井工程分公司	河北省河间市
8	定向井技术服务分公司	天津市滨海新区大港油田
9	测井分公司	天津市滨海新区大港油田
10	第一固井分公司	河北省任丘市
11	第二固井分公司	天津市滨海新区大港油田
12	第一录井分公司	天津市滨海新区大港油田
13	第二录井分公司	河北省任丘市
14	钻井技术服务分公司	天津市滨海新区大港油田
15	管具技术服务分公司	河北省任丘市
16	油气合作开发分公司	天津市滨海新区大港油田

二、2008年—2013年渤海钻探工程有限公司组织机构沿革图

机构沿革图例说明

1. 本图主要按编年记事的方式简要绘制组织机构的沿革变化，主要包括机构的成立、更名、合并、拆分、撤销、划转、托管、业务重组整合等事项。

2. 本图中机构沿革变化以“机构名称”中首字对应年份为时间节点。机构名称在一年中发生多次变更的，只显示最终名称。

3. 机构延续用“ ⟶ ”表示；撤销用“‖”符号表示；合并用“ ⏋”符号表示；分设（分拆）用“⎿ ”符号表示。

4. 一个机构挂两个牌子用“( )”符号表示；两个机构合署办公，用“⊐”符号表示，并在其后标注合署对象。

5. 具体符号使用详见每页机构沿革图下的“图例说明”。

（一）渤海钻探工程有限公司机关部门沿革图

渤海钻探工程有限公司机关部门沿革图（2008—2013）

2008	→ 2009 → 2010 → 2011 → 2012 →	2013（年份）
总经理办公室	→	总经理办公室
党委办公室（维稳办、宣传部、武装保卫处）	→	党委办公室（维稳办、宣传部、武装保卫处）
规划计划处	→	规划计划处
市场与生产协调处	→	市场与生产协调处
财务资产处	→	财务资产处
人事处（组织部）	→	人事处（组织部）
企管法规处	→	企管法规与质量管理处
工程技术处	→	工程技术处
质量安全环保处	→	质量安全环保处
科技开发处	→	科技开发处
劳动工资处	→	劳动工资处
纪检监察处	→	纪检监察处
群众工作处	→	群众工作处
审计处	→	审计处
装备处	→	装备处

图例说明：——→：延续　⊏：分拆　⊐：合并　（　）：一个机构两块牌子

（二）渤海钻探工程有限公司直附属单位沿革图

渤海钻探工程有限公司直附属单位沿革图（2008—2013）

2008	→ 2013（年份）
机关事务中心	→ 机关事务中心
华北石油工程事业部	→ 华北石油工程事业部
大港石油工程事业部	→ 大港石油工程事业部
冀东石油工程事业部	→ 冀东石油工程事业部
物资管理中心	→ 物资管理中心
信息中心	→ 信息中心
财务结算中心	→ 财务结算中心
国际合作部	→ 国际合作部
新闻文体中心	→ 新闻文体中心
安全监督站	→ 安全监督站
井控管理中心	→ 井控管理中心
人事服务中心	→ 人事服务中心（职业技能鉴定中心）
社会保险管理中心（2012）	→ 社会保险管理中心

图例说明：——→：延续；⊏：分拆；⊐：合并；||：撤销

（三）渤海钻探工程有限公司所属单位沿革图

渤海钻探工程有限公司所属单位沿革图（2008—2013）（一）

2008 ——→ 2009 ——→ 2010 ——→ 2011 ——→ 2012 ——→ 2013（年份）

国际工程公司 ——→ 国际工程公司

塔里木钻井分公司 ——→ 塔里木钻井分公司

第一钻井工程分公司 ——→ 第一钻井工程分公司

第二钻井工程分公司 ——→ 第二钻井工程分公司

第三钻井工程分公司 ——→ 第三钻井工程分公司

第四钻井工程分公司、第六钻井工程分公司 合并（2010）——→ 第四钻井工程分公司

第五钻井工程分公司 ——→ 第五钻井工程分公司

图例说明　——→：延续　[：分拆　] ：合并　（ ）：一个机构两块牌子

渤海钻探工程有限公司所属单位沿革图（2008—2013）（二）

2008 → 2009 → 2010 → 2011 → 2012 → 2013（年份）

井下技术服务分公司 → 井下技术服务分公司

井下作业分公司 → 井下作业分公司

油气井测试分公司 → 油气井测试分公司

第一定向井分公司、第二定向井分公司 → 定向井技术服务分公司

测井分公司 → 测井分公司

第一固井分公司 → 第一固井分公司

第二固井分公司 → 第二固井分公司

钻井技术服务分公司 → 钻井技术服务分公司

第一录井分公司 → 第一录井分公司

第二录井分公司 → 第二录井分公司

管具技术服务分公司 → 管具技术服务分公司

国际钻采物资供应公司 → 国际钻采物资供应分公司

泥浆技术服务公司 → 泥浆技术服务分公司

油气合作开发分公司（长庆石油工程项目部） → 油气合作开发分公司

油气合作开发分公司（长庆石油工程项目部） → 长庆石油工程事业部 → 石油工程总承包分公司（长庆石油工程事业部） → 石油工程总承包分公司（长庆石油工程事业部）

钻井研究院、工程技术院 → 工程技术研究院

职工教育培训中心

图例说明　——→：延续　[ ]：分拆　[ ]：合并

三、2013年12月渤海钻探工程有限公司组织机构名录

单　位		所在地
一、机关部门（15个）		
1	总经理办公室	天津经济技术开发区
2	党委办公室（维稳办、宣传部、武装保卫处）	天津经济技术开发区
3	市场与生产协调处	天津经济技术开发区
4	安全环保与节能处	天津经济技术开发区
5	工程技术处	天津经济技术开发区
6	规划计划处	天津经济技术开发区
7	劳动工资处	天津经济技术开发区
8	财务资产处	天津经济技术开发区
9	人事处（组织部）	天津经济技术开发区
10	科技开发处	天津经济技术开发区
11	装备处	天津经济技术开发区
12	企管法规处	天津经济技术开发区
13	审计处	天津经济技术开发区
14	纪检监察处	天津经济技术开发区
15	群众工作处	天津经济技术开发区
二、附属机构（5个）		
1	人事服务中心（职业技能鉴定中心）	天津经济技术开发区
2	社会保险管理中心	天津经济技术开发区
3	安全监督总站	天津经济技术开发区
4	井控管理中心	天津经济技术开发区
5	新闻文体中心	天津经济技术开发区
三、直属机构（8个）		
1	国际合作事业部	天津经济技术开发区
2	物资管理中心	天津经济技术开发区
3	信息中心	天津经济技术开发区
4	财务结算中心	天津经济技术开发区
5	机关事务中心	天津经济技术开发区

续表

单 位		所在地
6	大港石油工程事业部	天津经济技术开发区
7	华北石油工程事业部	天津经济技术开发区
8	冀东石油工程事业部	天津经济技术开发区
四、二级单位（24个）		
1	国际工程公司	天津经济技术开发区
2	第一钻井工程分公司	天津大港区
3	第二钻井工程分公司	河北廊坊
4	第三钻井工程分公司	天津大港区
5	第四钻井工程分公司	河北任丘
6	第五钻井工程分公司	河北河间
7	塔里木钻井分公司（塔里木四勘）	新疆库尔勒
8	井下技术服务分公司	天津大港区
9	井下作业分公司	河北任丘
10	油气井测试分公司	河北廊坊
11	定向井分公司	天津大港区
12	测井分公司	天津大港区
13	第一固井分公司	河北任丘
14	第二固井分公司	天津大港区
15	第一录井分公司	天津大港区
16	第二录井分公司	河北任丘
17	钻井技术服务分公司	天津大港区
18	管具分公司	河北任丘
19	泥浆分公司	天津大港区
20	石油工程总包公司（长庆石油工程事业部）	陕西西安
21	油气合作开发分公司	陕西榆林
22	工程技术研究院	天津经济技术开发区
23	国际钻采物资供应分公司	天津经济技术开发区
24	职工教育培训中心	天津大港区

第二节　渤海钻探工程有限公司基本情况统计表

一、主要指标完成情况

主要生产经营指标	计量单位	2008	2009	2010	2011	2012	2013
一、钻井进尺	万米	411.85	294.04	339.83	409.99	461.71	457.43
1.探井	万米	64.33	54.35	57.68	56.37	47.78	53.99
2.开发井	万米	347.52	239.69	282.15	353.62	413.93	403.44
3.综合测井	口	2951	2293	2846	2993	3108	3174
4.录井	口	1497	1296	1488	2902	3074	2585
二、特殊工艺井技术服务							
1.水平井	口	145	47	91	159	174	159
2.欠平衡井	口	26	17	26	24	45	16
3.定向井	口	957	590	745	1005	1184	1171
三、总收入	亿元	112.07	116.04	136.46	175.01	230.40	259.67
1.主营业务收入	亿元	111.5	114.85	136.07	174.59	230.07	259.33
2.其他业务收入	亿元	0.57	1.19	0.39	0.42	0.33	0.34

二、员工按岗位分类情况

项目	年末人数	女性	管理人员	专业技术人员	技能操作人员
2008年	24881	—	3926	4121	16834
2009年	30055	—	5687	4766	19602
2010年	29518	—	6286	4794	18438
2011年	28988	4181	6472	4849	17667
2012年	28383	4187	6605	4870	16908
2013年	27627	4210	6572	5196	15859

三、主要专业队伍人员情况

项目 \ 年份		2008年	2009年	2010年	2011年	2012年	2013年
1. 钻井队（陆上）	队 数	231	181	181	221	228	234
	员工数	9547	9755	9600	6730	6717	6590
2. 固井队	队 数	22	24	21	16	31	32
	员工数	694	689	750	810	1232	1250
3. 录井队	队 数	442	274	274	274	274	274
	员工数	1756	1432	1203	1091	1058	1017
4. 测井队	队 数	36	40	53	39	39	40
	员工数	331	324	352	348	348	353
5. 定向井队	队 数	92	90	90	90	90	90
	员工数	261	429	493	417	411	403
6. 井下作业队	队 数	19	193	230	200	201	198
	员工数	223	3729	3939	3019	3234	3266

四、员工文化结构

年份	年末人数	博士研究生	硕士研究生	大学	大学普通班	大专	中专	技校	高中	初中及以下
2008	24881	—	—	—	—	—	—	—	—	—
2009	30055	—	—	—	—	—	—	—	—	—
2010	29518	—	—	—	—	—	—	—	—	—
2011	28988	15	196	6101	14	7344	3127	3729	1928	6534
2012	28383	52	235	6516	—	7561	2911	3498	1783	5827
2013	27627	56	270	7059	—	7613	2787	3344	1715	4783

五、员工年龄结构

年份	年末人数	30岁及以下	31至40岁	41至50岁	51至55岁	55岁以上	平均年龄
2008	24881	—	—	—	—	—	—
2009	30055	—	—	—	—	—	—
2010	29518	—	—	—	—	—	—
2011	28988	6307	9893	8697	2490	1601	35
2012	28383	6111	9006	9158	2500	1608	36
2013	27627	5710	8272	9405	2722	1518	36

六、党员队伍情况

项目＼年份		2008	2009	2010	2011	2012	2013
基层党委（个）		21	25	23	24	24	24
党总支部（个）		47	71	75	80	80	76
党支部（个）		520	712	720	746	745	763
党员总数（人）		6031	8612	9047	9419	9730	10066
	女	573	842	937	1023	1105	1201
	少数民族	129	188	202	214	234	246

七、历年员工培训情况

项　目＼年　份			2008	2009	2010	2011	2012	2013
当年参加培训人数			13700	20651	21959	26029	27622	24595
国外培训情况	小计		6	—	6	3	8	24
	培训期90天以上		—	—	1	—	4	1
国内培训情况	小计		45050	72043	62058	153165	77295	70254
	按培训组织单位分类	参加集团公司组织的培训	123	351	395	426	504	539
		参加公司组织的培训	44817	71076	61240	74474	68601	32138
		二级单位组织的培训	110	616	423	78265	8190	37577
	按参加培训人员分类	经营管理人员	11926	14974	12627	17614	6462	5868
		专业技术人员	15394	13035	11822	17860	4596	5364
		操作技能人员	17730	44034	37609	117691	16556	13339

第三节 渤海钻探工程有限公司专家队伍名单

一、享受政府特殊津贴人员名单

序号	姓名	性别	专业	时间
1	秦永和	男	钻井	2004年
2	王合林	男	钻井	2008年
3	柴细元	男	测井	2010年
4	运志森	男	钻井	2012年
5	杨砚杭	男	钻井柴油机	2010年

二、教授级高级职称人员名单

年份	职称	姓　名	人数
1999年	教授级高级工程师	秦文贵	1
2001年	教授级高级工程师	秦永和　王保记	2
2003年	教授级高级工程师	王合林	1
	教授级高级经济师	张旭光	1
2005年	教授级高级工程师	刘光忠　徐学军　钟德华　柴细元	4
2007年	教授级高级工程师	刘光木　张领臣　运志森 刘月军 周振良	5
	教授级高级政工师	顾金辉	1
2009年	教授级高级工程师	潘仁杰　王绍刚　张松杰　李洪俊 邵维志	5
2011年	教授级高级工程师	王泽明　马金山　王益山　陶瑞东	4
2013年	教授级高级工程师	范先祥　黄达全　赵福祥　尤军	4
	教授级高级经济师	桂王来	1
	教授级高级政工师	翟仲成	1

三、集团公司高级技术专家名单

序号	姓名	性别	专业	聘任期限
1	王合林	男	钻井	2012.1—2014.12
2	柴细元	男	测井	2012.1—2014.12
3	马金山	男	钻井	2013.1—2014.12
4	李立昌	男	钻井	2014.1—2015.12
5	魏春明	男	钻井	2014.1—2015.12

四、集团公司技能专家名单

序号	姓名	单位	性别	专业	聘任期限
1	杨砚杭	第四钻井工程分公司	男	钻井柴油机	2012.5—2015.4
2	王俊星	第二钻井工程分公司	男	钻井液	2012.5—2015.4
3	王信	泥浆技术服务分公司	男	钻井液	2012.5—2015.4
4	李爱忠	职工教育培训中心	男	钻井	2012.5—2015.4
5	张勇	职工教育培训中心	男	钻井	2012.5—2015.4

五、公司技术专家名单

序号	姓名	性别	专业	聘任期限
1	王合林	男	钻井	2012.1—2014.12
2	柴细元	男	测井	2012.1—2014.12
3	马金山	男	钻井	2013.1—2014.12
4	李立昌	男	钻井	2014.1—2015.12
5	魏春明	男	钻井	2014.1—2015.12

六、公司技能专家名单

序号	姓名	单位	性别	专业	聘任期限
1	杨砚杭	第四钻井工程分公司	男	钻井柴油机	2012.5—2015.4
2	王俊星	第二钻井工程分公司	男	钻井液	2012.5—2015.4
3	王信	泥浆技术服务分公司	男	钻井液	2012.5—2015.4
4	李爱忠	职工教育培训中心	男	钻井	2012.5—2015.4
5	张勇	职工教育培训中心	男	钻井	2012.5—2015.4

第四节 党代表、人大代表、政协委员、获得局级及以上荣誉的先进集体和先进个人

一、渤海钻探工程公司党代表、人大代表、政协代表名单

姓 名	年份	名称
秦文贵	2012	天津市第十次党代会代表
于凤梅	2012	天津市第十次党代会代表
陶 婧	2012	天津市第十次党代会代表
秦文贵	2013	天津市滨海新区第二次党代会代表
秦永和	2013	天津市人大代表
秦文贵	2013	天津市政协委员

二、国家级先进集体

1.【通过国家级高新技术企业认定】

经过国家相关部门层层把关，严格审核，2010 年公司一次性成功通过国家级高新技术企业认定（证书编号：GR200912000124），成为集团公司规模最大的国家级高新技术企业。

2.【荣获现代化创新成果国家级一等奖】

国务院国有资产监督管理委员会、工业和信息化部与中国企业联合会主

办，经全国企业管理现代化创新成果审定委员会（简称全国审委会）审定，公司总经理秦永和主创的企业管理现代化创新成果—“石油钻探企业提升核心竞争能力的技术创新管理”荣获一等奖。中油集团公司包括渤海钻探公司在内的两家单位获得一等奖，天津市仅有渤海钻探公司唯一一家单位获此殊荣。

3.【被评为全国“安康杯”竞赛优胜企业】

2010 年 5 月 27 日，中国能源化学工会周林部长受全国总工会和国家安全生产监督总局的委托，为荣获 2009 年度全国“安康杯”竞赛优胜企业颁奖，渤海钻探公司获此殊荣。

4.【被评为全国全民健身先进单位】

2010 年 3 月 23 日，天津市职工体育协会代表国家体育总局为公司颁发了“全国全民健身先进单位”奖牌，以表彰公司在“全国亿万职工健身”活动中的突出贡献。

5.【荣获“2010 年度全国企业文化建设优秀单位”荣誉称号】

2010 年 11 月 13 日至 15 日，中外企业文化 2010 北京峰会在北京京西宾馆召开，“爱国、创业、求实、奉献”的大庆精神被评为中国 60 年最具影响力十大企业精神，中国石油天然气集团公司被评为新中国 60 年企业精神培育十大摇篮组织，渤海钻探工程公司被评为“2010 年度全国企业文化建设优秀单位”。

6.【荣获全国五一劳动奖状】

2011 年 4 月 29 日，渤海钻探公司隆重召开了劳动模范和模范集体表彰大会，全国能源化学工会主席张成富专程从北京赶到大会现场，祝贺渤海钻探公司荣获“全国五一劳动奖状”。渤海钻探公司成立以来，认真贯彻集团公司的各项部署，大力实施“16246”发展战略，把握机遇，应对挑战，克服重重困难，化解种种风险，实现了年年有突破，岁岁上台阶，实现了跨越式的快速、稳健和持续发展。

7.【被评为中国诚信建设基地】

2011 年 4 月 7 日至 9 日，中国企业软实力系列高峰论坛——2011“诚信企业·决胜中国”企业诚信文化主题论坛在云南省昆明市召开，渤海钻探工程公司被评为“中国诚信建设基地”。公司成立以来，以为中国石油提供技术与服务支撑，保障国家能源安全为己任，发扬和践行大庆精神、铁人精神，按照“思想融合、理念提炼、体系构建、完善创新”的思路，逐步形成了以大庆精神铁人精神为灵魂，“坚定执着，追求卓越”的团队精神，和“以特色求发展，创建百年基业”的发展理念。公司以诚信为本，信誉为上，将对质量信誉的追求融入公司文化建设之中，逐步形成了具有渤海钻探特色的诚信文化。

8.【被认定为国家技术创新示范企业】

2012 年 11 月，经国家相关部门层层把关，严格审核，渤海钻探工程公司顺利通过国家技术创新示范企业认定，成为集团公司首家国家技术创新示范企业，也是目前全国百家此类企业之一。继 2009 年成为国家级高新技术企业后，再获殊荣。公司依靠科技引领企业发展，实施科技领先战略、打造一流技术型企业的坚定选择和追求，以及越来越多高科技含量的特色技术和产品。坚持科技研发与技术应用并重、科技创新与科技创业并举，驶入特色化、差异化和高端化发展“快速轨道”。坚持“人无我有、人有我优、人优我强”的技术创新理念。瞄准行业一流，强化研发，努力打造市场前景好、科技含量高的特色技术和产品。坚持科技研发与技术应用并重、科技创新与科技创业并举，每年优选十大科技研发项目和十大技术应用项目，形成“研发一批、推广一批、储备一批、展望一批”的良性循环；立足“研发—制造—服务”一体化，着力加快优秀成果转化，大力实施科技创业工程。树立“人才资源是第一资源”的理念。建立博士后科研工作站，搭建高层次人才引进与培养高地，制定科技创业奖励办法等一系列激励措施，打造一流技术型团队。

9.【荣获“2012 年度全国企业文化建设优秀单位”荣誉称号】

2012 年 11 月 24 日至 26 日，中外企业文化 2012 年峰会在广东省珠海市举行，会议表彰了 212 个中国企业文化建设优秀单位和 315 名中国企业文化建设先进工作者。经集团公司推荐，渤海钻探公司被评选为全国企业文化建设优秀单位。公司以为中国石油提供技术与服务支撑，保障国家能源安全为己任，发扬大庆精神、铁人精神，积极践行“坚定执着，追求卓越”的团队精神，和“以特色求发展，创建百年基业”的发展理念，积极宣贯公司企业文化理念，大力推进安全文化、廉洁文化等子文化建设，坚持从实际出发，促进企业文化理念与经营管理的融合，推进了企业文化内化于心、外化于形、固化于制。坚持企业文化的创新和与时俱进，把培育和宣传企业品牌，塑造英模人物、英模群体作为文化建设的重要组成部分，引导干部员工自觉践行企业文化，自觉发扬企业精神，推动企业文化优势转化为竞争优势。以“强达争”“三比”劳动竞赛等主题活动为载体，逐步培育形成具有渤海钻探特色的“争先文化”，成为公司五年发展的重要精神文化成果。

10.【14项成果荣获2012年度全国石油石化企业管理现代化创新优秀成果奖】

2012年9月21日至23日，由中国石油企业协会主办的2012年度全国石油石化企业管理现代化创新优秀成果、优秀论文、优秀著作发布交流会在湖南省长沙市隆重举行，公司14项管理现代化创新成果作为优秀成果在会上进行了发布，其中，公司创造的《石油钻探企业以保障战略实施为目标的导向激励薪酬管理》荣获一等奖，第二钻井工程分公司创造的《石油钻探企业区域钻井项目管理体制的创新构建》、国际工程分公司创造的《以效益最大化为目标的境外项目税收筹划管理》、第五钻井工程分公司创造的《基于低碳发展的钻井企业创新节能增效管理》、第一钻井工程分公司创造的《钻井设备“零故障”管理体系创建与实施》荣获二等奖，管具分公司创造的《基于HSE体系的“336”安全管理模式》、定向井分公司创造的《国际项目技术人才本地化战略实施》、第五钻井工程分公司创造的《基于提升创效能力的钻井企业责任成本管理》、钻井技术服务分公司创造的《石油工程技术服务企业“三三七”基层培训管理》、第四钻井工程分公司创造的《钻井企业“七到位”安全管理》、国际物资分公司创造的《以提高效率、效益为核心的国际物流系统建设与实施》、测井分公司创造的《以提升测井核心竞争力为目标的科技创新管理》、泥浆技术服务分公司创造的《适应新业务发展下泥浆工程师培养模式的构建与实施》、工程院创造的《“引进吸收+自主创新”的技术管理模式构建与实施》荣获三等奖。

11.【荣获全国“安康杯”竞赛优胜单位】

2012年6月15日，天津市总工会隆重召开“2011年度‘安康杯’竞赛表彰会”，对2011年度全国“安康杯”竞赛优胜单位、优秀班组以及优秀组织单位和优秀组织者进行了表彰，公司喜获“全国‘安康杯’竞赛优胜单位”称号。公司各单位围绕“加强班组建设，强化教育管理”这一主题，扎实开展安全生产管理各项工作，圆满实现了年初提出的“两个提高”“六个加强”“七个杜绝”和“两个不超”的工作目标。一是广泛宣传集团公司六条反违章禁令和公司十条反违章规定。二是健全和落实基层安全生产各项管理制度。三是落实安全生产教育培训。四是健全工会劳动保护监督检查组织网络。五是坚持对从事有毒有害岗位工作的职工进行全员体检。六是采取集中办班与利用工余时间学习相结合的办法集中举办培训班。七是发挥职工代表和劳动保护监督员的作用。

12.【被评为全国文明单位】

2012年3月2日，天津市召开精神文明建设工作表彰大会，隆重表彰第三批全国文明单位，2009年至2010年度天津市文明单位、文明社区、文明村镇，天津市未成年人思想道德建设工作先进单位，天津市精神文明建设工作先进个人、未成年人思想道德建设工作先进工作者。公司作为第三批全国文明单位，作了大会书面发言。公司以建设优势突出的国际化石油工程技术服务公司为发展目标，大力实施“16246”发展战略，紧紧抓住发展、稳定、和谐三件大事，坚持物质文明和精神文明一起抓，着眼于健全机制，完善措施，不断推进文明建设。公司始终坚持加强领导班子和干部队伍建设，加强党风廉政建设，为文明创建提供了坚强保障；坚持创新载体，将文明创建融入公司重要活动和重点工程中，增强了文明创建的成效；坚持以“强堡垒、达三标、争先进”主题活动为载体，下移重心，大力加强文明建设，着力打造具有中国石油特色的文明之师，呈现出了鲜明的石油特色和渤海钻探特色，受到了天津市国资委和市文明委的高度关注。

13.【荣获全国五一劳动奖状】

2013年12月9日，从全国工会深化职工之家建设、增强基层工会组织活力座谈会上，渤海钻探工程公司工会被评为“全国模范职工之家”“全国企业工会工作红旗单位”，同时被授予“全国五一劳动奖状”荣誉称号，这是全国总工会授予企业工会组织的最高荣誉。

14.【被评为第九届全国设备管理优秀单位】

2013年11月28日，在北京人民大会堂召开的全国设备管理工作先进表彰大会上，公司被授予第九届全国设备管理优秀单位，全国设备管理表彰活动，此次活动是经国务院批准，由隶属国家发改委的中国设备管理协会组织的一项重要活动。公司重组以来，装备系统广大员工紧紧围绕公司“16246”发展战略，以“装备保障”为核心，认真落实直线管理职责，精细各项设备管理工作，确保了公司主要装备完好；树立装备经营新理念，由传统的装备管理向装备经营转变，积极实施效益型装备管理，持续推进以“电代油”为主的节能降耗工作，经济效益明显；大力实施柴油机远程监控及油量自动计量项目，推动钻井队柴油机工减员，有效降低人工成本；开展了重点钻井设备专业化巡检，切实提高设备故障诊断水平，为钻井提速等生产经营提供了可靠装备保障。

15.【荣获全国企业文化建设优秀单位称号】

2011年11月12日，渤海钻探工程有限公司第二钻井工程分公司被全国企业文化建设研究会授予2011年度全国企业文化建设优秀单位荣誉称号。公司始终将企业文化建设工作贯穿于生产经营、企业管理和队伍建设等各项工作中，积极塑造“同心、同力、同向”团队精神，坚持“甲方是上帝、市场是饭碗、服务是天职、质量是生命、感情是纽带”的市场理念，在全体职工中广泛开展形势任务教育，持续推进精细管理，全面推进“人才强企”战略，切实体现“以人为本”的企业核心价值观，传承艰苦奋斗、埋头苦干的优良传统，在草原、荒漠、戈壁上塑造了“渤海钻二人”的良好形象。

16.【荣获全国工会优秀职工书屋】

为满足职工日益增长的精神文化需求，将建设“职工书屋”与深化“创建学习型组织，争做知识型职工”活动相结合，与实施职工素质工程并举，依托“职工书屋”“图书角”“流动书箱”等不同载体，创新多维读书新思路，健全保障制度、评比奖励制度，实现书香进井场、进班组、进车间，把“职工书屋”打造成内聚人气、外树形象的职工文化品牌。公司职工书屋于2009年获得天津市级“职工书屋”后，又相继获得2010年全国总工会“职工书屋示范点”、2011年“全国工会优秀职工书屋”，成功实现职工书屋建设的三级跳。

17.【荣获中国企业形象优秀单位】

2010年3月，井下作业公司荣获中国企业文化研究会中国企业形象优秀单位。近几年，坚持把企业文化建设纳入公司整体发展战略，用企业文化打造提升企业核心竞争力。通过组织培训考察，把课堂扩展到社会，引导大家更新观念。通过“五不落地”“四见本色”等具体要求，干部职工形成了改善环境、保护环境的共识，养成了文明施工、规范作业的习惯；通过想方设法满足职工的精神文化需求，千方百计为职工办好事、办实事，温暖了作业工的心，增强了企业的凝聚力。富有特色的井场文化、群众文化、关爱文化建设生机勃勃，充分激发了职工积极性创造性，为公司发展注入了源源活力与动力。

18.【荣获中国企业文化创新力十强】

2011年11月，井下作业公司荣获中国文化管理学会企业文化管理专业委员会中国企业文化创新力十强。在认真制定《十二五企业文化建设规划》的基础上，以《渤海钻探井下人》内部刊物为载体，传承中国石油“爱国、创业、求是、奉献”的企业精神，搭建起了企业文化建设系统框架，确立统一的价值理念、行为制度、视觉识别三个体系，建立了企业文化建设教育基地，注重在重点工程中锤炼企业之魂，在市场竞争中锤炼企业之魂，在建设高素质的员工队伍中锤炼企业之魂，形成了具有井下作业公司特色的安全文化、井场文化、典型文化、创新文化等“十大特色文化”，有效助推了企业的科学健康发展。

19.【荣获中国企业文化建设优秀单位】

2013年11月，井下作业公司荣获中国文化管理学会企业文化管理专业委员会中国企业文化建设优秀单位。把企业文化建设作为第一“软实力”来打造，作为第一“竞争力”来构筑，作为第一“文化力”来建设，从建立推进体系、紧抓根脉、创新载体、固化于行四个方面入手。在工作内容上，做到企业文化建设与生产经营相结合，突出齐抓共管；在工作载体上，做到主题活动与创新管理相结合，突出实践特色；在工作方法上，做到横向抓对标与纵向抓延伸相结合，突出典型培育和宣传；在工作效果上，做到全员行动广泛参与，突出文化自觉。编制了《企业文化手册》汇编《企业文化特色案例集》《媒体聚焦》，举办现场交流会，使企业文化建设保持稳健推进的良好态势。

20.【荣获全国实施卓越绩效模式先进企业】

2013 年，测井分公司首次荣获全国实施卓越绩效模式先进企业称号。长期以来，测井分公司坚持以质量求生存，依靠科技进步，推行科学管理，综合管理水平不断提高。为进一步落实科学发展观，坚持以人为本、全面协调和可持续发展的原则，持续提高公司的整体绩效和管理能力，不断改善服务质量，增强公司的战略执行力，推动公司获得长期成功，公司领导层决定 2010 年开始启动卓越绩效管理，2011 年全面实施。制定发展战略，引领企业发展；加强文化建设，提高企业竞争力；建立 QHSE 体系，提高管理水平；培育特色技术，提升技术实力；开展教育培训，提高员工素质；强化质量管理，铸就信誉品牌；强化安全环保工作，提高 HSE 管理水平；加强人才培养力度，实施人才强企战略；强化过程管理，完备管控机制；关注客户需求，追求客户满意。公司以“卓越绩效”为航标，指引公司战略的实施，以事实为依据进行市场决策和资源配置，并结合连续改进的措施令顾客满意。通过实施卓越绩效管理，战略执行力显著增强，市场占有率不断扩大，服务质量不断改善，整体绩效稳步提升，经营收入、上缴利润连创新高。

三、省部级先进集体

（1）渤海钻探工程有限公司第一钻井工程分公司党委，被评为中共中国石油天然气集团公司党组 2008 年思想政治工作先进集体。

（2）渤海钻探工程有限公司第一钻井工程分公司，被评为天津市设备管理协会 2009 年度设备管理优秀单位。

（3）渤海钻探工程有限公司第一钻井工程分公司，2009 年 10 月，荣获天津市开发档案创效益活动协调小组“天津市档案创效益成果三等奖”证书。

（4）渤海钻探工程有限公司第一钻井工程分公司，2009 年 12 月，被评为天津市设备管理协会 2009 年度天津市设备管理优秀单位。

（5）渤海钻探工程有限公司第一钻井工程分公司群众工作科，2010 年 1 月，被评为天津市总工会、天津市体育局天津市职工文化体育活动示范单位。

（6）渤海钻探工程有限公司第一钻井工程分公司质量安全环保科，2010 年 11 月，被评为中国质量协会石油分会 2010 年度石油工业用户满意服务单位。

（7）渤海钻探工程有限公司第一钻井工程分公司，2010 年 12 月，被评为天津市设备管理协会 2010 年度天津市设备管理优秀单位。

（8）渤海钻探工程有限公司第一钻井工程分公司，2011 年 11 月，荣获中国质量协会石油分会中石油 2011 年度石油工业优秀质量管理小组用户满意服务荣誉证书。

（9）渤海钻探工程有限公司第二钻井工程分公司，2009 年被河北省诚信企业评选办公室评为河北省诚信企业。

（10）渤海钻探工程有限公司第二钻井工程分公司，2009 年被河北省公安厅授予企事业单位内部治安防范工作先进单位荣誉称号。

（11）渤海钻探工程有限公司第二钻井工程分公司，2012 年荣获 2010 年至 2011 年度集团公司工程技术服务企业设备管理优秀单位荣誉称号。

（12）渤海钻探工程有限公司第三钻井工程分公司，2010 年，荣获集团公司工程技术服务企业设备管理优秀单位荣誉称号。

（13）渤海钻探工程有限公司第一钻井工程分公司，2012 年，荣获集团公司创先争优先进基层党委荣誉称号。

（14）大港油田公司井下技术服务分公司于 2008 年获得了中国石油天然气集团公司举办的中石油全国大赛井下作业工比赛团体项目，集体成绩第一名和最佳组织单位奖。

（15）大港油田井下技术服务分公司试油 506 队，2009 年先后被天津市总工会授予“工人先锋号”荣誉称号、被中国石油天然气集团公司评为“百面红旗先进单位”。

（16）大港油田井下技术服务分公司钻修 4 队，2009 年先后获得天津市人民政府颁发的天津市模范集体称号、中国石油天然气集团公司授予的百个“基层建设标杆班组”称号和“中油集团思想政治工作先进集体”称号。公司压裂二队先后被中国石油天然气集团公司评为中油集团铜牌队，被天津市人民政府评为天津市“九五”立功先进集体，被天津市人民政府授予天津市百万职工技术创新先进单位的称号。

（17）渤海钻探工程有限公司井下技术服务公司职工书屋，2010年，被中华全国总工会命名为渤海钻探唯一一家全国“职工书屋”示范点。

（18）渤海钻探工程有限公司井下技术服务分公司，2013年，获得天津市职工文化体育活动示范单位荣誉称号。

（19）华北油田公司井下作业分公司，2008年，被河北省体育局评为第一届体育大会体育道德风尚奖。

（20）华北油田公司井下作业分公司，2008年，参加中国石油体育协会举办的石油职工“华北油田杯”门球比赛，获得第一名、第二名。

（21）华北油田公司井下作业分公司，2009年，参加上海市举办的中国上海国际大众体育节“浦东高东杯”国际门球邀请赛，获得亚军。

（22）华北油田公司井下作业分公司，2009年，被河北省国防教育办公室评为全民国防教育先进单位。

（23）华北油田公司井下作业分公司，2009年，获得河北省诚信企业评选委员会颁发的诚信企业证书。

（24）华北油田公司井下作业分公司，2009年，被中国石油天然气集团公司评为维稳信访工作先进集体。

（25）华北油田公司井下作业分公司，2009年，被河北省企业联合会评为中国石油华北油田公司“河北省诚信企业”。

（26）渤海钻探工程有限公司井下作业分公司，2010年，被河北省公安厅评为企业事业单位内部治安防范工作先进单位。

（27）渤海钻探工程有限公司井下作业分公司，2010年，被天津市总工会、天津市体育局评为天津市职工文化体育活动示范单位。

（28）渤海钻探工程有限公司井下作业分公司，2011年，被中国石油文化艺术工作者联合会评为石油文化艺术工作先进单位。

（29）渤海钻探工程有限公司井下作业分公司，2012年，被河北省企业市场营销协会、河北省企业市场信用评价中心评为“3·15”河北市场重质量讲信用公众满意单位。

（30）渤海钻探工程有限公司定向井分公司仪器作业部，2008年12月，被中共中国石油天然气集团公司党组评为思想政治工作先进集体。

（31）渤海钻探工程有限公司定向井分公司仪器作业部，被中国石油天然气集团公司评为2011年至2013年基层建设“千队示范工程”示范单位。

（32）渤海钻探工程有限公司定向井分公司，2010年4月，被中国石油天然气集团公司评为先进集体。

（33）渤海钻探工程有限公司定向井分公司工会，2010年4月，被天津市总工会评为工会工作先进集体。

（34）渤海钻探工程有限公司定向井分公司，2010年12月，被中国石油天然气集团公司评为工程技术服务国际市场开发先进集体。

（35）渤海钻探工程有限公司定向井分公司，2011年6月，被中共中国石油天然气集团公司党组评为先进基层党组织。

（36）渤海钻探工程有限公司定向井分公司仪器作业部，2011年11月，被中国能源化学工会全国委员会命名为全国能源化学系统工人先锋号。

（37）渤海钻探工程有限公司定向井分公司，2011年11月，被中国质量协会石油分会授予石油工业实施卓越绩效模式先进企业。

（38）渤海钻探工程有限公司定向井分公司伊朗项目组，2012年1月，被中国石油天然气集团公司评为海外油气合作先进集体。

（39）渤海钻探工程有限公司定向井分公司，2012年4月，被中共天津市滨海新区委员会、滨海新区人民政府评为滨海新区建设模范集体。

（40）渤海钻探工程有限公司定向井分公司，2012年12月，被天津市设备管理协会评为设备管理优秀单位。

（41）渤海钻探工程有限公司定向井分公司，2013年4月，被天津市总工会授予天津市“五一劳动奖状”。

（42）渤海钻探工程有限公司定向井分公司长庆项目部，2013年5月，被中国石油天然气集团公司评为建设“西部大庆”劳动竞赛先进集体。

（43）渤海钻探工程有限公司测井分公司，2009年，被评为中国石油天然气集团公司设备管理优秀单位。

（44）渤海钻探工程有限公司测井分公司，2013 年，被授予中油集团公司“工程技术科技创新优秀团队”称号。

（45）渤海钻探工程有限公司测井分公司，2013 年，获得中国石油测井工职业技能大赛团体第二名。

（46）第一固井分公司，2010 年被中国石油天然气集团公司评为“十一五”培训工作先进集体。

（47）第一固井分公司冀中项目部第一项目组，2009 年，被中国石油天然气集团公司评为先进集体。

（48）第一固井分公司冀中项目部工会，2010 年，被天津市总工会评为 2008 年至 2009 年度模范职工小家。

（49）渤海钻探工程有限公司泥浆技术服务分公司，2013 年 9 月，被国家人力资源和社会保障部、国务院国资委授予“中央企业先进集体”荣誉称号。

（50）渤海钻探工程有限公司泥浆技术服务分公司党委，2011 年 6 月，被中共中国石油天然气集团公司党组授予先进基层党组织荣誉称号。

（51）渤海钻探工程有限公司泥浆技术服务分公司，2012 年 5 月，被天津市总工会授予天津市“五一劳动奖状”。

（52）渤海钻探工程有限公司泥浆技术服务分公司工会，2010 年 3 月，被天津市总工会授予天津市 2009 年度先进集体称号。

（53）渤海钻探工程有限公司泥浆技术服务分公司，2010 年 2 月，被天津市总工会授予 2010 年度天津市“职工书屋”荣誉称号。

（54）渤海钻探工程有限公司泥浆技术服务分公司，2012 年 12 月，被天津市设备管理协会授予 2012 年度天津市设备管理优秀单位称号。

（55）渤海钻探工程有限公司国际工程分公司，荣获中国石油天然气集团公司 2010 年度工程技术服务国际市场开发先进集体荣誉称号。

（56）渤海钻探工程有限公司国际工程分公司，2012 年 1 月，荣获中国石油天然气集团公司海外油气合作先进集体荣誉称号。

（57）渤海钻探工程有限公司国际工程分公司，2008 年，荣获天津市第一五届企业管理现代化创新成果一等奖。

四、公司级先进个人

（一）2009 年

【公司劳动模范名单】

尚洪升　第一钻井工程分公司经理助理

郭忠启　第二钻井工程分公司 50520 钻井队队长

周志安　第三钻井工程分公司 40506A 钻井队队长

库　辉　第四钻井工程分公司 40555 钻井队三班司钻

李英杰　第五钻井工程分公司　司　40694 钻井队队长、党支部书记

王怀军　第六钻井工程分公司 40686 钻井队队长、党支部书记、分公司团委书记

刘国庆　第一固井分公司长庆项目部乌审旗项目组经理

康洪长　第二固井分公司冀东项目部副经理

宋庆彬　第一录井分公司信息中心主任

吴纯光　第二录井分公司长庆项目部经理

孙海滨　第一定向井分公司大港项目部经理、党支部书记

吕志忠　第二定向井分公司副总工程师、工程技术服务中心主任

刘占学　塔里木钻井分公司 70550 队平台经理、党支部书记

曹美萍　钻井技术服务分公司钻前服务井场清污队副队长

王好双　管具技术服务分公司钻具钻井工具服务中心套管作业班班长

魏　兵　测井分公司勘探开发测井作业部经理

左凤江　钻井工艺研究院油田化学研究室主任、党支部书记

刘建东　工程技术研究院西部中心主任

解仙逸　国际工程公司委内瑞拉项目部财务科科长

李增魁　油气合作开发公司苏 20 作业区经理助理

【公司先进生产者名单】

段明和　第一钻井工程分公司冀东项目部 50505 钻井队队长、党支部书记

高学生　第一钻井工程分公司生产科科长

孟祥龙　第一钻井工程分公司 70002 钻井队队长

王　佐　第二钻井工程分公司 30580 钻井队技术员

石志国　第二钻井工程分公司市场管理科副科长
张方利　第二钻井工程分公司 M40LDB 钻井队司钻
孙洪彬　第三钻井工程分公司南区项目部副经理
蔡理想　第三钻井工程分公司 40573 钻井队队长
冀建斌　第三钻井工程分公司 70521 钻井队队长
张长山　第四钻井工程分公司 50252 钻井队党支部书记
王瑞宏　第四钻井工程分公司 70008 钻井队队长
邢志谦　第五钻井工程分公司 70020 钻井队队长
岳秀永　第五钻井工程分公司泥浆技术中心工程师
王建国　第六钻井工程分公司 30553 钻井队队长
徐春章　第六钻井工程分公司工程技术服务中心助理工程师
王荣彬　第一固井分公司冀东项目部固井队水泥车班班长
马津海　第二固井分公司作业一队队长
边志勇　第一录井分公司 L10458 小队队长
许士华　第一录井分公司大港项目部经理
冯曰全　第二录井分公司实验中心副主任
阳祖河　第二录井分公司地质录井一大队 105 录井队队长
杨长路　第一定向井分公司国际科科长、国际项目部经理
张海山　塔里木钻井分公司 90006 队平台经理、党支部书记
闫玉兵　钻井技术服务分公司 70590 泥浆队队长
齐忠新　钻井技术服务分公司培训中心现场指导教师
苑德胜　钻井技术服务分公司欠平衡施工三队队长
王　钢　管具技术服务分公司万庄项目部生产办公室副主任
王立俊　测井分公司资料评价中心主任
汪　勇　测井分公司射孔作业部 C3297 队队长
李见义　公司劳动工资处工资管理科（机关人事科）科长

（二）2010 年

（1）白云启、马丽云、刘治国等 3 人当选“天津市职工艺术家”。

（2）泥浆技术服务中心研究所副所长田增艳荣获 2008 年全国“巾帼建功标兵”荣誉称号。

（3）第一固井分公司冀中项目部化验班班长尹璇荣获天津市2008年至2009年度“巾帼建功优秀女职工”荣誉称号。

（4）第三钻井工程分公司40573钻井队队长蔡理想和第六钻井分公司30553钻井队队长兼书记王建国获天津市新“长征突击手”称号。

（5）测井分公司纪委书记李俊林、管具分公司纪委书记陈敏乾被授予“2007年至2009年度纪检监察先进个人”荣誉称号。

（6）第二钻井工程分公司50520钻井队队长郭忠启、定向井公司大港项目部经理孙海滨、井下技服公司钻修作业部作业工李龙等3人荣获开发区2010年度优秀建设者。

（三）2011年

（1）公司工会白云启、定向井公司工会朱劲松、塔里木钻井公司杨庆权被评为集团公司优秀工会工作者。

（2）企管法规处解高岩获《中国石油天然气集团公司年鉴》优秀撰稿人称号。

（3）国际工程公司张虎、钻井四公司50558钻井队吴欣荣获天津市青年岗位能手称号。

（4）公司总经理助理、国际工程公司经理张忠志荣获开发区2010年度优秀经理。

（5）工程技术院周俊然被评为开发区2010年度技术创新先进个人。

（6）钻井技服公司钻前分公司清污队副队长曹美萍被评为开发区2010年度三八红旗手。

（7）井下技术服务分公司夏琪获集团公司优秀党务工作者称号。

（8）井下技术服务分公司苟景峰获集团公司2011年优秀共产党员称号。

（四）2012年

（1）公司工会副主席白云启被评为中华全国总工会能源化能系统优秀工会工作者。

（2）劳动工资处李振兴被评为2011年天津市企业人力资源管理工作先进个人。

（3）人事处梁雅苹、劳动工资处赵爱军在集团公司“讲党性、重品行、做表率，带头创先争优”活动中被评为先进个人。

（4）集团公司优秀青年工作者（2人）：群众工作处团组织科科长刘振；钻井技术服务分公司团委副书记杨子森。

（5）劳动工资处李康伟被评为集团公司人事统计先进个人。

（6）钻井技术服务分公司井场清污队女子施工作业班获全国五一巾帼标兵岗称号。

（7）天津市2011年度新长征突击手（3人）：第五钻井工程分公司40512钻井队队长马墨，泥浆技术服务分公司大港项目部副经理王禹，井下作业分公司党委办公室副主任陈坤。

（8）天津市2010年度青年岗位能手（3人）：第一钻井工程分公司40617队副队长李仁强，第二钻井工程分公司50556队司钻王永刚，第三钻井工程分公司50612队钻台大班李恒东。

（9）天津市首届青年创新创效明星（2人）：定向井服务分公司仪器研发中心研发室主任张晖，第四钻井工程分公司伊拉克哈法亚项目部副经理兼BH32队党支部书记常亮。

（10）第二钻井分公司副经理张志强获集团公司第六届“十大杰出青年”称号。

（11）定向井技术服务公司经理刘光木获天津市经济技术开发区“建功立业奖”优秀经理称号。

（12）第四钻井分公司40689钻井队队长姚文林获天津市经济技术开发区“建功立业奖”优秀建设者称号。

（13）工程技术研究院大港分院机具研究中心主任程智远被评为天津市经济技术开发区“建功立业奖”技术创新先进个人。

（14）泥浆技术服务分公司研究所副主任田增艳被评为天津市经济技术开发区“建功立业奖”三八红旗手。

（五）2013年

（1）群众工作处刘振获天津市“优秀共青团干部”称号。

（2）规划计划处王绍刚、孙景德、宋良、赵爱军被评为集团公司2010—2011年度投资管理先进个人称号。

（3）审计处张风义、范跃亮被评为集团公司“2009—2011年度审计工作先进个人”称号。

（4）郑瑞生、孙惠彦 2 人被评为 2011 年、2012 年度集团公司国际业务统计工作先进个人。

（5）泥浆技术服务分公司田增艳获“全国建功立业标兵”称号。

（6）第一钻井工程分公司周晓亮、郭海龙被国务院国有资产监督管理委员会授予“中央企业技术能手”称号。

（7）第二钻井工程分公司 30580 钻井队队长陶涛、第一钻井工程分公司 30557 钻井队队长李宝宁获全国能源化学系统五一奖章。

（8）测井分公司丁娱娇获天津市“建功立业女职工”称号。

（9）第一钻井工程分公司 70027 钻井队副队长周晓亮获天津市“青年岗位能手”称号。

（10）天津市青年服务之星（4 人）：第四钻井工程分公司 30553 队钻井大班王庆军，第五钻井工程分公司 40517 队副队长李清泉，第五钻井工程分公司 50252 队技术员李胜东，井下技术服务分公司 S15603 队党支部书记田军。

（11）泥浆技术服务分公司田增艳获集团公司十大金花称号。

五、省部级及以上劳模

（一）2009 年

【天津市劳动模范】

郭忠启　第二钻井工程分公司 50520 钻井队队长

周志安　第三钻井工程分公司 40506A 钻井队队长

库　辉　第四钻井工程分公司 40555 钻井队三班司钻

刘国庆　第一固井工程分公司长庆项目部乌审旗项目组经理

曹美萍　钻井技术服务分公司钻前服务井场清污队副队长

吕志忠　第二定向井分公司副总工程师、工程技术服务中心主任

刘建东　工程技术研究院西部中心主任

【中央企业劳动模范】

张炳奎　第五钻井工程分公司 40545 钻井队队长、党支部书记

【天津市五一劳动奖章】

康洪长　第二固井分公司冀东项目部副经理

吴纯光　第二录井分公司长庆项目部经理
孙海滨　第一定向井分公司大港项目部经理、党支部书记
刘占学　塔里木钻井分公司 70550 队平台经理、党支部书记
左凤江　钻井工艺研究院油田化学研究室主任、党支部书记

（二）2011 年

【全国劳动模范】
秦永和　公司总经理

【全国五一劳动奖章】
李英杰　第五钻井工程分公司 40694 队长
宋庆彬　第一录井分公司信息中心主任
王好双　管具技术服务分公司钻具服务中心套管作业班班长
魏　兵　测井分公司勘探开发作业部经理
尹　璇　第一固井分公司冀中项目部化验班班长

【集团公司特等劳动模范】
牛星壮　第三钻井工程分公司 70522 钻井队

【集团公司劳动模范】
翟仲成　管具技术服务分公司经理
石丰甫　第一录井分公司经理
吴立新　公司市场与生产协调处处长
李英杰　第五钻井工程分公司 40543 钻井队队长
魏　兵　测井分公司勘探开发测井作业部经理
陈雅勇　井下作业公司第三试油工程作业部 S06553 队技术员
左凤江　工程技术院华北分院油田化学研究室主任
田增艳　泥浆公司钻井液研发中心综合室主任
李增魁　油气合作开发分公司苏 20 作业区副经理
何　刚　第二固井分公司苏里格项目部经理
解仙逸　国际工程公司财务资产科科长

（三）2012 年

【全国五一劳动奖章】

吕志忠　定向井服务分公司副总工程师

【天津市劳动模范】

石桂臣　公司党委副书记、纪委书记、工会主席
王　勇　国际工程分公司委内瑞拉项目部经理
方连啓　第一钻井工程分公司 70010 队长
常　亮　第四钻井工程分公司哈法亚项目部副经理、BH32 队党支部书记
李英杰　第五钻井工程分公司 40694 队长
陈雅勇　井下作业分公司 S06553 队长
魏　兵　测井分公司勘探开发测井作业部经理
陶青龙　第一录井分公司德玛仪器制造中心主任
尹　璇（女）第一固井分公司冀中项目部化验班班长
田增艳（女）泥浆技术服务分公司技术科副科长
丁强国　油气井测试分公司技术研究中心试井 4 队队长

（四）2013 年

【全国五一劳动奖章】

高和记　井下技术服务分公司

【天津市五一劳动奖章】

马晓红　第一钻井分公司 40617 队队长
石志国　第二钻井分公司新疆项目部副经理
麻建华　塔里木钻井分公司安全管理站副站长
彭海林　井下技术服务分公司 S08610 队队长
郑伟蓉　井下作业分公司财务科会计
李连锁　测井分公司经理
袁苏梅　钻井技术服务分公司管具井控电焊班长
宋　涛　管具技术服务分公司万庄项目部井控班班长
程智远　工程技术研究院机具中心主任
刘海滨　油气合作分公司安全副总监

【中央企业劳动模范称号】

熊　战　国际分公司伊拉克项目部

六、省部级及以上优秀党员、优秀党务工作者

（一）2011 年

天津市优秀共产党员：牛星壮、姚文林

集团公司优秀共产党员：李勇、徐文光、鞠广勇、蔡理想、江涛、苟景峰、白田增、李孝胜、谭勇志、赵书斌、蒋大歧、王伟忠、郑建武、王野

集团公司优秀党务工作者：周正涛、辛春伟、武建文、吴志文、杨军、牛广平、夏琪、刘建东、陈德存、胡军德、高海丽、高瑞贤、王峰、张宝玉

（二）2012 年

天津市优秀共产党员：王怀军

第五节　科技创新成果

序号	获奖级别	授予时间	奖励名称	获奖者姓名	单位	授奖部门
1	国家级	2011年	多功能螺杆钻具打捞工具，获实用新型专利	陈世春	工程技术处	中华人民共和国知识产权局
2		2013年	一种螺杆钻具打捞工具，获发明专利	陈世春	工程技术处	中华人民共和国知识产权局
3	省部级	2011年	《塔里木超深井钻井技术应用研究》，获天津市科学技术进步三等奖	陈世春	工程技术处	天津市人民政府
4		2012年	《7000 米以深超深井钻井技术应用研究》，获中国石油和化学工业联合会科技进步三等奖	陈世春	工程技术处	中国石油和化学工业联合会
5	局级一等奖	2009年	《塔里木超深井钻井技术应用研究》，获渤海钻探工程公司技术创新一等奖	陈世春	工程技术处	渤海钻探工程公司科学技术委员会
6		2010年	《塔中 1 号气田提高单井产量钻完井配套技术研究与应用》，获塔里木油田公司技术创新一等奖	陈世春	工程技术处	塔里木油田公司科学技术委员会

续表

序号	获奖级别	授予时间	奖励名称	获奖者姓名	单位	授奖部门
7	局级一等奖	2012年	《塔里木山前及塔北优快钻井技术研究与应用》，获渤海钻探工程公司技术创新一等奖	陈世春	工程技术处	渤海钻探工程公司科学技术委员会
8		2012年	《碳酸盐岩关键配套钻井技术研究与应用》，获塔里木油田公司技术创新一等奖	陈世春	工程技术处	塔里木油田公司科学技术委员会
9		2013年	《塔里木山前优快钻井技术研究与应用》，获渤海钻探工程公司技术创新一等奖	陈世春	工程技术处	渤海钻探工程公司科学技术委员会
10	局级二等奖	2008年	《山前高陡构造复杂井钻井技术应用研究》，获渤海钻探工程公司技术创新二等奖	陈世春	工程技术处	渤海钻探工程公司科学技术委员会
11		2010年	《塔里木超高复合盐—聚磺钻井液体系的研究与应用》，获渤海钻探工程公司技术创新二等奖	陈世春	工程技术处	渤海钻探工程公司科学技术委员会
12		2010年	《哈拉哈塘地区长裸眼钻井技术研究应用》，获渤海钻探工程公司技术创新二等奖	陈世春	工程技术处	渤海钻探工程公司科学技术委员会
13		2011年	《7000米以深超深井钻井技术应用研究》，获渤海钻探工程公司技术创新二等奖	陈世春	工程技术处	渤海钻探工程公司科学技术委员会
14	局级三等奖	2010年	《深、超深定向井、水平井钻井技术研究与应用》，获渤海钻探工程公司技术创新三等奖	陈世春	工程技术处	渤海钻探工程公司科学技术委员会
15		2011年	《哈拉哈塘地区超深井优快钻井技术研究应用》，获渤海钻探工程公司技术创新三等奖	陈世春	工程技术处	渤海钻探工程公司科学技术委员会
16		2012年	《提高地层承压能力和堵漏技术研究》，获渤海钻探工程公司技术创新三等奖	陈世春	工程技术处	渤海钻探工程公司科学技术委员会

第六节　组织人事工作大事记

2008年

2月25日　集团公司决定，组建中国石油天然气集团公司渤海钻探工程分公司，在河北省廊坊市办理工商登记手续。【中油人事〔2008〕88号】

2月26日　集团公司党组决定，组建中共渤海钻探工程分公司委员会，委员会由单祥国、秦永和、石桂臣、马永峰、周宝华、王育山、王保记等7人组成。任命单祥国为渤海钻探工程分公司党委书记，秦永和为党委副书记，石桂臣为党委副书记、纪委书记、工会主席。【中油党组〔2008〕13号】

同　日　集团公司任命秦永和为渤海钻探工程分公司总经理。聘任单祥国为副总经理，马永峰为副总经理兼安全总监，周宝华为副总经理，王育山为副总经理兼总会计师，王保记为副总经理。【中油任〔2008〕120号】

6月20日　集团公司决定，中国石油天然气集团公司渤海钻探工程分公司更名为中国石油集团渤海钻探工程有限公司，在天津市办理工商注册。按集团公司独资设立的1人有限责任公司注册，内部按分公司管理。不设董事会、监事会，设执行董事1名，监事2名，执行董事兼任公司总经理。【中油人事〔2008〕292号】

7月11日　集团公司人事部下发通知，委派秦永和为渤海钻探工程有限公司执行董事，石桂臣为渤海钻探工程有限公司监事。同意刘铮为渤海钻探工程有限公司监事（职工代表）。【人事〔2008〕553号】

7月15日　集团公司决定，秦永和任渤海钻探工程有限公司总经理。渤海钻探工程分公司领导班子其他成员相应改任中国石油集团渤海钻探工程有限公司的领导职务。【中油任〔2008〕352号】

2009年

10 月 20 日　集团公司聘任陈岩为渤海钻探工程分公司副总经理，免去马永峰的渤海钻探工程有限公司副总经理、安全总监职务。【中油任〔2009〕458 号】

同　日　集团公司决定，对大港油田、华北油田井下作业业务实施整合，划入渤海钻探工程有限公司管理。【中油人事〔2009〕444 号】

11 月 10 日　集团公司聘任张宝增为渤海钻探工程分公司副总经理、安全总监。【中油党组〔2009〕107 号】

12 月 23 日　集团公司聘任桂王来为渤海钻探工程分公司总会计师，免去王育山的渤海钻探工程有限公司副总经理、总会计师职务。【中油任〔2009〕596 号】

2010年

6 月 18 日　集团公司任命王保记为中东地区工程技术服务协调组副组长。【中油人事〔2010〕264 号】

7 月 7 日　集团公司免去陈岩的渤海钻探工程有限公司副总经理职务。【中油任〔2010〕299 号】

2011年

8 月 12 日　集团公司党组任命秦文贵为渤海钻探工程有限公司党委书记，免去单祥国的渤海钻探工程有限公司党委书记职务。【中油党组〔2011〕65 号】

8 月 12 日　集团公司任命秦文贵、潘仁杰为渤海钻探工程有限公司副总经理，范先祥为渤海钻探工程有限公司副总经理、安全总监，免去张宝增兼任的渤海钻探工程有限公司安全总监职务。【中油任〔2011〕375 号】

2013年

11月29日　集团公司党组任命潘仁杰为渤海钻探工程有限公司党委副书记、纪委书记、工会主席、监事，免去石桂臣的渤海钻探工程有限公司党委副书记、委员、纪委书记、工会主席、监事职务，退休，免去张宝增的渤海钻探工程有限公司党委委员职务。【中油党组〔2013〕96号】

11月29日　集团公司免去潘仁杰、张宝增的渤海钻探工程有限公司副总经理职务。【中油任〔2013〕504号】

第七节　重要文献目录

序号	文　件　名　称	文件编号	形成时间
1	渤海钻探工程有限公司劳动合同管理实施细则	渤海钻探〔2008〕72号	2008年4月18日
2	渤海钻探工程有限公司关于职工工作时间有关事宜的通知	渤海钻探〔2008〕93号	2008年4月30日
3	渤海钻探工程有限公司关于职工休假有关事宜的通知	渤海钻探〔2008〕94号	2008年4月30日
4	渤海钻探工程有限公司教育培训管理办法	渤海钻探〔2008〕152号	2008年7月15日
5	渤海钻探工程有限公司优秀专业技术人才管理暂行办法	渤海钻探〔2008〕250号	2008年11月20日
6	渤海钻探工程有限公司原企业补充养老保险与企业年金并轨办法	渤海钻探〔2008〕259号	2008年12月1日
7	渤海钻探工程有限公司关于印发《渤海钻探工程有限公司技能专家管理实施细则》等三个管理办法的通知	渤海钻探〔2008〕274号	2008年12月17日
8	渤海钻探工程有限公司机关和直属单位一般管理人员岗位聘任暂行办法	渤海钻探人事〔2008〕13号	2008年11月10日
9	关于印发《渤海钻探工程有限公司领导人员后备人选工作暂行规定》的通知	渤海钻探党〔2008〕43号	2008年11月21日
10	关于印发《渤海钻探工程有限公司党员领导干部报告个人有关事项的规定》的通知	渤海钻探党〔2008〕44号	2008年11月21日
11	渤海钻探工程有限公司工资总额管理暂行办法	渤海钻探〔2009〕72号	2009年4月20日

续表

序号	文 件 名 称	文件编号	形成时间
12	渤海钻探工程有限公司赴境外工作人员薪酬福利管理暂行办法	渤海钻探〔2009〕184号	2009年9月10日
13	渤海钻探工程有限公司市场化用工和劳务用工管理暂行办法	渤海钻探〔2009〕238号	2009年12月9日
14	关于印发《渤海钻探工程有限公司人力资源管理系统管理暂行办法》的通知	渤海钻探人事〔2009〕21号	2009年9月8日
15	关于印发《渤海钻探工程有限公司“六个一”基层党支部创建和达标活动实施办法》的通知	渤海钻探党〔2009〕19号	2009年5月8日
16	渤海钻探工程有限公司机构编制管理办法	渤海钻探〔2010〕83号	2010年4月1日
17	渤海钻探工程有限公司领导人员请销假管理办法	渤海钻探〔2010〕282号	2010年12月31日

后　记

在集团公司人事部统筹部署和悉心指导下，在公司领导和广大职工的关怀、支持下，由公司人事处（党委组织部）会同企管法规与质量管理处共同编纂的《中国石油集团渤海钻探工程有限公司组织史资料（企业卷）》，经过全体编纂人员的努力，正式出版了。它作为渤海钻探工程有限公司的一项重要基础性工作，必将对总结组织建设经验、促进公司持续发展起到积极的作用。

2012 年 3 月，中国石油天然气集团公司下发《关于全面启动中国石油组织史资料编纂工作的通知》。渤海钻探工程有限公司在积极为《中国石油组织史资料》总部卷有关渤海钻探工程有限公司章节收集资料、编纂文稿的同时，于 2012 年 10 月成立了组织史资料编纂委员会，正式启动了组织史编纂工作。

经过两年来的努力，编纂委员会通过广泛收集资料、认真进行编写、审核和校对，形成了《中国石油集团渤海钻探工程有限公司组织史资料（企业卷）》。回顾这一阶段工作历程，我们清楚地认识到，资料工作是组织史资料编纂全部工作的基础，完整准确的资料是编纂高质量组织史资料的关键，资料工作贯穿于全书的编纂过程之中。

在《中国石油集团渤海钻探工程有限公司组织史资料（企业卷）》编纂过程中，我们衷心感谢编纂领导小组对各项编纂工作的支持，感谢机关各部门和各二级单位等各参编单位的积极参与，感谢各位编写人员的辛勤劳动。

由于是第一次编纂《中国石油集团渤海钻探工程有限公司组织史资料（企业卷）》，加之档案资料不足，部分资料缺原件难以印证，所以本书基层单位个别资料可能存在不实之处，还望知情读者检误，并通知我们，以便二轮续修时更改。

《中国石油组织史资料》系列图书出版说明

为充分发挥组织史“资政、存史、育人、交流”的作用，2012年3月，中国石油天然气集团公司（以下简称集团公司）全面启动《中国石油组织史资料》的编纂工作，并明确由集团公司人事部负责具体牵头组织。《中国石油组织史资料》系列图书分总部卷、企业卷、基层卷3个层次进行编纂出版。首次编纂出版以本单位成立时间作为编纂上限，以本单位编纂时统一规定的截至时间为编纂下限。

《中国石油组织史资料》总部卷由集团公司人事部负责组织编纂，石油工业出版社负责具体承办。总部卷（1949—2013年）卷本分第一卷、第二卷、第三卷和附卷一、附卷二共五卷九册，已于2014年12月出版。续编出版的（2014—2015年）卷本为第四卷，于2018年3月出版。此后，总部卷每5年续编出版一卷。

《中国石油组织史资料》企业卷系列图书，由各企事业单位人事部门负责牵头组织编纂，报集团公司人事部编纂办公室规范性审查后，由石油工业出版社统一出版。企业卷规范性审查由集团公司人事部编纂办公室白广田、于维海、宋艳钊、武晓达负责组织，图书出版统筹由石油工业出版社组织史资料编辑部马海峰、李廷璐负责，秦雯、周勇、鲁恒具体负责。企业卷首次续编一般按“2014—2015”和“2014—2018”两种方案编纂出版，此后每5年续编出版一卷。

《中国石油组织史资料》基层卷由各企事业单位人事（史志）部门负责组织下属单位与企业卷同步编纂，报集团公司人事部编纂办公室备案，由石油工业出版社组织史资料编辑部负责提供具体出版和技术支持。

企业卷统一出版代码：

CNPC-YT——油气田企业
CNPC-XS——成品油销售企业
CNPC-HW——海外企业
CNPC-JS——工程建设企业
CNPC-KY——科研单位
CNPC-LH——炼化企业
CNPC-GD——天然气管道企业
CNPC-GC——工程技术企业
CNPC-ZB——装备制造企业
CNPC-QT——金融经营服务等企业

编纂《中国石油组织史资料》系列图书是集团公司组织人事和基础管理建设工作的大事，是一项政策性、业务性、技术性、规范性很强的业务工作，是一项艰巨浩繁的系统工程。该系列图书以企业的组织沿革为线索，收录了编纂时限内各级党政组织的成立、更名、发展、撤并以及领导干部变动情况等内容，为企业资政、存史、育人、交流提供了可信的依据。这套系统、完整的中国石油组织史资料，既丰富了石油企业的历史资料，又增添了国家的工业企业史资料，不仅为组织人事、史志研究、档案管理等部门从事有关业务提供了诸多便利，而且为体制改革和机构调整提供了历史借鉴。在此，谨向对该套图书出版工作给予支持和帮助的所有单位和人员表示衷心的感谢！

由于掌握资料和编纂者水平有限，丛书难免存有错漏，恳请读者批评指正。对总部卷的意见建议请联系集团公司人事部编纂办公室或石油工业出版社组织史资料编辑部；对各单位企业卷、基层卷的意见建议请联系各单位编纂组或组织史资料编辑部。对书中错漏之处我们将统一在下一卷续编时一并修改完善。

中国石油组织史资料编纂办公室联系方式

联系单位：中国石油天然气集团有限公司人事部综合处

通信地址：北京市东直门北大街 9 号石油大厦 C1103，100007

联系电话：010-59984913、59984721，传真：010-62095679

电子邮箱：rsbzhc@cnpc.com.cn

中国石油组织史编辑部联系方式

联系单位：石油工业出版社人力资源出版中心

通信地址：北京市朝阳区安华里三区 18 号楼 201，100011

联系电话：010-64523611 62067197

电子邮箱：cnpczzs@cnpc.com.cn

《中国石油组织史资料》系列图书目录

总部卷			
编号	书名	编号	书名
第一卷	国家部委时期（1949.10—1988.9）（上中下）	附卷一	组织人事大事纪要（1949—2013）（上下）
第二卷	中国石油天然气总公司时期（1988.9—1998.7）	附卷二	文献资料选编（1949—2013）
第三卷	中国石油天然气集团公司时期（1998.7—2013.12）（上下）		

续表

企业卷			
编号	书名	编号	书名
油气田企业（16）			
CNPC-YT01	大庆油田组织史资料	CNPC-YT09	青海油田组织史资料
CNPC-YT02	辽河油田组织史资料	CNPC-YT10	华北油田组织史资料
CNPC-YT03	长庆油田组织史资料	CNPC-YT11	吐哈油田组织史资料
CNPC-YT04	塔里木油田组织史资料	CNPC-YT12	冀东油田组织史资料
CNPC-YT05	新疆油田组织史资料	CNPC-YT13	玉门油田组织史资料
CNPC-YT06	西南油气田组织史资料	CNPC-YT14	浙江油田组织史资料
CNPC-YT07	吉林油田组织史资料	CNPC-YT15	煤层气公司组织史资料
CNPC-YT08	大港油田组织史资料	CNPC-YT16	南方石油勘探开发公司组织史资料
炼油化工单位和海外企业（32）			
CNPC-LH01	大庆石化组织史资料	CNPC-LH17	华北石化组织史资料
CNPC-LH02	吉林石化组织史资料	CNPC-LH18	呼和浩特石化组织史资料
CNPC-LH03	抚顺石化组织史资料	CNPC-LH19	辽河石化组织史资料
CNPC-LH04	辽阳石化组织史资料	CNPC-LH20	长庆石化组织史资料
CNPC-LH05	兰州石化组织史资料	CNPC-LH21	克拉玛依石化组织史资料
CNPC-LH06	独山子石化组织史资料	CNPC-LH22	庆阳石化组织史资料
CNPC-LH07	乌鲁木齐石化组织史资料	CNPC-LH23	前郭石化组织史资料
CNPC-LH08	宁夏石化组织史资料	CNPC-LH24	东北化工销售组织史资料
CNPC-LH09	大连石化组织史资料	CNPC-LH25	西北化工销售组织史资料
CNPC-LH10	锦州石化组织史资料	CNPC-LH26	华东化工销售组织史资料
CNPC-LH11	锦西石化组织史资料	CNPC-LH27	华北化工销售组织史资料
CNPC-LH12	大庆炼化组织史资料	CNPC-LH28	华南化工销售组织史资料
CNPC-LH13	哈尔滨石化组织史资料	CNPC-LH29	西南化工销售组织史资料
CNPC-LH14	广西石化组织史资料	CNPC-LH30	大连西太组织史资料
CNPC-LH15	四川石化组织史资料	CNPC-LH31	广东石化组织史资料
CNPC-LH16	大港石化组织史资料	CNPC-HW01	中国石油海外业务卷
成品油销售企业（37）			
CNPC-XS01	东北销售组织史资料	CNPC-XS13	河北销售组织史资料
CNPC-XS02	西北销售组织史资料	CNPC-XS14	山西销售组织史资料
CNPC-XS03	华北销售暨北京销售组织史资料	CNPC-XS15	内蒙古销售组织史资料
CNPC-XS04	上海销售组织史资料	CNPC-XS16	陕西销售组织史资料
CNPC-XS05	湖北销售组织史资料	CNPC-XS17	甘肃销售组织史资料
CNPC-XS06	广东销售组织史资料	CNPC-XS18	青海销售组织史资料
CNPC-XS07	云南销售组织史资料	CNPC-XS19	宁夏销售组织史资料
CNPC-XS08	辽宁销售组织史资料	CNPC-XS20	新疆销售组织史资料
CNPC-XS09	吉林销售组织史资料	CNPC-XS21	重庆销售组织史资料
CNPC-XS10	黑龙江销售组织史资料	CNPC-XS22	四川销售组织史资料
CNPC-XS11	大连销售组织史资料	CNPC-XS23	贵州销售组织史资料
CNPC-XS12	天津销售组织史资料	CNPC-XS24	西藏销售组织史资料

续表

编号	书名	编号	书名
CNPC-XS25	江苏销售组织史资料	CNPC-XS32	湖南销售组织史资料
CNPC-XS26	浙江销售组织史资料	CNPC-XS33	广西销售组织史资料
CNPC-XS27	安徽销售组织史资料	CNPC-XS34	海南销售组织史资料
CNPC-XS28	福建销售组织史资料	CNPC-XS35	润滑油公司组织史资料
CNPC-XS29	江西销售组织史资料	CNPC-XS36	燃料油公司组织史资料
CNPC-XS30	山东销售组织史资料	CNPC-XS37	大连海运组织史资料
CNPC-XS31	河南销售组织史资料		
天然气管道企业（13）			
CNPC-GD01	北京油气调控中心组织史资料	CNPC-GD08	京唐液化天然气公司组织史资料
CNPC-GD02	管道建设项目经理部组织史资料	CNPC-GD09	大连液化天然气公司组织史资料
CNPC-GD03	管道公司组织史资料	CNPC-GD10	江苏液化天然气公司组织史资料
CNPC-GD04	西气东输管道公司组织史资料	CNPC-GD11	华北天然气销售公司组织史资料
CNPC-GD05	北京天然气管道公司组织史资料	CNPC-GD12	昆仑燃气公司组织史资料
CNPC-GD06	西部管道公司组织史资料	CNPC-GD13	昆仑能源公司组织史资料
CNPC-GD07	西南管道公司组织史资料		
工程技术企业（7）			
CNPC-GC01	西部钻探公司组织史资料	CNPC-GC05	东方物探公司组织史资料
CNPC-GC02	长城钻探公司组织史资料	CNPC-GC06	测井公司组织史资料
CNPC-GC03	渤海钻探公司组织史资料	CNPC-GC07	海洋工程公司组织史资料
CNPC-GC04	川庆钻探公司组织史资料		
工程建设企业（8）			
CNPC-JS01	管道局组织史资料	CNPC-JS05	中国昆仑工程公司组织史资料
CNPC-JS02	工程建设公司组织史资料	CNPC-JS06	东北炼化工程公司组织史资料
CNPC-JS03	工程设计公司组织史资料	CNPC-JS07	第一建设公司组织史资料
CNPC-JS04	中国寰球工程公司组织史资料	CNPC-JS08	第七建设公司组织史资料
装备制造和科研企业（12）			
CNPC-ZB01	技术开发公司组织史资料	CNPC-KY02	规划总院组织史资料
CNPC-ZB02	宝鸡石油机械公司组织史资料	CNPC-KY03	石油化工研究院组织史资料
CNPC-ZB03	宝鸡石油钢管公司组织史资料	CNPC-KY04	经济技术研究院组织史资料
CNPC-ZB04	济柴动力总厂组织史资料	CNPC-KY05	钻井工程技术研究院组织史资料
CNPC-ZB05	渤海石油装备公司组织史资料	CNPC-KY06	安全环保技术研究院组织史资料
CNPC-KY01	勘探开发研究院组织史资料	CNPC-KY07	石油管工程技术研究院组织史资料
金融经营服务及其他企业（14）			
CNPC-QT01	北京石油管理干部学院组织史资料	CNPC-QT08	运输公司组织史资料
CNPC-QT02	石油工业出版社组织史资料	CNPC-QT09	中国华油集团公司组织史资料
CNPC-QT03	中国石油报社组织史资料	CNPC-QT10	华油北京服务总公司组织史资料
CNPC-QT04	审计服务中心组织史资料	CNPC-QT11	昆仑信托中油资产组织史资料
CNPC-QT05	广州培训中心组织史资料	CNPC-QT12	中油财务公司组织史资料
CNPC-QT06	国际事业公司组织史资料	CNPC-QT13	昆仑银行组织史资料
CNPC-QT07	物资公司组织史资料	CNPC-QT14	昆仑金融租赁公司组织史资料